同济大学学术专著（自然科学类）出版基金
1907

周奇才　陆大明　黄　曦　黄袁凯　编著

物流工程理论与应用

同济大学出版社
TONGJI UNIVERSITY PRESS
·上海·

内 容 简 介

本书主要围绕物流工程理论展开，针对传统物流理论在移动互联网时代的局限性，探讨了制造物流、多式联运、电商物流、冷链物流、仓储物流等维度的理论内容更新、技术变革和实践方法创新。

本书对移动互联网时代下的物流工程理论内容更新、关键技术变革和实践方法创新做了完整的总结。在智能制造物流协同篇章中阐述了协同理念在制造物流中的重要意义；在多式联运篇章中创新性地将计算机网络中分层、封装的思想应用到多式联运网络中；在电商物流篇章对大数据背景下的优化决策问题进行了探讨；冷链物流篇章从品质感知和安全保障的角度阐述了最新的理论、模型和技术。

本书的理论技术对物流产业数字化、智能化转型具有重要的参考价值，适合物流工程相关领域的研究生、本科生阅读，也可作为相关领域工程师的参考书。

图书在版编目(CIP)数据

物流工程理论与应用 / 周奇才等编著. —上海：同济大学出版社，2024.1

ISBN 978-7-5765-0006-6

Ⅰ. ①物… Ⅱ. ①周… Ⅲ. ①物流管理 Ⅳ. ①F252

中国国家版本馆 CIP 数据核字(2023)第 250929 号

物流工程理论与应用

周奇才　陆大明　黄　曦　黄袁凯　**编著**

责任编辑 宋　立　**责任校对** 徐逢乔　**封面设计** 陈益平

出版发行　同济大学出版社　www.tongjipress.com.cn
（地址：上海市四平路 1239 号　邮编：200092　电话：021-65985622）
经　　销　全国各地新华书店
排　　版　南京文脉图文设计制作有限公司
印　　刷　启东市人民印刷有限公司
开　　本　787mm×1092mm　1/16
印　　张　17.25
字　　数　409 000
版　　次　2024 年 1 月第 1 版
印　　次　2024 年 1 月第 1 次印刷
书　　号　ISBN 978-7-5765-0006-6

定　　价　88.00 元

编 委 会

编著者 周奇才 陆大明 黄　曦 黄袁凯

参编人员 赵　炯 熊肖磊 王雨杨 王　耀

钟小勇 毕庄阳 黄杰武 汤鑫康

张　蕴 李京昊 黄至恺

前　言

物流是当今社会不可或缺的一部分，影响着人们的生活、生产、贸易、交流等活动。在术语定义层面，物流是根据实际需要，将运输、储存、装卸、搬运、包装、流通加工、配送、信息处理等基本功能实施有机结合，使物品从供应地向接收地进行实体流动的过程。

现代物流是从第二次世界大战时期的军队后勤发展而来。在起初的大量生产、大量消费时期，物流的各部分组件是分散管理的，而经济的快速发展掩盖了分散管理带来的低效。随着流通革命的出现与综合物流的提出，企业中物流部门的地位得以巩固。之后，准时制生产方式的普及给物流的准确性和及时性提出了更高要求，而外包制经营理念的兴起促进了第三方物流的出现。再后，系统化、整合化的物流管理逐渐向供应链管理转化，单一企业的物流整合发展为产业链的物流整合。现在，物流已经是支撑企业竞争力的三大支柱之一，现代物流也向着高度机械化、自动化、信息化的方向不断发展。

本书首先回顾了物流的发展历史；然后从物流管理、物流工程、物流装备与技术几个角度说明了现代物流系统的主要组成部分；接下来以“智能制造物流协同”“多式联运”“电商物流”“物流仓储与配送”“供应链”五个主题，分别对物流工程理论与应用进行论述。

在智能制造物流协同篇章，首先分析了智能制造和智能物流相对于传统的制造、物流的特点，并介绍了物流协同技术的特点及智能制造中的新兴技术；然后给出了智能制造背景下的大批量制造车间布局与成批制造车间布局理论；接下来运用运筹学的方法，分析了仓库到制造工位、制造工位之间的配送过程，给出了配送模型、优化求解算法；随后通过对制造系统的物理实体和信息流进行抽象表达，组合描述一个制造物流协同系统；最后给出了几种制造物流系统的评价模型，包括基于熵的复杂度评价模型、稳定性评价方法以及总体系统的物流成本模型，介绍了云制造物流的特点并呈现了云制造物流平台的架构设计，由此分析了云制造物流的关键技术。

在多式联运篇章，首先介绍了多式联运的研究背景；在此基础上提出了多式联运协同运行理论，协同运行理论中包含了多式联运网络模型、数字孪生网络以及协同运行协议；接下来，在协同运行理论的基础上讨论了多式联运集装箱网络流规划；随后，同样在协同运行协议的支撑下，讨论了根据不同区域划分的多式联运子网之间的网络流协同规划，在保证各子网决策主体隐私的前提下，完成全局的最优化决策；最后，讨论了多式联运空箱调度与网络流规划之间的协同决策，分析了整合式、顺序式、分布式三种协同决策方法的特点与适用范围。

在电商物流篇，首先概述了电商物流，说明了电子商务的概念与模式，讨论了电商物流的分类与模式，并在电子商务的背景下说明快递服务的关键环节与重点问题；然后，对电商物流网络理论进行论述，讨论了电商物流网络的结构类型、节点特征、配送模式以及先进物流模式；接下来，对电商物流中心和末端收配的设施与设备进行了分析，研究了其中的决策问题与数学模型的建立；最后，分析了电商物流中物流中心与末端收配的规划与调度，其规划内容包括装卸、配送设备的种类与数量以及站点的布局规划，调度内容则包括每个包裹的分拣策略与车辆运输任务分配。

在物流仓储与配送篇章中，首先详细阐述自动化立体仓库的相关内容，包括自动化立体仓库的特点、分类、基本构成、管理与控制系统、控制算法等内容；然后，具体介绍了物流配送中心分类、关键技术、选址、规划以及发展方向；接下来，阐述了制造物流线边库的管理、布局优化、库存优化内容；最后，对冷链物流系统的组成、装备技术、信息化技术展开了讨论。

在供应链篇章中，从物流的讨论延伸至供应链的论述，从企业、产业、国家、全球多个层面说明了供应链的管理、技术与发展。首先介绍我国供应链现状以及其他国家的供应链发展战略，通过对不同国家供应链的分析比较，寻找我国供应链目前存在的不足，为我国供应链的发展提供方向；然后，从产业的角度出发，分析了产业供应链的构成关系与发展方向，并针对煤炭产业供应链展开了深入的探讨；接下来，对供应链管理中的信息流、实物流、资金流及其扩展展开讨论；最后，介绍了绿色供应链，说明其组织结构和实施关键，并对未来发展进行了展望。

现代物流系统是社会的重要组成部分，其高效、稳定的运行是人们安居乐业的重要保障，但是现有的物流系统仍存在大量问题，而且物流系统是复杂的，其地理分布之广、内部组件之多、参与角色之杂使得其优化改进十分困难。本书对物流工程理论与应用的探讨涉及物流系统的众多组件，而唯有系统各组件的协同优化才能促进整个系统的进步。希望本书的研究与探讨能够为物流行业的发展贡献一份力量，并为物流学者及从业者的理论研究和实践应用提供一些参考。

编著者

2023 年 2 月

目　录

第1章 物流与物流工程

1.1 物流发展史

1.1.1 物流的由来

物流(Logistics)这个概念自诞生以来仅有几十年的历史,但物流活动早已在人类的历史长河中出现并占据了重要的地位。当产品交换行为在人类社会出现时,物流活动就随之而存在了。物流是一门古老而重要的学科,在过去、现在以及将来都对社会发展有着至关重要的影响。

早期"Logistics"在军事领域被称为后勤,指的是供应、转移和维护武装部队。后勤方面的考虑通常会在早期阶段被纳入作战计划,因为后勤决定了战区部署和作战节奏。后勤不仅仅包括战时向军队供应物资,还包括国家基础设施和制造基地支撑武装部队的能力、国家运输系统转移部队的能力以及在部署后补给该部队的能力。

从20世纪后半叶开始,商业领域的物流越来越受到重视,当时的名称并非"Logistics"而是实物配送"Physical Distribution"。第一个物流领域的专业协会成立于1963年,当时一群从业人员和研究人员成立了美国物流管理协会(National Council of Physical Distribution Management),1985年更名为National Council of Logistics Management,协会名称中"Physical Distribution"向"Logistics"的转变也预示着现代物流观念的确立。

在中国国家标准《物流术语》(GB/T 18354—2021)的定义中,物流是"根据实际需要,将运输、储存、装卸、搬运、包装、流通加工、配送、信息处理等基本功能实施有机结合,使物品从供应地向接收地进行实体流动的过程"。

1.1.2 世界物流发展

1. 20世纪50年代至60年代

在20世纪50年代,整个世界从第二次世界大战中逐渐恢复,随着经济贸易的逐渐发展,体系化的物流系统开始渐渐形成。

美国在20世纪50年代尚未出现一种主流的物流理念,可以说彼时物流的概念尚未觉醒。在企业中,物流作业由各个部门分散管理。举个简单的例子,生产部门管理货物运输,而营销部门负责库存管理,物流活动的管理主体不一致导致了责任与目的的冲突。其主要原因在于当时企业的产能跟不上美国经济的迅猛发展所带来的需求,企业经营者把大部分的注意力放在了生产制造上,无暇顾及物流问题。到了20世纪60年代,美国经济步入"富裕"阶段,企业通过大量生产以规模化发展,而这个时期美国的物流系统并没有得到改进,处于停滞期。

在20世纪50年代，日本引入“PD”这一概念，即 Physical Distribution。“物的流通”简称“物流”，并创造性地将物流视为一种综合活动。日本一改以往重生产、轻流通的战略，转而进入“保证运输与保管”的时代。而到了20世纪60年代，随着流通革命的出现，零售业开始在流通渠道上进行改革以适应当时大量生产和大量消费的要求，这些企业通过取消中间环节以巩固自己的物流部门的地位。在这个时期，日本企业的物流部门逐渐变得不可替代。

英国物流在这一时期的发展主要受到三个层面因素的影响。首先，从20世纪60年代起宽松的运输政策使得运输企业的经营范围扩大，积极地推动了整个运输业的发展。另外，企业对于物流的认知不再仅仅停留在局部的单个环节中，综合物流概念的引入让企业系统化地理解物流的运作过程，各个环节的合作大幅提高了物流效率。再者，零售业的经营策略开始发生转变，物流管理成为零售业经营的重点之一。与此同时，零售业以及制造业的企业都将重心放到本业上，将配送业务交给其他专业物流公司也逐渐成为一种行业趋势。

2. 20世纪70年代至80年代

在这一时期，伴随着美国经济的国际化发展，美国国内的众多企业体会到了竞争压力。大量的外资企业进驻美国，越来越多的外国产品开始侵蚀其产业份额，伴随美元的贬值，美国国内的企业也开始积极地出口产品。于是，越来越多的美国企业开始意识到提高国际竞争力的重要性。

在20世纪80年代，得益于美国政府出台的众多物流促进政策，具有运输业务的企业得到了政策优惠，美国物流行业获得了空前的发展。

在这一阶段，美国物流业逐步走向现代化，从业者们认识到应从生产流通全链条的视角看待物流的重要性。1985年，美国物流管理协会正式更名，其名称中的“物流”由“Physical Distribution”更改为“Logistics”，这一事件标志着现代物流观念的确立。在美国物流现代化的进程中，企业越来越重视物流在经营战略中的地位，一些大型企业积极地促进物流系统的升级改造。

在20世纪70年代，为了降低经营成本，企业的重要课题是削减库存，因此大量的美国企业开始引入准时生产模式(Just In Time，JIT)，这是由日本丰田公司提出的追求小库存甚至无库存的生产模式。准时生产模式的采用，大幅降低了企业库存，但是对运输服务提出了更高的要求，尤其是对运输服务的准确性和及时性的要求非常严苛，这也逼迫企业提升运输服务质量以充分发挥准时生产模式的优势。

此外，铁路运输也顺应时代的发展出现了众多革新，马尔科姆·麦克莱恩(Malcom McLean)将集装箱应用于海运中取得的成功促进了铁路集装箱运输的发展，其中双层集装箱运输(Double Stack Train)则是典型代表。自此，多式联运(Intermodal Transport)开始迅速普及，其通过不同运输方式配合完成集装箱运输以降低运输成本，极大地促进了美国国内的集装箱运输的发展。

在这一时期，航空快递运输也迎来了快速发展，因为众多企业采用准时制生产模式，次日送达的运输需求大幅增加，这促进了航空快递运输的发展。外包制(Outsourcing)也是这一时期兴起的管理思想，一些企业将非核心业务委托给外部的专业公司完成，这为后续的第三方物流的发展做了铺垫。

从 20 世纪 80 年代起，英国出现了一种新型的物流服务方式——专属物流服务方式，物流公司通过与货主签订长期协议，为货主企业提供专属的运输服务以及仓储服务，这种运输模式最终演化为第三方物流（Third-Party Logistics，3PL）。第三方物流理论诞生于英国，最终于 1989 年由美国物流管理协会正式发表而引起了世界的关注。

综上所述，这一时期对于美国而言是物流革新与快速发展的时代。

在这一阶段，日本国内的生产规模也迅速扩张，产品流量增长迅速。为了促进行业的规范化发展，并且与工业标准化相匹配，日本开始建立物流标准体系。1983 年，日本成立了物流学会。

3. 20 世纪 90 年代至今

进入 20 世纪 90 年代，美国企业的物流系统开始朝着系统化、整合化发展，其范畴也从单纯的物流扩展到了供应链，二者的主要区别在于，供应链在原有物流的含义基础上扩展至商品流通过程的整个产业链条中所有企业的物流过程。另外，20 世纪 90 年代，第三方物流服务在美国蓬勃发展，多样化物流需求也进一步打开了美国的新兴物流市场。

精益物流（Lean Logistics）是在 20 世纪 90 年代产生的概念，它源自精益制造（Lean Manufacturing）。精益制造是从“丰田生产系统”发展而来，其核心思想“精益思想”是指运用多种现代管理方法和手段，以社会需求为依据，以充分发挥人的作用为根本，有效配置和合理使用企业资源，最大限度地为企业谋求经济效益的一种新型的经营管理理念。精益物流是精益思想在物流管理中的应用，是物流发展的必然趋势。

这一时期也是物流国际化、信息化快速发展的时期，人们对于物流的重要地位有了清晰的认知，物流、营销、生产成为支撑企业竞争力的三大支柱，三者相互依存、关系紧密。美国的企业在这一时期不断地追求物流系统的机械化、自动化、信息化，通过物流理念的升级和物流技术的更新而不断地提高竞争力。

20 世纪 90 年代是日本物流现代化发展的阶段，随着市场环境的变化，日本物流业逐渐朝多频、少量、快速的方向发展。1997 年，日本政府制定了《综合物流施政大纲》，强调了信息化、技术、人才、标准、服务、国际化、规范化、标准化等多方面的纵深发展方针，这是日本物流产业发展历史的重要事件。日本物流产业通过结构调整，凭借先进的信息化物流装备，正逐渐恢复综合竞争力。

1.1.3　中国现代物流

在我国，物流的概念最早是于 20 世纪 70 年代末从日本引入的，指物的流通。

在中华人民共和国成立初期到 20 世纪 80 年代的改革开放初期，我们国家的经济体制是计划经济，货物流通的各个环节包括生产、运输、仓储、销售等都是由国家主导，因此这一阶段我国经济领域尚未出现现代物流的概念，更缺乏相关的研究。

在改革开放初期到 20 世纪 90 年代中期，我国处于有计划的商品经济阶段，物流产业的发展仍处于萌芽期。

20 世纪 90 年代中期至今，我国社会主义市场经济体制逐步建立，现代化物流随着经济腾飞而迅猛发展。企业产权关系日益明晰，生产、流通等企业开始认识到物流的重要性，不同类型的物流企业如雨后春笋般出现。1997 年，《中华人民共和国物流术语标准》颁布，这也预示着我国物流产业从野蛮生长向规范化、标准化转变。

近 20 年，我国物流产业处于飞速发展时期，在物流基础设施构建、物流信息化改造、物流管理体系升级等方面有了质的飞跃，带动了社会物流效率的提高、物流成本的降低。此外，信息技术、电子商务等新兴产业的发展也对我国物流产业提出了新要求。各企业对于物流这一第三利润源的认知越来越深刻，内部的物流管理逐步发展到整个供应链的协同优化。

近年来，国家在政策层面上也大力支持物流产业的发展。2014 年，国务院发布《物流业发展中长期规划 2014—2020》，将物流业定位为支撑国民经济发展的基础性战略产业，国家对物流业的重视程度可见一斑。

我国物流产业的发展主要集中于最近 20 余年，也逐渐走向国际化，尽管短时间内的发展成就令人瞩目，但是物流效率与成本、专业化和信息化水平较发达国家还有不小的差距。

1.2　现代物流系统

现代物流的概念不再仅仅是“物的流通”或“物的分配”，而是一种集运输、储存、加工、包装、装卸、配送和信息处理等多种基本活动为一体的集成式管理，其任务是尽可能降低物流的总成本，为顾客提供最好的服务。

相较于传统的物流，现代物流涵盖了产品自“产生”到“报废”的全生命周期中物理性的流通过程，并且提出了物流系统化的新概念。现代物流的现有内涵已远超传统物流，并且将社会物流和企业物流都考虑在内。现代物流涉及产品的原料采购、生产制造、营销的全部物流环节，再经过产品包装、货物运输、货物装卸、货物仓储、货物配送等流程然后交由消费者，而当产品完成其使命后的回收物流也在现代物流的考虑范畴之内。

现代物流是规划管理与技术装备的综合（图 1.1），物流技术与物流装备这些原料经过物流管理、物流规划这些手段的加工，形成了现代物流如蛋糕一般的层次分明又和谐统一的整体。

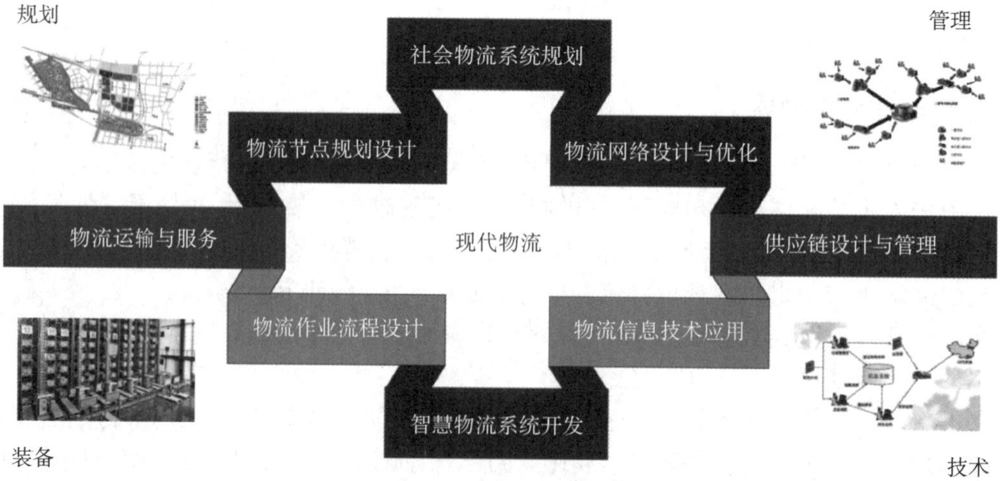

图 1.1　现代物流系统图

1.2.1 物流管理

物流管理是指在社会再生产过程中，根据物质资料实体流动的规律，应用管理的基本原理和科学方法，对物流活动进行计划、组织、指挥、协调、控制和监督，使各项物流活动实现最佳的协调与配合，以降低物流成本，提高物流效率和经济效益。

现代物流管理的目标与任务是通过广泛采用现代物流技术和组织模式，优化物流管理水平、提高物流效率、降低物流成本，从而提供优质的物流服务。

物流管理是综合性的，它协调并且优化物流系统中的所有环节，以保证整体的协同运行。物流管理活动涵盖了众多内容，包括战略层的物流网络规划、物流系统设计等，运营层的运输管理、仓储管理、供需规划等，作业层的物料搬运、车间生产计划、货物运输等。此外，物流管理还涉及物料采购、包装与组装等。

物流管理的发展经历了三个阶段。

1. 配送管理阶段

第二次世界大战中军队的物资运输催生了物流，而物流管理也是这一时期产生的。在战争结束后，物流管理技术被广泛应用，并在很大程度上提高了企业的运作效率。在当时，物流管理的对象主要为配送环节，即在完成产品生产后，如何高效低成本地将产品通过配送中心送至客户手中，并且通过降低库存量以降低企业运营成本。在此阶段，物流管理还缺乏很多必要组件，存在的只有运输管理、仓储管理以及库存管理。

2. 物流管理阶段

随着现代物流的出现，人们发现以系统化的视角去处理企业中的经营问题是非常有效的。通过分析物料经由生产线的各加工站，产生的成品搬运至配送中心，最终运输至客户手中的整个流通过程，企业能够减少大量的局部高效但全局低效的工作。

在此阶段，物流管理的范畴扩展到了生产需求预测、采购、生产计划、存货管理、配送以及客户服务等，通过系统化的运营以获得企业整体的效益最大化。

3. 供应链管理阶段

20世纪90年代起，伴随着全球一体化发展进程，各大生产企业将零部件生产外包，将非核心、低技术、劳动密集型生产任务转移至人力成本低廉的国家。例如，美国的一些车企，将一辆汽车上的几千个零件外包给十几个不同的国家，全球各地几百个供应商完成这些零件的生产。这种生产模式也给物流管理带来了新的挑战：如何在低库存量的前提下，确保各供应商的零件能够准时、保质保量、低成本地交由装配厂完成货物的组装，并通过供销网络将成品车运送给每个分销商，最终抵达各个客户手中。这已经超出了单个企业的物流管理范畴，其中企业需要与各个层次的供应商、分销商建立起紧密的合作关系，信息互通有无，作业积极协同，在整个供应链上集成各个环节，才能够实现整个供应链的畅通运行。通过实施高效的供应链管理，这些企业才能将协同的效果最大化，而市场竞争的战场已经从不同企业之间转向了不同供应链之间。

从内容上看，物流管理的基本内容主要包括六点：作业管理，战略管理，成本管理，服务管理，组织与人力资源管理和供应链管理。

1. 物流作业管理

物流作业管理是指对物流活动或功能要素的管理，主要包括运输与配送管理、仓储与物料管理、包装管理、装卸搬运管理、流通加工管理、物流信息管理等。作为现代物流管理的重要组成部分，物流作业管理以作业成本法（Activities-Based Cost Method，ABC 成本法）作为最有效的工具。

作业成本法是针对作业活动的成本核算系统，如图 1.2 所示，系统中的各资源依据资源动因分配给各个作业，各作业则依据作业动因分配至各产品。作业所获得的资源组成了该作业的成本要素，众多的作业组成了作业中心。成本动因则由资源动因和作业动因组成，这两个是分配资源和作业成本的依据。

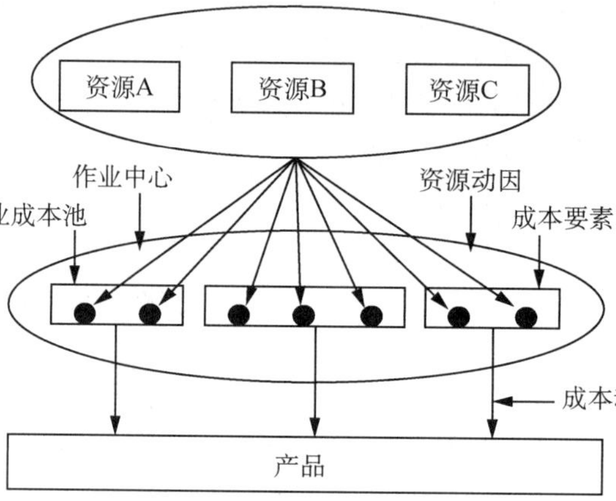

图 1.2　作业成本法

作业成本分析法为企业物流的管理提供了成本信息依据，同时将作业管理的理念引入企业物流管理的体系中，通过对产品、价值链、作业和资源的分析，降低企业物流过程不必要的损耗，有效地促进了物流系统的效率。

2. 物流战略管理

物流战略管理是企业针对物流活动构建的宏观、长期的整体性管理，其中包括制定、实施、控制和评价物流战略过程中的管理与执行，需要考虑的主要问题是如何使得企业的物流活动与环境相适应，最终实现长期可持续、高效、低成本的物流。

物流战略管理主要包含三个阶段：物流战略制定、物流战略实施、物流战略控制与调整。

物流战略制定需要分析企业内部和外部环境，根据恰当的程序和方法，确定物流战略目标，划分目标实施阶段，明确重点并制定对策，以此构建指导企业长期发展的宏观谋划。

物流战略实施过程将根据战略目标执行战略。在这一过程中，主要的工作包括：企业为了落实物流战略而确定各阶段物流目标、制定物流政策、配置物流资源，确定所需的外部资源以及使用方案，组织结构调整，企业文化调整，等等。物流战略实施阶段是物流战略管理中最为困难的一部分，是实现战略目标的关键。

物流战略控制是战略管理的最后阶段，这一阶段需要构建标准以衡量战略执行情况，纠正偏差。战略控制也可以分为三类：事前控制、事中控制以及事后控制。物流战略调整是依据企业物流的发展情况，包括经营情况、环境、新思维或者新机遇，适当地调整现有战略，从而使得战略能够与时俱进，更好地指导企业物流管理。好的战略目标只是物流战略管理的开端，通过有效的实施、控制、调整才能保证物流战略的成功实现。

3. 物流成本管理

物流成本管理是指有关物流成本方面的一切管理工作的总称,即对物流成本所进行的计划、组织、指挥、监督和调控。企业经营中的物流活动产生的各类费用即为物流成本,其主要由三个部分组成:物品物理性活动产生的费用和这一活动中所需的设备与设施费用,物流活动过程中信息处理与传递的费用和所需的设备与设施费用,综合管理的费用。

物流成本管理是基于成本实现物流的管理,而并非管理成本,是以成本为工具的管理方法。其意义在于,通过建立物流成本与物流要素之间的关系,科学地组织开展物流活动,通过有效控制物流活动费用,实现物流管理的合理化,最终提高企业和社会的经济效益。

4. 物流服务管理

物流服务管理是以客户满意度为导向的,是指物流企业或企业的物流部门从处理客户订货开始,直至商品送交客户过程中,为满足客户的要求,有效地完成商品供应、减轻客户的物流作业负荷所进行的全部活动。

物流服务是企业的核心竞争力之一,因此一味地降低物流成本是不可取的。物流服务管理的目的就是在成本与服务质量之间找到平衡点,以适当的成本实现尽可能高质量的服务。

5. 物流组织与人力资源管理

物流组织是指专门从事物流经营和管理活动的组织机构,组织管理就是通过建立组织结构,规定职务或职位,明确责权关系,以使组织中的成员互相协作配合、共同劳动,有效实现组织目标的过程。确定物流企业组织机构的基本原则是:精简、统一、自主、高效。

6. 供应链管理

供应链管理是在原有物流管理的基础上向外扩展,以系统化的视角设计、规划、控制和优化物流、信息流、资金流,从而构建供应、生产、营销企业之间的战略合作关系,以实现最大程度地降低浪费,带动供应链整体的效率优化从而助力各成员企业获得更好效益。

供应链管理的实质是深入供应链的各个增值环节,将顾客所需的正确产品(Right Product)能够在正确的时间 (Right Time),按照正确的数量(Right Quantity)、正确的质量(Right Quality)和正确的状态(Right Status)送到正确的地点(Right Place),即"6R",并使总成本最小。

1.2.2 物流工程

物流工程是以物流系统为研究对象,研究物流系统的资源配置、物流运作过程的控制、经营和管理的工程领域。物流工程也可以被称为物流系统工程,其将系统工程理论和工业工程理论应用于物流管理,是从物流系统成本出发,将物流与信息流交融为一,同样将生产、流通以及营销全流程作为整体,运用系统工程的理论和方法进行物流系统的规划、管理和控制,选择最优方案,以最低的物流费用、高的物流效率、好的顾客服务,达到提高社会经济效益和企业经济效益目的的综合性组织管理活动方法,从整体上对物流进行分析、设计、优化和控制。相比物流管理,物流工程更侧重于系统规划与工程技术。

物流工程主要包括以下内容。

1. 物流系统分析

物流系统分析即综合运用科学的分析方法和工具,对物流系统的目的、功能、环境、费用和效益进行充分的调研、收集、比较、分析和数据处理，建立若干替代方案和模型，对各种方案和模型进行比较和分析，寻求使物流系统整体效益最佳和有限资源配备最佳的方案，为决策者的最后决策提供科学依据和信息。其根本目的在于提出并比较各种方案的技术经济指标，形成最优方案，为决策提供依据。

物流系统分析没有固定的分析方法，主要根据物流系统运作过程中出现的不同问题而采用相应的分析方法。优化分析的实质是通过建立物流系统模型，求解使物流系统达到最优的方案，物流系统常用的优化指标一般有效率、费用、效益、利润等，适用范围一般包括以下：

① 制订经济发展计划（规划理论，方案优化）。

② 重大物流工程项目的组织管理（网络分析理论，保质保量如期完成）。

③ 厂址选择和建厂规划（从技术上先进、经济上合理、建设上可行几个方面，选择最佳建设方案）。

④ 新产品开发（价值分析，确定该产品最适宜的性能、结构、用料和价格）。

⑤ 资金成果管理（预算控制，成本盈亏分析，采用经济合理的措施或方案）。

⑥ 组织企业的生产布局和生产线（对人员和各种生产设施进行最佳的分配和安排）。

⑦ 编制生产作业计划（投入产出分析法，库存控制等，实现准时生产和均衡生产）。

2. 物流系统建模

模型是对真实系统的特征及其变化规律的一种抽象表示，而且往往是对系统中那些所要研究的特征的抽象表示。模型可以表现实际系统的各组成因素及其相互间关系，反映实际系统的特征，模型从实际系统中抽象出来，但又高于实际系统，而且具有同类系统的共性。

物流系统模型是对物流系统的特征要素、相关信息和变化规律的一种抽象表述，反映物流系统某些本质属性。物流系统模型的特征如下：

① 是物流系统中现实实体的抽象或模仿。

② 由一些与物流系统分析有关的因素组成。

③ 用来表明物流系统中各因素间的关系。

数学模型是模型中最常见的一种，它利用代数方程、微分方程、积分方程、逻辑式、数表等各种数学表达式，表示系统的某些行为特性和结构本质。常见物流系统数学模型有以下几种。

（1）资源分配型

任何一个生产经营系统，允许使用的资金、能源、原材料、运输工具、作业机械、工时等都是有限的，环境对生产经营系统也有一定约束，所以企业在这些限制条件下进行生产经营。如何合理安排和分配有限的人力、物力、财力，充分发挥其作用，使目标函数达到最优，这类模型就是资源分配型模型。其代表模型包括线性规划、动态规划和目标规划模型等。

（2）存储型

为了使生产经营系统得以正常运转，一定量的资源储备是必要的。在保证生产过程顺利进行的前提下，如何合理确定各种所需物资存储数量，使资源采购费用、存储费用和因缺乏资源影响生产所造成的损失的总和最小，这类模型就是存储型模型。其代表模型包括库存模型和动态规划模型。

(3) 输送型

在一定的输送条件下(如道路、车辆等限制条件),如何使输送量最大、输送费用最省、输送距离最短,这类模型就是输送型模型。其代表模型包括图论、网络理论、规划理论。

(4) 等待服务型

等待系统由顾客(如领料的工人、待打印的文件、损坏的机器、提货单)和为顾客服务的机构(如仓库、维修车间、发货点)所构成。如何最优地解决"顾客"和"机构"之间的一系列服务问题,了解顾客到来的规律,确定顾客等待的时间,寻求使顾客等待时间最少而机构设置费用最省的优化方案,这类模型就是等待服务型模型。其代表模型为排队模型。

(5) 指派型

任务的分配、生产的安排以至加工顺序问题是企业中常见的问题,如何以最少费用或最少时间完成全部任务,这类模型就是指派型模型(数学上称为指派问题和排序问题)。其代表模型为整数规划和动态规划模型。

(6) 决策型

在系统设计和运行管理中,需要行之有效的决策技术来支持,如何从各种有利有弊且带风险的替代方案中,对一些重大的经营管理问题作出及时而正确的抉择,找出所需的方案,这类模型就是决策型模型。其代表模型为决策论。

(7) 其他模型

由于物流系统的复杂性,物流系统的模型类别很多,如投入产出模型、布局选址模型、解释预测模型等。

3. 物流系统预测

物流系统预测是根据客观事物过去和现在的发展规律,借助科学的方法和手段,对物流管理发展趋势和状况进行分析、描述,形成科学的假设和判断的一种科学理论。凡是影响物流系统活动的因素都是预测对象。例如,物流系统的人力、物力、财力,以及资源、销售、交通,国家的政策方针,经济发展的形势和自然条件等,这些都是预测的内容。

物流系统预测既是编制计划的基础,又是决策的依据。物流系统的存储、运输等各项业务计划都是以预测资料为基础制定的。而正确的决策取决于可靠的预测。常见的预测技术可以分为以下几种。

(1) 判断预测技术

判断预测就是在一种有组织的形式下,搜集个人对预测对象所作的判断进行综合分析,得出预测结论的方法。

判断预测是一种定性预测方法,适用于数据奇缺,或难以做定量分析的情况,预测准确度不高,容易受主观因素的影响,一般用于中长期预测。常用方法有德尔菲法、主观概率法、市场调查和历史类比法等。

(2) 时间序列预测技术

时间序列指观测或记录到的一组按时间顺序排列的历史数据。时间序列预测,是根据预测对象的历史数据资料,按时间进程组成动态数列,再进行分析、预测的方法。

时间序列预测是一种定量预测方法,要求有准确、完整的历史数据资料,时间序列所代表的时间周期必须一致,时间序列中各项数字的计算方法、计量单位、数据内容必须一致。时间序列预测又可以分为确定性时间序列预测,如移动平均法、指数平滑法;随机时间序列预测,如马尔科夫链法、灰色系统预测法。

(3) 因果预测技术

因果预测法又称回归预测法,也是一种定量预测方法,是根据事物之间的因果关系来预测事物的发展和变化,通过对需求预测目标有直接或间接影响的因素进行分析,找出其变化的规律,并根据这种变化规律来确定预测值。其常用方法有一元线性回归预测法、多元线性回归预测法和非线性回归预测法等。

4. 物流系统规划

物流系统规划所关注的问题是如何合理、有效地利用或配置各种资源(劳动力、材料、设备、资金),使实现预定目标所需的费用最少(或资源最少),或者所获得的收益最大。物流系统规划一般都可以用优化模型来表达。其基本思想是在满足一定的约束条件下,使预定的目标值达到最优。物流系统规划的数学基础主要是运筹学理论,常用的方法包括线性规划、整数规划和动态规划等。

常见的物流系统规划有以下几种。

(1) 物流调运规划

调运规划问题也叫运输问题,其一般可以假设某种要调运的物资,有一组供应点(产地或称发点)m 个,一组需求点(销地或称收点)n 个,如果每个供应点的供应量及每个需求点的需求量都已经确定,即第 i 个产地有 a_i 单位的物资发出,第 j 个需求点需要收进 b_j 单位的物资;并且从每个产地到每个销地的单位运价是已知的,假定把单位物资从第 i 个产地调运到第 j 个销地去的单位运价为 c_{ij}。

物资调运规划的目的:制定一个合理的调运方案;确定 m 个产地与 n 个销地之间的供需联系和数量的最优搭配(使用单纯形法、表上作业法等);确定具体的运输路线,使总的运输费用最低(使用图上作业法等)。

(2) 物流分配规划

在物流系统中或其他的管理工作中,管理人员经常面临的一个问题是:如何根据有限的资源(人力、物力、财力等)进行工作任务分配,以达到降低成本或提高经济效益的目的。这类问题常用整数规划或匈牙利法求解。

(3) 选址规划

物流调运规划问题,是一种有固定发点、固定收点和固定道路的运输规划问题。还有一类运输问题,其收货点和发货点是待定的,这就是选址问题。这类问题常用单一地址选址方法或图上作业法等求解。

(4) 货物装配规划

货物装配的目的是在车辆载重量为额定值的情况下,合理安排货物,使车辆装载货物的价值最大(如重量最大、运费最低等)。这类问题常用动态规划法等求解。

5. 物流系统控制

物流系统控制是将控制理论应用于物流系统,将物流系统作为被控对象,通过控制物流系统的输入与输出以及通过反馈使物流系统达到期望的最佳物流收益,主要包括以下三种。

(1) 库存控制

库存控制是指在企业系统运行中对量大、面广的原材料、零部件、协作外购件等物料的控制。库存控制模型按订货方式分类，可分为 5 种：定期定量模型、定期不定量模型、定量不定期模型、不定量不定期模型和有限进货率定期定量模型。

(2) 产品成本控制

产品成本控制包括对原材料消耗、动力、厂房和设备的折旧及各种费用的有效控制。

(3) 工序质量控制

工序质量控制主要指产品在各关键工序的质量控制和成品的质量控制。

6. 物流系统评价

物流系统评价是对物流系统的价值进行评估，根据物流系统的评价标准及环境对物流系统的要求，详细比较各种可行方案的优劣，从中选出一个好的方案付诸实施。

物流系统评价的对象主要是四个方面。

① (系统实施之前)对物流系统方案的评价(对可能产生的后果和影响进行评价)。

② (实施过程中)对方案的跟踪评价(发现问题，完善方案，对实施过程进行跟踪评价)。

③ (实施完成后)对物流系统进行回顾评价(总结经验，吸取教训，发现新现象、新规律)。

④ (已投入运行的系统)对运行现状评价(收集资料，总结经验，为建造新的系统收集资料)。

物流系统的方法很多，根据系统结构不同、性能不同以及评价因素不同，选用的评价方法也不同。一般的评价因素包括政策性指标、技术性指标、经济性指标、社会性指标、环境保护指标和时间性指标等。评价方法则包括关联矩阵法、关联树法、模糊综合评价法和层次分析法等。

7. 物流系统决策

物流系统决策就是在充分占有资料的基础上，根据物流系统客观环境，借助于经验、科学的理论和方法，从若干备选的方案中，选择一个合理、满意的方案的决断行为，如物流选址决策、物流经济决策、生产决策和投资决策等。

按决策者对自然状态的了解，物流系统决策可以分为以下三种。

(1) 确定型决策

确定型决策指未来环境完全可以预测，人们可以获得精确、可靠的数据作为决策基础的决策。

(2) 非确定型决策

非确定型决策指自然状态出现的概率是未知的决策。一般越是关键的决策往往是非确定型决策，对于此类决策首先应该确定决策准则，如平均准则、悲观准则、乐观准则、折中准则和后悔值准则等。

(3) 风险型决策

风险型决策指自然状态出现的概率是已知的决策。风险型决策采用期望值的大小作为判别标准，一般包括损益矩阵法决策和决策树法决策。

8. 物流系统仿真

物流仿真是针对物流系统进行系统建模，并在电子计算机上编制相应应用程序，模拟实际物流系统运行状况，并统计和分析模拟结果，用以指导实际物流系统的规划设计与运作管理。物流仿真使用的建模方法有排队理论、Petri 网和线性规划等。

物流仿真软件主要应用于企业内部生产物流仿真,企业仓储、运输和配送流程仿真,物流咨询仿真以及高校物流专业仿真研究学习等。随着现代物流的发展,物流系统已经变得越来越复杂,内部的关联性也变得越来越强,仿真就成为企业检测其物流系统及决策是否有效或高效的一个重要途径。此外,企业设计一个新的物流系统,或对已有的系统添加新技术、新装备,进行原有系统改造,都需要仿真技术和仿真软件的应用。

物流系统常用仿真方法有以下两种。

(1) 连续型仿真法

连续系统指系统的状态在时间上平滑变化。为了反映连续系统的特征,仿真模型建立一组由状态变量组成的状态方程,可以是代数方程、微分方程、函数方程和差分方程等。这些方程描述了各状态变量与主要变量——仿真时间的关系。在此基础上,按一定的规则将仿真时间一步一步向前推移,对方程进行求解与评价,计算和记录各个状态变量在各个时间点的具体数值。连续型仿真法可以对系统状态在整个时间序列中的连续性变化进行动态描述,这种方法主要用于物流系统的发展战略研究、运量预测等与时间密切相关的连续系统。

(2) 离散性仿真法

离散系统是指系统状态在某些随机时间点上发生离散变化的系统。这种引起状态变化的行为称为“事件”,因而这类系统是由事件驱动的。事件发生是随机的,因而离散系统一般都具有随机特征。系统的状态变量往往是离散变化的。离散模型仿真方法主要分为以事件为基础、以活动为基础和以过程为基础的仿真方法。以事件为基础的仿真方法模型是通过定义系统在事件发生时间的变化来实现的。以活动为基础的仿真模型是通过描述系统的实体所进行的活动,以及预先设置导致活动开始或结束的条件来实现的,这种仿真模型适用于活动延续时间不定,并且由满足一定条件的系统状态而决定的情况。以过程为基础的仿真模型综合了以事件为基础的仿真和以活动为基础的仿真二者的特点,描述了作为仿真对象的实体仿真时间内经历的过程,在物流系统中排队问题等仿真多采用该方法。

1.2.3 物流技术与装备

物流技术与装备是现代物流的基本载体,承载了系统中所有的作业与管理。现代物流的发展逐渐趋于信息化、自动化、智能化,而其更新迭代过程中最大的变化就是技术与装备。

现代物流的技术与装备主要包括集装单元装卸搬运技术装备、装卸搬运技术装备、自动仓储系统技术装备、流通加工技术装备、物流包装技术和物流信息技术。

1. 集装单元装卸搬运技术装备

集装单元是指用各种不同的方法和器具,把包装或无包装的物品整齐地汇集成一个扩大了的、便于装卸搬运的作业单元,这个作业单元在整个物流过程中保持一定的形状。集装单元化技术是以集装单元为基础组织的装卸、搬运、存储和运输等物流活动中所采用的各种技术的总和。这种方式大幅度降低了物流费用,并使传统的包装方法和装卸搬运工具发生了根本变革。

集装单元化是物流现代化的主要特征之一,也是一个国家物流是否发达的重要衡量标准。目前，世界各国大都采用集装单元化技术开展物流活动，集装单元化已运用于物流全过程的各个环节，并且发展出集装箱化、托盘化、货捆、网袋、框架、滑板、半挂车等多种集装单元作业形式。

2. 装卸搬运技术装备

装卸搬运活动是随运输和保管等活动而产生的必要活动，主要包括装货卸货作业、搬运移送、堆垛拆垛作业和分拣配货作业四种作业内容。装卸搬运活动的目标主要有四个方面：装卸搬运距离短，装卸搬运质量高，装卸搬运时间少，装卸搬运费用省。

装卸搬运技术是指装卸搬运活动中所使用的各种装卸搬运设备和工具，以及由科学理论知识和实践经验发展而成的各种装卸搬运方法、技能与作业程序等，它一般由装卸搬运方式的选择、装卸搬运合理化、装卸搬运设备的运用等内容构成。

对于装卸搬运而言，装卸搬运设备至关重要，是实现装卸搬运作业机械化的基础。装卸搬运设备是指用来搬移、升降、装卸和短距离输送物料或货物的机械，它是企业物流系统中重要的机械设备，不仅用于完成船舶与车辆货物的装卸，而且用于完成库场货物的堆码、拆垛、运输以及舱内、车内、库内、车间内货物的起重输送和搬运。

3. 自动仓储系统技术装备

自动仓储系统是由高层立体货架、堆垛机、各种类型的叉车、出入库系统、无人搬运车、控制系统及周边设备组成的自动化系统。利用自动化仓储系统可持续地检查过期产品或找库存的产品，防止不良库存，提高管理水平。自动化仓储系统能充分利用存储空间，通过计算机可实现设备的联机控制，以先入先出的原则，迅速准确地处理物品，合理地进行库存管理及数据处理。

自动仓储系统能在提高货物的仓储质量的同时降低作业的难度，目前已广泛应用于物流领域，一般包括立体高层货架、货品搬运设备、控制和管理系统及相关公用设施等。

4. 流通加工技术装备

流通加工是指根据顾客的需要，在流通过程中对产品实施的简单加工作业活动（如包装、分割、计量、分拣、刷标志、拴标签、组装等）的总称。流通加工之所以产生，并且越来越成为物流领域的一个主要环节和重要功能，就在于它可以促进物流效率的提高和满足消费者的多样化需求，同时也可以给流通业带来效益。

另外，随着经济全球化和国际分工的发展以及采购全球化的趋势，产品的原材料和零部件往往由一个国家流向另一个国家，从而使得原材料和零部件的物流环节变得复杂，物流距离变得更长。因此，流通加工也会变得越来越重要。

根据加工对象的不同，流通加工可以分为两大类：一类是生产资料的流通加工，如原料流通加工、燃料流通加工、机电设备流通加工；另一类是消费资料的流通加工，如生鲜食品流通加工。

5. 物流包装技术

所谓包装是指在流通过程中保护产品、方便储存、促进销售，按一定技术方法而采用的容器、材料及辅助物等的总体名称，包括为了达到上述目的而进行的操作活动。

包装的基本功能是保护、便利及促进销售，因此可以分为以促进销售为目的的商业包装和以强化输送、保护为目的的运输包装。而根据包装材料的不同可以分为木制包装、塑料包装、金属包装、纤维包装、陶瓷与玻璃包装和复合包装等。

6. 物流信息技术

物流信息技术是现代信息技术在物流各个作业环节中的综合应用，是现代物流区别于传统物流的根本标志，也是物流技术中发展最快的领域，尤其是计算机网络技术的广泛应用使物流信息技术达到了较高的应用水平。物流信息技术的发展也改变了企业应用供应链管理获得竞争优势的方式，成功的企业通过应用信息技术来支持它的经营战略并选择它的经营业务。

物流信息技术主要由通信、软件、面向行业的业务管理系统三大部分组成，其主要包括以下技术。

(1) 条形码技术

条形码技术是在计算机的应用实践中产生和发展起来的一种自动识别技术。条形码是将宽度不等的多个黑条和空白，按照一定的编码规则排列，用以表达一组信息的图形标识符。常见的条形码是由反射率相差很大的黑条(简称条)和白条(简称空)排成的平行线图案。条形码可以标出物品的生产国、制造厂家、商品名称、生产日期、分类号、邮件起止地点、类别、日期等信息，为我们提供了一种对物流中的货物进行标识和描述的方法。

条形码技术具有输入速度快、准确可靠、成本低、信息量大等特点。条形码是实现 POS 系统、电子商务、供应链管理的技术基础，是物流管理现代化、提高企业管理水平和竞争能力的重要技术手段。

(2) 电子数据交换技术(EDI)

电子数据交换技术(Electronic Data Interchange，EDI)是指按照统一规定的一套通用标准格式，将标准的经济信息通过通信网络传输，在贸易伙伴的电子计算机系统之间进行数据交换和自动处理的技术。由于使用 EDI 能有效减少直到最终消除贸易过程中的纸面单证，因而 EDI 也被称为“无纸交易”。它是一种利用计算机进行商务处理的新方法，将贸易、运输、保险、银行和海关等行业的信息，用一种国际公认的标准格式，通过计算机通信网络，使各有关部门、公司与企业之间进行数据交换与处理，并完成以贸易为中心的全部业务过程。

通过 EDI 技术，物流企业能充分理解并满足客户的需要，制订供应计划，达到降低库存、加快资金流动的目的；能实现货运单证的电子数据传输，充分利用运输设备、仓位，为客户提供高层次和快捷的服务；能加速货物的提取及周转，减缓仓储空间紧张的矛盾，从而提高利用率。

(3) 射频识别技术(RFID)

射频识别技术(Radio Frequency Identification，RFID)是一种非接触式的自动识别技术，它基于电磁感应、无线电波或微波进行非接触双向通信，从而达到识别和交换数据的目的。识别工作无需人工干预，可于各种恶劣环境中工作。短距离射频产品不怕油渍、灰尘污染等恶劣的环境，可以替代条形码，如用在工厂的流水线上跟踪物体。长距射频产品多用于交通，识别距离可达几十米，如自动收费或识别车辆身份等。

射频识别技术可以实现从商品设计、原材料采购、半成品与制成品之生产、运输、仓储、配送、销售，甚至退货处理与售后服务等所有供应链环节之即时监控，帮助人们准确掌握产品相关信息，诸如种类、生产商、生产时间、地点、颜色、尺寸、数量、到达地和接收者等。

(4) 地理信息系统(GIS)

地理信息系统(Geographical Information System, GIS)是多种学科交叉的产物,它以地理空间数据为基础,采用地理模型分析方法,适时地提供多种空间的和动态的地理信息,是一种为地理研究和地理决策服务的计算机技术系统。其基本功能是将表格型数据(无论它来自数据库、电子表格文件或直接在程序中输入)转换为地理图形显示,然后对显示结果进行浏览、操作和分析。其显示范围可以从洲际地图到非常详细的街区地图,显示对象包括人口、销售情况、运输线路和其他内容。

由于物流对地理空间有很大的依赖性,采用GIS技术建立的物流管理系统一般包括公路、铁路等交通信息,仓库、汽车等储运信息,营运网点等服务资源信息以及加油站等后勤信息,可以实现企业物流的可视化和实时动态管理,便于及时进行物流调度。

(5) 卫星定位系统

卫星定位系统具有在海、陆、空进行全方位实时三维导航与定位的能力,可以对各种目标进行定位、导航、监测和管理。目前主要有美国的GPS定位系统、中国的北斗卫星导航系统等。

利用卫星定位系统,能够实现物流管理系统的车辆跟踪、运行监控、信息查询、指挥调度、全程导航、自动报警和紧急救援等功能,在军事物流里尤为重要。

(6) 物流管理软件

物流管理软件包括运输管理系统(Transportation Management System, TMS)、仓储管理系统(Warehouse Management System, WMS)、货代管理系统(Freight Management System, FMS)、供应链管理(Supply Chain Management, SCM)系统等。

运输管理系统是一种"供应链"分组下的操作软件。它能通过多种方法和其他相关的操作一起提高物流的管理能力,包括管理装运单位,制订企业内、国内和国外的发货计划,管理运输模型、基准和费用,维护运输数据,生成提单,优化运输计划,选择承运人及服务方式,招标和投标,审计和支付货运账单,处理货损索赔,安排劳力和场所,管理文件(尤其当国际运输时)和管理第三方物流。

仓储管理系统是实时的计算机软件系统,它能够按照运作的业务规则和运算法则,对信息、资源、行为、存货和分销运作更完美地进行管理,是其最大要求。

货代管理系统是针对货代行业所特有的业务规范和管理流程,利用现代信息技术以及信息化的理论和方法,开发出的能够对货代企业的操作层、管理层和战略决策层提供有效支持与帮助的管理系统。

供应链管理系统是全方位的企业管理应用软件,可以帮助企业实现整个业务运作的全面自动化,基于协同供应链管理的思想,配合供应链中各实体的业务需求,使操作流程和信息系统紧密配合,做到各环节无缝链接,形成物流、信息流、单证流、商流和资金流五流合一的领先模式;实现整体供应链可视化、管理信息化、整体利益最大化、管理成本最小化,从而提高总体水平。

第 2 章 智能制造物流协同

本章主要说明制造企业的物理活动过程，并建立制造物流的协同模型和评价模型等。2.1 节首先介绍了智能制造物流的发展和兴起，概述本章描述的对象，即智能制造物流系统。分析了智能制造物流和传统制造物流之间的区别和关系，并介绍了智能制造物流的新兴技术。随后，2.2 节分析了智能制造企业的生产布局会对制造物流的过程和模型产生影响，描述了两种常用的物流布局模型。2.3 节描述了多种制造物流中常用的物流配送模型，包括仓储到工位的时间窗配送模型，大批量制造企业工位间的配送时间窗模型，单件成批量制造工位间配送模型，单件少量制造配送模型，每种模型均从实际生产制造过程中抽象建模，建立数学模型对生产制造企业的配送流程进行描述。2.4 节区别于 2.3 节，从制造物流的细节出发，抽象生产制造设备模型，使用制造流、信息流等模拟物料在生产制造线上的流动过程，在抽象分析的基础上，建立模型描述串行制造流程和并行制造流程。2.5 节，构建了几种制造物流系统的评价模型，通过对制造物流系统各环节复杂程度的分析，形成熵的复杂度评价模型。针对制造物流系统的稳定，提出了物流协同系统的稳定性评价方法。从制造物流系统的成本角度出发，通过各环节的成本分析建立总体系统的物流成本模型。2.6 节介绍了云制造下的物流系统，首先说明了其基本含义和平台架构，然后阐述了资源虚拟化和业务服务化这两大特点，最后以一个仓储系统为案例进一步呈现了云制造物流。

2.1 智能制造物流

本节主要阐述智能制造和智能物流的概念以及制造企业类型，企业生产制造系统的布局对制造物流的影响。首先分析智能制造和智能物流与传统制造和传统制造物流之间的区别，分析其特点并阐述二者之间的关系。随后介绍物流协同技术的特点和所运用的技术。最后介绍制造企业的类别，分析制造企业类别的和工厂布局对制造物流的影响，并给出两种常用的布局理论。

2.1.1 智能制造与智能物流

各个国家对如今的制造业提出了各种政策与计划，且人工智能、云计算、物联网等先进技术不断地融入工业制造领域，几种技术不断交融，智能制造已成为制造领域一种先进的制造模式。智能制造的概念还没有公认的定义，而随着新兴技术的发展，智能制造的含义也在不断更新。在国内，智能制造起步于 20 世纪 90 年代，很多专家学者给出了他们对智能制造的定义。在“中国制造 2025 系列丛书”之《智能制造》中，中国工程院院士李培根和邵新宇教授总结了具有较为普适性的定义：面向产品全生命周期，以新一代信息技术为基石，以制造生产系统为载体，在其制造活动的核心环节或过程，具有一定自主性的感知、学习、分析、决策、通信与协调控制等能力，能动态地适应制造生产环境的转变，从而实现某些需要优化的目标。

相比于传统制造，智能制造主要具有以下特点。

① 自感知能力。智能制造系统在完成制造任务时能够自我感知制造系统中各环节的状态。在传统制造模式下，每个制造节点的信息通常无法共享，而在智能制造下可以实现制造各环节相互感知和资源数据共享。

② 自决策能力。传统的制造过程中，大都是相关人员结合制造状态和制造模式对整套制造系统进行协调。随着人工智能技术、专家系统的深度应用，智能制造的各环节能够根据已经获得的数据或者目前的状态自行完成推理判断，决定下一步工作，如完成资源优化配置等任务。

③ 自组织与调整。传统的制造中，或多或少地会由于外部环境或者内部设备等问题对制造系统的正常工作产生影响，给生产制造的过程带来波动。智能制造系统能够及时判断系统中的异常和干扰，其内部会进行自组织，达到减少或者消除外部干扰的目的，使系统恢复到原本的平衡状态。

2016 年发布的《智能制造试点示范 2018 专项行动实施方案》提出了智能制造的五种典型模式，分别为离散型智能制造模式、流程型智能制造模式、网络协同制造模式、大规模个性化定制模式和远程运维服务模式。

在智能制造的背景下，传统的物流模式已经难以满足生产制造业持续发展需求，亟须建立智能化的制造物流模式。在离散型制造业中，生产的产品由许多零部件组成，各类零部件独立加工，然后再经过部件装配和总装配制成最终产品，主要细分领域包括机械加工、汽车、家电、电子、飞机、计算机和日用器具等。而离散型制造业的物流是指直接服务于装配和总装配生产线的物流流程，其中包括零部件的存储、拣选、搬运、配送、空箱/废料返回等关键环节。

为了与智能制造相适应，智能制造物流协同的新物流模式正在逐步成为制造物流的新模式。智能制造对智能物流提出了一系列要求，智能制造物流通常具有如下特点。

① 感知能力。智能物流系统应该与智能制造系统一样，也具有对环境和设备状态等情况的感知能力，应能针对制造物流的各个环节，如仓储、配送等环节，收集大量的信息，提供实时数据。

② 决策能力。这也是作为一套智能系统的必备要求，智能物流系统能够根据制造系统的状态，自行做出下一步决策，以完成车间内部的原料物料配送。

③ 高柔性自动化。为了配合智能制造系统的自组织特点，智能物流协同系统必须能实时地配合制造系统的动态变化，如在物料运输调度上配合适应。

在智能制造的背景下，制造物流的发展也出现了新型模式。

超级网络物流模式，是一种整合全球生产制造企业和物流公司资源的物流模式，既能提供优质的物流服务，还能提升企业的商业价值。

实时物流，即在智能制造的背景下，生产制造企业需要合理设计供应链，才能在降低运营成本的基础上，提升应对突发事件的能力，确保供应链端对端的实时可见，为企业制定发展战略提供真实有效的数据支持。在大数据背景下，实时物流模式可帮助企业更加灵活地应对内外条件的变化，根据实际情况动态调整供应链。此外，实时物流模式还能帮助企业获得额外的业务能力，提升运营效率。

物流预测，物流在生产制造业中的重要性逐年提升，对物流的风险管理也提出了更高的要求，物流具有跨时空的特性，为提升供应商的成本效率和服务质量，物流业界衍生出了物流预测模式。

2.1.2 物流协同技术

本节指出了物流协同的概念，以及选择哪些方面作为协同的标准；主要介绍协同技术，给出协同技术的定义和实例；介绍网络协同制造所采用的技术、网络协同制造的特点；分析在协同制造的背景下，制造物流系统应采取的协同模式以及完成协同的方面；介绍协同制造背景下的物流协同模式；详细说明物流协同技术的装备创新和物流协同的 CPS 系统。

针对生产制造物流，目前有多种相关的协同技术，如协同制造及网络协同制造、制造工厂资源间协同、库存配送协同。

协同制造(Collaborative Manufacturing)是敏捷制造和网络化制造大环境下基于传统制造执行系统发展而来的一种新兴制造理念，其目标是基于产品全生命周期，利用物联网、云计算和大数据等现代信息通信技术，通过对制造企业内部，甚至扩展到企业外部的各种分散存在或被分隔的资源进行整合集成、统一调配和系统优化，实现制造资源价值最大化。制造协同面向制造生产全过程，以云计算、智能传感网络和高性能计算等为技术手段，将制造生产要素(厂房、设备、物料、人力资源和技术等)及生产过程进行虚拟化描述和服务化封装，为客户提供智能化增值服务的制造执行系统。

网络协同制造是在“互联网＋”环境下，面向制造业个性化、服务化、绿色化和生态化的发展需求，通过融合制造物理系统与信息系统，实现生产制造的智能化和互联化；通过协同和价值链重构，推动制造业要素资源的共享互联以及社会力量的参与互动；通过智慧数据空间的构建及大数据的驱动，推进制造企业的智慧化。

资源间协同能力是智能工厂先进程度的重要指标之一，是制造总任务完工效率提升的关键之处。多资源间的协同作业能力是一项必不可少的技能，若设备间的协同能力低，不仅会增加执行任务的耗时，同时也会加大工厂生产的难度。依托智能搬运载体的自主特性，研究多资源间的协同作业的优化模型、协同方式和路口避碰规则等，能够使搬运载体以更轻的负荷、更低的成本、更安全的方式和更高的效率完成任务。

2.1.3 智能制造物流的新兴技术

智能制造物流的建设需要顺应当今时代的发展趋势。随着时代发展，越来越多新兴的高科技信息技术进入我们的视野。如何将这些具有巨大潜力的科技运用于智能制造物流行业，使得智能制造物流进一步智能化，值得我们思考。

2.1.3.1 5G 技术

1. 5G 技术赋能智能制造

5G(第五代移动通信技术)，被认为是“万物互联”的起源和核心。5G 技术旨在提高数据传输速度、减少延迟、提供多台设备同时连接、提高系统容量。

制造体系的终极目标是快速准确地交付产品给客户，期间涉及智能供应链、采购物流、生产物流和人机互动等技术在工业全价值链过程中的服务和应用。要想通过这些环节实现目标，就需要将生产和物流环节中的相关设备进行数字化改造，使得相关的数据传输技术能够做到延迟低、传输容量大、覆盖范围广、可靠性高和安全性好等要求。同时，以现有的信息化与自动化技术为基础，制定数字化智能化方案，提高整个系统对问题的分析能力和执行效率；对现有资源进行整合，使资源能够合理分配到生产物流各环节中，保证生产配送的稳定。

智能制造云平台采用 5G+IoT(物联网，Internet of Thing)技术实现用户之间、物品之间以及用户与物品之间的联系，即"万物互联"。万物互联将连接的理念传播到每个角落，以使用者为中心，构建人、机、物高度交融的模式，成功实现了智能制造的智能化、数字化、个性化和社会化。

与传统工厂物流对比，采用 5G 技术的智能工厂物流得到 5G 技术的赋能，在人员调度、设备采购安排、资源分配上都形成完整系统的计划，具有高度的智能性、专业性。

物流是智能工厂有效运营的核心要素和动力。物流具有典型的"端到端"的特点，是判断一个工厂能否被称为智能工厂的关键，可以说物流是智能工厂的灵魂。通过 5G 技术对智能工厂物流进行赋能，就是为传统工厂打破瓶颈，使其能够向智能工厂进化。

2. 5G 技术与智能工厂

智能制造物流强调：网络是其基础，数据是其核心，安全是其保障。5G 技术的赋能，数据与信息传递是其本质，是否有效的关键还是应用场景。

智能工厂的本质是通过互联网和物联网、人工智能、大数据等技术，将新兴的通信技术融入工业系统，实现各环节的信息化，最终将工厂从数字化转化为智能化。由此来看，智能工厂的构建涉及多方面的专业知识，如建筑厂房的设计、厂房中的动力设施和管线布置、通信网络的规划、生产设备的选择、生产流程的规划等。在此基础上。通过 5G 技术对智能工厂进行赋能，实现工厂各部分的彻底联通。

5G 赋能智能工厂的要点主要可以分为基建、产品、制造、物流、信息五条主线，如图 2.1 所示。

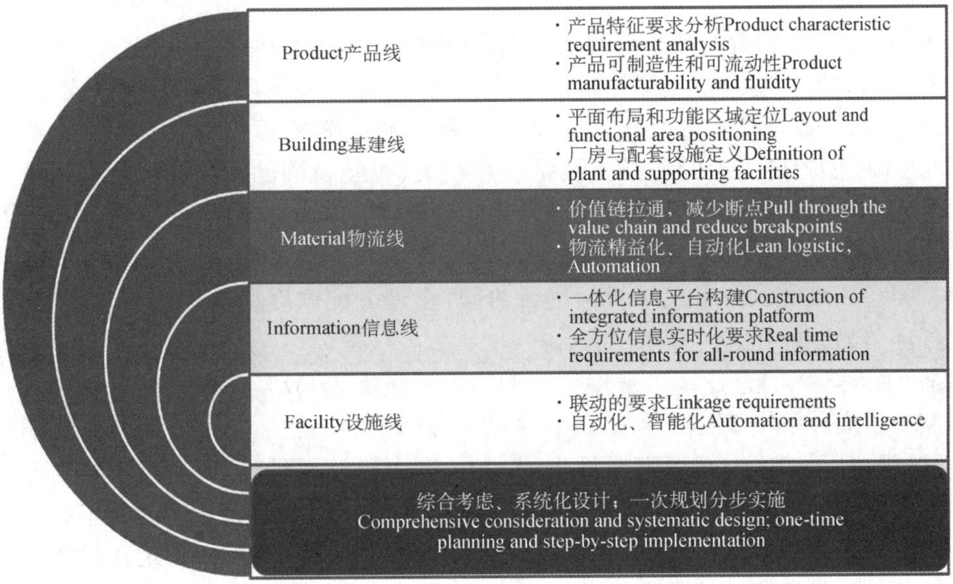

图 2.1　5G 赋能的智能工厂"五条线"

（1）基建线

主要通过5G技术对智能工厂建筑进行赋能。通过将智能工厂的建筑业态进行参数化分解，从而对智能工厂的厂房以及配套设施进行定义。基建线与智能工厂建筑的布局参数和功能区域的定位参数有非常深的关联，根据智能工厂产品物料的流动性，通过基建线可以为智能工厂各区域的参数进行定义规划。

（2）产品线

主要通过分析不同类型产品的特征需求，利用5G技术对产品的定制化需求、物料的流通和调度等进行即时沟通交流和规划决策。产品线也可以构建生产产品的标准化、模块化和智能化流程，在此过程中，需要将5G技术和物联网技术融合，通过这两种技术对产品的尺寸以及配套的包装、存储、搬运等各环节的尺寸参数进行设计。

（3）制造线

主要利用5G技术来保证生产效率，实现制造设备自主化，提升环节之间链接的自动化与智能化，将各生产环节环环相扣的设想变为现实。在打造制造线的过程中，必须要认识到物流系统具有整体性，生产制造是物流价值链中的一个环节。采用5G技术可对整个价值链进行串联提升，实现产品物料的高速流通。在运营过程中，需要建立“物流服务于生产，保障生产过程顺利”的理念，通过5G技术对整个物流系统进行赋能，就可以极大程度地提升生产效率，有利于企业进一步发展。

（4）信息线

通过5G、区块链、大数据和物联网等近年兴起的信息技术，打造智能制造一体化供应链信息平台，实现各环节信息实时同步。现代智能工厂物流需要尤其注重两条路线：实物流和信息流。未来的智能工厂将要求实物流和信息流能够相互实时呼应，并形成系统化的信息网络平台；实物之间要求可以通信互联，形成物联网系统；信息之间要求可以实时共享汇总，最终实现“数字孪生”和CPS（信息物理系统）。

（5）物流线

运用5G技术对物流的数字化和智能化进行赋能，实现物流的实时快速响应，提升物流价值链的协同效率。物流线贯穿智能制造的始终，需要与其他四条线时刻紧密联动，实现“五线并行”，最终联通整个价值链，加快生产物料的流通调度，提高企业的整体盈利能力。

5G技术赋能智能工厂的五条主线是息息相关、相互协同的，在进行规划时，不可以让相关的负责项目组孤立地发展推进任意一条主线，而是必须时刻铭记“五线并行”，基于提高产品流通效率、拉通物流价值线的目标，以5G技术赋能为核心，保证在相关方案规划的一开始就将各条线的工作思想与目标进行协同，合理分配调度所有可用资源，加速提升智能工厂各环节的智能化。

目前，绝大多数的企业还是采用传统的物流配送流程：收货→卸货暂存→质量检验→入库存储→出库分拣→配送生产。这一系列的流程（部分企业中间还存在包装切换等流程）人们已经习以为常，中间所需要投入的人力、物力以及面积等资源，也会被财务认定为正常的运营成本。但随着智能工厂的建设发展，未来的物流运营会越来越智能化、自动化，在这样的环境下，可不可以跳过收货和配送之间的存储过程，实现不落地运输配送？要不要对产品的整体价值链重新进行评估与规划，以便优化价值较低的环节，淘汰无法让产品增值的环节？图2.2展示了某企业通过5G技术对物流流程进行优化前后的对比情况。

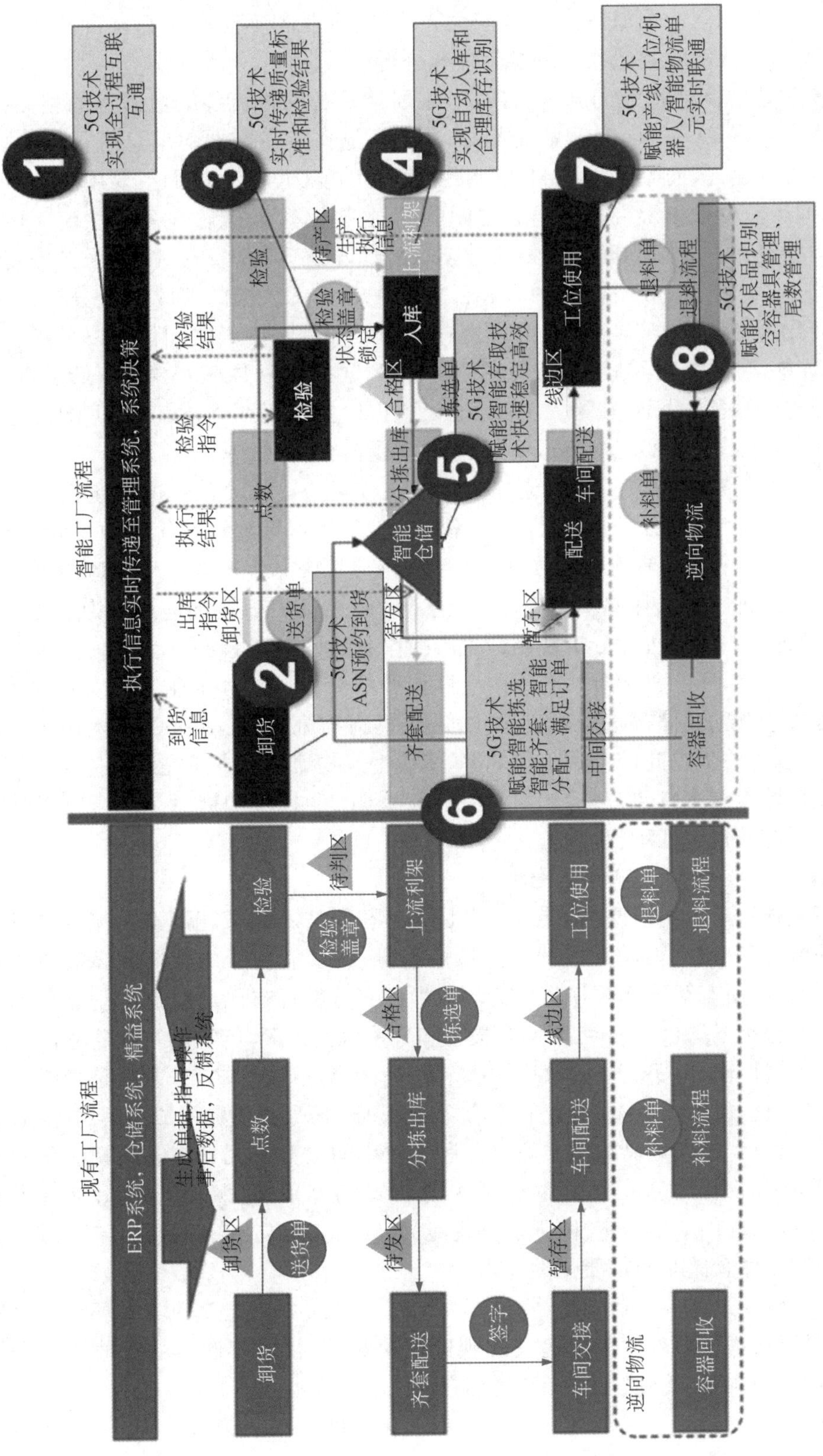

图 2.2　5G 技术对制造物流流程优化前后对比

3. 5G技术在智能制造物流中的应用

5G技术能为智能制造领域的发展带来优势，不同企业和不同产品都有自己独特的生产工艺流程，这就导致智能制造物流的实际情况进行引入。

入厂物流是智能制造物流的第一个阶段，主要涉及智能物流装卸及搬运的相关技术。智能装卸技术主要有AGV叉车、智能化起吊设备等，这些装备需要对信息进行采集处理，并实现数据的可视化，从而增强设备自主判断和运作的能力。5G技术主要用于物流运输的终端通信，即运输设备和云端控制中心之间的信息传输，以及运输设备和物流应用服务中心之间的数据交互。终端负责采集相关数据(路况、车况等)并发送，接受来自控制中心和服务中心的下一步指令；应用服务中心和云控制中心负责数据的接收以及分析处理，并将处理结果转化为指令发送给终端，应用服务中心与云端控制中心之间仍可以采用有线通信。5G技术能够满足物流运输所需的集成网络搭建、数据即时共享、大容量、低延迟、高稳定性等性能要求，通过应用5G技术，物流运输设备得以突破视距外感知、数据即时分享等技术的发展瓶颈，帮助企业实现物流运输配送的全流程自动化管理。

生产物流环节是智能制造工厂物流最重要的核心环节。物流系统的稳定性和效率的高低直接决定了企业生产制造的稳定性和效率的高低。为保证物流系统的效率和稳定性，需要通过5G技术将生产环节的理论方案落地到实际应用中。生产物流环节应用到的技术主要有智能物流分拣、搬运、存储技术等，5G技术与AR技术在其中的应用较为广泛。举例来说，在需要根据客户需求进行分拣和制造生产的作业流程中，AR技术允许使用者在可视环境下进行人工分拣，还能直接观察仓库内仓储作业的流程；同时，企业还可以通过AR技术对物料的分拣、调度、存储等进行改良优化，进而提高物流效率。将5G技术用于AR的数据通信中，可以进一步提高员工的工作效率，使得生产物流环节真正完成一体化。

成品物流环节主要有打包、搬运、装柜等流程，采用5G技术和视觉识别可以提升成品物流环节相关设施的自主性和智能性。

4. “5G技术+物流技术”赋能制造物流

智能立库是智能工厂的重要物流节点，也是人工智能技术在智能制造物流发展过程中应用最多的环节。5G作为智能立库的主要传输手段，在智能立库中营造了高效快速的通信环境，使得立库中所有智能终端在各自的环节中都充分发挥自己的作用。智能立库系统的核心终端设备包括堆垛机、AGV、四向穿梭车和分拣机器人等，传统的自动化立库一般采用Wi-Fi进行数据传输，但Wi-Fi技术存在稳定性差、容易掉线等缺点，尤其是立库中高货架区域的物料堆放密度大，对终端和控制中心之间Wi-Fi信号的传输形成了一定阻挡，设备无法长时间稳定运行，极大地制约了立库整体运行效率的提升。尤其在立库智能化的过程中，需要增加视觉和物料信息的传输部分，对数据传输的容量、速率、稳定性等又有了更严苛的要求。5G技术提供了高稳定性、强抗干扰能力、大容量、高速率的数据传输质量，可以很好地支撑智能立库仓储对通信质量的要求。

新型的堆垛机通过加装工业相机，将机器视觉技术融入智能立库的堆垛环节。通过机器视觉技术，可以对物料出入库时的包装外观进行检测，对物料存储时的摆放姿态进行检查，还可以通过云视频对产品质量进行实时抽查。

AGV是智能制造物流发展至今，智能化、自动化程度最高的设备。AGV允许多台设备同时工作，在大型智能立库的分拣配送环节中，一般都有几十台甚至上百台AGV进行工作。AGV 数据的实时传输量不大,但频率非常高,对延迟有十分严苛的要求。由于产品货物种类繁多,再加上以客户需求为中心的理念正在成为主流,需要搬运的物料的尺寸、重量等都各有不同,为每种规格的物料都提供专门的 AGV 进行搬运显然是不现实的。为此,一些研发团队提出了多 AGV 协同搬运的理念,通过数台 AGV 共同搬运大件物料,有效解决了物料规格繁多、难以统一的难题,也有效地降低了成本。许多超大型设备,如工程梁臂、飞机机翼等,在进行组装和搬运时都需要通过 AGV 协助;大型物件的启停、摆放等需要较高的精度,因此多 AGV 协同搬运需要对每组设备都进行实时检测和控制,对 AGV 的数据传输速率提出了更为苛刻的要求:通信时延要控制在 10 ms 以内,各 AGV 之间的同步速率要在 1 ms 以内。5G 技术的大容量、低时延等特点可以很好地满足 AGV 搬运的数据传输需求,成为 AGV 迅猛发展的强有力推手。

5G 技术不仅仅只是对 AGV 的发展起到重要作用,作为新兴稳定的高带宽通信手段,5G 技术完全适应工业级别的数据传输要求,可以对各环节的作业情况进行实时监控,并以图像或是视频的方式传输数据,供中心分析处理,以解决问题、实时调度。相比传统的通信技术,5G 技术的普及可有效提高物流实时监控的可行性与实施效率。图 2.3 是 5G 技术与智能物流技术的协同逻辑。

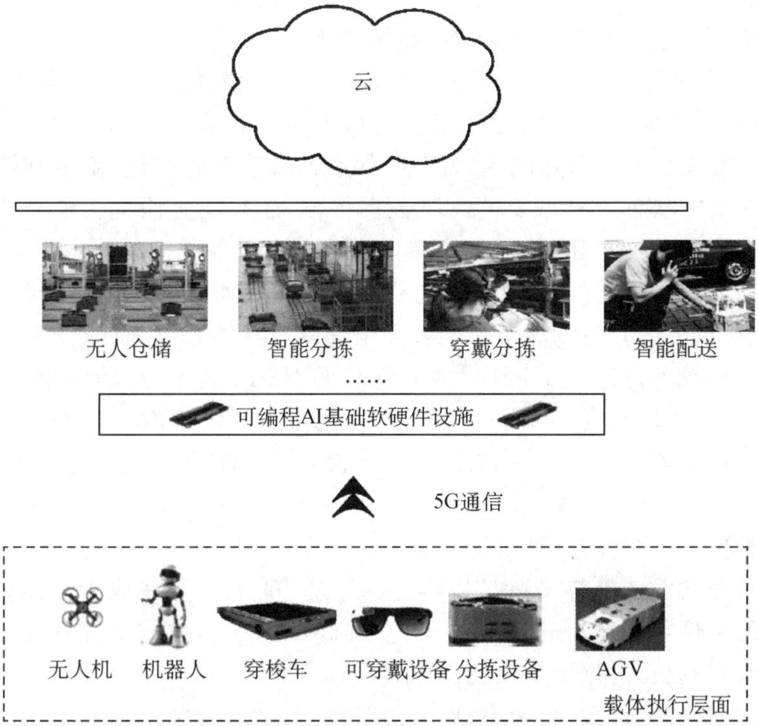

图 2.3　5G 技术与智能物流技术的协同逻辑

目前,通过 5G 技术进行实时控制的机器人已经可以全天 24 h 不间断地进行物料的配送、分拣、生产、存储等工作。机器人代替人力成为中基层的生产人员和管理人员,通过对工作过程中各项数据的收集分析处理,进行实时判断,调整生产决策。有了机器人,企业仅需分配少数人力来承担工厂的实时运作监督和高级管理;机器人则成为管理人员的助手,顶替人力来进行较为困难的工作，智能化时代的人与设备以这样的方式共同为提升企业而努力。

5. 5G技术实践过程中的约束条件

（1）成本高、限制多，急需市场支撑。由于5G技术目前尚未完全普及，5G信号的传输无法采用被更早投入使用的4G占用的、传输距离较长的中低频段进行数据传输，只能用更高频段的载波传输，这导致5G信号的传输距离较短，要达到与4G信号相同的覆盖范围，就必须要建造更多的基站，而5G基站的耗能是4G基站的3倍以上，多种原因导致现阶段内5G的运营成本远高于4G。

（2）智能制造物流场景对信息传输的高要求促使信息传输技术升级换代。随着制造业朝着数字化、智能化方向发展，行业需求逐渐转向以客户为中心的客制化、个性化，智能制造企业的发展越来越依赖于制造供应链信息网络与供应链生态的优化升级，这必然对智能制造物流各环节涉及的设备状态实时监控、物料数据信息传输、整体流程规划决策等提出了更高标准的要求。在物流网络中，各物流节点之间的转运能力主要由搬运装备的容积以及装卸能力决定，路径等方面的优化对整体的物流调度能力并没有太大提升。然而，随着现代信息技术发展，物流网络系统的运作能力高低更多地取决于各节点的综合效率的高低，因此对物流节点智能化的提升便显得尤为重要。物流园作为物流节点的热门模式，可以通过对其设施以及运营方针的智能化进行调整优化。

（3）5G技术无法匹配场地实际需求。物流节点对智能信息技术的需求主要是对作业流程的实时监控、对装备设施的实时状态检测和协同作业系统控制、对物料状态以及调度存储的监控等。要满足物流节点的这些需求，促进物流节点智能化，基本都需要5G技术提供支撑。不管是实时状态监测需要的高频数据传输，还是实施协同控制要求的多接入、低时延信息同步收发，5G技术都可以很好地满足其需求，可以说，5G技术是智能工厂物流节点智能化非常强大的助力。但是，从5G技术发展的现状来看，由于不同区域的5G基站建设速度不同，无法灵活适应各物流节点的实际情况以及具体需要，有时候采用5G技术进行数据传输效果不如较为稳定的4G技术或是传统的Wi-Fi技术，反而约束了各物流节点的智能化发展。当然，整体来说，5G技术对物流节点利大于弊，随着5G技术继续发展，现存的一些约束条件将会得到解决，5G技术将在智能工厂物流节点的智能化发展中发挥更大的作用。

6. 5G技术展望

从目前制造业的发展趋势来看，“以客户为中心”的理念正在成为主流，制造业物流越来越强调产品的个性化与定制化。能够快速、准确地满足客户的个性化需求，企业就能够在供应链中拥有主动权，占据更多市场份额。

5G技术所拥有的大带宽、高速率、低时延等特点，契合智能制造物流的整体发展方向，可以适应智能化发展中的多个具体需求。智能制造物流未来的智能化，是以互联网和物联网协同组成的制造服务云平台为目标，整合现有技术、装备、理念，实现智能制造物流的个性化升级。5G技术赋能智能制造物流，可以助力智能制造供应链顺利转型升级，加快供应链上下游信息流通共享速度，实现智能制造物流系统整体的智能化目标。在5G技术的帮助下，未来对产品生产的全过程数学建模仿真将成为企业主要的辅助工具，将业务范围贯穿从产品设计到售后服务的始终，向“以客户为中心”的理念靠拢。

2.1.3.2 数字孪生技术

1. 数字孪生技术与制造供应链

数字孪生是运用多学科知识，从多个维度对多个可能的方向进行仿真，并将结果映射到虚拟空间中，从而对生产装备的全生命周期过程进行分析预测的技术。数字孪生的概念是超前的，可以被视为数个密切相关联的装备系统共同运作形成的数字映射系统。数字孪生的理论体系具有普适性，在多个方向都得到了应用，如产品设计、制造、分析等领域。我国对数字孪生应用研究最多的是工程建设领域，与之密切相关智能制造领域也是数字孪生关注度最高的领域。

将数字孪生应用到供应链数字资产上，有助于企业了解供应链系统的状态以及产品交付情况，发现潜在问题并进行预警处理，改进具体流程，为企业的供应链决策提供有效帮助，提升产品价值。

数字孪生赋能智能制造物流的基本原理：收集储存从物联网收集到的数据，通过集成平台发送给数字孪生系统进行分析处理和模拟仿真，并将运行得到的结果和预测情况发送给管理人员，管理人员根据数字孪生的结果改进流程，优化物理孪生的运转，如此循环，形成一个闭环的数字孪生系统。

数字孪生技术可以协助企业将制造供应链中所运用的各种数字化技术融合到企业的各个系统中，整合成一个具有整体性的大系统，对企业产品研发、生产、物流、销售和售后的整个流程进行升级优化，从而全面提升企业的市场竞争力。

2. 制造供应链数字孪生的主线与模型

制造供应链始终围绕企业产品的研发、生产、物流、销售和售后的整体流程，运作过程中可以对各环节的各类数字信息进行收集汇总。制造供应链的数字孪生模型主要包括三个重点：物理过程、数字化过程，以及二者之间的连接方式。

制造供应链数字孪生的物理过程主要指产品流通的整个过程，包括企业产品生产、运输、分拣、存储、配送各交货各环节。这些环节涉及对人员调度、质量以及工作环境的监督管理，涉及对各类智能技术、能源技术和加工技术的应用。

制造供应链数字孪生的数字化过程主要指客户需求预测，产品个性化概念设计，产品生产、物流配送、销售、售后等环节的方案规划，库存、销量、客户等方面的各类数字信息的管理等。

制造供应链数字孪生的虚拟构建过程中需要重新梳理基于满足智能制造需求的价值型供应链逻辑，由于未来是以交付为中心的制造，所以需要建立推拉结合系统（很多企业推动的“积放链系统”）。

当物理过程与数字化过程的对应关系确立后，制造供应链数字孪生平台的关注重心应放在配送计划管理、存储现场流程规划管理、计划与实物配套情况检测、现场作业规划管理、总装作业计划管理和装车装柜计划管理六个关键环节对应的参数情况和执行情况，达到数据一体化和偏差系统化统一管理的系统性要求，保证整个生产物流系统能够实现危机预测、紧急情况处理和生产差异控制等情况。在执行过程中，还需要注意产品包装设计、物料存储空间的数字化规划、工位智能化自动配送模式和对应技术参数设置、成品智能自动快速装车模式等方面的问题。

在智能制造供应链系统中，通常需要实现从虚拟的理论模型计划到实际生产现场的落地。在搭建智能工厂的信息平台时，需要思考虚拟参数信息、虚拟制造过程模拟、产品物料参数选择与实际作业流程中的人、机、料、法、环能否相互呼应。现代智能工厂信息平台不再仅限于提供信息的存储功能，还须实时监控订单交付过程，根据各环节收集到的信息与实际现场情况之间的偏差进行实时总结反馈，实现对数据的实时感知分析，对设备和生产流程进行实时智能调节优化。在制造供应链中应用数字孪生技术，能够解决产品虚拟设计装配与实体制造之间存在的偏差问题，打通企业与客户之间以及企业内部研发、制造、物流等部门之间的壁垒，形成虚拟信息与实际情况之间的闭环协同论证，有效加快产品流通交付，解决产品质量问题。

在数字供应链孪生和物理供应链孪生之间，一般还会搭建一个孪生互动平台系统，负责连接两个供应链孪生系统，并进行数据的交互与分析处理，实时调整供应链过程，用数字洞察驱动供应链升级优化。该平台系统主要包括：用户与系统交互的接口，物联网平台及其与整个系统的接口，供应链数字平台，对供应链整体的实时监控、数据传输和数据可视化的功能模块等。孪生互动平台系统是供应链从实际现场到虚拟空间的映射器、连接器，是两种供应链孪生的转换器，也是数字洞察的驱动推力。

当企业逐渐实现了价值链全环节的数字孪生之后，整个供应链的环节构建与实际执行将完全与信息平台协同运作，实现物理系统的信息化。

制造供应链的数字孪生化，代表价值链过程中各环节都将“开口说话”，主动进行信息的汇总，与数字孪生平台上的其他元素信息交互，实现人、机、料、法、环、数、测的联通，对接工业互联网，实现供应链的网络化和智能化。未来的供应链差异可视化也不再是仅仅反馈给管理人员，通过管理人员的讨论并下达指令，而是反馈给供应链信息平台上的所有元素，实现整个供应链系统的实时反馈，形成供应链系统的自我管理调整，最终实现智能制造供应链的升级优化。

2.2 智能制造物流布局

2.2.1 大批量制造型企业布局技术

企业的生产布局对制造物流系统的效率、方式有重要影响，首先介绍制造物流系统的组成和运行过程，按照制造企业的生产规模类型进行划分，分为大批量制造型企业、成批制造型企业、单件小批量制造企业。再分析企业内部的生产布局对制造物流的影响。根据不同企业类型，介绍不同的企业生产布局技术。

本部分主要介绍大批量制造企业的布局技术。提供两种适合于大批量制造企业生产布局的方法，如 SLP 原理和方法。随后分析制造过程中制造环节和物流环节之间的紧密关系，并给出评价指标；依据关系的密切程度确定生产工位、物流设备单元之间的远近距离，给出布局模型。本部分还介绍了制造生产车间设施布局的目标和设施布局的几种基本形式，最后分析布局模型的合理性。

生产制造企业的设备布置必须遵循一定的设计准则，在预先指定的制造车间里，将机械装备、仓储及与之相应的物料流与人员流合理地分组和布局，以最优化工程设计总体目标（如物流成本最小化、机械设备使用率最大化等）。良好的设备布置方案可以提高原料、货物的处理效能，从而缩短生产的时间，显著提升生产公司的效益，同时生产物流配送能力的强弱在很大程度上受物流配送设施设备布置的科学性、合理性的影响。

所以，完善公司生产体系的平面布置规划，是公司生产物流建设的关键前提条件和基石。合理的设施规划有助于尽可能地防止或缩短迂回运输、交叉配送和无效物流，使原材料的移动路线缩短、流程流畅。制造工厂的布局通常会极大地影响生产制造效果，进而影响制造物流系统的原材料配送、调度等。生产线布局情况是后续制造物流生产线模型以及生产物流评价模型的基础。

不同规模类型的生产制造企业，采取的生产布局措施往往有较大差别，根据生产规模大小，分为大型企业（通常为大批量制造类企业）和中小型企业（通常为成批量制造或者单件制造类企业）。不同规模的企业有不同的生产布局，构建物流布局理论，能够为制造企业的物流安排提供更好的参考和依据。

1. 大批量制造物流特点

在传统制造和智能制造背景下，大批量生产型企业的制造流程实际均由各个生产过程串联形成。要确保制造的合理性和有效性，就必须保证其制造物流过程的顺利。大批量生产制造及其物流系统主要有以下特点。

① 空间上的稳定性与时序上的流畅性。为实现大批量制造物流的高效性，不但要求空间布局合理，而且要求生产工位之间有效衔接。

② 均衡性与协调性。均衡协调包括工艺分配、工位数量、产品速率和班次设置等方面的匹配和协调。各要素实现平衡，企业生产物流才能够持续顺畅，提高生产效率和物流性能。

③ 工序间的准时性。生产物流管理就是要在恰当的时机，将合适的原材料放到合适的工位，以提高企业生产的流畅性，工位间的时序准时是企业生产物流的关键。

④ 伴生性。生产物流伴随着产品的生产制造过程，贯穿于整个生产过程，从原材料的采购、入库、存储、生产计划的制订、订单的下达、产品生产计划的执行、生产过程的监控、产品的质量检测到成品的发货与运输等。在这个过程中，生产制造和物流系统的效率与效益是相互影响、相互依存的，具有伴生性。

2. 设施布局目标

企业的管理水平、生产类型、专业化水平、信息化程度以及工厂的设施布局均会对企业生产物流产生重要影响，而影响企业最大的就是生产基础设施布置。因此，企业的生产基础设施布局，是影响其生产物流的主要因素[1]。企业内部基础生产设备的相对位置是指决定了制造物流运输路线的基础生产设备之间的相对布局，合理的布局可以使企业生产运输实现在时间与空间上的利用率最大化。一般来说，对于大规模批量生产车间设备布局的目标，可归纳为以下几点。

① 设施布局的目标不仅仅是确保有序的生产流程，同时也要确保生产过程物流的流畅，从而最大化公司生产物流效果。

② 设施局部应充分考虑工艺过程要求，充分利用多种设备，提高设备利用率，保证生产的顺利进行，尽量避免工艺之间的往返或交叉流动，从而提高制造质量，减少制造时间。

③ 设施布局方案要考虑尽量提高厂房的空间使用率，充分利用空间，减少产品的生产成本，增加效益。

④ 设施布局要尽量降低物料搬运过程，减少搬运费用，缩短物料运送路线，尽量避免搬运的往返，降低平均运输重量。

⑤ 设施布局应方便管理，结构合理，能使功能相似的工作单元布置在同一作业点内。

⑥ 厂房的布局应符合工人生理、心理的要求，为工人提供安全、方便、舒适的环境，调动工人积极性，提高生产效率。

在大规模制造系统中，通常使用的设施布局方案为系统布局规划方法(System Layout Planning, SLP)。该方法由理查德·缪瑟(Richard Muther)在1961年提出，SLP是一个逻辑性强的方法，是通过研究物流分析和作业单元间的联系程度，结合各个单位之间的关系以求得合理布置的技术[2]。

SLP方法首先对各作业区域间物流与非物流的关系进行定量分析，按照各企业的实际状况以及专业观点决定物流联系与非物流联系间的权重；然后研究各作业区域间的密切联系程度，通过密切联系程度可以判断各作业间距离的相对情况；再结合实际的约束条件对设计方法做进一步的修改，利用定量分析论证方案设计的合理性和有效性；最后从合理有效的方法中择优选取[3]。SLP方法是一种有效的布局方法，将工业管理中涉及的系统装备、流程等视为一个总体，通过逻辑关系判断，对整体布局加以设计与管理，从而提升制造效率、降低生产成本。

系统化布局设计方法的基本要素包括以下几项[4-5]。

① 产品(*P*—Products)，指生产产品的种类，包括原料、加工成品、所生产的零组件以及成品等。产品对制造系统、工序组织、制造系统、材料搬运系统均产生直接作用。

② 生产(*Q*—Quantity)，即数量，生产的产品数量，如产品件数、产品容积、比重等，而产量影响到整个制造系统的规格、设施数量、物料流量、设施范围等。

③ 生产制造路线(*R*—Routing)，指生产制造过程，包括工艺流程路线。各工位的联系、物料的运输路径、货物暂存区和货物间距离等均受制造路线的影响。

④ 辅助业务部门(*S*—Service)，即辅助生产系统和业务流程的部分，辅助部门主要有生产管理部门、运输部门、后勤部门等，在设计设施布局前，要先把上述的各种辅助部门，连同生产部门共同做总体计划。

⑤ 时间要素(*T*—Time)，物料流通的时间，即制造商品的生产开始时间、周转时间和商品制成的所有时间。

3. 生产线SLP方法

在分析作业单位之间物流关系以及相互密切程度的基础上，合理安置各作业单位的位置，结合各个作业单位的实际面积形成面积相关图，通过修正和调整，得到几个合理的布置方案，最后进行评价，得出优选方案。

系统布局规划分析的步骤如图2.4所示，主要包含以下几步。

(1) 搜集整理相关的基本数据

搜集齐全前面的几种基本要素 P, Q, R, S, T。该步骤主要明确这几个问题，P 生产什么，Q 生产多少，R 怎么生产，S 用什么支持生产，T 何时生产。其中，P, Q 两个基本要素是一切其他特征或条件的基础。P 一般依据生产纲领，影响生产系统的构成和作业单元

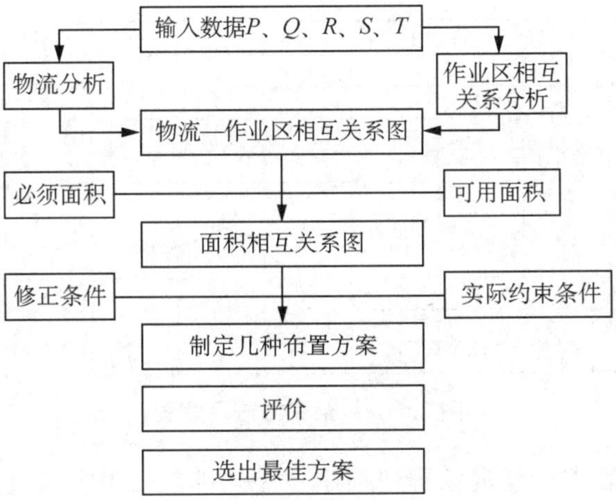

图 2.4　SLP 方法流程

之间的关系，决定选择装备和物料运输等工作方式。Q 来自生产规划，影响生产系统规模和复杂度，决定了设备种类、设施类型、物料流量。R 取决于工艺过程，通常用产品表、工艺路线卡、工艺过程图等描述。S 指维护制造过程正常运转的辅助或服务性活动，包括设备和服务人员。T 指时间，描述用了多少时间才制造出产品。

(2) 物流分析

物流分析是根据工厂的工艺流程分析各工作单位间的物流强度，并进而绘制出物流相互关系图，它是工厂布置设计的核心工作[6]。物流分析包括确定物料在生产过程中每个必要的工序之间移动的有效顺序和其移动的强度或数量。可以使用工艺过程图、多种产品工艺过程表、从至表分析结论，并获得生产制造单位之间的强度关系，A 级表示绝对重要，E 级表示特别重要，I 级表示较大物流强度，O 级表示一般物流强度，U 级表示强度可忽略。

物流分析的多种产品工艺过程表方法：多种产品工艺过程表是把所有零件或产品的工序都汇总在一张图表上，通过分析、调整图表上的工序，使彼此之间有最大物流量的工序尽量靠近，直至获得最佳工艺安排顺序。当零件数量很多时，可以利用成组原理对零件进行分组，形成一张多种产品工艺过程表。对于同组的零件，可以再分类用工艺过程表或多种产品工艺过程表进行物流分析。该工艺过程表方法主要通过作业单位的排序，求得物流顺流程度。

物流分析的从至表方法：从至表是指从一个工作地到另一个工作地运输距离或运输成本或运输次数的汇总表。表的列为起始工序，行为终止工序，对角线右上方数字表示按箭头前进的搬运次数之和，对角线左下方数字表示按箭头后退的搬运次数之和。

假设一条生产线上加工 17 种零件，该生产线包括 8 种设备 10 个工作地，任意相邻两工作地间距离大体相等并记作一个单位距离。用从至表法的解决步骤如下：

① 根据综合工艺路线图，编制零件从至表，见图 2.5。表中每一方格的数字代表零件从某一工作地移到另一工作地的次数。因而，这一从至表是次数从至表，表中数据距离对角线的格数表示两工作地间的距离单位数，因而越靠近对角线的方格，两工作地间距离越小。

	工序1	工序2	工序3	工序4	工序5	工序6	工序7	工序8	工序9	合计
工序1		2	8		1	4		2		17
工序2	1		1	2		1			1	5
工序3						1			3	4
工序4							2	1	4	7
工序5									1	1
工序6				1	1				1	3
工序7									2	2
工序8			1						3	4
工序9		1								
合计	1	3	10	3	2	6	2	3	15	

图 2.5　从至表方法示意图

② 改进零件从至表求最佳设备排列顺序。最佳排列顺序应满足如下条件:从至次数最多的个工位,应该尽可能靠近。

③ 通过计算,评价优化结果。由于数据方格距对角线的距离表示两工序间的距离,而数据表示零件在两工序间的移动次数,所以可以用方格中数据与方格距对角线的距离之积的和,来表示零件总的移动距离,通过移动距离计算物流强度值,从而反映两个作业单位之间的关系密切程度。

(3) 作业区之间的非物流分析

非物流分析一般采用定性的方法,通过分析绘制出非物流相互强度关系等级图。生产设施布局设计要根据部门之间在工艺流程和业务往来中的密切程度,决定相互位置。各部门之间存在着物流关系和非物流关系,物流关系通过上一步骤中的方法确定。而非物流无法定量表示,只能通过定性分析加以描述。主要判断方法要根据经验确定做作业单位非物流的密切关系,利用物流相关表的表格方法建立非物流相互关系表。非物流分析通常可以考虑以下方面:工作流程、作业性质、使用场地情况、监督和管理、噪声和振动、公用设施情况、文件信息往来、使用设备情况、安全和卫生等。因为这种评级是定性的,所以必须遵循以下的方法和步骤:由设施布局人员初步决定各个作业单位之间的关系,并经集体访问所列作业单位的主管或上级和充分的调查研究决定密切程度的标准,并逐项说明理由。对每一对作业单位确定密切程度等级和理由。应允许任何人对非物流分析相关图提意见,允许多次评审、讨论和修改。

(4) 物流和作业区相互关系综合分析

作业单位之间物流和非物流相互关系通常存在差异,为了确定各作业单位之间的密切程度,需要合并物流分析和非物流分析的结果,实现生产设施的合理布局。物流和作业区相互关系综合分析就是对物流关系和非物流关系进行综合分析,并依据专家意见,结合企业实际情况,给出两种关系的相对重要性,这一重要性用比值 $m:n$ 来表示,一般不应超过 $1:3\sim3:1$。如果物流分析和非物流分析的比值大于 $3:1$,意味着物流关系起主导作用,综合关系分析时只考虑物流分析即可;当比值小于 $1:3$ 时,说明物流的影响特别小,只考虑非物流关系即可。用式(2.1)计算作业单位 i 和 j 之间的相关密切程度 TR_{ij}。

$$TR_{ij}=mMR_{ij}+nNR_{ij} \tag{2.1}$$

式中,MR_{ij} 和 NR_{ij} 是物流相互关系等级和非物流相互关系等级。按 TR_{ij} 值再来划分综合等级，根据经验和实际约束情况，来适当调整综合相关图。

（5）确定平面布置方案

明确了各相关的作业单位以及各单位之间的物流和非物流相互关系，就可以按照一定的规则和方法，设计出各种平面布置方案。平面布局方法通常选用缪瑟线型图法或 Tompkins 关系表法。

缪瑟线型图法实施方法如下：使用线型图来试错生成平面布置图；然后使用 4 条平等线段表示两作业单位间的强度 A 级关系；使用 3 条平等线表示 E 级关系；使用 2 条线表示 I 级，1 条线表示 O 级；U 级不连线。

首先，将 A、E 级关系的作业单位放进布置图中，同一级别用同一长度的线段表示，A 级线段最短，取一个单位，E 级的长度为 A 级的两倍，依次类推。随后，按同样的规则布置 I 级关系。若作业单位较多、线段混乱，可以不画 O 级关系。调整各部门的位置，以满足关系的亲疏程度。最后，将各个部门的面积放入布置图中，生成空间系图。经过评价、修改，获得最终布置。

（6）评价

方案的评估和选定是设施布局设计的关键。选择最优的设施布局方案，可以保证布局设计的成功。对选定好的各种布局方案，可以采用经济分析，综合评判该方案是否节约费用、投资额和获得最佳投资回报等，评判时具体指标没有统一的标准。通过科学的评估手段对各个备选方案择优，针对实际需要，尽可能量化每个评价指标，统计各个备选方案的总得分结果，分数最高的称为最优化选择方案。

除了最基础的 SLP 方法，很多改进的 SLP 方法也得到了很广泛的运用，如熵权优化法，是在 SLP 方法得出几种方案后，根据熵规则得出最佳的设施布局规划方案。SLP 方法还可结合遗传算法对布局设计节点进行改良，依据不同企业的总体目标建立约束模型以寻求最佳方案等。

2.2.2　企业成批制造布局的方法

本节研究对象为成批制造的生产企业，建立合适的布局优化模型以实现具有良好求解效果的算法或方法。针对生产制造车间设施布局问题，从布局的建模和求解两方面确定最优的成批制造企业的布局模型，再应用不同优化算法给出求解过程[8]。

中小企业的制造车间布局是中小企业生产、物流管理的关键部分。车间布置是指企业按照管理任务和质量纲领，在一定的空间内，根据原材料的收集以及零件、产品的制作过程，再结合成品的运输、交付全过程，合理、高效地安排与配置人员、装备、原材料，从而达到最大的生产经济效益。

成批制造企业的布局属于二维布局问题。二维布局就是在二维平面内的布局问题，一般以材料利用率最高为目标。需要布置在二维布局空间中的设备、仪器等称为待分配物，具体又可分为规则分配物和不规则分配物两种类型。其中规则分配物包括矩形和圆形分配物。矩形布局是将许多二维矩形布置在二维平面内，组成一个更大的矩形，并使其面积利用率最大。矩形装填是大规模集成电路、建筑物布局等经常遇到的一个问题。由于不规则图形之间的干涉量计算较复杂，因而目前布局研究的相关内容多属于规则二维图形布局问题。对于复杂的二维布局问题，除面积利用率外，还要满足一些其他性能约束条件。

对于生产制造系统来说，郑晓军等学者认为设施布置按照研究不同层次可划分为三类[9-11]：

① 厂区总体布局。该布局主要面向各厂房与生产部门之间的相互位置，以及面积布置的问题。同时包括生产管理系统、加工系统和配送系统的布局。

② 车间布局设计。该层次主要面向各生产工部、服务部门和储存设施等作业单位，以及工位、设备、通道之间的相互位置，同时也要解决货物搬运的流程及方式、车间内各生产单元（工段）的位置和面积形状，确保生产阶段各生产单元之间能紧密衔接，实现工段间的物料运输成本最小化。

③ 生产设备布置设计。指在特定的制造环境下，由生产系统设计人员按照制造目标对生产单元内的设备、物料路线、物料出入口位置等进行详细的设计布置。目的是实现制造流程和物料流动量最小，进而达到高效、降低成本的目标。在布局设计中的设备分为加工工艺设备、材料输送设备、检验设备以及计算机控制设备。

成批制造型企业的生产布局可以使用SLP方法，为不同生产线设计专门的布局。本小节将讲述另外的设施布置技术，方法及过程大致分为确定布置类型、块状布置计算、详细布置计算、模拟与评估。

生产设备布置问题是在已完成生产系统总体布置的基础上，对各部门内部进行的具体化布置。设备布置形式取决于生产类型和生产组织形式，因此设备布置原则与组织车间一致。一般的中小制造工厂，根据设备之间的关系，布置的基本形式可分为产品原则布置（Product Layout）、固定工位式布置（Fixed Product Layout）、工艺原则布置（Process Layout）和成组原则布置（Group Layout）[11-12]。

① 产品原则布置，是在制造某种部件或某种产品的封闭车间，设备、人员按加工或装配的工艺顺序布置，形成一定的生产线，适用于单一品种大批量的生产方式。

② 固定工位式布置是原材料或主要部件固定在一定位置的布置形式。生产时所需的设备、人员、材料等都服从于工件的固定工位。这种布置适用于大型不易移动的产品制造，如飞机装配、船舶制造等。

③ 工艺原则布置又称机群式布置，指把相同相近工序的装备和人员集中布置在一个地方的布置形式。如按车床组、钻床组等分区，各类工位、加工位之间保持一定顺序，根据大多数零件的生产路线进行布局。这种方式适合于多产品小批量的生产方式。

④ 成组原则布置是一种实时成组的布置形式，介于工艺原则布置与产品原则布置之间，适用于小批量生产模式。典型的是成组布置，即在工作场地内配置可以完成工艺相似零件组的不同类型机床，以及所有零件全部工序所需的不同类型的机床，以此为一个分组，再在其周围配置其他必要的设备。

本节针对中小企业批量生产的特点，研究成组原则布置中的设施布置问题。对于制造系统，采用何种设备布局形式，往往受到多种因素的影响，如车间面积、大小、形状，车间内设备的数量，待加工零件的工艺，拟采用的物料运输系统的类型（如自动导引小车、机器人、传送带等），以及与其他生产环节相衔接的要求。不管哪种布局策略，确定制造装备的具体位置是布置设计的关键所在。不同的布局方法对生产系统的制造效果、质量、系统柔性、成本和安全性等都有着重要的影响。要针对具体的目标和控制条件给生产控制系统选定恰当的设备布置方法。

建模是布局问题求解的基础。布局模型的建立不仅关系到求解算法或方法的选取，而且其质量的好坏亦影响布局问题的最终求解质量。设备布局有两种常见的方式。

1. 块状布局

块状布局最早由 Koopmans 和 Beckmannl 在 1957 年提出[13]，该方法不考虑设备的外形、规格和位置，把块状布置建模为二次分配模型，将几个彼此联系的设备布置在候选位置上，一个地方只有一个装置或只有一个设备，描述如下[14]：

设生产系统中的设备总数为 n，生产系统中所有设备的集合为

$$E=\{e_i \mid i=1,\ 2,\ \cdots,\ n\} \tag{2.2}$$

设生产系统中的可布置设备的位置数为 m $(m \geqslant n)$，则位置集合为

$$P=\{p_j \mid j=1,\ 2,\ \cdots,\ m\} \tag{2.3}$$

所有可能的布置集合 $S=E \cdot P$。设任一布局方案的运输成本为 $C(s)$，$C(s)$是一个函数，描述了设备间的物料流量和总物料运输费的关系，则布局设计的目标是寻找一种布局方案 $s^* \in S$，使得布局成本为

$$c^*=\min[C(s)]=C(s^*) \tag{2.4}$$

在二次分配模型中，假定设备数和布局空间的位置数相等，但是实际情况也并非总是这样。当设备数少于位置数时，就可以增添空设备使设备和位置数量相等，从而使系统可以采用二次分配模型建模。当设备数大于位置数时，在此空间的布局问题不成立，需将设备转移到更大空间进行布局。在生产线设施布局问题中，当设备数量不超过某一特定数量时，选用二次分配模型可简单方便地完成生产线设施布局问题的数学建模，因而在实际中应用广泛[8]。

2. 详细布局建模

与块状布局不同，当考虑了设备的外形、大小等因素后，引入详细布置模型。详细布局模型能解决各个设备在厂房中的坐标与位置。详细分布问题的模型较块状分布问题更为复杂，设计要求与约束条件也较多。下面从详细布局建模中的优化目标、约束条件、求解方法三个方面介绍。

详细布局问题中设备的表示方式可分为离散型和连续型。离散型一般用于表示不规则设备，首先将平面划分为网格，每个设备按照其形状和大小四舍五入到最接近的网格中，网格的大小决定了设备表示的精度，网格越小则对设备的表示越精确。离散型表示方式的优点是可较精确表示设备的形状，但其缺点是在详细布局算法中计算设备间干涉量时耗时较多。连续型一般将设备表示为矩形，又分为固定形状大小的矩形和固定面积的矩形两种，前者设备矩形的长度和宽度都是给定的，而后者仅以给定设备矩形的面积和其长宽比的上下限的方式来表示。连续型表示方式的优点是形式简单且在详细布局算法中计算设备间的干涉量时简单，但是其缺点是将设备表示为矩形，不能精确表示设备的形状。

(1) 模型的优化目标

详细布局模型的优化目标是生产布局的关键，它对整个布局过程提出要求，并作为布局方案的衡量标准。在实际问题中，不同的布局问题有不同的优化方法。其优化目标一般是从布局设计专家对设备布局问题的原则中提炼出来的。设施详细布局设计通常应当遵循如下原则。

① 物流原则。在物流设计方面，所有设备均须根据工艺路线和工艺流程布局成线或其他样式，以方便员工作业，减少物料回流率。同时按物料流量设置运输路径，以使物流能满足整个制造流程的要求，并使物料搬运费最小。除了道路运输以外，还应重视人员流动和运送方案的安排。

② 厂房建筑原则。厂房平面力求简单，有利于建筑定型化和施工机械化。减少货物运输距离，还必须特别注意设备与厂房内部建筑、设备与厂房外墙等建筑的间隙，并精心安排进出口、管道，设施的安置应尽量整齐，防止设备排列过疏或过密。除了厂房本身之外，还必须设置相应的通行和检修路线。应在必要的地方为存储半成件、副成品和包装物等留出余地。

③ 特殊位置要求，满足特殊设备的布局需求，如大型装备、噪声振动等装备尽量布置在底楼地面等。

考虑非物流因素进行系统布置，要便于管理，同时考虑各作业单位的功能、生产性质、安全、防火、运输与检修等要求。

设备详细布局是一个包含定性目标和定量目标的多目标优化问题。在定量方面，设备布局主要考虑最大化物料传输效率、空间利用率、工人利用率，最小化生产时间、设备投资费用和库存等。在定性方面则主要考虑单元之间的相互关系，如美观性、舒适性、稳定性、生产监控方便度、柔性、简化程度、生产设备与加工能力的均衡性等。其中，定量目标可以直接得到或者通过建立模型并通过一定的求解方法计算得到；而定性目标，难以用数值量化，其设计主要依靠经验且缺乏评价标准，因此通常将其作为设施布局的次优目标或者布局方案的评价因素予以考虑。

(2) 详细布局模型的约束条件

车间设备布局模型的布局约束可以分为硬约束和软约束。硬约束是指布局中必须满足的约束，如布局物体之间的不干涉约束[15]。软约束是指尽量满足的约束。一般情形下数学模型中的目标函数，即布局设计人员的设计目标是一个软约束，因此设计指标的多少并不意味着设计的合理与否，而只体现出设计要求能够实现的多少。按照布局时的一些特点，可以把设备布局约束分为以下几类。

① 目标约束。物流效率是车间布局的最终目标；这个约束条件是一个软约束；当其他硬约束条件得到满足后，才按照目标约束的限制选取布局方案。

② 形状位置约束。是布局方案中各个装置在车间内部的相对位置的约束条件，主要是布局装置间不能发生物理干扰，装备内部的部位间要保持位置间距。所安置装备的位置应当设在厂房内，且装备与厂房、设施和厂房外墙间应有必要的安全间隔；同时保证工人必要的操作空间，车间内有障碍物和禁止使用的区域[16]。

③ 其他约束条件。主要是指一些客观约束和主观约束，如稳定性、整洁、美观等。其他约束需在实际生产中根据具体生产环境确定，这些约束条件通常是软约束，布局设计时在不违反某些硬约束条件的前提下尽量满足软约束条件要求。

不管块状布局还是详细布局，在进行数学模型时，通常不能够顾及全部功能，所以往往考虑主要设计功能与不同约束条件的组合。

(3) 详细布局模型的常用求解方法

设施布置问题的提出至今有很多不同的求解方法，郑晓军[11]将求解方法分为两类：基于过程的方法和基于算法的方法。基于过程的方法比较有代表性的是 SLP 方法[2]，但这种方法需要手工进行多个步骤的实施和调整，需要依靠有经验的设计师，在范围大、控制复杂时，无法很好地满足模型目标要求。因而，对于较大规模的问题通常采用基于算法的方法。

设备布局方法也由早期的手工方法和定性方法发展到了定量、智能、自动化的方法，从较早出现的 SPAPE、CRAFT 算法到最近的启发式算法。这些布局求解方法通常运用运筹学、图论等领域的知识[17]，从求解性质分主要有最优化算法和次优化算法，常用求解算法的分类如图 2.6 所示。

- 详细布局模型常用求解算法
  - 最优化算法
    - 分支定界法
    - 整数规划法
    - 割平面法
  - 次优化算法
    - 传统启发式方法
      - 构造法
      - 图论法
      - 混合法
    - 元启发式方法
      - 模拟退火
      - 遗传算法
      - 蚁群算法
      - ……

图 2.6　企业车间布局的常用求解方法

其中最优化方法包括线性规划、整数规划和动态规划等数学方法。在实际应用中，最优化方法通常仅适用于解决十台以下小规模的设计问题，而现实当中一般包含一个设备，因而需要用次优化方法求解。下面介绍几种常用的次优化求解方法。

① 图论方法。设施布置时设备被定义为图中的节点，两设备在产品工艺路线上的关系用连接两个节点的弧表示。基于图论的布置方法忽略了问题本身的很多重要信息，所以存在很多不足。

② 构造法。主要是从零开始按照顺序依次布置每一个设备直到所有设备布置完毕。典型的构造型算法通常采用离散式模型，各部门间的距离以部门中心之间的直线距离为基础。选择部门顺序按各部门的排序，该排序顺序是按部门的物流量和使用者定义的流量值标准确定的。部门布置从布置场所中心位置开始，下一部门的位置取决于该部门位于已布置部门的四边所得的目标函数值，取布置过程目标函数值大者对应的位置。由于部门形状受目标函数的影响，该程序布置结果容易出现部门面积不规则的情况。

③ 蚁群算法。该求解方法灵感来自蚂蚁觅食中寻找路径的过程。当一只蚂蚁发现食物之后，就会在周围环境产生信息素，以引导更多的蚂蚁过去，这样更多的蚂蚁就会发现食物，经过一段时间之后，每个蚂蚁都会选择一个从巢穴到进食点的最短路线。蚁群算法常用于设施布置问题求解。

④ 混合算法。把多种方法有机集成，从而使这些方法的搜索功能互相弥补，克服它们各自的缺陷，使其成为功能更优、更可靠的优化方法。较为常见的是将遗传算法与其他算法相结合以改善遗传算法的早熟现象和搜索性能。

目前，已经存在许多用于求解设备布局问题的算法，各种算法都表现出不同的求解能力和优缺点。

2.3 制造物流配送模型

生产制造中的物流活动是企业在生产工艺过程中的物流活动。这种物流行为是随着生产工艺进程而发生的，是整个生产工艺流程的一部分。在过去的经济发展中，人们主要重视一个个相互独立的生产加工过程，而忽略了把各生产工艺串联在一起的整体物流行为，如生产线上的半成品离开现在的工位进入下一个工位便会产生物料搬运、物料配送等活动。在一个生产周期内实际加工的时间远小于物流活动的时间，因此通过对生产物流流程分析可以更好地优化生产物流系统，从而降低生产物流成本，提高企业的运作效率。

制造企业中的配送过程一般包含原材料和其他辅助材料在投入生产后经过下料和加工处理，以在制品的形态从一个工序流入另一个工序，并按规定的工艺过程进行加工、储存，采用一定的运输装置从某个点流入、再从某个点流出的物料实物形态的流转过程，即根据车间的布局和产品生产工艺流程的要求实现原材料、零部件以及半成品等物料在车间仓库与生产线间、工序与工序之间、车间与成品库之间流传的物流活动。

为了对生产制造系统的物料配送过程进行建模，本节从传统的运筹学角度出发，依据不同的制造企业类型，分析了仓库到制造工位上的配送过程，并分析了制造工位之间的配送过程。再依据不同的企业类型对配送目标的需求，给出配送过程、配送模式方案，建立时间窗配送模型，给出模型的求解和优化算法。

2.3.1 仓储到工位的时间窗配送模型

本小节构建了仓储到工位的配送模型，先对时间窗的概念进行描述，介绍几种经常使用的时间窗概念。介绍制造生产当中工位的概念，分析工位中对物料的需求状态，然后以工位为中心介绍几种配送方式，对工位的物料配送流程和规则进行说明。介绍并说明常用时间窗配送模型，对仓储运输到工位的需求建立总体模式。

制造物流中从仓储区到工位的物流过程，是指在生产企业的库存中，将物流工位采用“配”和“送”的有机组合，按照生产企业产品的制造过程，根据原材料以及零件的种类、数量和型号需求，定时、定量、定点地把对应产品运送到产品生产线的指定岗位，或者配送到工厂、车间的工位暂存区，减少企业存货数量，提高对原材料的有效利用率，降低生产制造中的等待时间，实现降低成本的目的。图 2.7 是典型的生产物流中的仓储运输车的配送过程。仓库到工位物流配送系统涵盖了整个生产物流的所有服务元素，如运送、储存、包装、生产打包装卸等，是生产制造物流配送过程的首要环节。

图 2.7　仓储到工位的运输车配送

在智能制造背景下，无论是大批量制造还是小批量制造，如车辆制造、机器制造等，企业通常采用流水线模式，这一模式可大大提高工厂的制造效率，但由于流水线的空间限制，工位上不能暂存较多原料，仓储到工位的物料配送必须频繁、准确，才能保证产品的顺利进行。

目前，在制造车间最常见的仓储货物配送过程为：当流水线上某个岗位的原材料库存量小于最低需求数量时，由工位操作工使用按钮、呼叫等方式提出配送需求，仓储配送员在车间仓储区拣取货物，并将拣出的货物按装载后物料比例分配至该岗位，然后再将空载的运输设备送到车间库房。

1. 拉式配送

传统的仓储到工位的配送使用拉动式配送方法，如在准时制生产方式(Just In Time, JIT)中就强调拉式生产配送。JIT 生产管理模式起源于日本丰田集团，又称为无库存生产方式或者超级市场生产方式。

JIT 以准时制造为切入点，先解决产品过度制造以及相关损耗问题，继而对生产设备、员工等加以淘汰、变更，从而实现降低成本、改善生产计划和加强质量控制的目的。在生产现场控制方面，准时制的根本原则就是通过选择恰当的制造时刻，制造适当数量的零部件或商品，并及时完成产品。它把一般制造流程的前道工序产品直接输送至后道工序，改为由后道工序依据“看板”向前道工序取货。看板系统是准时制生产现场管理的核心，而 JIT 并不仅仅是看板管理。JIT 的核心之一是均衡性制造，即平均制造生产方式，信息流在各个操作工序内部、生产线内部、工序间、企业内部公平且均匀地传递。为了实现制造均衡，JIT 实行月度计划、日计划，随着市场变动适时对计划做出微调。

生产制造中的物料、工位间配送是以主生产计划的实际上线顺序为依托，拉动按时按量有序作业。物料在线上的使用顺序不同，使得线边库存存货消耗率也就不同，对配送仓储中心的需求计划也就有较大变化。较好的计划排序可以均衡各型号零部件的消耗速率，稳定配送需求，而较好的库存控制策略可以降低配送的次数，使物料配送作业按照计划次序有效运作。

在拉式生产模式中，生产计划部根据产品订单制订主生产计划，各个零配件生产车间不制订生产计划，而是根据主生产计划，得到每日生产的产品的数量种类，这样可以减少中间层，使生产管理扁平化，拉式生产计划的制订流程如图 2.8 所示。

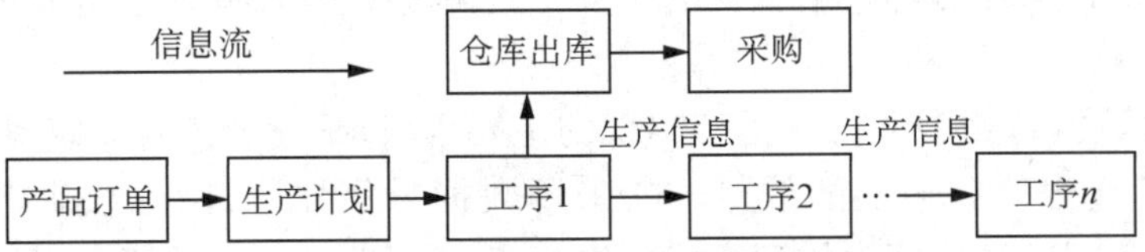

图 2.8　拉式生产计划模式

生产过程中，需要数量种类众多的物料支持。汽车制造企业总装线最具代表性，以某采用拉式生产方式的汽车总装线为例，生产线中的物料分类如下。

(1) JIT 物料

企业提供所需物料清单和数量，由供应商将装配线工位需要的物料直接送达，企业人员只需在约定的时间和地点接收物料。按照装配线实际装配需要，JIT 物料可分为排序物料和非排序物料两类。

① 排序物料：如果总装线采用的装配方式是混流装配，需要装配的车型种类多，在这种情况下，需要以车型的生产顺序为依据，将需要配送的零部件先排序再送到装配线指定的

工位。这类排序物料包括个性化的内饰件、不同颜色的装饰件、不同规格型号的灯具和轮胎等。

② 非排序物料：一般为通用件，仍由供应商直接供货，所以这类物料在配送时，不需要按照零件上线排序清单，只要按照生产计划在规定时间内将要求数量的零部件配送至线旁缓存区。

（2）中转库物料

装配线的物料供应不可能全部由供应商直接进行准时化配送，缓存区的物料应先入企业的中转仓库，再根据生产情况组织配送。总装线旁缓存区物料供应及时与否，决定着生产能否顺利进行。但是总装线旁缓存区空间有限，物料既不能积压也不能短缺，需要根据总装线物料的实时消耗情况，安排物料配送。中转库物料可分为捆扎打包件、通用标准件和关键件三种。

（3）通用标准件物料

螺栓、卡簧、螺母和垫片等价值低数量多的零件，采用控制最小库存量的方式，在安装工位设定一个数量安全值，一旦该位置这些标准件的数量低于设定值，则由装配线工作人员及时补货。

JIT 模式注重拉式生产，而不同的物料种类要求物流过程具有精确化与准时性的特点。在生产物料配送过程中，利用制造数据可视化、及时物料配送、物料预警和呼叫系统的相互协调，完成货物的拉式分配。常用的拉式生产配送方法有如下几种。

① 按计划进行的物流配送。按照计划是指按照产品上线时间和生产计划，分解产品的制造流程，分析物料配送需求，然后再根据需要设计合理的物料配送方式。按物料配送周期，可以分成滚动配送和同步配送。滚动配送按照一段时间内的需求，设置滚动配送的物料量，物料配送部门则根据滚动周期算出物料需求量，并进行备货。物料配送工作，针对物料的具体情况建立货物分配清单，并按照清单指示分配工作。同步配送，是配送部门利用信息收集中心反馈的数据分析数据，按生产车间实际装配生产序列和生产进度直接对混流线供货。计划模式虽然是传统计划供应模式的延伸，不过因为其批量较小、预测周期短、反馈速度快，所以是物料配送模式中重要的一项。计划管理模式特别适合有序配送要求的生产流程和按台套配送特定零部件。

② 看板式管理，这是 JIT 拉动生产实现的主要手段，是一个信号系统，用于在生产工位与其他部门间传递生产和运输的信号。它采用数据采集技术、网络技术进行生产物流管理，是一套反应效率较高且精确的新模式。看板又可分为工序间看板、外协看板、生产看板和临时看板。物料配送是通过发送看板方式，由物资巡线人员负责填报并提交，配送需求的媒介为看板资料，媒介材料包含纸张和无线，在看板上记下零配件编码、要货日期、零部件种类、零配件的存放位置、零配件总量和所用工位仪器的类型等，以用作各项目进场、出库、运送、加工和检验等的依据。看板管理模式适用于零件品种需求变化较小，且消耗连续的通用性较强的零部件配送。

③ 紧急配送管理，是拉动物料配送方式的一种补充，也是生产企业中普遍使用的物资配送方法。要求生产线上实时变动的信息必须及时与仓储部门沟通，对存在质量问题的物资、变动的物资及专属部件特殊需要等，都必须采用紧急要货方法补送。为了保证生产线的连续供给，紧急配送首先要保证配送中心存在该物料。

2. 以工位为中心的配送流程

但由于竞争的日趋激烈，企业订货呈现出多种类、数量少、短交货期、客户需求多变化的趋势，造成了业务管理繁琐、企业专业化分工更趋细致、对客户的响应速度需求高和实时控制能力不足等问题。仓储区无法为工位提供很好的主动配送业务，只有根据岗位要求，进行预测并提前准备物资，但是导致准确性低、仓储费用高昂。在这种传统管理模式下，仓储内物料按分类堆放，尤其针对多件数、小数量的物流过程，在货物流转速度加快时，仓储部门需要经常性拣货，造成拣货难度和物流成本大幅上升，物流速度也遭到了阻碍。所以，目前传统物料配送过程制约了整个公司小批量、多批次的物流过程。

以工位为中心的物料配送模式，逐渐成为部分公司的仓储和工位间配送的首选方法。蒋丽等学者提出[20-21]在以工位为中心的物料配送方式下，物料配送是基于工位的、主动式的配送。由车间物流部门根据生产方案和物料清单，预测各个工位的供应量和需求量，主动对工位准时分配货物。这种方法可以有效改善库存数量的预测效果，并合理安排货物分配时间。以工位为中心的配送模式包括直接配送、存储区配送和补货配送三种。

(1) 直接配送

直接配送指物料由供应商直接配送到工位。目前，供应商管理库存的方式在汽车制造行业得到了广泛应用。汽车制造企业所购零部件的所有权只有放到生产线上后才能转让，因此，对于存储成本较高、资金使用量较大、供应商与制造商处于同一区域的物料，可以采用将物料直接配送至工位的方式。供应商与制造商之间实现完全信息共享，供应商及时获取车间配送中心下达的物料需求量和需求时间，并在配送中心要求的时间窗内将物料配送到车间工位。在直接配送模式下，供应商对物料质量负责，合格率必须达到 100%。

(2) 存储区配送

存储区配送指由车间存储区配送到工位。当直接配送方式中需要多个供应商同时直接配送多种物料时，如果车间计划或操作不当，容易导致配送混乱。同时，直接配送的风险也较高，物料供应商一旦发生事故，非常容易导致生产线停止工作。因此，直接配送并不适合大多数供应商。对于无法直接配送的物资，应采用先采购、后仓储、再配送的仓储配送模式。在这种模式下，物料根据生产要求分批采购和储存。车间配送中心根据物料清单(Bill of Material, BOM)、日常生产计划和生产节拍确定各工位的物料需求时间和数量，并安排配送车辆配送。

(3) 补货配送

补货配送指生产线上的员工或仓库管理员不定期补货的配送，如螺母等标准件以及一些辅助材料的补货配送。补货材料往往价值低、数量大，当库存量低于安全库存量时，生产线物料员或仓库管理员会不定期分批补货[22]。

以工位为中心的配送模式的重点是存储区配送。以工位为中心的存储策略是指物料存储区不再按物料类别分区，而是依据工位划分。物料存储区被整合为多个“物料超市”，一个工位所需的所有物料存放在同一个“物料超市”内，而一个“物料超市”可能存储来自多个站点的材料。同一超市内的物料可以分品类、分区域存储，这种物料分类存储是面向工位的，即以工位为中心的存储。存储区域内的配送不再需要在整个物料存储区域内拣选货物，取而代之的是，超市将把不同工位需求的物资配送到各工位。

以工位为中心的仓储区配送包括以下几个流程。

① 订购:根据生产数据定义安全库存、订单库存和最大库存,当库存低于安全库存时,向供应商或材料仓库发出材料订单。

② 卸料:材料到达装配车间后,在卸料区卸料并送至拆分区。

③ 检验:包括质量检验、数量检验等,不合格物料被送往不合格区或退回给供应商,合格材料被拆分和重新包装。

④ 拆分:合格物料依据"物料超市"所需物料的种类和数量进行拆分,按物料存储特点,贴条码送到各"物料超市"存储。

⑤ 存储:采用以工位为中心的存储策略,工位所需的所有材料统一存放在"物料超市"。"物料超市"中不同材料存储在根据类别或站点划分的分区中。低值、大量标准件和辅助材料存储在补货区,补货区物料可以分类存储或随机存储。为了便于材料的储存和搬运,储存区的材料储存原则包括:较重的物品储存在底层,较轻的物品储存于上层,使货架稳定;普通材料由通用设备存储,特殊材料由专用设备存储,以确保零件在存储和搬运操作中的经济性和安全性。

⑥ 拣货:按照以岗位为导向的方式实行主动配送,各车间配送人员按照工位 BOM 计划、日产量要求设定各个岗位的货物使用日期和要求。按照各工位的开工日期,拣货人员在"物料超市"中按照岗位要求扫描拣货,扫描过程减少了库存,实现了主动订货的信息输入。

⑦ 出库:物料拣货完毕后,配送车辆按照先后顺序和配送路线,依次将物料从"物料超市"配送到工位。

2.3.2 大批量制造工位间的配送模型

本小节介绍几种大批量生产企业的物料配送模型,以最小的配送时间等为目标函数,建立以生产线中配送模型。

大批量制造的典型是标准零件生产、标准系列的电动机等产品制造。大批量产品制造时,通常以标准件等装配形式进行大批量生产。大批量生产型企业产品的特点是多样性,所以生产线需求的物料种类多,但通常工位的缓存区不能存放过多物料,只能容纳少部分物料,在典型的拉动式生产模式下,为了保证生产顺利进行,大批量制造生产线上工位点消耗的物料需要频繁且精确地配给。

这对物料配送方式提出了很高的要求。在实际配送过程中,目前仍然存在很多不匹配问题,主要表现在以下几个方面。

① 仓库物料搬运系统效率低。仓库日常搬运工作中,尤其是在搬运工作集中时期,堆垛机作业由于没有优化调度,经常会产生"死锁"的现象。

② 车辆货物配装不合理。车辆货物配装问题解决得好坏,直接关系到配送的效率,一些零散物料的配装作业计划,主要靠人工编制,货物很难有科学合理的配装安排。

③ 生产线缺料停滞。目前的配送方式太依赖于人员的经验,从而导致物料配送的频率和数量基本固定,一旦生产计划变动,物料需求就会随之变化,所以生产过程中因缺料导致生产线停滞的现象很常见。

④ 线旁物料堆积浪费。配送人员根据生产计划和物料库存数量领取一段时期生产所需的大量物料,如果这段时期内生产线或装配线需要换线,线边就会大量堆积剩余物料并

造成浪费。

⑤ 配送效率低。配送很难满足大批量生产线的物料需求，做不到准时、准量将需求物料配送到位。当线上物料出现质量问题时，只能执行紧急配送，如果这种问题同时发生在多个工位或者发生频率较高时，配送就会疲于应对，目前还没有一个较好的方案解决这个问题。

⑥ 配送灵活性差。生产线或装配线所需的物料种类多，而且生产计划随着需求的变化而变化，传统配送模式与生产现状格格不入，配送灵活性差，配送响应速度慢。

为解决上述配送方法的不足，大批量生产线上目前仍采用拉式生产配送模式。拉式生产是在准时化理念的基础上发展而来，它克服了传统的按计划生产的工序与工序之间相互独立、半成品库存量大的缺点。

大批量生产场景下物料配送的目的是根据各工位或工作站的各类需求，包括材料种类、数量、时间需求情况，再结合物料消耗状况，在物料配送中心分拣和清点，并将准备好的物料及时送到工位或工作站。

工位之间物料配送的核心问题是在规定的时间内，以正确的方式将正确的物料配送到正确的地点。根据拉式生产模式的特点，制造系统物料配送活动主要包括配送计划、物料分拣和物料配送三个环节。

物料配送与计划之间的联系主要依据物料配送清单。物资配送部门根据实际上线顺序、线上物料的消耗信息以及库存的完备性，计算出物料配送清单，其作用相当于作业指导书。物资配送部门要充分调度，保证各种配送资源的顺利调配；同时还需要兼顾各环节的优化调度，最大限度地降低成本，实现高效的物料配送。

1. 配送路径优化模型

制造系统中物料配送车辆路径优化问题，可描述为存在一个运输网络包含工位节点集 $G=(V, A, C)$，包含工位节点集 $V=\{v_1, v_2, \cdots, v_n\}$，车辆可能通过的线路段集合为弧集 $A=\{(v_i, v_j) \mid i \neq j, v_i, v_j \in V\}$，以及工位的物料需求 $D=\{d_1, d_2, \cdots, d_n\}$。

费用系数矩阵 $C=(c_{ij})$，c_{ij} 表示车辆通过 (v_i, v_j) 对应弧段所花的费用，如时间、距离和花费等。组织适当的行车路线，使车辆按规定顺序把物料送达工作站或工位的线边缓存区域，车辆行驶路径必须是从车场出发并且返回车场，同时在满足一定的约束条件（如工作站的物料送达时间、车辆容量限制等）下，达到一定的目标（如行驶的距离最短、费用最低、耗费时间最少、使用车辆数最少、满意度最高、准时送达性最好等）。

2. 配送车辆调度模型

在批量生产情境下，依据生产物料配送清单和生产规划进行配送是车辆调度问题。及时准确送达物料是确保各工位在指定的时间内得到所需要的物料，从而确保生产线正常生产的必要条件。因此，带时间窗约束是该类问题的主要特征，车辆装载容量限制和最少的派车次数也是配送常考虑的优化约束。

为了提高车辆满载率，减少配送的次数和时间，将一些独立需求拆分配送是一个非常可行的办法，因此又产生了物料一次性配送和可分开配送模式。

在已知交货清单条件下，车辆配送调度问题是在满足站点需求的条件下，向每个站点交付合理数量的材料，调度最少数量的车辆，并为配送车辆分配最经济的路线。调度决策者需要计划交付时间和频率、交付量和交付路线，这也是物料运行过程中运营成本所占比例最大的部分。研究最优调度可以很好地满足降低配送成本、提高配送效率的要求。

物料配送调度是配送车辆的调度问题。其一般模型可以描述为具有容量和时间窗约束的车辆调度问题或车辆路径问题，这是一般车辆路径问题的进一步扩展。基于一般车辆路径问题中包含的约束，向每辆车添加单个车辆装载能力约束，并向每个车站需求添加时间窗口限制。此处的时间窗口要求每个服务或任务（如加载或卸载）必须在此时间段内完成。

学者李晋航在此问题上进行了部分探索，并构建了一种物料配送模型[23-24]。学者Schrimpf G. 等[25]人构建了这种典型的时间窗的车辆路径规划问题。图 2.9 为某一次物料配送场景的示意图。每个物料需求点进行了标号，小括号内的数字代表物料需求，中括号内的范围代表时间窗。每条路线由一辆车完成，每辆物料运输车具有特定的载重单位。

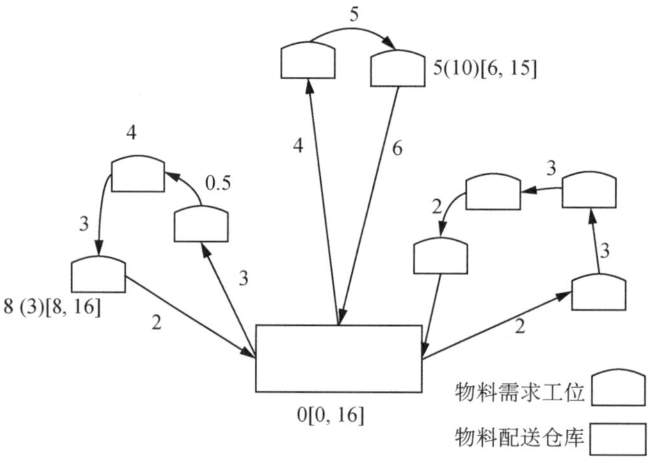

图 2.9　车辆调度示意图

带能力与时间窗的车辆路径规划问题数学模型定义如下：

配送中心仓库 V_0，有若干台完全相同的车辆用来服务 n 个工位（$V_1, V_2, \cdots, V_n$）。

已知车辆的容量为 Q，车辆的固定派车成本为 $h \geqslant 0$。

工位 V_i 的需求量为 q_i，且 $q_i \leqslant Q$，并要求该任务开始执行的时间范围为 $[a_i, b_i]$，该任务需要的服务时间为 s_i。

c_{ij} 与 t_{ij} 分别是与路段（v_i, v_j）相关的成本和行驶时间。问题的要求是设计车辆行驶的路线使得每项任务都在规定的时间内开始执行，每个工位的任务在一个计划周期内只执行一次（即每个工位仅被访问一次），并使派车配送成本最少。

变量假设：如果设计的路线中使用了路段（v_i, v_j），则 $x_{ij}=1$；否则 $x_{ij}=0$。x_{0j} 表示配送中心到工位的路段；p_i 为车辆到达工位处的时间；y_i 表示车辆离开工位处时的载重量；在各种信息确定情况下，数学模型如下。

求解目标：

$$\min \sum_{j=1}^{n} h x_{0j} + \sum_{i=0}^{n} \sum_{j=0}^{n} c_{ij} x_{ij} \tag{2.5}$$

约束条件：

$$\sum_{j=0}^{n} x_{ij}=1,\qquad i=1,\cdots,n \tag{2.6}$$

$$\sum_{i=0}^{n} x_{ij}=1,\qquad j=1,\cdots,n \tag{2.7}$$

如果 $x_{ij}=1$，则

$$y_i-q_j\leqslant y_j \tag{2.8}$$

$$q_j\leqslant y_j\leqslant Q \tag{2.9}$$

$$p_i+s_i+t_{ij}\leqslant b_j \tag{2.10}$$

$$p_i+s_i+t_{ij}\geqslant a_j \tag{2.11}$$

$$a_i\leqslant p_i\leqslant b_i \tag{2.12}$$

$$x_{ij}\in\{0,1\} \tag{2.13}$$

模型说明，约束条件式(2.6)和式(2.7)确保每个工位只被分到一条路线中，即每辆车只访问每个工位一次，且从该工位出发的车只有一辆。式(2.8)和式(2.9)关于单车容量的约束条件，意味着到达该工位之前的车辆必须有能力为该工位提供服务，而式(2.10)、式(2.11)和式(2.12)保证了满足工位需求时间窗的约束条件。式(2.13)定义了自变量的取值范围。目标函数式(2.5)是以最小化派车费用和最小化总行驶费用来达到配送成本最小。

模型求解：对于此问题，学者李晋航[23]认为模型中方程式的个数随着工位数量的增多呈指数增加，而对其进行求解时需要搜索的状态解空间的大小也成指数增大，这样使得问题的求解变得非常困难。

从本质上来说，求解该问题的方法基本可以分为精确算法和启发式算法两大类。精确算法指通过数学推断理论上可以求得最优解的算法。目前，精确算法主要有分支定界算法、割平面算法、动态规划算法、网络流算法等。

但是由于带能力与时间窗约束问题是难问题，精确算法的计算量一般随问题规模的增大而呈指数增长，从而使该类算法只能有效求解中小规模的问题，即配送工位数通常不超过 10 个，而对大规模的带能力与时间窗约束问题使用启发式算法和智能算法是必要且现实的选择，也是工程实际中采用最多的选择。

针对该问题，遗传算法是一种可行的并行优化搜索方法。遗传算法是一种基于进化论优胜劣汰、自然选择、适者生存和物种遗传思想的随机优化搜索算法，通过群体的进化来进行全局性优化搜索。在智能优化算法邻域，后续学者大多数采用并改进遗传算法来求解问题。本节中，介绍采用改进遗传算法求解带能力与时间窗约束的物料配送优化问题的步骤。

① 构造满足约束条件的染色体。由于遗传算法不能直接处理理解空间中的解，因此必须通过编码将解表示为合适的染色体。

② 初始种群。初始种群是搜索开始时的一组染色体，其数目(种群大小)应该适当选择；由于时间窗约束问题的特殊性，如果按照传统的随机排列方式生成染色体，大多数染色体不满足时间窗约束。

③ 计算每个染色体的适应度 $eval(x_i)$。适应度是反映染色体优劣的唯一指标，遗传算

法就是要寻得适应度最大的染色体;适应度函数构造与目标函数线性相关,对于一般的单目标问题可以直接采用目标函数 $f(x_i)$ 作为适应度函数。

④ 按由个体适应度值所决定的某个规则选择将进入下一代的个体,选择体现了优胜劣汰的自然规律。

⑤ 按概率交叉操作,交叉体现了有性繁殖的思想。

⑥ 按概率变异操作,变异体现了进化过程中的基因突变的思想。

⑦ 若没有满足种群的停止条件,则转到步骤③,否则进入步骤⑧。

⑧ 输出种群中适应度值最优的染色体作为问题的满意解或最优解。

算法的停止条件有如下两种:完成了预先给定的进化代数则停止,种群中的最优个体在连续若干代没有改进或平均适应度在连续若干代没有改进时停止。

3. 批量生产线工位的物料缓存模型

除了物料配送方法规划和路径模型外,影响生产线工位间配送的还有工位物料缓存区。为了保证生产线平顺性,使得上下游可以根据自己的节拍生产,根据工艺需要在不同的混流线之间设置缓存区(图 2.10)。缓存区除了能缓解下游节拍不一致的压力,另一重要作用就是调节生产。

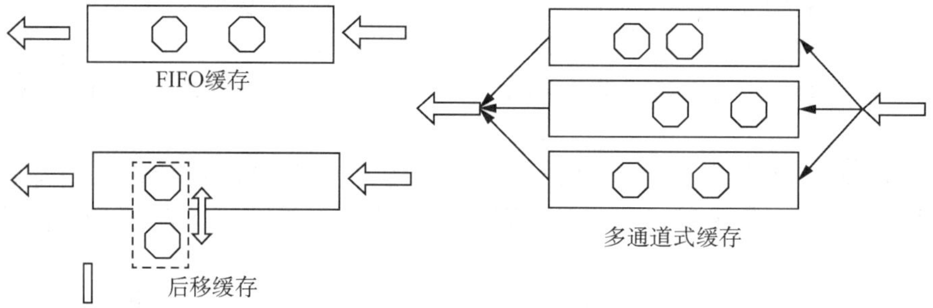

图 2.10　批量制造生产线工位缓存区

以汽车装配生产线为例,焊装线以保持邻近车型相似为排序目标,涂装线以邻近车型颜色相似为排序目标,而总装线以邻近车型装配件相似为排序目标。汽车制造厂在这三条线之间都设定有缓存区:焊装与涂装车间之间的缓存区被称作焊装缓存区,而涂装车间与总装配车间之间的缓存区一般被称作涂装缓存区。

FIFO 缓存区是一种先进先出链结构,不具备排序功能。在流水生产线上经常可以看到这类缓存区。在两个车间之间布置这种类型缓存区的主要目的是使得生产节拍不同步或作息时间不一致的上下游车间的生产达到平衡。广义上讲,任何流水线上下游工位之间都是一个容量较少的缓存区。

多通道式缓存区,利用车身在入站和出站时对车道的不同选择实现对车身队列排序的功能。多通道式缓存区在存储能力和排序能力上都有不错性能,在装配制造业特别是汽车流水线中最为常见。

后移缓存区,是在缓存区的基础上设置了一个侧移位,需要向后移动的车体可以先移出队列,等到合适的位置再插入。该种缓存区在一些汽车装配企业(比如福特汽车公司)比较常见。此类缓存区利用单台车体的等待进行货品顺序调整,缓存能力较弱,不能做到大规模的顺序调整。但由于其结构简单、成本较低,因此在某些制造业中使用较为普遍,后移缓存区的基本结构如图 2.10 所示。

其他类型的缓存区还有随机存取缓存区，采用了类似于立体仓库的结构。随机存取缓存区中设置了一个堆垛机构，通过这个机构可以在任何时间从缓存区中存取指定的在制品。因此，随机存取缓存区是排序能力最强的一种缓存区。但由于随机存取缓存区设备投资巨大、占地面积较大、控制机构和软件较为复杂，而且对管理工作的要求较高，因此仅有部分自动化程度较高的企业采用了这种类型的缓存区。

2.3.3　单件成批量制造工位间配送模型

本节以工位为研究对象，建立成批制造模式的时间窗配送模型，根据生产车间的车间布局、产品工艺路线和物料配送模式及其特征。介绍一种基于智能制造的带时间窗约束的生产物料配送路径优化模型，该模型由余文泰和张得志学者[26]提出，是一种较为完善的生产车间配送模型，可以适用于单件成批量制造车间类型，本节将分析其求解优化方法。

与上一节的大批量制造的时间窗配送模型相似，成批制造的物流配送、运输过程都需要结合实际的工厂生产线布局等特点进行模型设计或配送模式设计。

典型的成批制造类型生产线有电子元器件、仪器仪表等设备的生产线。余文泰以小型电气仪表的生产线为例，对成批产品的生产线物流过程和模式进行了讨论。

产品由多种原材料装配而成，且其中绝大部分型号各异，总计零部件共有 500 多种。其生产主要采取订单驱动的模式，根据零部件的不同组合可生产出不同规格和型号的仪表，也可根据顾客的需求对其功能进行调整和升级，属于典型的“多品种小批量”生产模式。余文泰等人批量产品制造的生产线物料运输模式划分为以下三种。

（1）直接配送模式

直接配送是指将物料从配送中心定期运送到固定站点，见图 2.11。在这种模式下，收到配送任务后，车辆将装载的物资从配送中心运送到指定车站，然后直接返回配送中心。直接配送时，每次只服务一个工位，因此速度快、可以保证车间高效生产、避免物料短缺，但是对配送车辆数量需求较高。

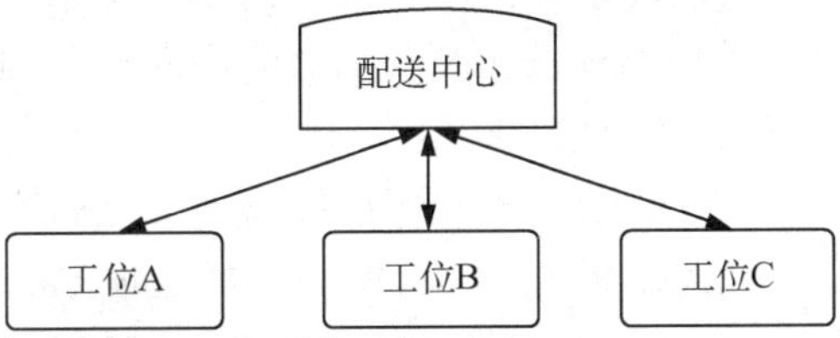

图 2.11　直接配送模式

对于成批生产的设备或产品，与大批量生产不同，制造企业经常面临物料种类和型号多、难以进行分类储存和配送的问题，而且物料配送在整个生产物流中起着重要的连接作用，会直接影响产品的生产效率与交付速度。成批制造生产过程中，实现物料及时准确地配送，有利于企业实现高效的生产作业。

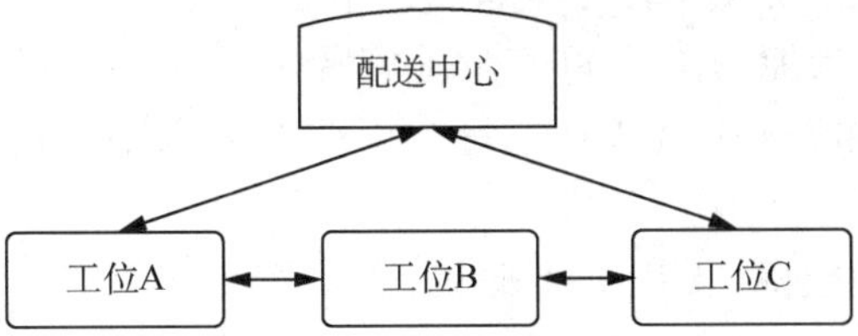

图 2.12　循环配送模式

（2）循环配送模式

循环配送是指车辆和物料完成多个工位的配送任务后返回配送中心，见图 2.12。循环配送与直接配送方式相比，一辆车可满足多个工位的需求任务，从而有效提升配送效率，最大程度提高车辆利用率，减少配送成本。循环配送适用于生产过程中各个工位需求量较小、物料体积小的零部件配送。

（3）紧急配送模式

紧急配送是一种特殊的配送模式，指在工业生产过程中遇紧急配送情况，如突发物流问题，为确保生产继续进行，及时将指定物品配送至所需工位，从而最大限度地减少产品缺料问题。

成批生产过程中的配送路径优化对制造物流的效率有较大影响。

1. 智能制造成批产品的生产物流系统

（1）智能生产物流体系架构

在智能制造生产模式下，余文泰等提出了专业化的物流系统体系架构。物流系统自上向下分为三个层次，即企业级资源计划层、制造执行层、物流作业层。

企业级资源计划层负责根据用户订单形成物料采购管理、销售管理、生产计划管理、财务管理等横向作业流程。制造执行层负责生产计划执行、生产过程监控、质量管理、设备管理等生产流程中的纵向功能管理。物流作业层包括智能仓储、工业机器人/机械臂、AGV车、自动生产线或装配线上终端设备等硬件设备。

（2）物料配送过程

收货：供应商将带有标签的材料提前发送至接收点。收货人根据交货单清点并接收货物。

验收入库：收到的货物根据种类分为待检验货物和免检货物。系统根据要检查的收货明细生成检查任务。质检员根据质检标准线下完成检验任务。不合格品根据退货要求转移到仓库或退货区域。

拣货：系统自动下载申请单或工单。依据工单拣选货物。

物流配送：仓储和生产的中间环节，起着重要的连接作用，本书后半部分将对物料配送过程详细建模。

入库：通过质量保证检验的成品转入内包装线，随后进行外箱包装，完成装箱入库。

2. 成批制造时间窗物料配送模型

物料配送是库存与制造的中间环节，是生产系统中关键的衔接角色，它直接关系到制造质量和效率。系统按照产品情况、物流地点及工位情况和客户信息实时制定物流路线。使用AGV等输送车完成物料配送。前文提出的车辆规划和调度问题可用于单件成批制造环境下的模型构建，但本节主要介绍余文泰等学者提出的智能制造车间的物流配送模型。

以物料过程为例，对公司某装置生产物流系统中的物料配送环节引入带时间窗的车辆路径问题，完成对智能制造企业中运输车的调度模型构建。

在所有站点的位置和需求已知且每辆车的装载能力固定的情况下，使用多辆配送车，通过合理规划路径，在时间约束下将物料配送到多个站点，最终返回配送中心，以实现总距离最短的目标，并且必须满足以下条件：车辆的承载能力大于每个输送路径上每个站点的分配量之和；车辆可行驶的最大里程大于每条运输路径的总距离；每个工位的需求小于车辆容量，同时必须确保每个车站的需要。

按照常规生产模式，对工位间配送模型进行建模前，做出如下假设：①生产车间只有一个配送中心；②配送车辆只有一种类型，数量已定，每辆车都有容量限制；③车辆速度在配送中心到每个工位和任意两个工位之间是恒定的；④每个工位的位置以及配送中心的位置是已知的；⑤每个工位的需求必须满足；⑥每个工位只能由一辆车服务；⑦每个工位接受送料存在时间要求，需实现准时送料，即满足硬时间窗。

余文泰等将配送调度问题抽象，列出如下模型：用 $G=(V, A)$ 无向连通图表示车间内各工位的配送网络，其中 V 表示仓库和各个工位，A 表示可能行驶路线。配送中心用点 0 和 $n+1$ 表示。$N=V\{0, n+1\}$ 表示工位集合，K 表示车辆集合，c_{ij} 表示车辆从 i 点到 j 点花费的时间。

无向连通图 G 中所有的有效车辆路径都是从 0 点出发到 $n+1$ 点终止，0 点和 $n+1$ 点的时间窗满足关系式 $[a_0, b_0]=[a_{n+1}, b_{n+1}]=[E, L]$，其中 E 和 L 分别代表从配送中心最早离开时间和最晚到达时间。0 和 $n+1$ 点的需求和服务时间满足关系式

$$d_0=d_{n+1}=s_0=s_{n+1}=0 \tag{2.14}$$

只有当满足下述关系时模型才存在可行解

$$a_0=E\leqslant \min_{i\in v\{0\}} b_i-t_{0i}, \ b_{n+1}=L\geqslant \min_{i\in v\{0\}} a_i+s_i+t_{i0} \tag{2.15}$$

模型中允许车辆在配送中心停留，故需要添加弧$(0, n+1)$及约束 $c_{0, n+1}=t_{0, n+1}$ 到弧集 A 中。因此，可以将物料配送路径问题描述为下列带时间窗和容量限制的网络流模型：

求解目标

$$\sum_{k\in K}\sum_{(i, j)}\in Ac_{ij}x_{ijk} \tag{2.16}$$

模型约束

$$\sum_{k\in K}\sum_{j\in\Delta+(i)} x_{ijk}=1, \ \forall i\in N \tag{2.17}$$

$$\sum_{j\in\Delta+(0)} x_{0jk}=1, \ \forall k\in K \tag{2.18}$$

$$\sum_{i\in\Delta-(j)} x_{ijk}-\sum_{i\in\Delta+(j)} x_{ijk}=0, \ \forall k\in K, j\in N \tag{2.19}$$

$$\sum_{i\in\Delta-(n+1)} x_{i, n+1}=1, \ \forall k\in K \tag{2.20}$$

$$w_{ik}+s_i+t_{ij}-w_{jk}\leqslant(1-x_{ijk})M_{ij}, \ \forall k\in K, j\in N \tag{2.21}$$

$$a_i\sum_{j\in\Delta+(i)} x_{ijk}\leqslant w_{ijk}\leqslant b\sum_{j\in\Delta+(i)} x_{ijk}=0, \ \forall k\in K, i\in N \tag{2.22}$$

$$E\leqslant w_{ik}\leqslant L, \ \forall k\in K, i\in\{0, n+1\} \tag{2.23}$$

$$\sum_{i\in N} d_i\sum_{j\in\Delta+(i)} x_{ijk}\leqslant C, \ \forall k\in K \tag{2.24}$$

$$x_{ijk}\geqslant 0, \ \forall k\in K, (i, j)\in A \tag{2.25}$$

$$x_{ijk}\in\{0, 1\}, \ \forall k\in K, (i, j)\in A \tag{2.26}$$

式中　A——路径集；

K——车辆集，$K=\{1, 2, \cdots, k\}$；

c_{ij}——车辆从 i 点到 j 点花费的时间；

x_{ijk}——车辆 k 负责工位 i 到工位 j 的物料配送；

E——配送中心时间窗开启时间；

L——配送中心时间窗关闭时间；

a_i——工位 i 的时间窗开启时间；

b_i——工位 i 的时间窗关闭时间；

d_i——工位 i 的需求量；

C——车辆的最大容量；

t_{ij}——车辆在工位 i 和 j 之间行驶时间；

s_i——车辆在工位 i 的服务时间；

w_{ik}——车辆 k 在工位 i 的开始服务时间；

M_{ij}——人工变量。

式(2.16)为目标函数，表示总的配送时间。式(2.17)—式(2.26)表示约束方程，其中式(2.17)表示每个工位只能由一辆车配送；式(2.18)表示车辆必须从配送中心出发；式(2.19)表示第 k 辆车配送 j 点之后必须离开；式(2.20)表示每辆车最后必须回到配送中心；式(2.20)—式(2.23)表示车辆的时间约束，式(2.22)、式(2.23)中，对于给定的 k，在车辆 k 不访问工位 i 时，强制 w_{ik} 为 0；式(2.24)表示车辆的容量约束；式(2.25)、式(2.26)表示强制约束变量 x 为 0-1 变量。

余文泰等的车辆配送模型充分考虑了工位间的约束，也融合了配送中心和工位间的配送过程，在智能制造背景下解决生产物流的规划和调度问题具有优势。

2.3.4 单件少量制造配送模型

制造行业定制型的生产越来越普遍，尤其是车辆等装备的私人少量定制，特定工况的大型工程装备的定制。

单间小量生产制造的物流建模可以使用前两节的时间窗配送模型。本节将介绍一种基于流的单件装备制造物流模型。定制生产、单件制造模式的原料存储情况与大量成批类型不同，不需要过于大型的存储系统，在配送方面通常直接由车间外部配送到安装制造工位上，这种配送模式应与供应方面结合。

单件少量制造物流模型主要面向单件小批订货型的制造企业。以典型的大型工程装备、定制化工程机械为主要代表。

1. 单件小批离散制造物流模型特点

单件小批生产也属于典型离散制造模式。单件的离散制造模式，是指在特定时间和空间中，由搬运的物料、运输设施、装卸设备、交通工具、存储设备、人员等几个彼此影响的动态因素所组成的具备一定生产能力的有机集合体。

小批离散制造物流管理的目的是实现物资的空间效益和时间效益，在生产制造顺利的前提下，完成对运输产品、物料等环节的有效衔接。

单件小批订货型离散制造系统也是制造物流中最复杂的，通过构建物流模型以期能对企业物流的顺畅运行有所指导，使企业物流运行速度尽可能快、运行成本尽可能低。

生产制造物流区别于供应链物流、城市物流、多式联运等宏观层面的物流。单件少量制造物流模型通常指：原材料、燃料、外购件投入生产后，直接下料、发料、运送到各加工点直到生产完成，与大批量生产制造不同，单件小批生产过程很少或较少需长时间库存。

单件小批量制造物流的范围边界来自原材料和外购件的输入。随着时间的推移，生产材料的物理形式和位置会发生变化。材料处于加工和组装状态，或处于储存、搬运和等待状态。如果物流环节出现问题，将导致生产停顿，生产系统将失去持续存在的必要条件。

单件小批生产物流区别于其他物流系统的显著特点是，它和企业生产紧密相关。只有合理地组织生产过程，才有可能使整个生产系统保持流畅。但如果整个物流过程的组织管理水平低下，达不到基本条件，就算生产条件、设施再好，也不可能完成整个生产流程，更别说获得较大效益。

合理组织小批生产物流通常要达到以下要求：生产过程由每个工序逐步完成，要求物料配送能够顺畅；物流过程具有节奏性，产品生产在各个阶段，都要能保证按计划有节奏或均衡地进行；物流过程具有适应性，生产过程应具备在较短的时间内由一种产品迅速转移为另一种产品的生产能力。

2. 单件小批离散制造物流的流特性

以工程装备制造厂商为例构建模型，现有产品均为单件或小批量制作，是典型小批离散制造企业。其生产物流系统主要由这三大系列的产品所构成的物流组成，而每一系列的产品还要根据其自身的特点及工艺路线选择不同的车间顺序及不同的设备加工，由此决定了不同系列产品的物流路线。三大系列之间虽然存在着生产能力的共享，但共用零件很少，为了量化方便，本节在建模时假设其不同系列产品的物流路线是平行的。

高瑞霞[27]提出了一种制造物流的流向、流速、流量模型。在生产系统中，不同物流线路中的物料流就像水管里流动着的水，流动的快慢、水流的方向都影响着该系统功能的充分发挥。作为生产企业所特有的生产物流，像水流一样，其运行顺畅与否，决定于反映物流信息的三个特征量，即流向、流速、流量。

流向指的是物质实体在整个物流活动中及各个节点处的走向，流向能反映生产过程中质和量的变化状况与趋势。

流速指生产过程中单位时间内物流通过某一点的量，它是一个矢量。流速需要满足一定的时间节约要求，节约本质上都是对时间的节省，生产过程需要保持合理的速度节奏。所谓节奏，是指劳动投入诸因素在时间上的配合程度。流速不仅受到生产节奏的制约，反过来也会影响生产节奏。流速这一指标有两层含义，既可以反映生产过程的数量，也可以反映生产过程的质量。另外，流量的优化是涉及所有生产要素的综合活动，单一要素的优化并不能实现流量的优化。

流量是指一定时间内，经过生产流程某一节点的物质量。从理论上来说，流量是流速在各时间段上的累积，而从企业价值角度来讲，流量体现公司产品的规模。在流速、流量这两个特征物理量中，流速是基础，流量是结果。而流速如果时大时小，将会造成物流不平衡甚至停滞，甚至可能导致停工，影响企业生产率及效益；流量如果小，该企业规模小，将影响企业的产量，使企业销量低，总利润量低；流量如果过大，也会使企业生产系统崩溃，从而导致瘫痪。

3. 单件小批离散制造物流的流模型讨论

高瑞霞等对单件制造流模型做过研究。为了使所研究的问题有代表性，其选取了零部件工艺路线比较长的输送机为例进行分析。该机器主要由多种结构部件组成，部件总数约为 200 个。结合该产品工艺路线和其他相关的技术文件，属于单个小批量离散制造。但一般零件和借用零件的比例可以达到 60%以上。在一台输送机生产中，存在多条制造线，也导致了对应的物流线是交错的、合并的，而不同系列的输送机产品之间的物流路线可以认为是平行的。

单件制造生产中的物流属于系统问题，涉及生产系统的各个阶段和环节，如制订计划方式、库存策略、上下工艺衔接等。研究系统模型需从系统观点出发，综合各种影响因素，这样系统模型理论才能得到有效应用。那么，对于单件小批订货型离散制造公司来说，生产物流受到流向、流速、流量因素制约。

单件小批订货型离散制造企业的产品多为大型复杂产品，生产重复性很差，物流是交错与平行同时存在的。由于不能形成批量生产且产品的工艺路线比较多，大部分产品的生产为订货型生产。所以这类企业通常较难组织生产，使得物流运行平稳、顺畅。为方便建模，假定供应物流、销售物流运行良好，所需原材料按时到位、质量得以保证，且产品销售畅通。

(1) 单件小批制造物流流向

物流的流向，不仅由产品工艺路线和生产部门的设备设施布局决定，还取决于产品的生产作业计划。同时，设计部门的工艺路线是否合理，也决定了物流的流向是否正确。例如，在加工轴时，可以通过精车来解决，但设计为精磨，改变了流动方向，增加了成本。有时候不合理的工艺路线只会让物流运作过程耗费很长时间，并不影响产品质量。也有时它是一个无法弥补的质量问题，特别是对于新产品而言。

即使工艺路线已经确定，在制订生产作业计划时，受到设备能力的影响，可能会被其他具有相同功能的路线替代，因此物流流程会有所不同。此外，由于物流系统是人机综合的系统，有人参与是不可避免的，不同人的素质和工人的熟练程度会导致生产的产品质量差异很大。即使制订了计划，设备故障或人员临时变动均可能会使物流流程发生变化，这就要求监控信息系统非常完善，以便及时调整计划，控制物流运行。只有快速准确地传输这些计划监控信息，才能降低物流运营的不确定性。上述因素可能会改变物流的流动，而流动是根本，流量不合理、流量越高，整个企业的损失越大。总之，由于上述因素的存在，物流运营的质量和产品的质量都会受到影响。如果质量问题发生在产品制造之前，损失可能较小；而在后面的过程中，问题越多，损失就越大。

为了定量衡量物流的流向，可以采用以下指标：

$$\text{产品废品率}=\frac{\text{零部件废品数}}{\text{产品零部件总数}}\times 100\%$$

$$\text{计划变动率}=\frac{\text{同期计划变动数}}{\text{同期计划总数}}\times 100\%$$

$$\text{产品返修率}=\frac{\text{返修产品零部件数}}{\text{产品零部件总数}}\times 100\%$$

$$\text{设备故障率}=\frac{\text{生产线上设备发生故障数}}{\text{生产线上设备总数}}\times 100\%$$

因为单件小批订货型离散制造企业的产品比较复杂，体形比较大，一个产品由许多零部件组成，所以用每一个产品的废品率和返修率来衡量企业物流的运行情况更恰当、更实际。

(2) 单件小批制造物流流速

物流的流转速度取决于计划信息的准确性和及时性以及生产进度控制机制。如果信息传递不及时,必然导致等待,这将极大地影响物流的流转速度。如果计划信息传递不准确、不合理,就会影响物流的稳定性。因此,建立良好的企业管理信息系统,制订良好的生产计划是做好物流运作的关键。此外,企业的信息化程度也影响着物流的流动速度。领导人的关注力度也影响着物流速率,如果领导者更多关注的是一系列产品,并专注于确保该产品,那么流量就会很快。

在目前尚没有实现全自动化操作的情况下,工人的技术熟练程度也会影响物流的流速。由于熟练程度不同,技术好的员工通常能做好准备工作,并进行加工,这样说明物料在流动到该操作地时不会受到阻碍,运行平稳。而另一人由于操作慢,很有可能在此形成设备瓶颈。能源供应情况也影响物流流速,如水、电等能源供应不好,物流流动就会减慢。

生产调度也会影响物流系统流速,当控制计划完成时,设备的容量改变,会使物流的流量发生变化。如果控制信息反馈不及时,流量会减慢;如果设备发生故障,将改变原来的计划,因此生产计划的规划情况也会影响物流的速度。另一些半成品也会影响物流的流量,但半成品应尽可能少,以免增加成本。基于以上考虑,工位间的产品配套率和产品的按期交货率常被用来量化生产物流的流量。

$$产品配套率=\left(1-\frac{产品缺少零部件数}{产品零部件总数}\right)\times 100\%$$

$$产品按期交货率=\left(1+\frac{产品提前交货时间}{合同规定交货时间}\right)\times 100\%$$

以上评价指标反映了一个企业物流在运行过程中流速的快慢与平衡。当一个企业产品不能完全配套,生产一种产品时,零部件都进入装配车间,如果还有几个小零件没有生产出来,则只能在装配车间等待,这就大大影响了物流的速度与平衡性,所以企业在生产时要考虑全部因素,避免此种现象发生。当企业产品的按期交货率较高时,表明企业的物流运作是平衡的,流通速度是正常的。产品实际生产周期较短,说明企业物流运行速度较快。以上指标组合可以反映企业物流运作速度的优劣。

(3) 单件小批制造物流流量

物流与水流一样,如果生产物流系统的流量过大,系统就会产生积压、堵塞,甚至会崩溃;流量太小则不能充分发挥系统的作用,所以对物流流量的控制至关重要。系统的设备容量决定了系统的流量。此外,企业的员工工作积极性高,生产力强,也会提高物流的流速和流量。可以使用以下指标来衡量流量:

$$产品设备能力=\frac{产品自制件数量}{产品零部件总数}\times 100\%$$

$$计划完成率=\frac{完成零部件数}{计划完成零部件数}\times 100\%$$

以上指标描述了一个企业的物流流量,如果该产品设备能力强,说明企业物流承受能力强。所以可以用产品设备能力、计划完成率、计划投入量来定量衡量企业的物流流量。

2.4 制造物流协同系统分析

本节从物理角度讨论制造系统的物流过程，分析实际的制造系统的组成元件，分析每种元件的特点以及物料经过该元件后的特征变化，并据此对制造系统中元件进行分类，对每种元件建立特定的物理数学模型，对每个元件的输入输出关系进行分析。再对制造系统中的物料流和信息流进行抽象表示。最后依据制造企业的类型对各元件进行组合，描述一个实际的制造物流协同系统。

2.4.1 制造设备的物理抽象表示

本节将介绍一种与传统的基于运筹学和离散分析不同的制造物流系统，即制造物流动力学模型。基于动力学理论，严武元等人[29]曾研究过基于动力学的工业企业物流系统，随后宋寒[30]、刘要南[31]等人也基于动力学模型研究了生产系统的物流活动。杨志军等人进一步推动了制造物流系统的动力学模型发展。

杨志军等人[32]提出的物流动力学模型，从具体的制造系统出发，分析一个实际的物理制造上的制造系统，把系统中的各个环节进行拆解，描述每个环节在制造生产过程中的作用，同时分析与制造协同的物流系统，拆解物流系统的组成部分，以及物流系统中所包含的元件组件，对整个制造系统物流所包含的机器设备、人员、物料实体依据实体的特点、功能和作用进行抽象描述。

1. 制造物流系统物理模型意义

杨志军提出的制造物流动力学模型主要揭示了制造系统物流激励、响应、配送、传递和耗散规律的理论。其对发生在制造系统中的物流现象的各种运动状态和非线性行为做出基于系统结构和工程动力学的数理解析与描述，使制造系统的物流结构、动力参数和性能指标体系成为描述其动力行为或状态规律的物理本质和工程依据。

制造系统物流动力学理论把“实体流、人-机、生产服务系统”组成的制造物流生产系统作为信息激励/反馈系统来研究，把“人-机-物料流”组成的制造物流系统作为依循系统控制理论的连续动力系统和离散动力系统，以及可参数激励或调整的混沌动力系统。

制造系统物流动力学理论应该把研究对象制造物流系统划分为若干彼此制约的子系统，并且建立起各个子系统之间的因果反馈关系网络，研究思想既要有整体观，又要有元素观。

制造系统物流动力学理论的研究方法应该是建立在逻辑和物理模型基础上，通过数学解析和参数设定（定性/定量）建立数理模型方程，最后通过力学理论的近似计算、计算机的数值计算和仿真测试，获取各种动力条件下系统的物流动力性能，为战略与决策的制定提供依据。

制造物流系统动力学理论将生产组织中的运作，以“四种流”表示，包括人员流、设备流、物料流和信息流。这四种流归纳了制造物流系统中“流”的基本结构，其中人员流、设备流、物料流组成生产系统的实体流。

2. 制造系统元素与设备抽象

杨志军等为构建动力学模型，首先定义了制造物流各环节的基本概念。

① 物流，制造系统物流主要指物料流。物料流就是物料迁移，包括制造流和配送流。

② 制造流，是制造单元的各种原材料、待加工件、加工件、半成品和成品的加工和装配流，是物料在制造工艺链上的各台机器设备上制造停留，在各台设备之间移动/传递的工件流，包括加工流、装配流。

③ 配送流，是生产系统中物料存储、配置和输送作业的实体流，包括在线（线边）配送流和仓储配送流。

④ 在线配送流，是围绕制造单元沿着制造线工艺链进行的物料准备、载入、制造等待、输出、传递和临时储存的物料流，是促成物料在制造系统内移动形成制造流的主体和关键。

一般的制造物流系统具有生产紧凑、过程连续、作业周期短等特征。通常制造系统包括如下元素：一是人员，操作工人、调度人员；二是物料，原材料、加工件、半成品、成品；三是设备，制造设备、配送设备（装卸设备、起吊设备、输送设备、装配线）；四是工位缓存区和其他辅助功能单元。

为了建立与制造协同的制造物流模型，通过分析制造系统中不同设备在整个实际物理系统当中所体现出来的特性，来对该设备元件在系统中的作用进行定位，按照不同的设备在制造物流系统中发挥的作用，可以分为以下几种：

（1）加工类设备

一个设备可看作一个工位，其特点是会导致物料在进入该设备后发生明显的属性变化，把原本的物料形式转变为新类型的物料。这种类型的设备往往会导致物料在经过该元件后发生质量、数量上的变化，进而从数量上改变物料流的流量大小，进而会影响到制造物流系统后面部分的数量流。如果考虑该类设备对物料流量的影响，在一定程度上可以认为其具有阻性元件的特性，物料通过该设备元件后产生了数量的变化，如果经过加工后数量上没有发生变化则认为该元件对物料流没有产生作用，只在时间维度上导致物料流的流速变慢。如果考虑该类加工设备对元件质量的改变，同时对于某种特定的加工设备，设备要完成的操作和过程也都是固定的，使得流经该元件的物料质量都会按照比例的大小发生变化，则可以认为加工类设备具有比例性质的特点，在抽象时认为具有弹性系数 K 的效果。对于设备的通口类型，通常认为该类型设备大都具有单输出和输出的特性。应当描述该类型设备的输入量上限、输出量情况、加工工艺难度、工艺过程、数量流的变化等方面。

（2）组装类设备

一个组装设备可看作一个工位，其特点是有多条物料流进入该设备，属于多通口的元件部分。源于其他工位的物料经过搬运设备、输送设备后，汇总到组装类设备的工位上，在此设备上拼装形成一个完成的成品或者一个装配部件。经过该元件后，物料流的数量会发生较多的变化，多条物料流在数量上汇总并且物流元件的数量减少。该元件具有汇集合并的特点，可以作为制造生产线上的物料流典型的汇聚交点。

（3）配送类设备

该类型设备通常有连续时间长期运转的输送带类型的搬运设备，随机时间运行的搬运设备，或者周期性质运行的搬运设备。无论是哪种配送类设备，物料在配送设备上都没有发生明显的特质的变化。配送类设备改变的是物料所处的空间位置，可以认为配送类设备是链接加工类设备和组装类设备之间的链接通道，其输入、输出特定具有多对多的特点。对于输送带类型的配送设备可以认为是一对一的配送，并看作多对多模式的特例。在建模抽象时，应当根据实际的搬运设施类型确定其输入输出特点。对常见的搬运配送设备：①输送带，一对一运输；搬运货车，一对一运输；②搬运货车群，多对多运输；起吊装置，一对一运输。

对配送类设备进行抽象时，可以按照单个搬运设备或者一组搬运设备。而通常的搬运设备都是成群地使用，成群的设备往往从一个工位把成品零件运输到其他工位或者把其他多工位的一组物料运输到单个设备当中，通常可以具有多对一或者一对多的特点。对于搬运物料车这种比较典型的成群搬运设备来说，会同时去多个工位搬运物料，配送到其他的多个工位当中。总之，配送设备，尤其是一组配送设备，完成的就是连接工位之间的物料流，使两个工位之间的输入和输出通口相连。

对于很多的搬运设备，还有可能是人员来进行配送。人员配送的情况包含了一些不确定性因素或者说是时间的不确定性，因此建模时应考虑此类不确定性。如果对于是智能制造的物流协同来说，其中的搬运设备往往都是机械化的，具有智能性，可以认为这些设备不具有不确定性，它们往往都进行确定性的搬运任务。

(4) 存储类设备

通常由生产工位旁的物料缓存区来充当，这类设备即为工位的临时物料存储区，完成工位的输入物料或者输出物料存储，属于物料流的一部分，表示的是物料流。在该设备当中的物料，还没有真正到物料流当中，是物料流动时的延时环节。

(5) 搬运设备

不断从存储区搬运到其他工位的物料存储区，实际上来讲，在工位间，比如在生产类设备和配送类设备之间的物料运输情况，实质上是在这些存储区间的物料搬运，因此在对配送类设备或者加工类设备进行实际物理抽象的时候，需要考虑到存储环节，也就是造成物料流的延时效果。

(6) 辅助类设备

辅助生产类设备一般指动力、供电、机修、供水等用来生产的设备，但不是主要的生产要素。人工、生产机器等是主要生产要素，笼统点说辅助类设备是为维护主要生产设备生产所消耗的各种其他材料和设备。

2.4.2 制造物料流、信息流抽象表示

在上述设备和元素的构成下，制造系统物流的功能，通常包含三个主要方面。

① 辅助制造功能，即物料按照工艺要求，沿着工艺链机器方向移动完成连续及周期辅助制造的功能。甚至有些制造系统制造过程伴随物流过程同时进行。

② 配送功能，即移送物料在工位缓存区和制造设备，或制造设备和制造设备之间进行配送作业。

③ 驱动功能，一定的任务量驱动物料沿着工艺链的各个设备依序进行制造作业，从而连接制造系统各个环节，形成特定流向的制造流，并呈现任务激励，物流响应、配送、传递，周期作业的振荡动力学特征，实现了连续和周期的物流作业。

要描述具有上述功能的制造物流系统，除了实际的制造物流的生产设备，在制造物流系统当中还应有各种信息状态的控制流。制造物流系统提出了信息流、数量流、物料流、设备流，其中前两种属于抽象的流，属于控制流；后两种属于实际而具体的流，因此也可被称

为实体流。

① 信息流，作为控制信息控制信号，通常可以用几种特殊的数值表示，如 1 表示设备就绪，2 表示设备运行，0 表示设备未工作等状态。通过信息流在设备之间进行的交换，可以作为不同类型设备的激励信号。

② 数量流，从数量方面来进行考虑，描述物流系统中每个工位设备加工的数量或者在制造物流系统正在搬用中的数量，数量流可以描述制造物流系统的数量状态或者描述静态的状态。可以作为物流系统组成设备的激励控制信号。

③ 物料流，是物料在制造物流系统中移动的流，描述物流系统中物料流速、物料的流向等状态，是一种描述物流系统动态特性的流，表示物料搬运的状态，物流设备的运输状态。

④ 设备流，是制造物流系统中的动态描述，描述的主要对象是在生产线当中穿梭的运输搬运车或者起吊设备，描述系统中搬运设备的运行状态。

2.4.3　制造系统因果关系分析

本节对各种流与设备间的相互作用、各种流的变化情况进行描述，从而就可以描绘整个制造物流系统。本节主要解决以下问题：前面所研究的各种设备，判断各种流作用到这些设备上，或者经过一些设备，这些流对现有设备产生什么样的影响。

在因果关系分析当中，最主要的就是判断什么是激励，什么为响应。可以作为激励信号的有信息流和物料流。

(1) 加工设备因果分析

对于加工类的设备，当信息流进入加工设备后，会导致加工设备完成相应的任务操作。而数量流进入加工设备之后，由于加工设备的特性会导致整个生产系统的物料元件零件在数量上发生变化，因此往往会导致数量流的减少。而物料流在经过加工类设备之后，会在加工类设备上停滞一段时间从而进一步完成加工，对物料流的流动速度产生影响。加工类设备通常都是单输入和单输出的。

(2) 组装类设备因果分析

对于组装类设备，能让其产生相应的信息流通常是货运设备的物料运达，或者存储区物料用尽导致组装类设备的状态发生变化。当数量流经过组装设备之后，通常会导致数量流的减少，毕竟组装是把多个零部件拼装成一个，所以在数量上会导致零件、物料的减少。组装类设备会产生信息流，从而驱动后面的物料搬运设备完成相应的动作，因此它是信息流的产生者之一。

当物料流经过组装类设备后，组装类设备通常是把多个工位生产的零件在该工位进行拼装，我们可以认为，有多股物料流进入组装设备，然后有一股物料流从组装类设备进行输出，这就是物料流的变化。

(3) 运输类设备

运输类设备需要信息流的控制，这些信息流通常是加工类设备完成加工之后的一个信号输出，或者装配类设备完成一些装配任务之后获得的信号输出，以及在存储辅助类设备，当存储量达到一定条件后，会促使这个搬运类设备发生动作。这些信号就是搬运类设备的一个激励，随后运输类设备就会按照相应提前设好的一些指令进行动作，或者人工进行搬运，或者按照输送带类型的连续的定量进行运输。另外一个关键问题就是设备流，它是怎么受到信息的控制、数量的控制的。

常用的生产物流系统各设备、流之间的因果关系可用以下方法分析。

① 流程图用特定的图形符号加上文字说明表示的框图，借以表示具体算法，是揭示和掌握系统运行状况的直观方法。其基本结构包括顺序结构、条件结构、循环结构。

② 数据流图(Data Flow Diagram, DFD)系统的外部实体、处理过程、数据存储和数据流 4 个要素构成 DFD 的系统部件，能够全面地描述信息系统的逻辑模型。信息在系统中的流动、处理和存储的情况可以利用少数几种符号综合地反映出来。Goldkuhl 和 Rostlinger 对其扩展，形成功能结构图。使用比较广泛的功能结构图制作软件有 Visio、Autocad、亿图图示专家、甘特图、Axure、XMind 等。

③ 集成计算机辅助制造方法，Softech 公司开发的从 IDEF0 到 IDEF14(包括 IDEF1X 在内)的 IDEF 软件系列是从集成计算机辅助制造(ICAM)逐渐发展起来的系统的结构化分析和设计方法。IDEF 有时与差异分析并用。例如，IDEF0 的活动模型方法，可用来在 ICAM 中建立加工制造模型。

④ 关键成功因素法(Critical Success Factors, CSF)，探讨产业特性与企业战略之间的关系，是信息系统开发的规划方法，要求企业结合自身的业务流程重组(Business Process Reengineering, BPR)，满足企业环境中的生产组织结构和管理流程，获得最佳的生产绩效。

⑤ 佩特里网(Petri net)，把离散并行系统描述为异步、并发的计算机系统模型，并给出其数学表示，现在被广泛引入 BPR 领域。制造工艺规划与车间调度集成问题的建模，就主要采用 Petri net 的建模方法。Petri net 已经广泛应用于柔性生产调度系统中，把柔性制造工艺实施与其动态调度过程建立关联 Petri net 模型，借以描述和模拟工艺规划执行与生产管理调度的集成系统。

2.4.4 串行制造物流协同模型

杨志军等人的动力学物流理论研究了单一生产线当中的物流协同模式，本节将介绍其构建的串行物流模型。在这种模型下，只有一条物料流。物流只能从一个工位、一个类型的设备，进入下一个类型的设备。当物料在元件之间发生变化时，它的数量流会发生相应的变化。因此，对于串行制造的物流协同模型来说，对数量流进行建模是主要的研究方式，要完成设备工位上的物料经过设备后的数量变化情况；然后还要完成物料流的描述、物料流在设备工位之间的流速情况、物料流在经过某一类型设备流速的情况变化。

1. 串行制造物流系统描述

考虑一个制造单元物流系统，包括两台制造设备、三台配送设备(一台水平运输车辆、一台移动式起重机、一台智能机械手装置)、加工件。设备与其对应多柔体物流模型。

制造系统的制造作业过程呈现出连续传递的物流过程。物流(物料流)从工艺链的第 1 台机器进入、制造(加工、装配)等待、输出、缓冲，第 2 台机器进入、制造(加工、装配)等待、输出、缓冲……第 n 台机器进入、制造(加工、装配)等待、输出、缓冲……直至最后一台机器输出。物流从工艺链的前端机器持续输入，从工艺链的末端机器持续输出。

2. 一维串行制造物流系统物理模型

在一个工作时段，考虑一台机器的加工过程。当一定数量的物料到达，产生一个批次任务量的生产激励后，“人-机器-物料流”制造物流系统随即响应，产生生产激振，开始连续的制造作业，形成生产物流。

在连续的生产周期中，一个单件在一台机器上顺序完成如下几个步骤：①装夹固定；②加工/装配作业；③卸载移出。在相同工艺水平条件和平均节拍下，每个完成作业的物料移动一个机器的长度单位，并在规定作业期间（如 $T/4$ 时间），完成若干数量的加工量，则有等量的物料依次移动了一个机器单位的物流长度。

因此，机器前端的任务量 $Q(t)$ 具有和作用力相似的激励作用，而机器后端完成制造的物料数量 $q(t)$ 亦代表 $q(t)$ 个设备长度单位的物流移动，具有线位移的属性，相对于振荡系统的线位移，暂时不严格地称 $Q(t)$ 为激励；称 $q(t)$ 为数量距，或者数量位移，即一台机器在一定任务量的激励下，按照工艺要求将在持续时间历程中完成 $q(t)$ 个机器单位的物流线位移。当任务量一定，制造工艺难度高，则完成制造的物料数量少，移动机器单位长度的累加线位移就短，反之则长。可见，每个工艺环节的每台机器的完成量和任务量成正比例关系，而和工艺难度成反比关系。

(1) 线性弹性结构模型

设一个工作时段的任务量为 $Q(t)$，累计加工量为 $q(t)$，按照上述过程，可以建立制造系统的物流线弹性结构的形式化方程：

$$Q(t)=k(t)q(t) \tag{2.27}$$

式中　$Q(t)$——任务量，具有激励的物理特性；

$q(t)$——累计加工量，也是累计数量距，具有振动位移量的位移特性；

$k(t)$——具有弹性物理特性的系数，称为物流工艺难度系数。

(2) 物流阻尼结构的数学模型

由于物料进或出机器，都需要配送设备启动移送，制造设备装夹和卸载，配送设备和制造机器之间有个物料传输和交接的环节，由于“人-机器-物料”制造系统柔体特性的存在，配送设备启动、传输和交接以及装夹和卸载过程会产生制造作业等待、物流缓冲的时间延迟，形成物流流率的改变，产生了制造物流阻尼的动力学效果。

可以设 $\dot{q}(t)$ 为制造物流单位时间流量的改变量，即物流流率，建立阻尼结构为 $c(t)\dot{q}(t)$，则建立物流阻尼结构形式化方程：

$$Q(t)=c(t)\dot{q}(t) \tag{2.28}$$

$Q(t)$ 具有制造物流阻尼的动力学特性，称为物流阻尼力；$c(t)$ 为具有物流阻尼特性的系数，称为阻尼系数。

(3) 物流惯性结构的数学模型

制造系统接受制造作业的物料都是有一定体积和质量的材料，当物料进行配送移动和制造移动时，都要克服物料的惯性，引起物流加速率的变化。

设 $\ddot{q}(t)$ 为物流流量加速率，$m(t)$ 具有物料质量的特性，称为物料的惯性系数，则建立物流惯性结构形式化方程：

$$I(t)=m(t)\ddot{q}(t) \tag{2.29}$$

$I(t)$ 具有物流惯性力的动力学特性，称为物流惯性力。

(4) 一维制造系统物流的动力学模型

考虑到制造系统物流过程就是一定数量的任务激励，引起机器的制造作业和物流激振，需要克服物料的惯性力和物流的阻尼力的同时，按照工艺要求进行物料的制造作业，并在一定的工作区间内沿工艺链长度（这里是一台机器的长度）等节拍地生产出半成品或成品。另外考虑到任务量本身的变化，可以设 $F(t)$ 为系统物流激励，因此，可以根据式(2.27)—式(2.29)建立制造系统形式化的物流动力学平衡方程：

$$F(t)=I(t)+D(t)+Q(t) \tag{2.30}$$

即

$$F(t)=m(t)\ddot{q}(t)+c(t)\dot{q}(t)+k(t)q(t) \tag{2.31}$$

由于物流阻尼、惯性、工艺难度，$F(t)$在很多情况下具有稳定性和确定性，可以看作常量，则可以形式化地建立一维非线性制造系统的物流动力学平衡方程的一般形式：

$$F(t)=m\ddot{q}(t)+c\dot{q}(t)+kq(t) \tag{2.32}$$

式(2.32)形式化地表达了制造系统物流激振力 $F(t)$与系统物流惯性力 $m\ddot{q}(t)$、系统物流阻尼 $c\dot{q}(t)$、系统物流工艺弹性作用力 $kq(t)$的动力平衡关系。

在制造物流系统中，$F(t)$表示物料存量，是制造系统需要加工、装配和配送的生产任务激励，具有数量势的能量属性；$q(t)$是制造系统随时间增加已完成的制造量，是一段时间的物流流量，若考虑机器具有长度属性，则作为数量矩与线位移具有相似的属性；$\dot{q}(t)$是物流流率，也是制造系统的生产率；$m\ddot{q}(t)$反映了制造系统在生产激励作用下抵抗物流的惯性反作用势；该模型具有制造系统在弹性输出、柔体约束作用下产生的物流弹性反作用势和物流阻尼反作用势的相似属性。式(2.32)反映了制造系统在弹性输出、柔性约束作用下，产生的物流作用势和物流阻尼反作用势。

2.4.5 并行制造柔性车间物流建模

在并行制造物流系统中，含有多条制造生产线，在该系统中物料流通常也有多条。本节研究的内容为柔性车间并行制造物流模型，多条生产线之间的关系有以下几种。

① 相同生产功能的生产线。两条制造生产线上完成相同的任务，整条生产线的输入相同、输出相同。

② 协作完成任务的生产线。制造生产线 A 要完成特定的生产任务，制造生产线 B 要完成另一项特定的生产任务，两个生产线要汇总到某一个生产设备工位或者装配工位 C，在 C 上需要来自 A 和 B 的输出物料才能完成生产，此时认为 A 和 B 两条制造生产线具有协作完成任务的关系。

③ 先后顺序的生产线。制造生产线 B 要完成制造任务，需要制造生产线 A 有输出的物料才可以完成，这时可以称 A 生产线是 B 生产线的条件生产线。

1. 柔性制造并行重调度模型

并行生产柔性作业车间调度问题可按如下描述：n 个工件需要在 m 台设备上进行加工，每个工件包含一道或多道工序，可以在一台或多台设备上加工，加工时间由加工设备决定。此外还需满足约束条件:①同一时刻同一台设备只能加工一个工件;②同一时刻同一工件只能在一台设备上加工;③不同工件的工序之间没有优先级,同一工件的工序之间有顺序约束;④所有工件的释放时间为零。

假设 Q 为正在执行的调度方案。发生扰动后的新生成的一个重调度方案为 Q'。通过启发式算法可以从理论上较好地解决上述问题,但是很多情况下通过算法得到的最优解在实际生产中出现了执行成本高甚至难以执行的问题。为了解决这些问题,本节介绍一种基于改进的遗传算法,研究分析重调度执行成本的本质,为重调度理论更好地应用于实际提供参考。

重调度成本分析,以上的问题描述将柔性作业车间的并行制造重调度抽象为数学问题,其中的许多简化导致理论与实际往往会有偏差。为了减小模型与实际的偏差,需要挖掘重调度问题的本质。

首先以单条生产线建模。在实际的生产作业过程中,生产企业根据生产需求确定生产批,然后通过 BOM 表展开自制件需求,形成各时段的排程量,通过产能校核后形成主生产计划。根据主生产计划、工艺部门的 BOR、产能基准资料、工作日历形成详细生产排程。主生产计划是确定每一具体的最终产品在每一具体时间段内生产数量的计划,主生产计划以月、周、半周为单位进行生产排程,而详细的生产计划会具体到每个小时。生产调度问题是从详细生产计划的制订中抽象出来的,其本质是安排每个工作中心在一定时间内完成一定生产任务的过程,生产调度的优化本质上是提高工作中心产能的过程。

(1) 生产过程出现扰动

此时工作中心的产能降低,应对产能不足也就是过负荷有很多方法,包括:①将本时段进度排程延后,并将本时段内未完成的工作延后到下一时段的排程计划内;②工作中心提高工时,也就是加班;③要求其他部门支援;④将自制件改为委外。重调度方法在本时段内利用延长工时的方法来应对扰动。

重调度的优化过程本质上就是:在扰动发生时利用尽可能少的加班实现工作中心产能的维持。因此,加班和任何降低产能的过程都是重调度成本。

(2) 重调度成本

每台设备上的完工时间的延后:完工时间的延后体现的是加班时间,从本质上来说,重调度的优化过程中希望加班时间尽可能少,而且从人力、能耗、经济等各方面来说,加班时间都是负面。加班时间可以定义为:

$$A_1=\sum_{i\in I^{\mathrm{e}}}(L_i^{\mathrm{re}}-L_i^{\mathrm{ori}}) \tag{2.33}$$

式中　I^{e}——设备集合;

L_i^{ori}——预调度方案中设备 i 的完工时间;

L_i^{re}——重调度方案中设备 i 的完工时间。

开始时间偏差:重调度开始时间偏差首次被提出是 S. David Wu,用于调度稳定性的衡量标准之一;开始时间偏差带来的最大的影响就是各个工位的物料堆积。在 Just in time 理想的情况下,生产物料会根据生产计划,恰好在工件加工的时候到达工位,但实际情况下,工位暂存区会提前准备下道工序所需的物料,甚至有的车间会准备之后一段时间内所需的物料。若开始时间偏差较大,工位暂存区的物料的堆积会造成工位空间不足,影响正常的工位作业。有时甚至需要将物料运回仓库,增加物料运输成本。若生产线工位物料准备提前量较大,在重调度的过程中需要提高这部分的权重。

$$A_2 = \sum_{i \in I^{\text{job}}} \sum_{i \in I_i^{\text{proc}}} | ST_i^{\text{re}} - ST_i^{\text{ori}} | \tag{2.34}$$

式中 I^{job}——待加工的工件集合;

I_i^{proc}——工件 i 的工序集合;

ST_{ij}^{ori}——预调度方案中工件 i 的工序 j 的加工开始时间;

ST_{ij}^{re}——重调度方案中工件 i 的工序 j 的加工开始时间。

工序加工设备变化将导致工件的转移,工序加工设备的变化使得工位暂存区物料需求发生变化,在工位暂存区提前准备的物料与实际需求不匹配,可能带来的后果包括工位间物料的转移,工位物料需要从仓库补充,甚至工位无料可用致使生产停滞,增加了物流成本、运输时间,同样也会影响工作中心产能。

$$A_3 = \sum_{i \in I^{\text{job}}} \sum_{i \in I_i^{\text{proc}}} D(eq_i^{\text{ori}},\ eq_i^{\text{re}}) \tag{2.35}$$

式中 D——设备之间的距离矩阵;

eq_{ij}^{ori}——预调度方案中工件 i 的 j 工序所选用的设备;

eq_{ij}^{re}——重调度方案中工件 i 的 j 工序所选用的设备。

工序加工设备变化导致工序工时增加,显而易见是产能降低的过程。

$$A_4 = \sum_{i \in I^{\text{job}}} \sum_{i \in I_i^{\text{proc}}} (PT_{ij}^{\text{ori}} - PT_{ij}^{\text{re}}) \tag{2.36}$$

式中 PT_{ij}^{ori}——预调度方案中工件 i 的 j 工序的加工时长;

PT_{ij}^{re}——重调度方案中工件 i 的 j 工序的加工时长。

重调度的成本可以表示为:

$$A = \omega_1 A_1 + \omega_2 A_2 + \omega_3 A_3 + \omega_4 A_4 \tag{2.37}$$

式中,ω_1, ω_2, ω_3, ω_4 分别为各种调度成本部分的权重。

上述各重调度成本部分所描述的对象差异较大,比较难转化至同一维度,所以对于上述权重的分配需根据生产企业的实际情况有针对性地制定。首先要确保各部分的数值处于同一数量级上,比较各部分成本的重要程度,然后进行多次仿真实验测试算法效果从而确定参数值。

(3) 算法构建

针对柔性作业车间这类 NP(Non-deterministic Polynomial)难问题,众多学者在不断地探索各种有效的算法,如禁忌搜索算法、遗传算法、模拟退火算法、粒子群算法等。针对柔性作业车间的重调度进化算法同样适用,本书提出了一种改进的遗传算法,有效地解决了柔性作业车间的重调度问题。

这一算法采用双编码的方式,一条染色体表示工序编码,另一条染色体表示设备编码。其编码方式为:以各工件的加工工序作为遗传编码,每个基因代表一种工件,该工件出现的次序为该工件的工序数,因此,所有工件的工序之和为染色体的长度。为了交叉、变异过程处理的方便,将工序编码映射至自然数顺序编码(图 2.13)。

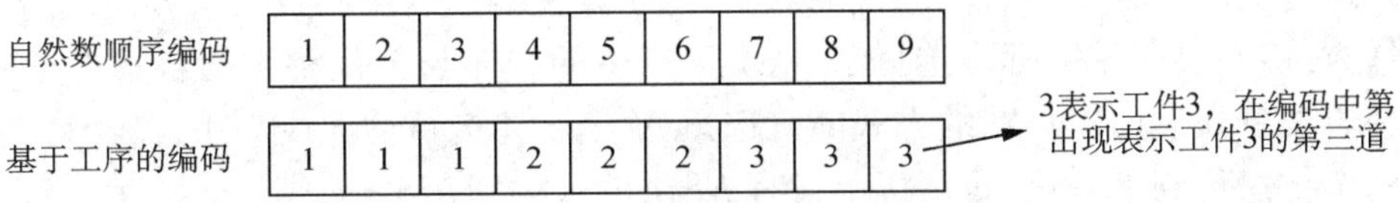

图 2.13　遗传算法模型求解示意

设备的编码应用自然数编码,如图 2.14 所示,染色体长度为可选择多设备的工序和,每个基因代表该工序所选的为第几台设备,同样可以通过映射关系来避免不合法子代的产生,简化交叉与变异过程。若所有工序可选设备最多为两台,则可以简化为二进制编码。

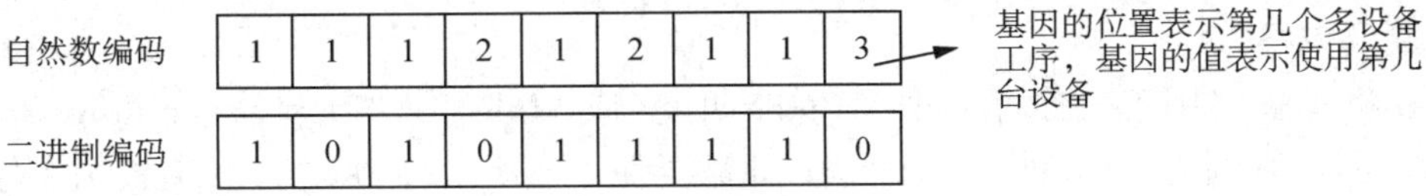

图 2.14　遗传算法编码方式

模型中遗传算法求解流程如图 2.15 所示。

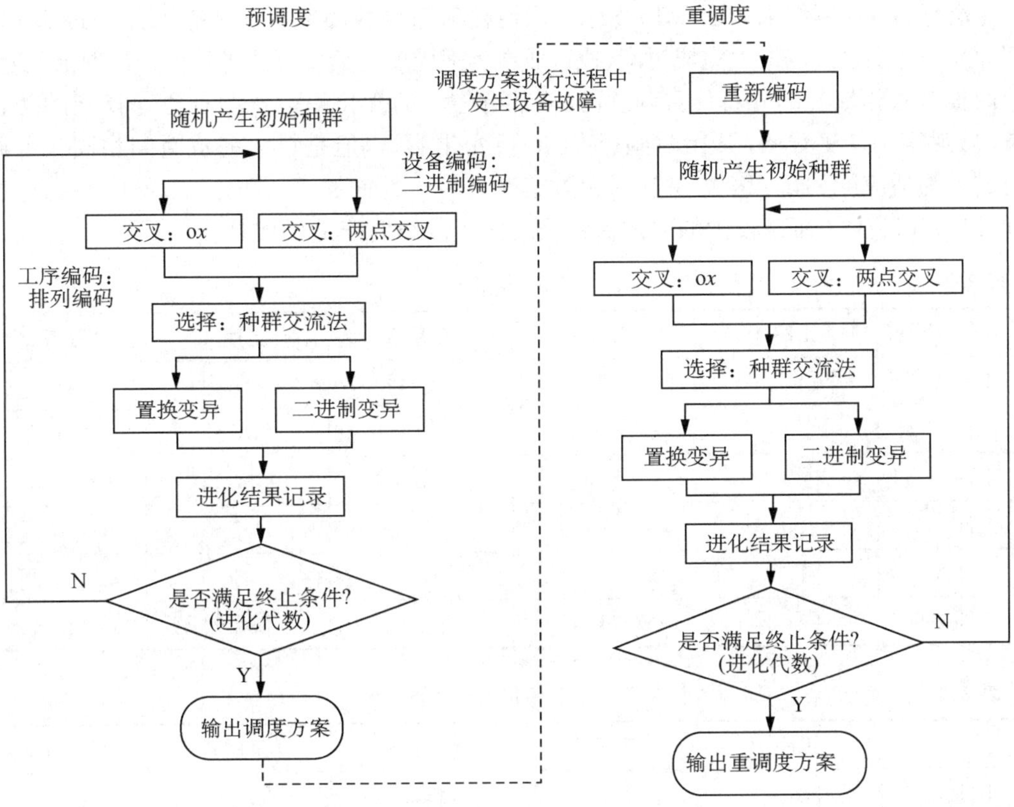

图 2.15　模型中遗传算法求解流程图

交叉方式:对上一代种群的个体两两随机配对,以一定交叉概率进行交叉,两条染色体分别进行交叉。对于工序编码,因采用自然数编码,可采用通用的 ox 交叉算子或 pmx 交叉算子来避免交叉过程中不合法子代的产生;对于设备编码选用两点交叉方法。

选择方式:本书应用锦标赛选择法,从交叉产生的个体与上代种群的合集中选出子代。这种选择方法首先运用轮盘赌的方式随机选择 N 个个体进行适应度大小比较,将其中适应度最高的个体遗传到下一代,重复以上过程 M 次就可得到 M 个子代。

变异方式:对选择产生的子代按一定的变异概率进行变异操作。变异个体的两条染色体分别变异,变异方式为基本位变异。

当设备 i_2 在某一时刻 T 发生故障,预计修复时间为 T_x,触发重调度,进行重新编码,剔除染色体中已经执行、正在执行的部分,修改设备运行初始时间 MT_i,若在 T 时刻下该设备未执行加工,则 MT_i 为 T;若 T 时刻下设备正在执行工序,则 MT_i 为该工序加工完成时间,MT_{i2} 则为原 $MT_{i2}+T_x$,而将适应度改为重调度成本。同样通过双编码遗传算法计算出重调度方案。

现在将算法应用于一个柔性作业生产调度(Flexible Job-Shop Scheduling Problem, FJSP)算例,该算例为 6×5 的 FJSP 问题,即需要加工 6 个工件,每个工件有 5 道工序,每道工序可选用的设备见表 2.1,每道工序的加工时间见表 2.2。这里假设设备布置按设备编号线性布置,所以可以将设备编号差值作为两设备的距离度量值。

首先对需要进行的工序进行预调度,遗传算法在 50 代以后最优个体适应度稳定于 39 h,其工序执行的细排程结果如图 2.16 所示。假设在 15 h 时故障发生于设备 2,预计的设备恢复时间为 8 h,分别通过以最大完成时间、执行成本为适应度的遗传算法进行生产计划重调度。

两种方法相较于部分右移重调度而言,都有较大的优化。对比两种方法得到的两张甘特图,易观察到加工设备、开始时间、加工时长变化明显,但是最大完成时间相同。可见以执行成本为适应度的重调度方法在对原方案改动较小的前提下,优化了工作中心的总加工时间,以对实际生产而言较优的方式保证设备发生故障时产能的维持。

表 2.1　工序设备表

	工序 1	工序 2	工序 3	工序 4	工序 5
工件 1	[1, 2]	2	[3, 4]	[2, 4]	[2, 5]
工件 2	1	[2, 4]	3	[3, 4]	5
工件 3	3	[1, 3]	2	[1, 2]	[4, 5]
工件 4	5	2	[2, 4]	5	[2, 5]
工件 5	[1, 2]	3	[4, 5]	1	[3, 4]
工件 6	[2, 3]	4	3	[3, 4]	[2, 4]

表 2.2　工序设备表

	工序 1	工序 2	工序 3	工序 4	工序 5
工件 1	[3, 4]	8	[9, 7]	[5, 4]	[3, 3]
工件 2	6	[8, 6]	4	[2, 6]	3
工件 3	4	[5, 7]	7	[5, 5]	[6, 6]

（续表）

	工序 1	工序 2	工序 3	工序 4	工序 5
工件 4	7	3	[4，6]	3	[3，7]
工件 5	[6，4]	7	[7，9]	8	[5，5]
工件 6	[3，7]	7	6	[6，7]	[4，4]

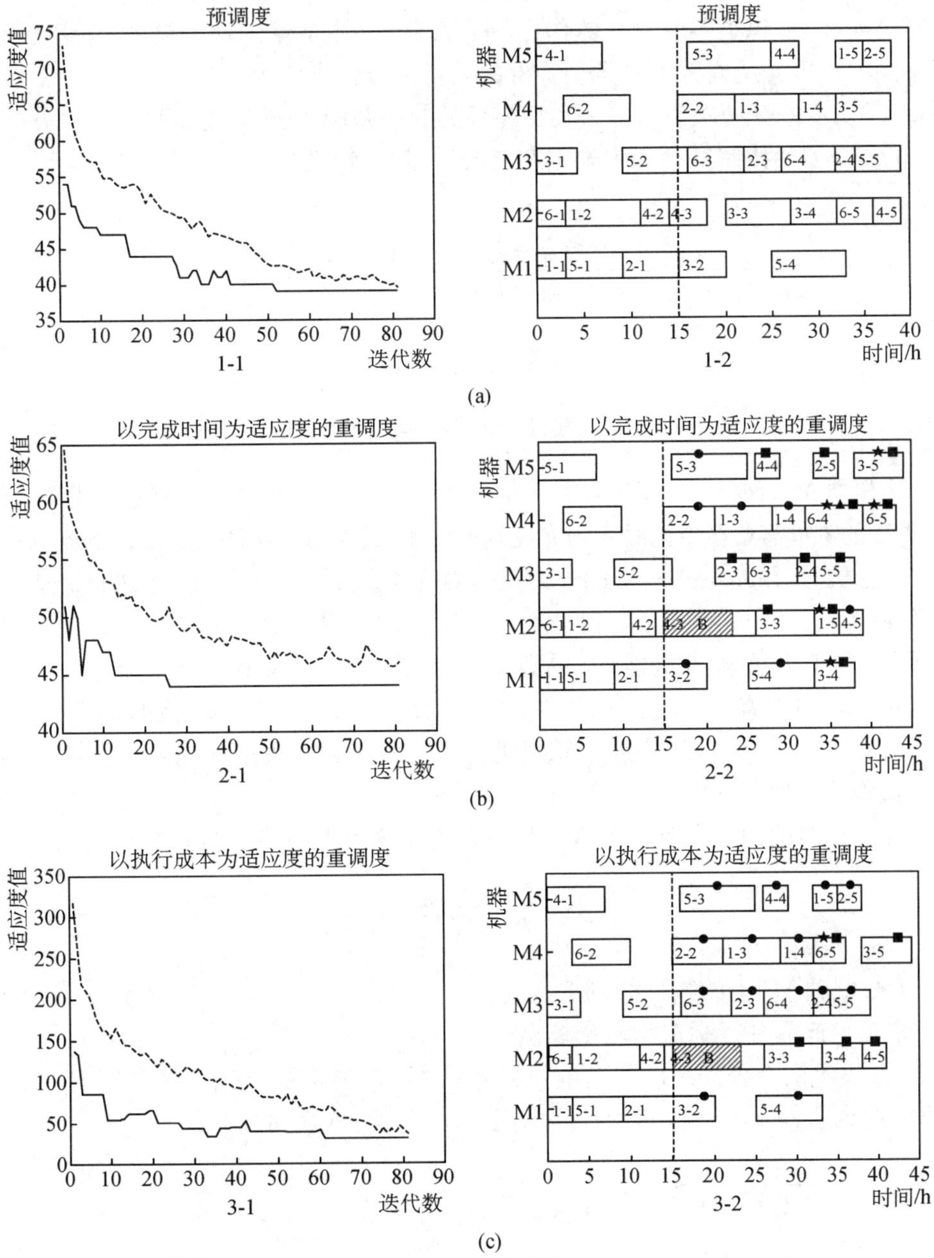

图 2.16　制造物流遗传算法模型试验测试图

2. 并行制造物流动力学模型

(1) 单一类型产品并行制造物流量模型

对于并行制造系统,除了上述传统的物流模型,杨志军等人也从动力学角度构建了并行制造模型。在制造系统中,一种或多种类型的零件需要在两台(及以上)机器上分配,以进行并行制造或互换与并行制造。由每种类型零件的决策控制器决定分配到不同机器的零件数量,并使完成制造的零件数量尽可能多。这样,一种类型不同零件之间和不同类型零件的配额在多台机器间发生冲突。按照多 Agent 系统的观点,每种类型零件视为一个样本集或者 Agent 群,每类零件的个体作为一个 Agent。本节基于动力模型,介绍一个描述同一类型不同零件单元组或者不同类型零件的并行制造物流模型。

图 2.17 表示一个一次制造单一类型零件的制造系统,其中工艺 i 环节具有并行的 M_i^1、M_i^2 两台机器。零件按照某种分配规则在两台机器之间分配。

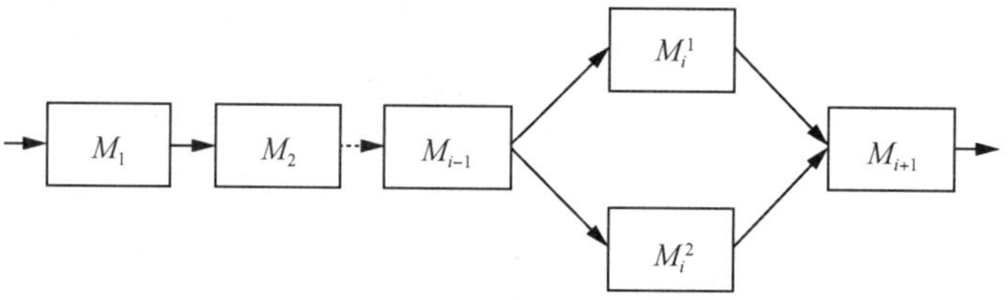

图 2.17 具有并行结构的单一类型零件的制造系统

一个由机器 M_1、M_2 和 P 类型零件组成的制造系统,两台机器同时制造该类型零件,计有 N 个 P 类型的零件需要在单位时间内完成制造作业,其中每个零件由决策控制器(或工人)分配给其中一台机器,并进入对应的工位缓存区,等待或直接由机器根据工艺进行制造。

$\lambda_i(k)$ $(i=1, 2)$ 是零件分配到机器 $M_i(i=1, 2)$ 的比例系数,$x_i(k)$ $(i=1, 2)$ 表示 P 类型零件在 k 时间分配到机器 M_i 的数量,因此有 $x_1=\lambda_1 N$ 和 $x_2=\lambda_2 N$。

假定单位时间内需要进行制造作业的零件数量足够大,生产转换时间非常短可以忽略。其中每台机器的作业规则为:分配到机器 M_i 上的零件数量的比例取决于机器 M_i 进行零件制造作业的速度。

因而在单位时间内分配到机器 M_i 上的 P 类型零件总数 O_i 可以表示为:

$$O_i(k)=\mu_i \frac{x_i(k)}{x_1(k)+x_2(k)} \tag{2.38}$$

式中,μ_i 为分配到 M_i 上的零件的制造速度。

(2) 多类型产品并行制造物流量模型

图 2.18 表示两个分别一次制造单一类型零件的制造系统,其中在工艺 i 环节具有并行的 M_1^i、M_2^i 两台机器。零件按照某种分配规则在两台机器之间分配。

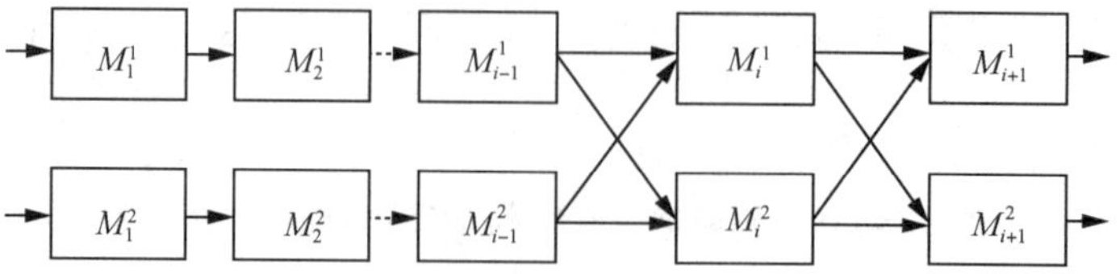

图 2.18 具有并行结构的两类单一类型零件互换制造的系统

假设图 2.18 中的一个制造系统，机器 M_1 和 M_2 装配的零件类型为 P_1 和 P_2，两种机器都可以装配这两类零件，N_i 个 $P_i(i=1, 2)$类型的零件需要在单位时间内装配。

每类零件由控制器或决策者分配给其中一台机器，进入对应的缓存区，然后由机器根据制造工艺进行作业。$\lambda_i(k)$是零件类型 P_i 分配到机器 M_1 的比例系数，$x_{ij}(k)$表示零件类型 P_i 在 k 时间分配到机器 M_j 的数量，有 $x_{i1}=\lambda_i N_i$ 和 $x_{i2}=(1-\lambda_i)N_i$。

和单一类型零件物流量模型相似，仍然假定单位时间内需要装配的零件数量足够大，生产转换时间非常短可以忽略。考虑每台机器上的每种类型零件分配规则如下：分配到机器 M_j 上的每种类型 P_i 零件数量取决于机器 M_j 制造 P_i 类型零件的速度。因而在单位时间内分配到机器 M_j 上的零件类型 P_i 总数 O_{ij} 可以表示为：

$$O_{ij}(k)=\mu_{ij}\frac{x_{ij}(k)}{x_{1j}(k)+x_{2j}(k)} \tag{2.39}$$

式中，μ_{ij} 为 P_i 在 M_j 上的制造速度，是当没有其他类型的零件在缓存区中时机器 M_j 对零件类型 P_i 的单位时间制造数量。

2.5　制造物流系统评价模型

本部分给出几种制造物流系统的评价模型，为了分析制造系统以及制造物流协同系统的复杂程度，对制造物流系统各环节复杂程度进行分析。首先，介绍一种熵的复杂度评价模型。随后，针对制造物流系统的稳定，分析制造系统抗拒外界影响的能力，介绍一种基于能量传递的物流系统的稳定性评价方法。最后，从制造物流系统的成本角度出发，通过各环节的成本分析建立总体系统的物流成本模型。

2.5.1　物流系统复杂程度的熵评价法

制造企业的内外生产环境都可能会处于一个不断变化的过程中，让系统具有了不确定性的性质，探究如何根据不同制造系统结构、生产制造方式来评价制造物流的不确定程度或者复杂程度，值得重点研究。

1. 熵模型的制造物流应用

在信息论当中，熵这个概念通常用来描述通信过程中的复杂程度。从 21 世纪开始，逐步有学者开始研究用熵的概念来评价系统的复杂程度。在制造系统方面，首先，Drestke 把熵用来描述制造系统的复杂程度，认为在制造系统中，设备的状态数目越多，那么系统的熵值也就越高，系统就越复杂[35]。后续的研究中，Deshmukh 指出，制造系统的复杂性是制造系统难以被理解、描述、预测和控制的状态，从信息熵观点看，它就是指描述制造系统状态所预期需要的信息量[36]。Estathiou 也证明了系统熵等于复杂性，熵可以用来表示和描述系统状态信息量的总和[37]。

前面所介绍的研究都是用熵理论来衡量生产制造系统。如何用熵理论来衡量制造物流系统，国内学者张志峰等[38-39]在前人研究的基础上，从模糊熵概念出发，依据信息熵原理及有序度定义，建立了生产系统要素条件下物流运行熵模型，同时从制造物流系统构成要素流动运行角度确立了生产系统运行熵评价指标体系，并应用此模型和评价指标体系。张志峰等通过分析某车间制造物流系统实施单元制造前后的运行结果，进行定量评价，从理论上提高了制造物流系统运行优化方法的可行性和精确性，也为实际生产车间的制造物流运行提供了决策依据。

2. 制造企业生产物流熵模型

在国内也有较多人研究制造物流熵理论。曹珍妮[40]开展了熵理论在物流企业组织结果选择中的应用研究。高瑞霞[41]、曹悠琦[42]研究了熵理论在物流系统中的应用，作为物流系统的复杂度指标等。

张志峰等提出了一种离散制造企业制造物流的熵模型评价。基于熵理论、耗散结构理论、信息熵等相关理论，在实际离散制造企业的制造物流系统调研和分析的基础上，从总体和局部角度分别建立了企业熵变模型、制造物流系统的结构熵模型、运行熵模型和状态熵模型，应用熵模型对企业系统总体运行状态、制造物流系统的结构与运行有序性、单元制造的复杂性等进行了评价研究，并结合实例从微观角度分析影响企业系统结构与运行状态的有序性、复杂性变化的内在因素。这种熵理论已经成为企业经营管理的必要依据和支持。

（1）制造企业的熵结构概述

任何企业都处于一定的自然地理与人文社会环境之中，由此来完成与外界的物质、能量、信息的输入与输出，因此有环境熵的存在。环境墒表示了制造系统与外界的相互作用情况。制造企业系统是一个不同层次之间的多层次、同一层次中多因素的复合结构系统。

它的结构形成了一个复合的网络结构，是人工系统和柔性社会系统的结合。其构成要素之间的关系、反映系统的规律和条件、时空统一过程中的直接性和间接性、信息传递的相互关系等因素，都反映了系统在结构上的复杂性。这种结构的产生、子系统的划分以及功能的分配都蕴含着组织结构的知识和经验，具有多种不同的结构状态，即这种系统的结构具有不确定性，因此制造业物流系统存在结构熵。制造系统的结构熵可分为组织结构熵和生产结构熵，其中生产结构熵是制造企业系统熵结构的重要方面。

在制造企业系统的经营管理运行过程中，生产过程的复杂性使得在这个已经确定的结构中，不同运行状态出现的概率不同，具有不确定性，这样就有运行熵的存在。运行熵反映了制造系统的动态特性，它描述了系统在运行过程中的实际状态。制造企业系统的运行熵可分为运营状态熵和生产状态熵，制造系统的运行熵也是企业系统熵结构的重要方面。

伴随着制造企业系统的管理经营，企业系统的资金、货币等的流动则形成了系统的经济熵。

因此，制造系统熵结构可分为五类：①环境熵，制造企业处于社会环境中所具有的熵；②结构熵，制造企业的组织结构和生产结构体现出的熵；③运行熵，制造企业运营状态和生产状态的熵；④行为熵，制造企业的组织行为和个人行为；⑤经济熵，企业的经济状况和财务状况。

制造企业系统的总熵是由各个部分熵构成的复杂系统结构，而各个熵结构之间也相互影响。当系统中的子系统部分发生熵改变时，系统总熵也发生改变。但总熵与局部熵并不是简单的叠加，而是依系统的特征构成的合成关系。

两种最重要的熵是结构熵和运行熵。生产制造系统的信息、指令，在传播、发布与施加作用的过程中，随着作用对象的层次、结构增加或在克服管理对象的惯性作用过程中，将不断受到作用。这种作用可以是正反馈作用，也可以是负反馈作用。系统的组织机构简单、层次少，则信息传递所需的时间就少，因此其结构熵小；相应地，如果企业系统的生产结构布置合理，使得产品加工高效快捷，也会大大减少结构熵的产生。在制造企业系统的生产运作过程中，如果其物流运行顺畅，生产效率高，企业整体状态良性，那么它的运行熵就小。组织与生产结构的合理，即结构熵小，也会促进企业系统的高效运行，即减少运行熵的产生。

(2) 制造物流的熵模型构建

制造企业系统的熵结构分为环境熵、结构熵、运行熵、行为熵和经济熵，而这些熵结构中对制造企业生产物流起着主要影响的就是结构熵和运行熵，张志峰等学者就针对这两种熵结构建立相应的熵模型进行了深入的研究[38]。

企业系统信息的传递是一个离散信息传递的过程，可用马可夫过程来描述。设有 $E \leqslant S, F, P$ 作为一个试验，$S=\{A_1, A_2, \cdots, A_n\}$ 是基本事件的集合，F 是布尔场，并且 $P(A_i)=p_i$，是一个函数 $(0 \leqslant p_i \leqslant 1,\ i=1, 2, \cdots, n)$。对于事件 A_i，试验 E 的熵类型由一个 n 特殊类型的任意事件的有限样本来定义。熵与用相对频率计算的样本或在特殊类型中作为它们概率的非偏估计发生的数目有关。那么有：

$$H=-\sum_{i=1}^{n} p_i \operatorname{lb} p_i \tag{2.40}$$

H 是熵值或试验 E 的信息含量值。其中 $p_i \geqslant 0$，所有概率和为 1。式中 lb 均指使用 2 为底的对数。熵值 H 刻画了试验不确定性大小。信息熵越大，试验不确定性越大。信息熵具以下特征：①当 p_i 中只有一个为 1、其他均为 0 时，试验信息熵最小，此时 E 是完全确定性信息；②当试验中各状态等概率分布时，试验信息熵最大，此时试验具有最大不确定性；③任何引起 p_i 均等化的系统变化将导致试验不确定性增大，信息熵增加。

(3) 制造物流静态熵模型

静态熵模型最早由 Deshmukh 等人针对零件制造系统提出。目前，对此类熵模型的研究较少，就相关研究可以看出，静态熵可描述系统的生产结构，也可以表示系统的组织结构，它度量的是系统的固定或预期状态。

在国内，以邱菀华[43]为代表的学者提出了系统的组织结构熵模型来度量系统的有序度。他们根据信息在组织结构流动过程中管理层次与管理跨度两个主要指标的相互关系，建立企业系统信息传递过程中的结构熵模型，即：

$$H=-\sum_{i=1}^{N}\sum_{j=1}^{N} P(i, j) \operatorname{lb} P(i, j) \tag{2.41}$$

式中，$P(i, j)$ 为系统第 i，j 个元素联系时的微观态实现概率。

他们通过分析系统内的信息流以及系统架构对信息流的影响，构建了可以进行系统架构优化设计以及用于定量评估的结构模型，通过熵模型并结合对系统有序度的定义，能定量评估不同企业系统的组织结构，相较于以往定性地分析模型更加精确和清晰。然而，此方法的局限性在于其模型的构建过程要基于一定的静态条件，未能反映信息传递过程中发送与反馈的动态特征，因此在实际应用中受到诸多限制。

在国外，以 Deshmukh 等为代表的学者提出的分布式零件制造系统的静态模型如下：

$$H_s = -C\sum_{i=1}^{m}\sum_{j=1}^{m}\sum_{k=1}^{r}\sum_{d=1}^{n} p_{ijkd}\,\mathrm{lb}\,p_{ijkd} \tag{2.42}$$

式中　H_s——静态熵；

C——与测量单位有关的常量，$C>0$；

m——与某零件组合有关的作业总数；

n——制造系统中同时加工的零件数；

r——已知零件批量下所用设备总数；

p_{ijkd}——制造系统处于某一状态的概率。

静态熵模型可用于零件与加工方式可选的制造系统，并推广到按优先次序加工多种零件的情况，也可应用于零件的装配过程，也可用于分析系统内要素成本结构差异与静态复杂性之间的关系。但模型在实际使用中，数据的取得需要通过长期的观察，并且计算复杂，因此应用性较差[44]。

静态熵模型用于评价生产物流的结构有序性，以信息的发送与反馈机制为基础，通过对静态熵相关概念的定义，采用条件熵原理并结合古典概率原则，建立一般性系统结构熵模型，可适用于不同生产结构有序性评价。

2.5.2　制造物流协同能量分析模型

制造物流动力学能量模型是制造物流在动力学模型基础上的复杂度描述方法，具有更高能量的物流系统，或更多能量传递环节的物流系统具有更高的复杂度。本节介绍一种在杨志军等人提出的制造物流力学模型基础上提出的一种能量分析模型。[45]

1. 制造物流系统的设备表示

通过分析制造系统中不同设备在整个物理系统当中所体现出来的特性，按照不同的设备在制造物流系统中发挥的作用，来对该设备进行定位，可以分为以下几种。

(1) 加工类设备

每个加工类设备都可看作一个工位，其特点是物料在进入该设备后发生明显的属性变化，原本的物料成为新属性物料。

为了描述加工类设备，结合加工设备的特点，给该设备赋予几种属性：加工设备长度 L，大多数加工设备在进行加工操作时都是固定位置的加工，这里引入设备长度是为了方便描述物料在加工类型设备上的速度 v；加工后物料质量的变化系数 K，对于某些加工设备还可能会导致进入工位的物料发生数量上的变化，数量变化系数记为 K_2；加工工艺难度系数 z_1，该系数会影响单件物料在加工设备上停留的时间，以及加工设备对物料的作用效果；加工耗时 t_0。

(2) 组装类设备

一个组装设备可看作一个工位，其特点是有多条物料流进入该设备，属于多通口的元件部分。

在该工位上具有下列几种属性：组装类设备长度 L，和加工类设备分析相似，引入 L 也是为了方便对工位上的物料速度进行分析；加工后物料数量的变化系数 K_3；装配工艺难度系数 z_2，和前面相似，该系数会影响装配设备对物料加工效果的影响；装配耗时 t_1。

(3) 配送类设备

该类型设备通常有连续时间长期运转的输送带类型的搬运设备，随机时间运行的搬运设备，或者周期性质运行的搬运设备。

对配送类设备进行抽象时，可以按照单个搬运设备或者一组搬运设备。而通常的搬运设备都是成群使用，成群的设备往往从一个工位把成品零件运输到其他工位或者把其他多工位的一组物料运输到单个设备当中，通常可以具有多对一或者一对多的特点。物料流在配送设备上时会受到配送设备的作用，导致物料流的动能发生变化，配送设备的作用效果用 G 来表示，该效果会改变物料流的动能，通常具有力的属性，应当根据实际的配送设备进行描述。配送设备还具有的属性为设备长度 L。

2. 制造物流系统物料流的表示

要描述一个制造物流系统，除了实际的制造物流的生产设备，在制造物流系统当中还有最重要的物料流，物料流是对实际物料在物流系统中流动的描述。除了物料流之外，本书还提出了数量流，用来描述加工设备、装配设备前后的数量变化以及在配送设备上的数量情况。

物料流是物料在制造物流系统中移动的流，描述物流系统中物料流速 v、物料的质量 m 等状态，是一种描述物流系统动态特性的流，表示物料搬运的状态，物流设备的运输状态。

数量流，从物料数量方面描述物流系统中每个工位设备前的物料数量和加工设备后的物料数量或者在制造物流系统正在搬用中的数量，数量用 n_z 表示。

3. 制造设备因果关系分析

物料流中的物料在经过设备后受到设备的作用效果产生能量的变化。

(1) 加工设备因果分析

对于加工类型的设备，由配送设备，如输送带等，把物料配送到该工位的前端，前端的物料数量记为 n，单件物料的质量记为 m，物料流的流动速度为 v，则设备前端整个物料具有的整体动能为：

$$E_{前端}=\frac{1}{2}nmv^2 \tag{2.43}$$

设加工类型设备具有的长度为 L_i，完成单个零件加工需要的时间为 t_i，物料流在经过加工类设备之后，会在加工类型设备上停滞一段时间进一步完成加工，对物料流的流动速度产生影响，则物料在加工类型设备上具有的动能为(其中的速度用平均速度表示)：

$$E_{设备}=\frac{1}{2}nm\left(\frac{L}{t_i}\right)^2 \tag{2.44}$$

物料流从加工类设备输出后，由于质量的减少，质量变化比例为 k，导致动能的分流，输出后的动能为：

$$E_{后端}=\frac{1}{2}nkm\left(\frac{L}{t_i}\right)^2 \tag{2.45}$$

其中，质量为 $(1-k)m$ 部分的动能耗散在环境中。结合设备前后通口的能量平衡分析如下：

$$\frac{1}{2}nmv^2=\frac{1}{2}nkm\left(\frac{L}{t_i}\right)^2+\frac{1}{2}n(1-k)mv_0^2+FL \tag{2.46}$$

动能的变化必然是受到加工类型设备的外力作用，把设备对物料流的作用效果记做 F，式(2.46)右边最后一项记为物料流经过该加工设备后受到的设备的作用。F 要受到加工工艺难度系数 z_1，物料数量流 n，加工时间 t，以及质量变化系数 k 的影响。作用效果应当根据具体的加工模型来进行描述，作用效果可以表示为：

$$F = f(z_1, n, k, t) \tag{2.47}$$

(2) 组装类设备因果分析

组装类设备通常是把多个工位生产的零件在该工位拼装，认为有多股物料流进入组装设备，然后有一股物料流从组装类设备输出，这就是物料流的变化。设一组装类设备有 i 个物料流输入，每个物料流的质量为 m_i，对应的数量流为 n_i，考虑到某些物料流中的物料在一次装配时需要使用多个元件，因此引入重复系数 w_i 来表示。组装类设备前端的动能表示如下：

$$E_{前端} = \sum_{i=0}^{i} \frac{1}{2} n_i m_i v_i^2 \tag{2.48}$$

组装类设备把各物料流传递而来的物料进行拼接组合，按照一定的工艺要求，把某种某些数量的元件按照一定的数量组合要求进行组装，组装类设备的输出数量表示为 N，受到元件数量和装配工艺的要求。输出的组装元件其质量为各物料流传递的单个物料质量之和，记为 M。组装设备所输出的物料动能如下：

$$N = N(z_2, n_i, w_i)$$

$$M = \sum_{i=0}^{i} w_i m_i$$

$$E_{后端} = \frac{1}{2} NM\left(\frac{L}{t_m}\right)^2 \tag{2.49}$$

再改过程中，组装个零件仍要受到组装类设备的作用，把作用效果记做 F，整个过程中的能量守恒可描述为：

$$\sum_{i=0}^{i} \frac{1}{2} n_i m_i v_i^2 = \frac{1}{2} NM\left(\frac{L}{t_m}\right)^2 + FL \tag{2.50}$$

作用效果受到组装工艺难度系数 z_2，物料数量流 n，装配加工时间 t_m，以及数量流 N 的影响。

(3) 运输类设备因果分析

加工类设备完成加工之后或者装配类设备完成装配任务之后，物料流会通过搬运设备将物料移动到下一个工位上。从加工、组装类设备输出的物料流会再受到运输设备的作用效果产生动能的变化。运输设备在工位之间通常是往复运动完成工作，推动物料流完成位置的改变，作用效果 G 可以描述为：

$$G = mv' + cv \tag{2.51}$$

作用效果 G 作用到物料流上会导致物料流产生惯性势，即式中右边第一项；受到移动过程中的阻尼效果等影响，即式中右边第二项，c 为运输中的阻尼系数。

经过运输类设备后，物料流的动能变化可描述为：

$$\frac{1}{2}n_i m_i v_i^2=\frac{1}{2}n_i m_i\left(\frac{L}{T}\right)^2+GL \tag{2.52}$$

式中　L——运输类设备输送的长度；

　　　T——输送时间。

4. 制造物流协同建模举例

以图 2.19 所示的简单制造系统为例，建立其能量变化模型。在该系统当中有两条生产线，汇集到一个组装类工位上。在第 1 条生产线上有两个加工类设备工位，第 1 条生产线上的工位 1 输入量为 n_1，物料流的单个物料质量为 m_1。第 1 条生产线上的第 2 个工位，其输入质量为 m_2，输入数量为 n_2。第 2 条生产线上的工位 3 输入物料的数量为 n_3，单个物料的质量为 m_3。装配类设备为工位 4，工位 3 上的物料流在组装时要用到两个元件，重复系数 w 为 2。这 4 个工位及加工时间分别记为 t_i。工位的长度分别为 L_1，L_2，L_3，L_4。所有的配送过程都是采用如输送带、货运小车这种连续运输的输送模式，输送的配送的时间即为 t_i。

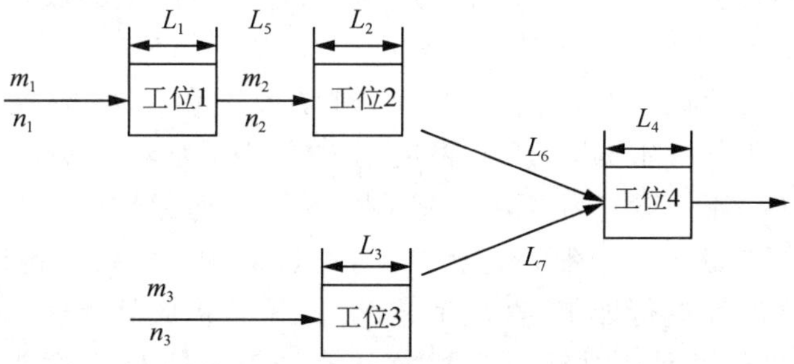

图 2.19　并行制造系统简图

对于第 1 条物料流的工位 1 和第 2 条物料流的工位 3，其输入的动能分别为：

$$E_1=\frac{1}{2}n_1 m_1 v_1^2,\ E_3=\frac{1}{2}n_3 m_3 v_3^2 \tag{2.53}$$

在经过第 1 个加工工位后，其输出的动能为：

$$\begin{aligned}E'_1&=\frac{1}{2}n_1 k_1 m_1\left(\frac{L_1}{t_1}\right)^2=\frac{1}{2}n_1 k_1 m_1 v_1^2-\frac{1}{2}n(1-k_1)m_1 v_0^2+F_1L_1\\E'_3&=\frac{1}{2}n_3 k_3 m_3\left(\frac{L_3}{t_3}\right)^2=\frac{1}{2}n_3 m_3 v_3^2-\frac{1}{2}n(1-k)m_3 v_0^2+F_3L_3\end{aligned} \tag{2.54}$$

该动能经过输送装置 1 的输送作用后发生变化，第 2 个工位前端时动能为 E_1，

$$E_2=\frac{1}{2}n_1 k_1 m_1\left(\frac{L_2}{t_1}\right)^2+G_1L_5 \tag{2.55}$$

通过工位 2 之后，输出动能可表示为：

$$E'_2=\frac{1}{2}n_1 k_1 k_2 m_1\left(\frac{L}{t_2}\right)^2=\frac{1}{2}n_1 k_1 m_1\left(\frac{L}{t_1}\right)^2+G_1L_5-\frac{1}{2}n(1-k_2)k_2 m_1 v_0^2+F_2L_2 \tag{2.56}$$

这两个物料流最终汇总到工位 4 上，对工位 4 上的物料流能量的输入和输出进行分析，式(2.57)为工位 4 的输入、工位 4 的能量输出：

$$E_4=\frac{1}{2}n_1k_1k_2m_1\left(\frac{L}{t_2}\right)^2+\frac{1}{2}n_3k_3m_3\left(\frac{L}{t_3}\right)^2+G_2L_6+G_3L_7$$

$$E'_4=E_4+F_4L_4 \tag{2.57}$$

本节通过建立能量传递模型，从实际物理对象的角度出发建立了一种制造物流模型。通过能量的平衡分析，对制造物流各环节的物料流通速度、数量等状态的描述，为企业在进行制造设备节点布局，制造过程中对物料投入量进行控制，以及对物料流和数量流的状态进行平衡提供了模型参考。

2.5.3 制造物流系统的成本分析

制造物流系统成本衡量模型是企业最为关注的模型。在制造物流系统中，主要的费用损耗有：原料在仓库内的存放成本，原料在工位的临时存储区的存放成本；制造物流的货物供应量没达到工位的需求，导致的空闲等待成本；搬运设备的运输成本，或者人力成本；加工组装类设备完成加工、组装任务所需的成本。

制造企业的生产物流成本管理主要运用管理学原理和方法，寻找减少其总成本的方法，以提高产品效益，改善产品质量，以尽量少的成本费用，为客户创造最佳服务。

现代的生产企业物流一般分为供应物流、制造物流和营销物流。制造物流主要是指从将原料、辅料、燃料等投放入生产制造过程开始，经过采购、入库、发料到各个生产车间，再经过规定的生产工序流程进行加工，直至工艺结束，最后将成品存放入库的整个过程。因此，制造企业的配送始于各种原材料的投入，终止于加工成品入库，并贯穿于企业全部的制造流程之中。制造企业物流如图 2.20 所示。

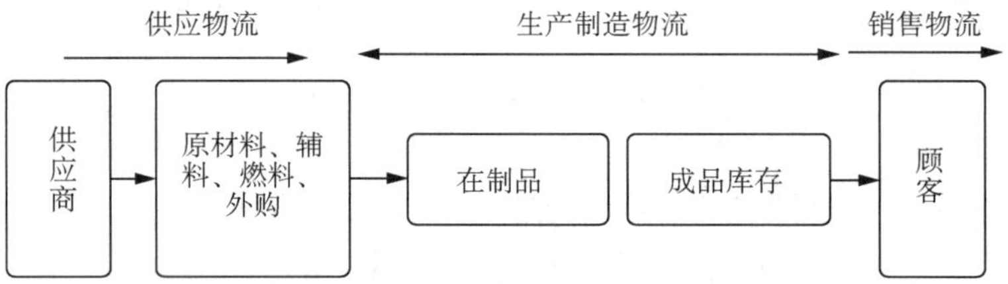

图 2.20 生产制造企业物流类型图

物流成本是指物流活动中消耗的物质和人力劳动的货币体现，体现在物流各个环节所花费的人力、物力和财力资源的总和上。制造企业的物流成本包括材料采购、产品生产和成品储存，以及货物的移动所产生的费用等。其中，生产物流成本是指企业在生产加工过程中的物流活动成本，包括从生产线开始，到生产线结束，再到生产加工过程结束，包括生产线结束的材料、燃料等成本，然后流向成品仓库整个物流过程的成本，包括包装、仓储、装卸设施折旧成本等费用。

但是，各个制造企业在供应、生产和销售环节所花费的物流成本所占的比例是不同的。汽车制造业的供应物流成本占其总物流成本的比例远高于其他行业；冶金和化工行业的生产物流成本占比则相对较大；而在轻工业和小商品等行业，销售物流成本占比相对较为突出。因此,在金融、化工等行业,有效地控制生产物流成本显得尤为重要。

制造企业的生产过程实质上是每一个生产加工过程“串”起来的物流活动。合理组织生产物流活动,使生产过程处于最佳状态,是保证企业获得良好经济效益的重要前提之一。而企业在生产过程中进行生产物流的管理主要是要实现生产物流运作的效率性和经济性,降低企业生产物流运作的成本[46]。

1. 制造物流成本组成

(1) 最低库存成本

范兴美等学者[46]认为企业建立库存的根本目的是在规定的时间和地点,满足材料的供应需求。库存成本是制造企业在制造产品过程中,因建立原材料和其他库存而产生的,是生产物流成本的重要组成部分,包括资金的使用成本和资金的机会成本。对于制造企业来说,库存成本是直接材料成本、直接人工成本和制造成本的总和。大量库存将占用企业有限的资金,增加库存资金成本,降低产品周转率。减少库存对于企业有效利用资源、减少浪费、提高生产物流运作效率具有重要意义。从公司支付原材料现金的时间到成品库存作为商品出售以获得现金收入的时间,库存占用了资金,但无法创造利润。

如果一个企业选择购买库存,这意味着该企业已经失去了可以从其他选择中获得的好处。按照经济学的观点,这种收益属于资源的机会成本。然而,资本的机会成本并不是存货资本的全部成本。存货资本的成本还必须包括为获得这些资金而支付的货币,即使用资本的成本。

降低库存成本、维持均衡生产、协调各种成本之间的关系,将成本总额保持在最低水平,是制造企业在组织采购过程中需要解决的问题。采用经济批量采购方法来降低库存成本是一种有效的方法,经济订单数量是指总库存成本最小的订单数量。库存总成本与订货成本和储存成本之间的关系如图 2.21 所示。

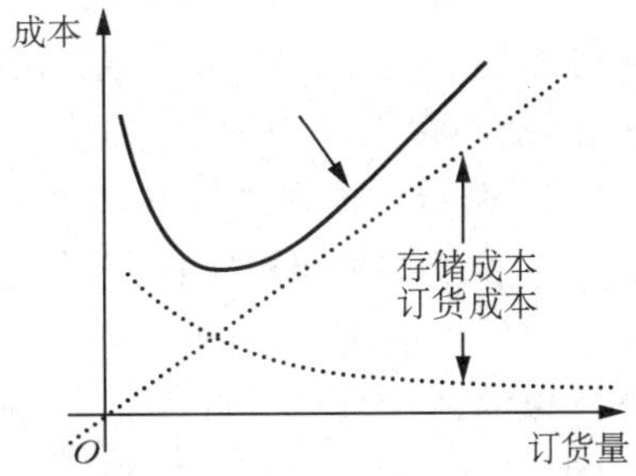

图 2.21　订货成本和储存成本关系

可以看出:当订货成本与储存成本相等时,库存总成本最低,此时的进货批量就是经济进货批量。

生产物流管理的重要职能是要控制库存,使其达到最低库存。科学管理库存,不仅可以降低库存水平,减少隐性成本,减少资金占用和库存维持成本,而且可以提高顾客的满意度。

(2) 整合运输

整合运输是企业物流管理中的重要一环,无论是厂区、仓区,车间之间、机器之间,还是工序之间,都存在原材料、半成品、成品的流动,离不开装卸、运输等活动,产生了运输成本。运输规模和运输距离对运输成本的影响,运输规模越大、运输距离越长,单位运输成本越低。应当研究、分析、选择经济、合理的搬运设备来提高运输效率。

(3) 均衡生产,保证产品质量

均衡生产是企业生产物流管理中的重要目标之一。在从原材料输入到成品输出的整个过程中,生产始终处于非停滞、不间断、有节奏的流动状态,这是在制品在工序间存储到零库存挑战的生产组织模式。均衡生产是指生产物流流量的均衡,均衡生产可以避免生产中浪费现象的发生,有效控制生产物流成本。为了实现均衡生产,企业需要采取一系列措施,如制定合理的生产计划、优化生产流程、提高生产设备利用率等。企业可以采取精益生产等管理方法,提高生产效率和质量水平,降低生产物流成本。

(4) 作业成本表述企业制造成本

成本信息是企业最重要的信息之一,但是一个物流企业真正的物流成本到底是多少,物流成本如何核算,如何运用物流成本进行决策等方面,由于物流成本的复杂性和关联性,对其研究还不是很深入。基于这样的背景,我们可以通过成本管理会计中的作业成本法,对企业的物流成本进行重新划分、核算和管理,以期在物流成本的管理上寻求更精准合理的方法并有新的突破[47]。

为增强物流成本核算结果的准确性,进一步降低物流成本,可在物流成本管理中引入作业成本法。作业成本法(Activity Based Costing, ABC)的基本思想最早于20世纪30年代末至40年代初由美国会计学者科勒提出,其本质是确定分配间接费用的合理基础——作业,并引导管理人员将注意力集中到发生成本的原因——成本动因,而不仅仅是关注成本结果本身。它通过对作业成本的计算和有效控制,克服传统的以交易数量为基础的成本系统中间接费用责任不清的缺陷,使以前许多不可控制的间接费用变成可控制的。这对有效甄别物流成本,加强物流成本管理,具有十分重要的意义。

作业成本法的基本思想是产品消耗作业,作业消耗资源;生产导致作业的发生,作业导致成本的发生。作业成本法与传统成本计算方法在直接材料、直接人工等直接成本的核算方面并无不同,其特点主要体现在间接费用的核算上。

就物流成本而言,节能降耗近期的重点在于运输成本,长期的着眼点在于库存成本。从各国的经验看,如果没有重大技术突破,运输成本经过大幅度降低后会趋于稳定,加快周转、降低库存则潜力无限。

2. 制造物流成本管理方法

作业成本法相较于传统的成本核算方法,展现出了独特之处。在作业成本法中,间接成本不再采取统一分配的方式,而是基于各类标准被归类到不同的成本库中。在具体的计算过程中,它摒弃了以产品为核算对象的方式,转而以作业为核算对象进行成本核算。作业成本法将成本核算深化到作业层面。以作业为单位进行成本的收集和整理,并依据活动驱动因素将作业或作业中心的成本分配给具体的产品[48]。因此,应用作业成本法计算企业物流成本并实施管理可分为以下五个步骤[49]:

第一步,正确界定企业物流活动中所涉及的各项作业。作业是作业成本法中最基本的概念,是进行作业成本计算的核心与基础。所谓作业,指的是基于一定目的、以人为中心、消耗一定资源的特定范围内的工作。

第二步,建立作业链。作业成本法认为,企业管理深入到作业层次后,企业实质上是一个为满足客户需求而设立的一系列有序作业的集合体,进而形成了一个由此及彼、由内向外的作业链。每完成一项作业都会消耗一定的资源,同时也会产生一定的价值并转移至下一项作业,依此类推,直至最终将产品提供给外部客户。

第三步,确认成本动因。作业成本法在应用时,需要将作业量与传统成本计算中的数量,比如工作量,进行区分,并选择以作业量作为分配大多数间接成本的基础。此外,还需要了解成本行为,正确识别成本动因,成本动因指那些决定成本发生的重要活动或事项,它可以是一个事件,一项活动或作业,它支配成本行为,决定成本的产生。因此,要把间接成本分配到产品中去，必须了解成本行为，正确识别成本动因。

第四步，建立作业成本库，归集费用。在实施作业成本法的过程中，先对企业的整个生产经营过程进行作业分析，然后以主要作业为主体，将同质作业合并，建立作业中心，以便根据作业中心建立作业成本库。同时，根据作业成本库归集费用，计算各作业中心的作业成本。成本库按作业中心设置，每个成本库代表其作业中心引发的成本。同质成本动因引发的成本可以合并，在同质成本库中分配。

第五步，将各作业成本库归集的成本分配计入最终产品或劳务，计算出产品或劳务的成本。

3. 作业成本法

作业成本法最初被作为一种分配制造费用和计算产品制造成本的方法。其基本思想是在资源和物流产品（服务）之间引入一种中介，即作业。作业成本法的基本原理是：①产品消耗作业，作业消耗资源；②生产导致活动的发生，而活动导致成本的发生。运营是物流产品（服务）与资源之间的中介[48]。

经过不断的发展和完善，作业成本法已演变为以作业为核心，以成本分配观和过程分析观为二维导向的，一种作业成本计算与作业成本管理相结合的全面成本管理制度。作业成本法的二维关系见图 2.22。

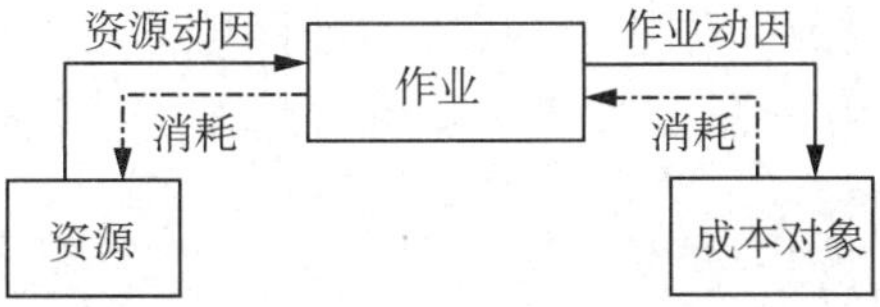

图 2.22 作业成本法的二维关系

利用成本分配观的导向提供的信息进行各种分析和决策，利用过程分析观的导向提供的信息反映作业过程的动态关系，为从根本上控制成本、评价业绩以及持续改善企业的生产经营活动创造了有利条件。

（1）基本原理核算模型

根据作业成本法的原理，基本原理核算模型可表示如下：假设有 m 种物流产品或物流服务，整个物流过程中有 n 种作业和 s 种资源。使用列向量 $C=(C_1, C_2, \cdots, C_m)^{\mathrm{T}}$表示物流成本，可表示为：

$$C=\sum_{j=1}^{n}\sum_{k=1}^{s}A_{ij}R_{jk}P_k \tag{2.58}$$

式中 A_{ij}——i 物流产品消耗 j 作业的数量（$i=1, 2, \cdots, m$；$j=1, 2, \cdots, n$）；

R_{jk}——单位 j 作业消耗 k 资源的数量（$j=1, 2, \cdots, n$；$k=1, 2, \cdots, s$）；

P_k——k 种资源单位资源的费用。

基本原理核算模型从整体上考虑物流服务中的资源、作业，但在建模前要准备部分数据，如作业分配率、资源分配率等；此外，其对作业成本构成、成本性态等该模型均不涉及，如无法表示固定成本，为模型的应用带来了不便。因此，有学者从作业成本性态分析，提出一种基于作业成本性态分析的作业成本模型。

(2) 通用成本性态核算模型

在作业成本法中,成本按照成本习性可分为直接变动成本、间接作业成本和固定成本三类,它们又称为短期变动成本、长期变动成本和固定成本。直接变动成本与特定的产品或服务直接相关,它随着产品或服务的业务量变动而变动,以“数量基础动因”直接将资源分配给成本对象。间接作业成本可能与产品、服务无直接关联,但可能与产品生产的整体运营相关,其随着作业量变动而成比例变动。固定成本是指在相关范围内,不随数量基础和作业基础的成本动因而变的成本。根据对成本性态的理解,得出模型:

$$C=\sum_{i=1}^{m}(b_i x_i)+\sum_{j=1}^{n}\sum_{k=1}^{s}(A_{ij}d_j)+F \tag{2.59}$$

式中 C——物流产品总成本;

b_i——单位物流产品直接变动成本;

x_i——物流产品数量;

A_{ij}——i 物流产品消耗 j 作业的数量 ($i=1, 2, \cdots, m$; $j=1, 2, \cdots, n$);

d_j——j 作业的单位作业成本;

F——固定成本。

通用成本性态核算模型将成本划分,使得成本信息更容易收集和获得,为作业成本系统的建立提供了基础。资源账户、作业账户、成本动因账户、成本库的建立使得作业成本法不仅能够比较精确地核算和分配制造费用,而且同样适用于其他间接费用,如折旧费用等[50]。

(3) 成本分配

在按照作业成本法将成本进行归集后,需要将成本分配到单位产品和服务使作业成本能够用于分析和决策,下面分别讨论各个模型的成本分配方式。

在基本原理核算模型中,单位服务的成本为:

$$C=\sum_{j=1}^{n}\sum_{k=1}^{s}A_{ij}R_{jk}P_k \tag{2.60}$$

通用成本性态核算模型将成本分为直接变动成本、间接作业成本和固定成本,那么成本分配相应分为三部分:单位直接变动成本、单位间接作业成本和单位固定成本。单位直接变动成本为 b_i,单位间接作业成本为:

$$\sum_{k=1}^{s}A_{ij}d_j \tag{2.61}$$

单位固定成本为 F/n,单位服务成本为:

$$C=b_i+\sum_{k=1}^{s}(A_{ij}d_j)+F/n \tag{2.62}$$

函数 C 描述了生产制造企业的成本评价模型。在物流成本中,间接成本的比重日益增加,利用作业成本法进行物流成本核算,结果更为精确,能更好地反映物流活动的真实成本。特别重要的是,产品成本按照作业中心核算,可将作业成本信息反馈到物流活动的设计阶段,使物流活动设计在原有基础上不断改进[49]。

参考文献

[1] 王闪闪. 浙江南洋有限公司企业生产物流布局的分析和优化研究[D]. 郑州：郑州大学，2023.

[2] 理查德·缪瑟. 系统布置设计[M]. 柳惠庆，译. 北京：机械工业出版社，1988.

[3] 刘旺盛，兰培真. 系统布置设计——SLP法的改进研究[J]. 物流技术，2006(10)：82-85.

[4] 张承谦. SLP及其在调整生产布局中的应用[J]. 运筹与管理，1995(4)：45-50.

[5] 秦恩桃. 基于改进SLP的T公司车间布局优化研究[D]. 哈尔滨：哈尔滨理工大学，2021.

[6] 罗军荣，史烽，肖吉军，等. SLP技术在制造车间布局中的应用研究[J]. 企业科技与发展，2011(22)：11-14+23.

[7] 庄立敏. 企业系统化设施布置技术研究[J]. 学理论，2011(10)：137-138.

[8] 郑晓军. 生产车间设施布局优化方法研究[D]. 大连：大连理工大学，2011.

[9] 王家善，吴清一，周佳平. 设施规划与设计[M]. 北京：机械工业出版社，1995.

[10] 张毕西. 加工-装配式生产系统组织与优化[D]. 广州：华南理工大学，2006.

[11] 侯健. 机械制造系统的设施布置与优化模型设计[J]. 中国高新技术企业，2008(4)：109+108.

[12] Tompkins J A, White J A, Bozer Y A, et al. Facilities Planning[M]. New York: John Whiley & Sons, Inc., 2003.

[13] Koopmans T C, Beckmann M. Assignment Problems and the Location of Economic Activities [J]. Econometrica, 1957, 25(1): 53-76.

[14] 柏甫荣，秦永法. 基于智能优化算法的设备布局设计[J]. 组合机床与自动化加工技术，2004(6)：52-54+57.

[15] 王金敏，王玉新，查建中. 布局问题约束的分类及表达[J]. 计算机辅助设计与图形学学报，2000(5)：349-354.

[16] 邹世伟. 车间柔性布局算法及三维仿真研究[D]. 武汉：武汉理工大学，2007.

[17] 郑晓军，黄小荣. 基于遗传算法的双阶段设施布置方法研究[D]. 天津：天津大学，2009.

[18] 黄小荣. 基于遗传算法的双阶段设施布置方法研究[D]. 天津：天津大学，2009.

[19] 高嘉成. 基于改进SLP的生产车间设施布局优化及仿真研究[J]. 内燃机与配件，2019(1)：189-191.

[20] 蒋丽. 以工位为中心的生产物流配送优化研究[D]. 合肥：中国科学技术大学，2011.

[21] 蒋丽，丁斌，臧晓宁. 以工位为中心的生产物流配送优化[J]. 计算机集成制造系统，2009，15(11)：2153-2159.

[22] 刘凯. 装配型企业生产物料准时配送优化研究[D]. 石家庄铁道大学，2018.

[23] 李晋航. 混流制造车间物料配送调度优化研究[D]. 武汉：华中科技大学，2012.

[24] 李晋航. 模糊信息条件下混流装配线物料配送路径研究[D]. 武汉：华中科技大学，2008.

[25] Gerhard, Schrimpf, Johannes, et al. Record breaking optimization results using the ruin and recreate principle[J]. Journal of Computational Physics, 2000，159(2)：139-171.

[26] 余文泰，张得志. 基于智能制造的生产车间物流配送优化[J]. 物流工程与管理，2020，42(6)：6-11.

[27] 高瑞霞. 单件小批订货型离散制造系统物流优化运行熵建模研究[D]. 天津：河北工业大学，2002.

[28] 高贵兵，张红波，张道兵，等. 混流制造车间物料配送路径优化[J]. 计算机工程与应用，2014，50(15)：228-234+270.

[29] 严武元. 基于系统动力学的工业企业物流研究[D]. 武汉：武汉理工大学，2003.

[30] 宋寒，张清博. 企业物流系统动力学分析[J]. 重庆理工大学学报(社会科学)，2017，31(4)：73-78.

[31] 刘要南. 基于系统动力学的煤矿生产物流系统效率研究[D]. 郑州：郑州大学，2017.

[32] 杨志军. 机械制造系统物流驱动机理的动力学研究[D]. 武汉：武汉理工大学，2019.

[33] 赵炯，王耀，周奇才，等. 制造物流协同系统能量传递模型[J]. 起重运输机械，2020(20)：141-144+150.

[34] Zhou Q C, Huang Y K, Xiong X L, et al. Research on FJSP Rescheduling Execution Cost Based on Modified Genetic Algorithm[J]. IOP Conference Series Materials Science and Engineering, 2020, 842：012025.

[35] DRETSKEFI. Knowledge and the flow of information [M]. Stanford, Cal., USA: CSLI Publications, 1999.

[36] Deshmukh A V, Talavage J J, Barash M M. Complexity in manufacturing systems, Part 1: Analysis of static complexity[J]. IIE Transactions, 1998, 30(7):645-655. DOI:10.1080/07408179808966508.

[37] EFSTATHIOUJ. The utility of complexity[M]. Manufacturing Engineer, 2002,81(2):73-76.

[38] 张志峰.离散制造企业生产物流的熵模型评价及其应用[D].武汉:华中科技大学,2009.

[39] 张志峰,肖人彬.基于熵模型的生产物流系统运行评价[J].计算机集成制造系统,2010,16(4):810-816.

[40] 曹珍妮.熵理论在物流企业组织结构选择中的应用研究[D].成都:西南石油大学,2017.

[41] 高瑞霞.单件小批订货型离散制造系统物流优化运行熵建模研究[D].天津:河北工业大学,2002.

[42] 曹悠琦.熵及耗散结构理论在企业物流系统中的应用[D].重庆:重庆大学,2007.

[43] 邱菀华.熵域的拓展、信息与决策优化理论和应用研究[D].北京:北京航空航天大学,1999.

[44] 吕坚,孙林岩.制造系统复杂性度量方法研究[J].中国机械工程,2004(10):25-28.

[45] 赵炯,王耀,周奇才,等.制造物流协同系统能量传递模型[J].起重运输机械,2020(20):141-144+150.

[46] 范兴美.现代制造企业生产物流成本管理研究[J].改革与战略,2007(3):104-106.

[47] 吕靖,李桂萍,赵洪初,等.基于作业成本法的物流企业成本管理[J].大连海事大学学报(社会科学版),2007(4):47-49.

[48] 王平心.作业成本计算理论与应用研究[M].大连:东北财经大学出版社,2001:3-76,97-257.

[49] 王辛平.物流成本管理模式构建探究[J].中国流通经济,2009,23(12):21-24.

[50] 赵洪初.作业成本法在物流成本管理中的应用[D].大连:大连海事大学,2004.

[51] 鹿丽.作业成本法与传统成本法的比较思考[J].东北财经大学学报,2004(3):65-67.

[52] 采峰.现代企业物流[M].大连:东北财经大学出版社,2005.

[53] 王自勤.现代物流管理[M].北京:电子工业出版社,2005.

[54] 倪凤琴.物流成本管理[M].北京:电子工业出版社,2005.

[55] 计国君.生产物流运作及模型[M].北京:中国物资出版社,2006.

[56] 王国华,董绍华.制造业物流-系统规划设计、运作及控制[M].北京:机械工业出版社,2006.

[57] 孙明贵.生产物流管理[M].北京:中国社会科学出版社,2005.

[58] 查先进,严亚兰.物流信息系统[M].大连:东北财经大学出版社,2005.

[59] 张志峰,JINDALV.基于尖点突变的制造系统耗散结构模型及其度量[J].机械工程学报,2011,47(14):192-198.

[60] 赖娇娇.基于作业成本法的制造企业物流成本管理研究[D].贵阳:贵州财经大学,2015.

第3章　多式联运

多式联运作为一种综合运输，能够实现不同运输方式之间的优势互补。多式联运物流网络具有众多的业务内容和大量的参与角色，网络中各个维度的管理与作业都需要参与角色的通力协作，但不同角色之间常常因为工作方式差异、隐私信息保护、信息沟通壁垒等情况而难以协作，因此对多式联运物流网络内各个层面的协同展开研究具有重要的意义。

在现有多式联运系统中，链条化、静态化、低协同的运作模式与体系结构难以满足协同运行需求，考虑合作限制的协同决策方法是缺乏的。因此，如何为多式联运物流网络构建便于多角色协同的运作模式、体系结构与决策方法，并在保证各参与角色自主性的前提下实现高效、低成本的多式联运管理与作业是亟待研究的问题。针对以上问题，本章展开了如下研究与论述。

3.1 节首先从研究背景和系统描述两个层面概述了多式联运，首先说明了多式联运的政策背景与发展现状，然后阐述了多式联运系统中协同的重要性，并说明现有多式联运系统构成与运作模式。3.2 节从理论层面分析多式联运物流网络，构建网络化、动态化、协同化的运作模式与体系结构。3.3 节在协同运行协议的基础上，研究多式联运物流网络中基于实时信息的具有多角色信息交互、动态调整特性的集装箱路径规划。3.4 节为多式联运物流网络中的不同子网构建横向协同决策方法，在确保各子网决策主体数据隐私的前提下实现全局优化决策。3.5 节针对协同运行协议中层次化的、不同类型业务之间的纵向协同决策展开研究，研究的载体为空箱调度和集装箱网络流规划。

3.1　多式联运概述

3.1.1　多式联运研究背景

运输作为物流的重要环节，对社会发展的意义不言而喻，如何实现绿色、高效、安全的运输是当今世界的一个重要课题。多式联运作为一种复合运输，实现了不同运输方式间的优势互补，自 20 世纪 60 年代发展至今，有效地促进了国际贸易的繁荣，加快了全球化的进程。我国幅员辽阔，且处于快速发展阶段，民生需求与发展需求愈发凸显多式联运的重要性。

1. 政策背景

为了推动多式联运的发展，我国多部门发布了大量的支持政策。2016 年，交通运输部等十八个部门发布了关于进一步鼓励开展多式联运工作的通知。通知说明了我国多式联运协同衔接不顺畅、先进技术应用滞后、市场环境不完善、法规标准不适应等突出问题，并阐述了推动信息共享与技术进步、创新模式、加强市场监管、完善发展基础等发展方向。2019 年，中共中央、国务院发布的《交通强国建设纲要》强调推动各类多式联运发展，推广跨方式快速换装转运标准化设施设备，形成统一的多式联运标准和规则。2021 年，中共中央、国务院发布的《国家综合立体交通网规划纲要》强调综合交通统筹融合发展，并将提高多式联运占比作为发展目标之一。同年，国务院发布的《推进多式联运发展优化调整运输结构工作方案（2021—2025 年）》提出，从提升多式联运承载能力和衔接水平、创新多式联运运输组织模式、促进重点区域运输结构调整、加快技术装备升级、营造统一开放市场环境、完善政策保障体系六个层面推进多式联运的发展。2023 年，交通运输部等多部门印发的《推进铁水联运高质量发展行动方案（2023—2025 年）》，从基础设施、组织协同、创新服务、统筹协调等方面制定了行动方案以推动铁水联运的高质量发展。大力发展多式联运已成为我国重要的国家战略，其中技术升级、模式创新、组织协同是重点发展方向。

2. 概念界定

多式联运概念与内涵的界定在不同的国家或不同的情境下常存在差异。在我国的文件公告中，多式联运一般被定义为“依托两种及以上运输方式有效衔接，提供全程一体化组织的货物运输服务”。但是此定义涉及的范围过于宽泛，不利于学术层面的讨论。在本书的论述中，“多式联运”的定义参考了行业标准《货物多式联运术语》（JT/T 1092—2016），特指“货物由一种且不变的运载单元装载，相继以两种或多种运输方式连续运输，并且在快速转换运输方式的过程中没有对货物本身进行操作的运输形式”。该定义借鉴了欧盟发布的《组合运输术语》中对于“Intermodal Transport”术语的解释，强调了运载单元为多式联运的必要条件。

本书探讨的多式联运以标准集装箱作为运载单元，因为标准集装箱及其配套设备的使用大幅减少了联运的时间和成本，而且标准化集装箱在现有多式联运中的占比最大，并且由于现有的基础设施、行业标准、运输装备的匹配，这一优势将持续保持下去。

3. 发展现状

与单一运输相比，多式联运标准化、集成化的作业方式降低了货物运输成本，提升了货物流转效率，提高了货物的安全性，并减少了对环境的影响。因此，多式联运在世界运输体

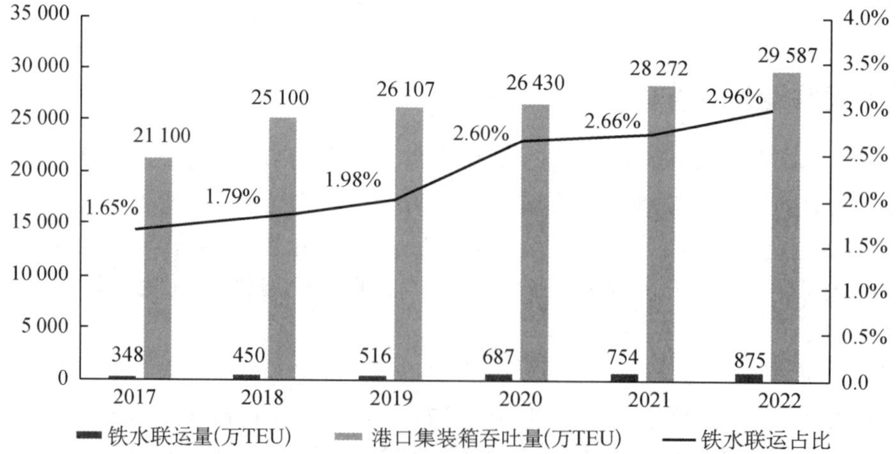

图 3.1　全国港口集装箱吞吐量与铁水联运发展趋势

系中的地位越来越重要。在欧美国家，多式联运场站及集疏运体系日益健全，市场主体体系也逐渐完善。以美国为例：美国1997—2011年多式联运货运量由2.17亿吨增加至16.2亿吨，占货运总量的9.25％；美国运输部规划了全国517个多式联运物流节点并建设相应的集疏运路线；美国全国约有4.5万家多式联运企业。

我国近年在政策上大力推动多式联运的发展，但是由于多式联运系统构成之复杂，且发展起步较晚，多式联运仍处于落后的境地。2017年我国多式联运量占全社会货运量2.9％，而发达国家的多式联运货物量占比大多在10％左右。根据2017年发布的《“十三五”铁路集装箱多式联运发展规划》，全国铁路集装箱运量仅占铁路货运量的5.4％，远低于发达国家30％～40％水平。基于交通运输行业发展统计公报发布的数据，2017—2022年全国的铁水联运量与港口集装箱吞吐量的发展趋势如图3.1所示。尽管全国铁水联运占港口集装箱吞吐量的比例逐年增加，但始终处于较低的水平。2022年全国铁水联运占比仅为2.96％，远低于发达国家的20％～40％。我们国家的多式联运具有巨大的发展潜力。

一般来说，多式联运系统的发展目标可以归纳为：提升效率、降低成本、提高服务质量，然而现有的多式联运系统具有以下普遍性的问题：不同的运输系统间协作困难；不同运输方式之间的转换不流畅；运输网络负载不均衡；集装箱空间利用率低，空箱运输大量存在；过多地采用运输效率较低的公路运输；与日俱增的全球运输需求带来过多的碳排放和环境污染；等等。在上述问题的基础上，目前多式联运领域的发展具有以下几个特点：

(1) 推动各地区多式联运的均衡化发展。由于各地区体制、观念、管理、技术等诸多方面的差异，多式联运所具有的综合优势未能充分发挥出来，具体体现在多式联运标准未统一、经营人责任不一致等。此外，各地区产业分布的差异和运输需求的不同导致了多式联运运输网络负载的不均衡，进一步带来了运输过程空间利用率低的问题。因此，推动各地区多式联运的均衡化发展具有重要意义，其手段包括推进各地区多式联运标准与制度的统一化，提高多式联运发展落后地区的装备、管理水平，促进多式联运物流网络全面信息化发展，开拓新兴市场以减少地区间的运输需求不平衡等。

(2) 重视多式联运系统各个层面的协同。在现有的多式联运系统中，不同参与角色之间常常因为工作方式差异、隐私信息保护、竞争关系、信息沟通壁垒等情况而难以开展合作。不同运输方式之间的衔接是通过多式联运经营人的协调实现的，局限性很大且合作效率低下。促进多式联运系统各个层面的协同能有效地提高运输方式转换效率，促进各参与角色通过资源、信息的共享以优化系统运行。具体手段包括：推动各运输方式单证的统一以优化转换流程，开发合作平台以促进各参与角色的信息沟通，探索创新的协同机制，开发协同化的优化决策方法等。

(3) 强调科技手段引领多式联运发展。探索新科技手段的应用是多式联运领域革命性发展的重要基础。一方面，多式联运系统突破现有的瓶颈需要装备的更新换代，包括载运工具、换装转运设备、运载单元等；另一方面，人工智能、大数据技术、信息与通信技术等科技手段在多式联运领域的创新应用也能为多式联运领域注入新的活力。

(4) 探索创新的多式联运组织模式。传统的以多式联运经营人为核心的组织模式存在局限性，例如：过于复杂单证导致无法灵活切换运输方式，难以实现多式联运系统运行层面的网络化，组织模式限制了参与角色之间的协同等。因此探索创新的多式联运组织模式具有重要的意义，具体体现在运作模式、服务模式、政策与法律、市场制度等方面的改良。

(5) 强调多式联运中的环境保护问题。过去的多式联运注重在效率与成本之间找到平衡点，随着环境保护、可持续化发展观念的深入，构建绿色环保的多式联运系统也成为重要的发展方向。主要手段包括：引导开发绿色环保的多式联运装备、制定相关政策以引导多式联运系统的可持续化发展、优化决策过程中引入环境保护的因素等。

4. 多式联运系统中的协同

多式联运系统是一个包含大量参与角色和众多业务内容的复杂系统。各参与角色具有地理上的分散性和职权的自主性，合作与竞争、自治与联合并存，而且各参与角色的信息和资源具有私有性，即各角色只掌握系统中的部分信息与资源。因此，多式联运系统的管理与作业离不开这些自治主体之间的信息交互与资源共享，协同的重要性也由此体现，而参与角色之间更充分的协同对优化系统运行具有重要的意义。

在现有的多式联运系统中，多式联运经营人处于核心地位，其职责包括：分别与托运人和承运人签订合约；协调货主和承运人之间的取货与收货、不同承运人之间的衔接；协调角色之间的信息沟通、单证传递、费用结算；等等。多式联运经营人以协调者的身份促成了系统中众多角色的协同，从而实现了多式联运业务。然而，这种多式联运经营人主导的运作模式通常是针对特定的多式联运路线，且在确定运输路线后难以更改，不同运输方式难以做到无缝转换，因此具有链条化、静态化、低协同的特点。此外，现有的多式联运领域尚不存在统一的体系结构，各多式联运系统以多式联运经营人为核心建立，不同系统经营各自的多式联运路线，各自孤立发展，系统间合作缺乏，难以形成规模化的多式联运物流网络。

随着多式联运的发展，一些新的多式联运系统运作特点被学界和业界所关注：网络化运作、动态切换运输方式、无模式订舱(Mode-Free Booking)、集装箱共享。这些运作特点都离不开系统中众多角色的协同，它们也是未来多式联运系统协同运行的具体表现形式。

具体地说，网络化运作是多式联运经营人的横向协同，意味着多式联运服务的丰富化，托运人不再是从特定的运输路线中做出选择，而是能在多式联运物流网络中灵活地规划运输路线。动态切换运输方式这一特点使得多式联运系统能够根据实时信息动态调整运输方式或运输路线，以灵活应对系统中的突发事件。动态切换运输方式对不同运输系统之间的协同提出了很高的要求，而无模式订舱则在此基础上更进一步。无模式订舱使托运人在无需明确运输方式的情况签订集装箱运输合同，合同涉及价格、集装箱交货时间、服务质量水平等必要要求，运输方式的选择留给多式联运经营人决定，必要时经营人根据实时信息自由切换集装箱货物的运输方式。此外，多式联运系统的集装箱共享是系统中集装箱拥有者之间的横向协同，通过集装箱共享实现空箱的联合调度从而降低系统中的空箱运输占比。

然而，具有上述特点的多式联运系统与现有多式联运系统之间存在巨大的鸿沟。为了填补这一鸿沟，开发合作平台、构建协作机制、改进运作模式、修订政策与法律、改良基础设施等手段都是必要的。其中，运作模式的改进却是现有研究鲜有涉及的，网络化、动态化、协同化的运作模式需求与链条化、静态化、低协同的运作模式现状之间的差距是现有研究所忽视的。与此同时，在现有运作模式的基础上建立的多式联运体系结构也同样需要做出适应性调整，相关的研究也是缺乏的。

协同决策方法的研究也是促进多式联运系统中众多角色协同运行的重要方式。协同决策方法包含中心化、去中心化两种类型。在中心化协同决策方法中，各参与角色展开深度合作，共享决策所需的所有信息；而在去中心化的协同决策方法中，各参与角色各自完成决策，并且通过部分信息交互以及协同机制实现整体的决策目标。中心化协同决策方法相较于去中心化方法通常更为简单也更为常见，但其实施过程则更为困难，因为参与角色间的深度合作需要满足众多前置条件，包括合理的利益分配机制、多角色合作平台、协同化的运作模式等。而去中心化协同决策因为在方法构建中就考虑了不同决策主体之间的合作限制，因此更具有现实意义，但方法构建的难度更高，相关的研究较为匮乏。在多式联运系统中，不同决策主体之间最普遍的合作限制是信息交互限制，但在现有的研究中，考虑信息交互限制的去中心化协同决策方法大多是针对运输服务展开，几乎没有涉及空箱调度、港口调度，并且在决策性能上仍有待改善。

3.1.2 多式联运系统描述

3.1.2.1 多式联运系统构成

现有的多式联运系统框架体系如图3.2所示，包括商务系统、组织系统、网络系统、管理与支持系统四个子系统。其中，商务系统包括单证、流程、运费、报关报检、保险、事故处理等业务组织与管理；组织系统包括集装箱、载运工具、装卸设备等设备管理与作业；网络系统包括港站、运输路线等运输基础设施；管理与支持系统包括管理与监管机构、政策、法规、标准以及信息化平台。总的来说，多式联运系统组成内容复杂，涉及大量的参与角色与社会资源。

多式联运系统中的参与角色的汇总如表3.1所示。在多式联运系统中，托运人是运输的发起者，也可以被称为货主。托运人需要与多式联运经营人订立多式联运合同，而多式联运经营人又需要与各区段的实际承运人订立运输合同。多式联运经营人对于托运人而言是总承运人，而对于各区段承运人而言是托运人，因此具有双重身份。

各区段的承运人可以是航运公司、铁路运输公司、公路运输公司等，它们是运输过程的实际执行者。除了各区段的运输外，承运人与多式联运经营人还需要与港站经营人合作，在其有权使用的场地上进行货物的堆存、装载、卸货、转运等作业。

在现有的多式联运系统中，各种业务的开展往往需要中间商来完成商务管理与组织工作。例如，货运代理代表货主完成货物运输及其相关业务，船舶代理替承运人揽货或办理各项业务。尽管运输中间商一定程度上消除各角色之间的合作壁垒，但也反映了运输系统中信息传递不畅、业务成本层层加码的现象。

除了上面提到的角色外，多式联运系统的运行还离不开集装箱租赁公司、辅助经营人、政府机构等其他角色的参与。多式联运系统的参与角色众多，但缺乏能够充分地交互信息而又同时保护好各角色信息隐私的平台或合作机制，导致众多角色协作不够紧密。

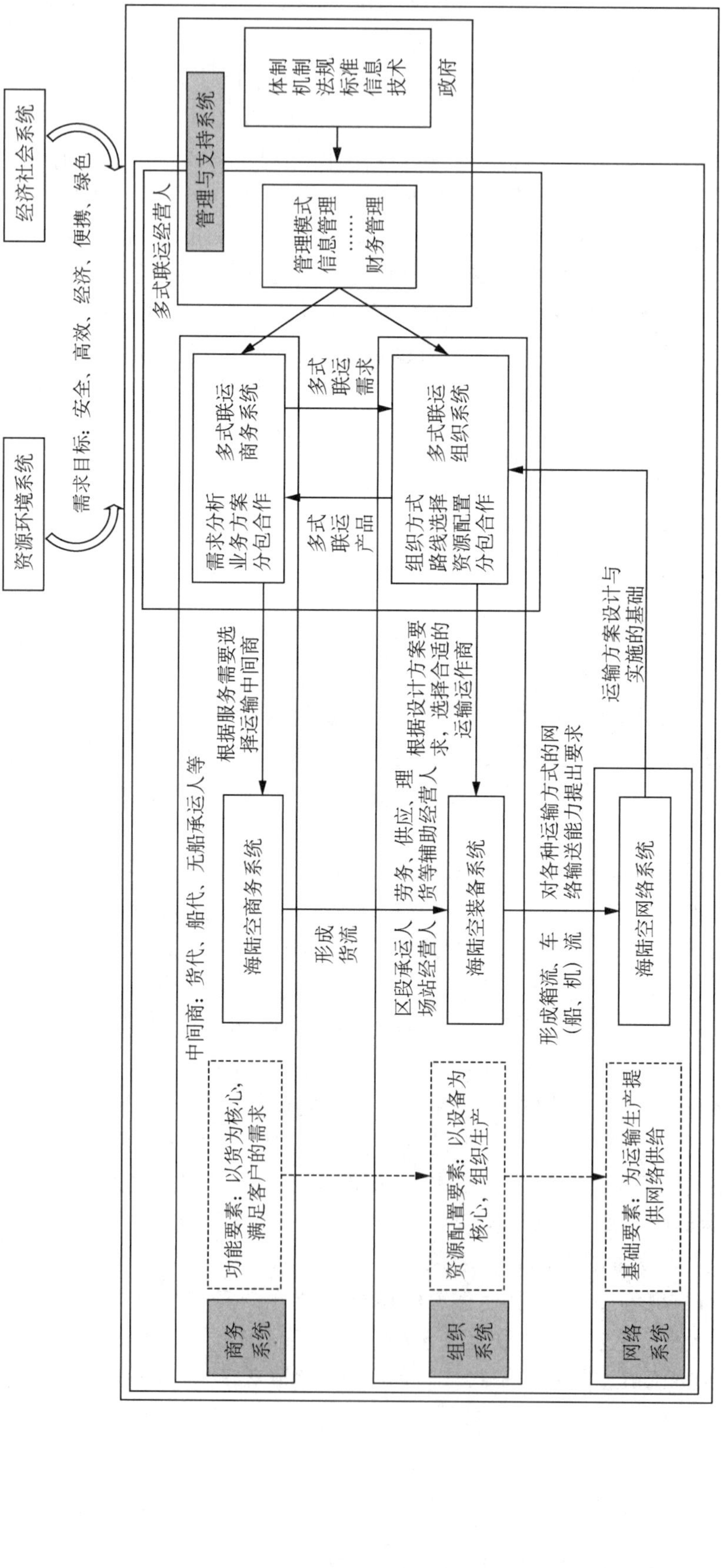

图 3.2　多式联运系统框架体系

表 3.1　　多式联运系统参与角色

角色	说　明
托运人	委托承运人运送货物并支付运费的社会组织或个人
多式联运经营人	与托运人签订多式联运合同并以承运人的身份对运输过程承担全程责任的当事人
承运人	掌握运输工具并实际参与多式联运分段运输过程的当事人，包括船公司、铁路公司、集卡公司等
港站经营人	经营与管理各类航空港、海港、内河港、铁路和公路车站以及与货物运输有相关业务的仓库、货运站等各类运输港站的经营人
中间商	包括货运代理、船舶代理、运输经纪人、契约承运人、无船承运人等
其他	集装箱租赁公司，辅助经营人，政府机构等

多式联运物流网络由多式联运枢纽与运输通道组成。多式联运的运输通道包括水路、铁路与公路，这三种运输方式的特点与适用范围见表 3.2。应用多式联运最大的好处在于可以针对运输过程各区段的特点以及托运人的需求，分别选用不同的运输方式，从而实现更优的运输服务。网络中的枢纽则起到了承上启下的作用。图 3.3 为一个多式联运港口示意图，该多式联运港口作为枢纽完成货物的接驳与转运，实现不同运输方式之间的无缝衔接。

表 3.2　　三种运输方式的特点及适用范围

运输方式	优点	缺点	主要运输对象
铁路	1. 货运量较大 2. 运费较低 3. 安全性好 4. 受自然条件影响小，准时性高	1. 近距离运输费用高 2. 不适合紧急运输需求 3. 由于需要配车编组，中途停留时间长 4. 受限于基础设施建设 5. 装卸次数多，货损率高	长途、大量、低价、高密度商品，比如矿产、制造业产品及原料、农产品等
公路	1. 可以门到门运输 2. 近距离运输较为经济 3. 使用灵活	1. 装载量小，不适合大量运输 2. 长距离运输费用高 3. 燃料消耗大，环境污染严重	短距离、具有较高价值的产品
水路	1. 运量大 2. 成本低 3. 适合超长、超宽、笨重的货物运输	1. 运输速度慢 2. 港口装卸成本高 3. 航行受天气影响较大 4. 运输可靠性和安全性较差	长途低价值、高密度大宗货物

在多式联运港口的岸边作业区域，货船停泊在港口海岸线的泊位上，岸桥起重机负责船只的集装箱装卸作业。港口搬运设备则实现了场站内集装箱的水平移动，常见的港口搬运设备包括了跨运车、集装箱叉车、自动导引搬运车等。

集装箱堆场通常位于港口的中心位置，这里容纳了港口大部分的重箱。在堆场内，集装箱的搬运与堆垛通常由门式起重机或者搬运车辆实现的。此外，堆场作业区划分了特定区域用于存放特殊集装箱，如冷藏集装箱、危险货物集装箱、大型货物等，这些货物都具有特定的存放要求。港口集装箱空箱的堆垛层数与重箱不同，也会被存放至特定区域，并通过特殊的设备进行搬运与堆垛。港口堆场一般只供集装箱短期存放，在港口的货物流转过

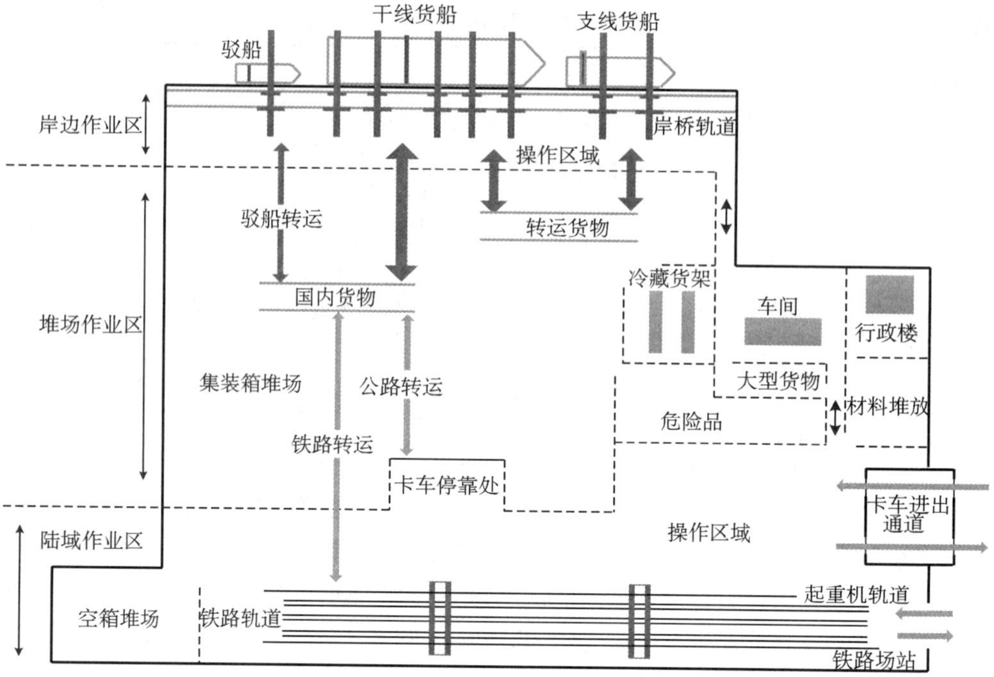

图 3.3　多式联运枢纽示意图

程中起到了缓冲的作用。

在陆域作业区,集装箱通过卡车与列车流入或流出港口。铁路作业区的集装箱装卸与搬运通常是特殊的铁路起重机实现的。卡车则相对灵活,通常在主堆场内或者边缘装卸集装箱,对于特殊货物则可以直接在特定区域进行装卸。

3.1.2.2　多式联运运作模式

现有的多式联运业务通常是在多式联运经营人组织协调下,由货主、区段承运人、港站经营人等各方相互协作完成的,图 3.4 概括了现有多式联运的运作模式。可见,多式联运经营人在现有的多式联运系统中处于核心地位。

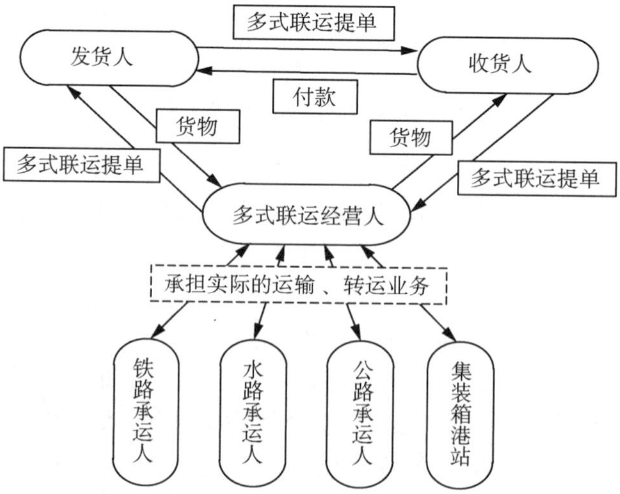

图 3.4　以多式联运经营人为核心的多式联运运作模式

为了更好地说明现有多式联运运作模式，图 3.5 呈现了一个三程多式联运的运作流程，其中第一程为公路运输，第二程为海上运输，第三程为铁路运输。其中多式联运经营人与托运人之间采用门到场的交接方式；而多式联运经营人与各区段承运人采用场到场的交接方式。

在图 3.5 所呈现的多式联运运作流程中，首先由托运人向多式联运经营人提出托运申请，多式联运经营人向海上承运人订舱，并且委托公路承运人去提箱点提取空箱后前往发货人所在地收货、装箱。在接收货物时，公路承运人为多式联运经营人签发公路运单，多式联运经营人则为发货人签发多式联运提单。

在完成公路运输后，多式联运经营人凭借公路运单到公路承运人办理转运手续，公路承运人将集装箱交付至海运承运人指定的码头堆场，码头堆场向其签发场站收据。海运承运人在接收中转货物后为多式联运经营人签发海运提单，然后发运中转货物。

在提前向铁路承运人办理托运后，多式联运经营人凭借海运提单从海运承运人提取集装箱，然后交付给铁路承运人，铁路承运人为多式联运经营人签发铁路运单。

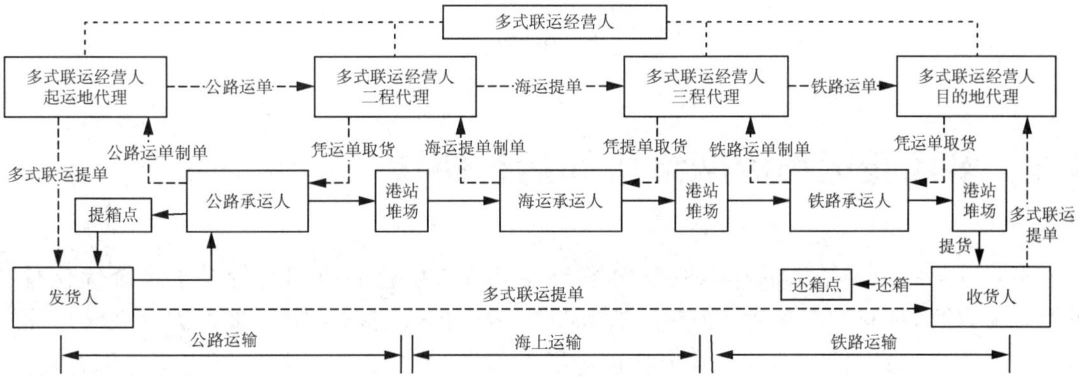

图 3.5　多式联运运作流程

在收到铁路车站的提货通知后，多式联运经营人向收货人发出了提货通知，收货人付款赎单后取得多式联运提单，并凭提单向多式联运经营人办理提货手续。收取相关运杂费后，多式联运经营人向收货人签发提货单并授权收货人到车站办理提货事宜。铁路承运人在核对身份并收取相关运杂费后将集装箱交付给收货人。收货人将集装箱运回后应尽快拆箱，并将空箱返回至多式联运经营人指定的地点。多式联运经营人或收货人在办理提空箱、交付或提取重箱以及返回空箱时，都需要交付押金、签发设备交接单。

除了上述流程以外，多式联运经营人还需要为托运人办理报关报检、申报舱单、保险等业务。各承运人需要向多式联运经营人提供载运工具的运输时间节点等相关信息，以便多式联运经营人了解货运进展。其中在多式联运经营人的内部，各分支机构或代理之间的单据文件传递要以尽可能快的速度完成，以便各个分支机构或代理提取货物或安排货物转运。若发生货运事故，多式联运经营人应做好签收，并及时办理货运事故的理赔和索赔事宜。

在不同阶段运输之间的转换中，多式联运经营人起着重要的协调作用，其中重要的工作就是运输单证的流转，各运输系统签发各自的运输单证，复杂的单证流转大幅降低了运输方式之间的衔接效率。因此现有多式联运领域大力推动“一单制”的施行，即使用全程运输单证代替一系列运输方式的运输单证，其核心要素包括单证的统一、运输单证电子化、单证物权化、信息交互平台。“一单制”能够有效地优化运输方式之间单证流转，促进运输方式的无缝衔接。

然而，无论是在现有的多式联运系统中还是在“一单制”的多式联运发展愿景中，多式联运系统都具有链条化、静态化、低协同的特点。而在引入网络化运作、动态切换运输方式、无模式订舱、集装箱共享这些运作特点后，多式联运系统才具备了网络化、动态化、协同化的特点，图 3.6 展示了多式联运的发展趋势。

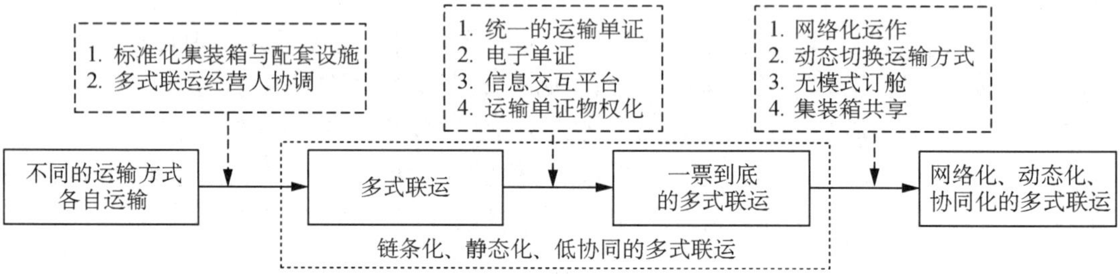

图 3.6 多式联运的发展趋势

3.2 多式联运物流网络协同运行协议

多式联运物流网络中的众多业务内容与大量参与角色的协同运行对于系统优化具有重要意义，然而现有的链条化、静态化、低协同的运作模式与体系结构难以满足系统协同运行的发展需求。针对这一问题，本节从理论层面出发，为多式联运物流网络构建网络化、动态化、协同化的运作模式与体系结构，所构建的运作模式与体系结构需要能够满足多式联运系统网络化运作、动态切换运输方式、无模式订舱、集装箱共享的运作特点需求。

本书将实物互联网（Physical Internet）的思想与同步模式运输（Synchromodal Transport）的理念融合，为多式联运物流网络构建协同运行协议以指导众多参与角色及大量业务内容的协同运行。多式联运物流网络协同运行协议描述了一种新运作模式，并为系统的构成组件划分了层次，建立了新体系结构。

3.2.1 创新物流理论

针对多式联运系统存在的众多问题，一些研究人员希望通过理论层面的创新以突破现有瓶颈，同步模式运输（Synchromodal Transport）与实物互联网（Physical Internet）则是其中的典型代表。这两种创新物流理论针对多式联运系统中的多角色的协同运行提出了各自的解决方案。

1. 同步模式运输

同步模式运输是近年的新兴概念，尚无统一的定义，大多数情况下是指多式联运物流网络中的各角色通过信息与通信技术（Information and Communications Technology，ICT）和智能运输技术（Intelligent Transportation System，ITS）进行合作，从而实现高效、可靠、灵活和可持续发展的运输服务。同步模式运输的基础在于以集成化的视角规划管理不同的运输方式,从而灵活地处理运输需求。同步模式运输赋予了多式联运全新内涵,其在原有多式联运的基础上扩展了运载单元的实时路径规划、运输方式切换以及设备的实时调度。因此,同步模式运输可以理解为实时、动态和优化的多式联运。此外,传统的多式联运侧重于线路上的运输管理,同步模式运输更强调网络的运输管理。

无模式订舱是同步模式运输的一个重要特点。无模式订舱使托运人在无需明确运输方式的情况下签订集装箱运输合同,合同涉及价格、集装箱交货时间、服务质量水平等必要要求。运输方式的选择留给多式联运经营人决定,必要时经营人根据实时信息自由切换集装箱货物的运输方式。

同步模式运输研究是一个多学科交叉的综合性研究,对实时监控、数据分析、优化决策、仿真模拟、智能化系统、系统集成等多方面技术都提出了较高的要求。同步模式运输是多式联运在 ICT 与 ITS 技术快速发展潮流下的未来形态,但这个新兴的运输理念仍需要深入的理论研究与实践探索才能逐渐成熟。

2. 实物互联网

实物互联网的概念最早由 Markillie 于 2006 年提出,Benoit Montreuil 教授则在随后几年研究中形成了完整的实物互联网理论体系,以迎接未来物流可持续发展的众多挑战。实物互联网理论将计算机网络的思想应用于物流体系中,通过封装、接口和协议打造一个开放的全球物流网络,而装有货物的运载单元则被视为物流网络中的"数据包"。实物互联网理论由 13 个核心观点交织而成,包括:通过世界统一的智能绿色模块化运载单元将商品封装;世界统一的货物交换协议;全球共享的开放式供应网络;分布式分段联运;等等。此外,Montreuil 教授参考 OSI 网络协议提出了 OLI 模型以实现实物互联网中的互联物流服务,并基于实物互联网的概念提出了"超连接城市物流"的概念。通过实物互联网的应用,最终实现经济、环境、社会三个层面可持续发展的物流模式。

实物互联网理论的观点非常新颖,其将计算机网络的思想应用于运输系统的思路是颠覆性的,与传统的运输观念大相径庭,但正是因为如此,也有文章对实物互联网的概念进行了批判性的讨论,对其研究依据和可行性提出了质疑。

在实物互联网理论中,物流网络的协同运行是通过标准化运载单元、统一的运输协议、统一的网络架构实现的。实物互联网理论的许多内容仍需进一步研究论证,且支撑其理论的基础设备与信息化平台都需要设计开发,因此在大多数情况下实物互联网只是作为物流系统的发展蓝图或愿景。

3. 分析与评述

尽管实物互联网和同步模式运输的发展目的是相似的,但二者的研究方向却有所不同。同步模式运输更倾向于多式联运物流网络,研究对象偏宏观,而实物互联网的研究对象为某区域内的物流,相对来说偏微观。

同步模式运输的研究倾向于集中式的模型,而实物互联网则倾向于分布式模型。这一差异在这两个物流理论的基本内涵中就有所体现。实物互联网协议式的运行方式需要网络中每个组件都依照协议工作,其强调每个组件分布式地标准化作业,从而实现整体网络的协同运行。同步模式运输则以集成化的视角处理不同的运输方式,强调参与角色之间建立信任,为了整体的利益最大化而整合化运营,具有集中式的特点。

此外，随着近些年移动互联网的迅速发展以及ITS的普及，多式联运中的实时监控与动态调度也成为可能，同步模式运输因此具有较好的实践基础。然而，实物互联网理论更为激进的研究思路则在实践中存在较多的困难。

正是因为差异的存在，同步模式运输与实物互联网的交叉融合可以实现优势互补，能给各自的发展注入活力，拓宽研究思路。对于多式联运物流网络而言，同步模式运输与实物互联网的融合能够为网络化、动态化、协同化运作模式与体系结构的建立提供思路。同步模式运输描绘了一种集成化的多式联运物流网络未来形态，阐述了网络化运作、无模式订舱、动态切换运输方式等特征，但在同步模式运输的相关研究中并没有对运作模式与体系结构的探讨。实物互联网考虑基于协作协议、通用接口、标准化运载单元结构建立一种全球开放、互联的物流网络运作模式与体系结构，但是其现实基础比较薄弱，在实践过程中存在诸多困难。本书将实物互联网的思想融入同步模式运输理念，为运作模式与体系结构的建立提供理论基础。

3.2.2 多式联运物流网络结构分析

在为多式联运物流网络构建运作模式与体系结构之前，需要先分析系统结构。本节首先提出了多式联运物流网络模型以描述了构成系统的基本元素，即港站节点与通道，网络模型从系统架构的角度将网络划分为实体物流网络、数字物流网络、信息交互网络三个层次。在此基础上，本书基于数字孪生技术分析了多式联运物流网络的五大构成组件。

3.2.2.1 多式联运物流网络模型

在传统的多式联运系统中，运输管理优化以固定线路为对象，各参与角色信息闭塞，协同作业较为困难。在ICT和ITS迅速发展的背景下，实时的信息交互手段促进了多式联运系统的网络化发展，也带来更大的优化空间。在多式联运物流网络的结构分析中，首先将多式联运物流网络抽象为如图3.7所示的网络模型，网络模型从系统架构的角度将网络划分为实体物流网络、数字物流网络和信息交互网络三个层次。网络模型中的多式联运枢纽由各运输方式的港站节点、堆放运载单元的堆场节点以及信息中心组成。在实体物流网络中，枢纽与枢纽之间通过运输通道连接，枢纽内部的节点间通过转运通道连接。信息中心节点之间的连接构成了信息交互网络，保证了多式联运物流网络的信息交互，也是实现节

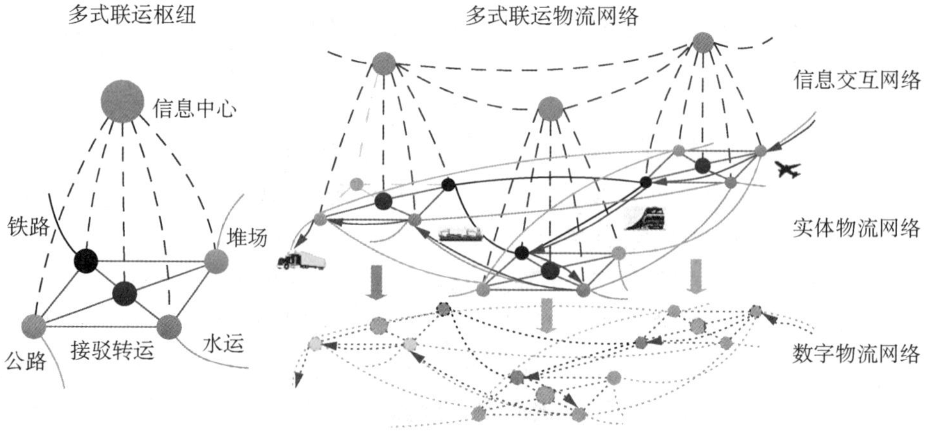

图3.7 多式联运物流枢纽与网络

点与通道数字化映射的基础。数字物流网络是实体物流网络的数字化映射,并通过优化决策手段管理实体物流网络的运行。

多式联运物流网络中的实际作业过程都是在实体物流网络中实现的,包括运载单元、港站设备、载运工具等所有物理实体的作业内容,可以说实体物流网络就是实现多式联运物流功能的物理网络。信息交互网络则是基于互联网的多式联运通信网络,是协同运行的数据交互基础。它承载着实体物流网络与数字物流网络之间的数据交互,包括底层数据的上传与上层决策的下达,以及网络中各角色间的互联互通。数字物流网络是实体物流网络的完全映射,也可以称为实体物流网络的数字孪生体(Digital Twin)。实体物流网络是多式联运物流网络的物理基础,信息交互网络为数字物流网络和实体物流网络提供信息交互支撑,数字物流网络为实体物流网络的运行提供了管理与决策支持,三张网络交织形成完整的多式联运物流网络。

3.2.2.2　多式联运物流网络的构成组件

多式联运物流网络模型中的数字物流网络也可以称为实体物流网络的数字孪生体。数字孪生作为实现虚实之间双向映射、动态交互、实时连接的关键途径,在众多领域都有重要的应用价值。多式联运物流网络的运行需要采集、存储、分析海量的数据,其运行过程由大量的优化决策驱动,其管理与决策需要物理与信息的深度融合,因此为多式联运物流网络构建数字孪生系统具有重要的意义。

本书利用数字孪生中的核心元素描述多式联运物流网络的系统构成。数字孪生体包含五个维度的核心要素:物理实体(PE)、虚拟实体(VE)、孪生数据(DD)、连接(CN)、服务(Ss)。多式联运物流网络与数字孪生各要素的关系如图 3.8 所示。

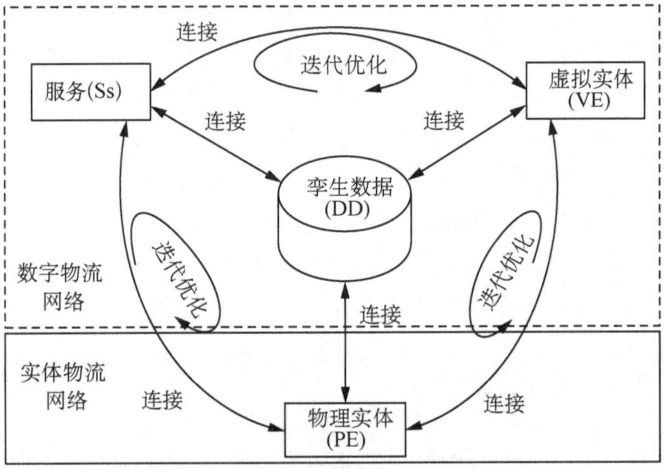

图 3.8　多式联运物流网络各组件关系

多式联运物流网络模型中的实体物流网络为数字孪生中的物理实体组件。数字物流网络则包含了数字孪生的服务、孪生数据、虚拟实体三个组件。孪生数据涵盖了系统中的所有数据,包括运行数据、特征数据、服务数据、知识数据等。虚拟实体包括几何模型、物理模型、行为模型和规则模型,能够从多时间尺度、多空间尺度对实体物流网络进行描述与刻画。服务组件对应用过程中所需各类数据、模型、算法、仿真、结果进行服务化封装,包括支撑数字孪生内部功能的功能性服务与满足不同业务需求的业务性服务。此外，多式联运物流网络中的连接组件是信息交互网络实现的。

在数字孪生系统中，服务、虚拟实体、孪生数据三者的联合迭代优化是服务组件调用虚拟实体和孪生数据实现功能性或业务性服务的过程，服务、孪生数据、物理实体三者的联合迭代优化则是服务结果的实施与服务的优化调整的过程，虚拟实体、孪生数据、物理实体三者的联合迭代优化则使虚拟实体能更准确的描述物理实体。

物理实体、虚拟实体、孪生数据、连接和服务五个组件涵盖了多式联运物流网络的所有组成部分，并清晰地描述了系统架构。而本书随后建立的多式联运物流网络协同运行协议将从业务逻辑的角度对所有的组件(除了连接组件)进行层次划分，从而完成运作模式与体系结构的构建。

3.2.3　多式联运物流网络协同运行协议建立

本书融合同步模式运输与实物互联网的理念，将计算机网络中分层与封装的思想应用于多式联运物流网络，建立多式联运物流网络协同运行协议，为具有网络化运作、动态切换运输方式、同步模式运输、集装箱共享运作特点的多式联运系统，提供网络化、动态化、协同化的运作模式与体系结构。分层的思想使得大型复杂的多式联运系统具有更清晰的结构，系统各个层次具有特定的功能，而封装的思想则强调了各层次的独立性，各层次仅需要专注于层次内的作业而无需过多地关注其他层次的作业情况。

3.2.3.1　协同运行协议基本理念

协同运行协议是为多式联运物流网络建立的规则集合，为系统内大量角色与众多业务的协同运行构建了新的运作模式，建立了新的体系结构。协同运行协议主要包含以下内容：从业务逻辑的角度对物理实体、虚拟实体、孪生数据、服务组件进行了层次划分，规定了各层次的基本组成与业务内容；规定了货物流动的基本规则，描述了货物从运输需求产生到完成运输的全流程；规定了层次之间物流与信息流的交互方式。

类似于计算机网络协议，多式联运物流网络协同运行协议将多式联运运行过程划分为五层，自上而下分别是用户层、封装层、网络层、转运层与运输层，如图 3.9 所示。用户层获取运输需求并处理商务层面的事宜，托运人能够与用户层以无模式订舱的形式签订多式联运合约；封装层实现集装箱共享平台以管理系统中的集装箱并完成货物的封装；网络层为

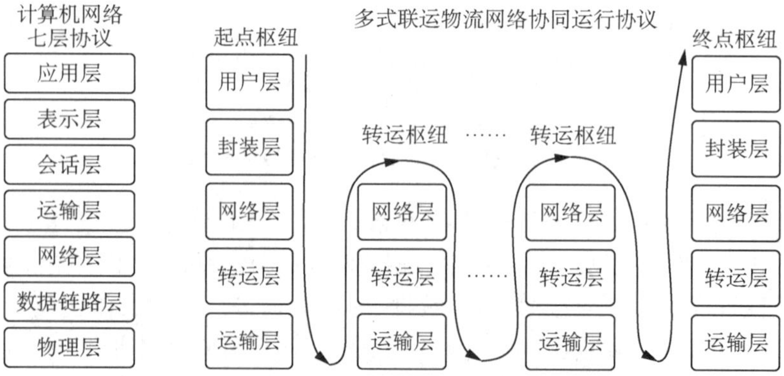

图 3.9　计算机网络协议与多式联运物流网络协同运行协议

待运集装箱规划运输路径；转运层实现集装箱在枢纽内的装卸与转运；运输层则实现集装箱在通道内的运输。

协同运行协议涵盖了多式联运物流网络物理意义上的所有内容及其数字化映射。基于协同运行协议的多式联运体系结构如图 3.10 所示，图 3.10 也展示了协同运行协议系统中物理实体、服务、孪生数据、虚拟实体组件的层次划分。

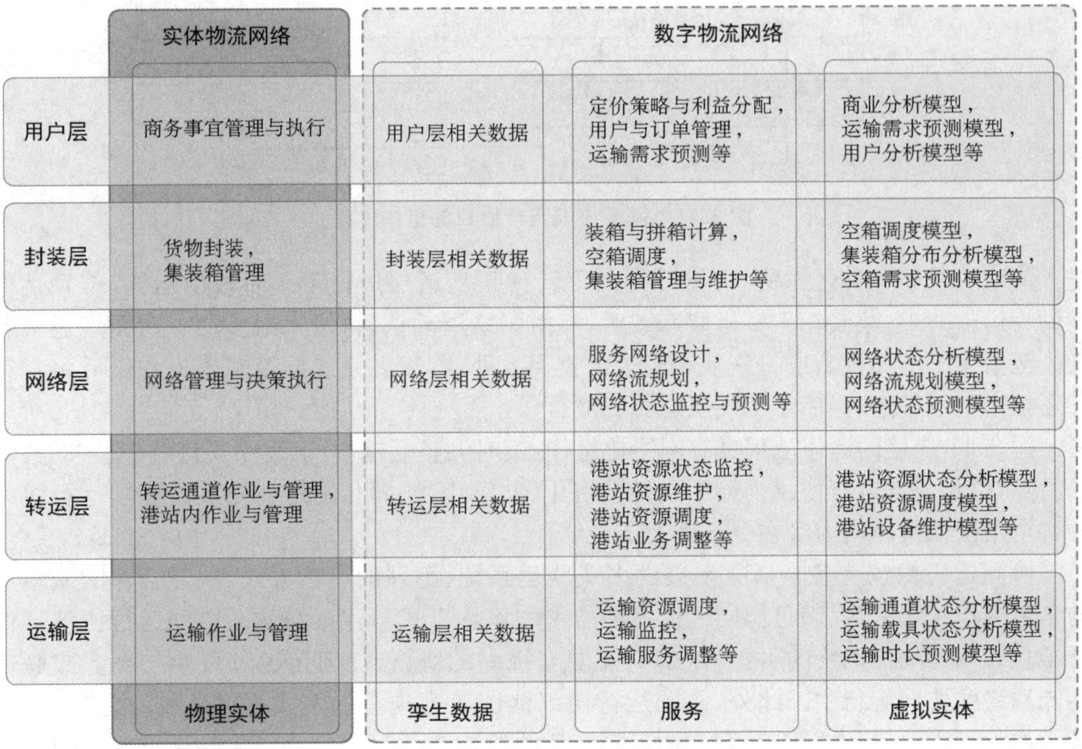

图 3.10 基于协同运行协议的体系结构

在计算机网络协议中，信息通过数据包发送，各层次将本层信息添加到数据包的头部和尾部后将其传递给下一个层次，然后通过物理链路将数据包发出，下一个节点收到数据包后一层一层地拆包，这一过程保证了各个层次运行的相对独立性。协同运行协议将集装箱看作数据包，而各个层次相对独立地运行。在遵守协同运行协议的多式联运物流网络中，不同层次间物理实体层面上的交互仅在相邻层次间展开，而在信息层面上的交互则可以在获取相关权限的前提下跨层次进行。

图 3.11 描述了基于协同运行协议的常规的多式联运运作流程：托运人首先在用户层向多式联运经营人提出运输需求，并以无模式订舱的形式完成多式联运合约的签订。用户层将用箱与取货的需求传递给封装层，封装层的集装箱共享平台根据托运人需求分配空箱并完成装箱。随后封装层将集装箱送至起始港站，集装箱进入网络层。网络层根据全局网络信息，为每个集装箱规划运输方式、运输路线与运输时间节点，完成运输规划的集装箱随后进入转运层。在转运层，集装箱被转运至第一阶段运输所对应的港站，并被装载于载运工具，然后交由运输层完成运输。当集装箱完成这一阶段的运输后，其在协议中所处的位置从运输层向上转移至转运层。若到达的港站为中转站点，集装箱于转运层完成接驳转运并

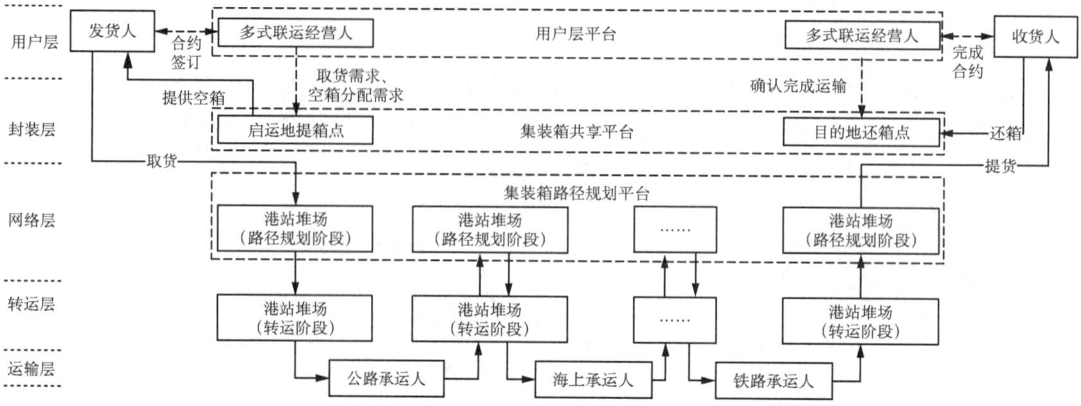

图 3.11　基于协同运行协议的运作流程

进入网络层重新评估运输路线，然后再向下转移至转运层进行下一阶段的运输；若到达的港站为运输终点，集装箱于转运层卸载后，经由网络层确认后，进入封装层。封装层通知收货人至指定的港站提货或将集装箱运送至收货人处，收货人完成拆箱并腾出空箱后将空箱归还至指定还箱点，最后于用户层结算完成订单。

图 3.11 描述的运作流程具有网络化运作、实时调整运输方式、无模式订舱、集装箱共享的特点，可见协同运行协议描绘了一种网络化、动态化、协同化的运作模式。协同运行协议中各个层次的具体内容将在 3.2.3.2 节说明。

协同运行协议为各自孤立发展的多式联运系统、不同的运输方式、缺乏合作的众多参与角色提供了统一的、满足协同运行发展需求的运作模式与体系结构。协同运行协议还保证了多式联运物流网络的可扩展性，只要遵守统一的协议，任何角色都可参与到多式联运物流网络的协同运行中。此外，协同运行协议能够兼容现有的多式联运系统，多式联运经营人或承运人可以先在现有系统中分配少量的舱位作为试点，然后逐步转变为新的运作模式。

3.2.3.2　协同运行协议各层次内容

多式联运物流网络协同运行协议实现了系统的分层与封装，图 3.11 概括了各个层次所包含的内容，表 3.3 汇总了各个层次的参与角色，而本节将展开说明各个层次内容。

表 3.3　　协同运行协议各层次参与者

层次	参与角色
用户层	多式联运经营人、托运人、承运人、港站经营人、中间商等
封装层	承运人、租箱公司、多式联运经营人等其他拥有集装箱的角色
网络层	多式联运经营人
转运层	港站经营人
运输层	承运人

1. *用户层*

用户层获取运输需求并处理商务层面的事宜，该层次几乎涉及所有的多式联运参与角色，这里的“用户”涵盖了多式联运的所有参与角色。用户层实现多式联运物流网络与托运人之间的交互，获取运输需求，包括起点终点、货物特点、价格预算、时间要求等，并处理运输订单的商务层面的问题，包括定价、保险、责任划分、合同签订等。此外，用户层还需完成网络中承运人、港站经营者、多式联运经营人、中间商等服务提供者的收益分配、责任划分等事宜。

在订单的初始阶段，用户层完成运输需求获取和合同签订后，将订单信息传递给封装层；而在订单的最后阶段，在封装层完成取货、拆箱、还箱后，用户层完成订单结算、收入分配等收尾工作。

托运人能够在用户层通过无模式订舱的形式签订运输合同，即托运人只给出运输需求而无需确定运输方式和运输路线，货物的运输方式与路线由协同运行协议的网络层在保障运输需求的前提下根据全局网络信息优化决策选定。

用户层根据网络历史运行数据与实时数据，结合用户的运输需求确定订单的运输费用，实现这一过程的定价策略是无模式订舱的重要基础。定价策略需要预测货物未来运输中可能经历的多式联运业务内容，并给出合理的报价。定价策略一方面要保证订单收入具有一定的利润比例，另一方面也要保证报价足够吸引托运人。

在用户层中，所有服务提供者的收入分配是无模式订舱的另一个重要基础。合理的收入分配机制需要保障提供多式联运服务的角色的收益，同时引导各角色的业务向降低成本、提高效率的方向发展。用户层的定价策略与收入分配是相辅相成的。

运输需求预测也是用户层的重要内容，通过对历史业务数据的分析建模构建运输需求预测模型，模型基于网络状态预测未来的运输需求，从而为各个层次的资源优化调度提供依据。

2. 封装层

封装层管理多式联运物流网络中的所有集装箱，并利用集装箱实现货物的封装，包括取货、装箱、拆箱、提货等。封装层确保进入网络层的货物都封装于标准化集装箱中，因此封装层以下层次的所有作业都针对集装箱展开，而无需关注集装箱内部的情况。总的来说，封装层的主要优化目标就是最大程度地利用集装箱。

在用户层获取托运人运输需求后，封装层根据需求将货物封装于集装箱中，然后封装层将集装箱运送至起始港站并将其传递给网络层。集装箱到达终点港站后从网络层进入封装层，收货人在封装层完成提货、拆箱并归还空箱，并于用户层结束订单。

实现集装箱共享平台是封装层的构建基础。现有多式联运系统中的集装箱大多属于租箱公司或承运人企业，协同运行协议要求这些角色共享集装箱，并由封装层统一管理，实现空箱调度、集装箱监测与维护等功能。共享平台监控网络中各集装箱的地理位置与箱体状态，并根据用户需求与网络状态动态调度空箱。封装层对集装箱机械结构、设备状态的监控与维护则保障了集装箱的可靠性。根据集装箱的归属通常可将托运人分为两种类型，一种是自备箱托运人，另一种是租箱托运人。自备箱托运人的集装箱不参与共享平台，且不会在封装层装箱与拆箱，但封装层仍会对其状态进行监控。租箱托运人的空箱由共享平台分配获得，在完成运输后交还给共享平台，并由封装层全程监控、维护与调度。

在封装层的空箱调度中，集装箱共享平台一方面要为租箱托运人分配空箱，另一方面要根据物流网络状态以及用箱需求预测适当地转移集装箱。空箱调度在满足租箱托运人空箱需求的前提下，减少多式联运物流网络中的空箱运输占比，从而降低网络运行成本。当封装层将空箱通过多式联运物流网络调度至其他港站时，空箱在网络层、转运层、运输层的流转过程与重箱基本无区别(仍需要考虑不同集装箱属性带来的作业差异)。此外，封装层对于空集装箱的仓储管理也是空箱调度中的重要一环。

为租箱托运人分配空箱后，封装层还需通过装箱与拼箱计算实现货物的封装。拼箱计算是在单个托运人的货物不足以装满整个集装箱时，封装层需要匹配其他托运人的货物至拼箱点共享集装箱；当托运人的货物足以装满一个或多个集装箱时，或者在完成拼箱后，装箱计算模型需要在摆放方式、承重能力、装载顺序等约束下计算合理的装箱方式。

3. *网络层*

网络层以网络视角监控多式联运系统，通过集装箱的路径规划与服务网络的调整提高集装箱流转效率，降低系统运行成本，提高客户满意度。

在封装层将集装箱运送至起始港站后，网络层根据网络状态和运输需求为集装箱规划运输路径，然后将集装箱交给转运层实现转运与装载。完成一段运输后，集装箱于转运层完成卸货，网络层则需要确认其运输状态。若该港站为集装箱运输的终点，网络层直接将其交给封装层；若该港站为其中转港站，网络层根据网络状态判断是否需要调整其运输路径，然后重新交给转运层转运至下一港站。

网络层基于转运层和运输层的数据，监控多式联运物流网络的实时状态。一方面实现集装箱网络运输的跟踪与追溯；另一方面预测网络状态的发展，通过提前干预提高多式联运物流网络的鲁棒性。提前干预的手段包括集装箱运输路径调整、网络服务调整等。

在协同运行协议中，托运人以无模式订舱的形式与多式联运经营人签订合同，而具体的运输方式与运输路线则是由网络层规划得到的。网络层根据全局网络状况以及集装箱的运输需求，为集装箱规划途经的港站与通道以及各段行程的时间节点。网络层是最能体现多式联运特点的层次，其对集装箱的路径规划需考虑各种运输方式的不同特点，充分发挥各运输方式的优势，在满足货物运输需求的前提下降低多式联运全局网络的运行成本。网络层会根据网络状态监控与预测动态调整集装箱的运输方式与路径，但仅限于集装箱处于网络层时。

网络层根据一段时间的多式联运物流网络运行情况分析与评估，为转运层和运输层的运输服务改进提出建议，例如港站装卸设备量调整、航运路线班次调整、公路运输的车队车辆数目调整等。通过对服务网络的不断调整，多式联运物流网络得以适应变化的运输需求。网络层的运行情况分析评估也为多式联运物流网络结构的调整提供了依据，例如新港站、新通道的构建。

4. *转运层*

多式联运物流网络枢纽通常包含了多个港站，分别对应了不同的运输方式，港站之间通过转运设备完成运输方式的切换。转运层实现多式联运枢纽内的作业与管理。通过对港站资源的监控与调度、港站资源维护、业务内容调整等手段优化港站作业，从而提高集装箱的装卸转运效率，实现不同运输方式间的无缝衔接。总的来说，转运层的工作在于充分利用枢纽内各港站的作业资源，尽可能提高港站作业效率并降低作业成本，并且从节点的提升辐射优化整个网络。

转运层从网络层获得已规划运输路径的集装箱后，将其转运至对应的港站，并将其装载至对应的载运工具上，然后由运输层负责集装箱在通道中的运输。当载具完成运输后，转运层负责将集装箱卸货至港站，并交给网络层确认集装箱的运输状态。

港站资源监控与调度是转运层的主要内容，涉及的资源包括港口泊位、列车装卸线、堆场空间资源、堆场装卸作业资源、水平运输作业资源等。其中港口泊位调度与列车装卸线调度为载运工具确定装卸作业的调度方案。堆场是港站集装箱堆存、中转的核心场所，通过堆存优化可以减少堆场作业的翻箱量，提高作业效率。堆场装卸作业资源是指集装箱港站堆场中用于集装箱装卸、搬运和堆码的专用机械，如正面吊、轨道吊、龙门吊等；水平运输资源是指运行于岸边和堆场之间、实现集装箱位置转移的运输机械，主要有自动导引车（Automated Guided Vehicle，AGV）、跨运车和集卡。尽管港站是多式联运系统中的一个子系统，但其涉及的资源种类多、作业量大，因此同样具有很高的复杂度。

港站的各类资源安装了适当的数据采集设备，转运层基于这些设备监控港站资源的实时状况。在转运层，港站的实时状态一方面用于港站资源的调度决策，另一方面为港站的维护提供支撑。针对港站资源的调度是生成作业计划的过程，转运层通过资源的优化调度，实现港站货物的高效接驳转运，运输方式的无缝切换，提高港站作业能力并降低港站的运营成本。此外，港站中各资源的调度通常是互相关联的，因此这些资源的调度决策过程也通常是协同进行的，例如港口泊位与岸桥分配通常是集成决策的。另外，转运层根据监测数据对港站资源进行管理维护，对一些设备的寿命进行预测并做出应对，保证港站作业的安全、可靠、高效。

此外，转运层对港站的一段时间的运行情况进行分析与评估，并结合网络层的相关信息，对港站业务、港站布局进行调整，以适应多式联运物流网络的变化趋势。

5. 运输层

运输层实现多式联运通道内的运输与管理。在运输层的物理实体层面，装有集装箱的载运工具在通道中完成运输。在数字物流网络层面，运输层实现通道与载具的实时状态监控，并根据实时状态与历史信息预测通道的变化情况。基于这些信息，运输层通过运输资源调度、运输路线重规划、运输服务调整等方法优化运输过程，实现高效、安全、绿色的网络通道运输。

运输层对通道的状态监测是为了准确地预估运输时间并优化运输过程。运输层对于通道的状态监控包括了公路的拥堵情况、航线的天气状况、铁路检修情况等。针对载具的监控与维护保证了载具运行的可靠与安全性。运输层基于通道与载具的监控预测载具的运输时长，一方面用于运输层的管理；另一方面为其他层次的管理提供支撑。此外，运输过程的货物安全监控也是运输层的服务内容，例如，在冷链运输中，运输层监测冷柜的实时状态以保障货物的品质。

运输层根据运输通道的监测以及网络层的反馈信息调整运输服务，例如，公路通道的车队调整服务频次，铁路通道、水运通道调整运输班次。在公路运输和水路运输中，运输层根据通道与载具的状态调整运输路线以优化运输过程。区别于网络层，运输层的路线规划是面向通道内的，并且具有更强的实时性。

3.2.3.3 协同运行协议层次交互

在多式联运物流网络协同运行协议中，层次之间的交互是多式联运系统运行的基础所在，其交互过程涉及物理实体和信息两个层面，可以分别称之为物流和信息流。

其中物流是指层次协议中物理实体的流动，主要是指货物与集装箱。在多式联运物流网络协同运行协议中，同一枢纽内物理实体只能在相邻层次间流动，而不同枢纽之间的物流只能经由运输层实现，如图 3.12 所示的黑色实线即代表多式联运物流网络中货物运输过程中物流的走向。

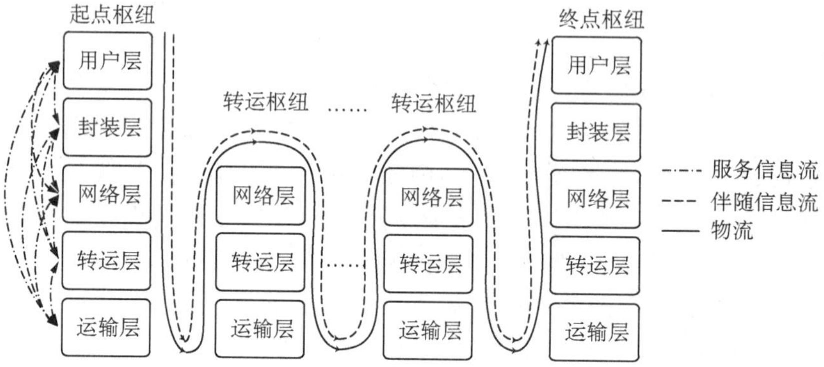

图 3.12　层次间的信息流与物流

在协同运行协议中，信息流包含两个部分：伴随信息流与服务信息流。伴随信息流是伴随物流而产生的信息流，这一部分信息伴随物流而逐一层次流动，但是流动方向是双向的，即既存在与物流流动方向相同的信息传递，也存在相反方向的信息回传。服务信息流主要为各层次服务组件所用，既包括各服务组件间交互的信息，也包含孪生数据组件中的全局网络信息。服务信息流能在获取相关权限的前提下跨层次或跨枢纽流动。若在多式联运数字系统中构建一个新的服务组件，则需要获取相关孪生数据和服务调用的权限，打通业务所需的服务信息流链路。

多式联运物流网络协同运行协议中各模块通过信息流与物流建立耦合关系，在此基础上开展合作。在物流领域中，供应链中同一层次的不同企业之间的协作通常被称为横向协作，而供应链中不同阶段的企业之间的协作通常被称为纵向协作。本书借鉴了这种协作描述形式，将多式联运物流网络中不同模块之间的协同决策分为两种类型：横向协同决策与纵向协同决策。其中，横向协同决策为同一类型的多个决策主体针对同一业务的协同决策，而纵向协同决策为层次化的、针对不同业务的决策主体之间的协同决策。

3.3　多式联运集装箱网络流规划

集装箱路径规划是多式联运物流网络协同运行协议网络层的核心决策问题，其决策方法具备以下特点。

（1）集装箱路径规划是在无模式订舱的前提下实现的。无模式订舱是协同运行协议的重要运作特点，集装箱路径规划方法需要考虑到各种运输方式的特点，实现不同运输方式之间的优势互补。所构建的决策方法为集装箱选择运输方式、运输路径以及运输时间节点，在满足运输需求的基础上降低全局网络运行成本。

(2) 充分利用系统的实时状态信息与其他模块传递的辅助决策信息。多式联运物流网络各个层次采集了大量实时信息，系统中的众多模块能够提供大量的辅助决策信息，集装箱路径规划方法需充分利用这些信息以做出更优的决策。

(3) 能够应对网络中的动态事件。多式联运物流网络中不可避免地存在各种动态事件，所构建的方法需具备动态调整能力，能根据网络实时信息动态调整运输方式或路线。

(4) 能够应对大规模的集装箱路径规划问题。多式联运物流网络通常包含大量的节点、通道与托运人，所构建的方法需要在合理的时间范围内求解大规模的路径规划问题。

现有的集装箱路径规划方法难以满足上述需求，因此，本节为协同运行协议网络层构建新的路径规划方法。本节在分析了决策方法需求后选定网络流规划的基本建模思路以及模型预测控制(Model Predictive Control, MPC)的方法结构，然后建立了基于MPC的网络流规划模型，最终完成了集装箱网络流规划方法的构建。

3.3.1 集装箱路径规划

集装箱路径规划问题为集装箱选定经过的通道和港站并确定行程的时间节点，是多式联运物流网络中的重要问题，也是多式联运系统中最常见的研究问题。其决策结果将直接影响网络的运行成本、运行效率、网络状态，因此针对集装箱路径规划的研究具有重要意义。

在多式联运物流网络协同运行协议中，网络层的集装箱路径规划针对所有位于网络层的集装箱展开，其规划过程涉及整个网络(或子网)，决策问题规模大且较为宏观，因此相对于服务网络设计而言，网络流规划是更好的选择。

3.3.1.1 层次关系分析

集装箱网络流规划模块在协同运行协议中的物流层次关系如图3.13所示。集装箱网络流规划模块的输入为从封装层和转运层进入网络层的待规划集装箱，输出为确定运输路线的集装箱。其中进入网络层的待运集装箱包括三种类型，自备箱托运人的集装箱、租箱托运人的集装箱和空箱调度转移的空箱，而网络层则对这三种类型的集装箱一视同仁。由网络流规划模块完成规划的集装箱则由转运层转运至对应港站等待装货。

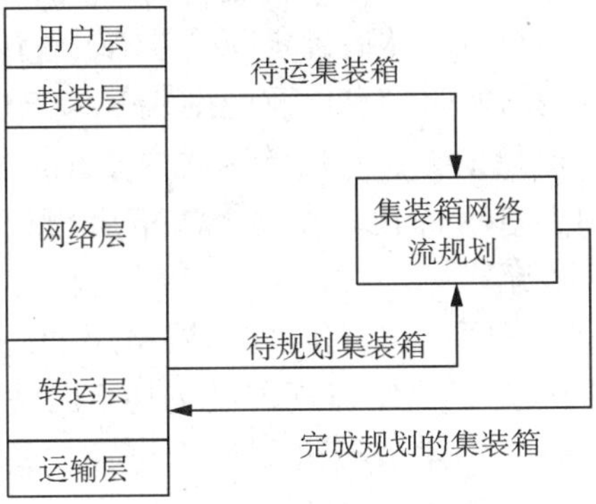

图3.13 集装箱网络流规划模块的物流层次关系图

集装箱网络流规划模块的信息流如图 3.14 所示。模块的输入包括封装层传递的待运集装箱信息、转运层传递的待规划集装箱信息、来自各层次的实时状态与辅助决策信息，前二者为伴随信息流，而第三者为服务信息流。该模块完成决策后以伴随信息流的形式将集装箱网络流规划决策信息传递给转运层，也通过服务信息流的方式为获得权限的其他模块提供辅助决策信息。

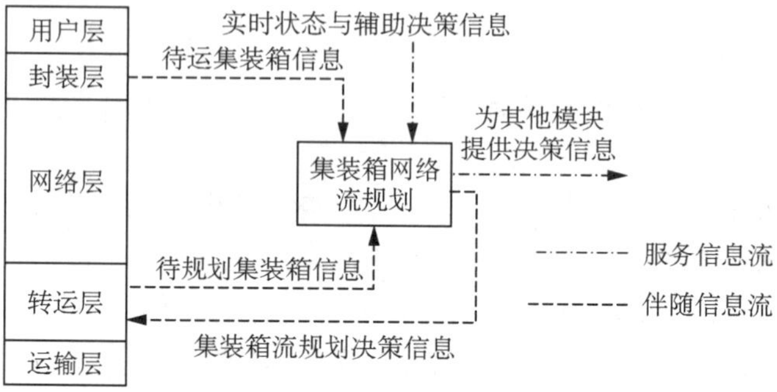

图 3.14　集装箱网络流规划模块的信息流层次关系图

3.3.1.2　网络流规划方法构建

集装箱网络流规划模块需要充分考虑多式联运物流网络中各种运输方式的不同特点，充分发挥各运输方式的优势，应对网络中的动态事件，在满足集装箱运输需求的前提下降低全局网络的运行成本。因此网络流规划模块需要充分利用网络的状态信息以及其他模块传递的辅助决策信息，并根据网络中的变化动态调整决策。

MPC 是过程控制系统中的一种常用方法结构，通过在决策时刻求解有限时域的最优化控制问题而实现控制。基于 MPC 的方法在决策时刻对被控对象进行状态采样，并针对未来的一段决策区间内被控对象的行为进行最优化决策。决策区间被划分为多个时间步长，只有第一个步长内的决策被执行，其余决策将被舍弃，并在下一个决策时刻重复上述操作。正是因为这一特性，基于 MPC 的方法能够应对系统的动态事件并保证决策的时效性。此外，这一特性使得决策方法在难以获取精确模型的情况下也能取得较好的决策效果。因此，本书选择 MPC 的方法结构以构建多式联运集装箱网络流规划方法。

在选定了网络流规划的基本建模思路和 MPC 的决策方法结构后，集装箱网络流规划模块的基本结构如图 3.15 所示。在集装箱网络流规划模块中，基于 MPC 的网络流规划模型将决策区间划分为离散的时间步长，然后确定每个步长内的网络流规划决策。在决策过程中，网络流规划模块决策所需的实时信息以及辅助决策信息通过协同运行协议从其他模块中获取。基于 MPC 的网络流规划方法对决策区间内系统的状态演化进行预测并计算相应的目标函数，然后在此基础上进行优化。在完成决策后，只有第一个步长的决策内容会被执行，其他步长的决策会被舍弃。

在协同运行协议的框架中，网络流规划问题为网络层的决策内容，其他层次的模块则协同参与。如图 3.15 所示，网络层的网络流规划模块基于网络的实时状态以及其他模块提供的辅助决策信息，为位于网络层的集装箱规划运输路径。具体来说，网络流规划模型利用了六类信息进行决策，这些信息是可以直接从协同运行协议中各层次的服务或孪生数据组件获取的。

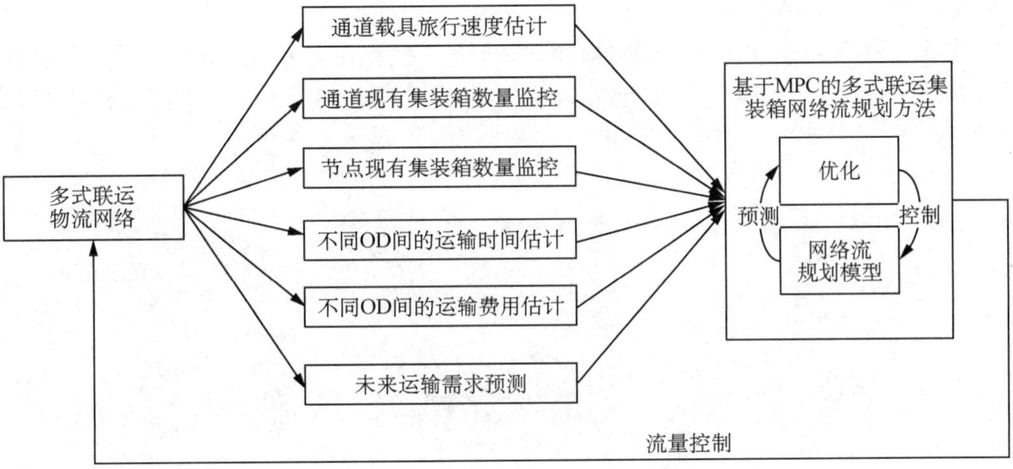

图 3.15 集装箱网络流规划模块结构

通道载具旅行速度估计用于计算通道内载具的运输时间，其计算过程通过运输层中的历史数据与实时数据混合驱动实现，旅行速度估计模块可能包含交通速度模型与交通预测模型。通道与港站中集装箱数量的监控数据分别来自运输层和转运层的实时监控模块。此外，不同 OD 之间的运输时间估计和费用估计是基于网络层的历史运输数据获得的，这些信息帮助网络流规划模块计算决策区间内未完成运输的集装箱的预计剩余运输成本。

多式联运物流网络的实时状态信息是网络流规划的基础数据，而其他模块提供的辅助决策信息使得决策模型更贴合实际从而获得更好的决策结果。这些信息都是实时更新的，并在决策时刻传递给网络流规划模块。

网络流规划模块以上述信息作为输入实现集装箱的路径规划。假定 t 为决策时刻的时间，那么决策区间为从 t 时刻开始的一段时间。本研究设定 T_s 为基于 MPC 的网络流规划方法的时间步长，N 为决策区间的步长数，那么决策区间为 $[t, t+N\times T_s]$，所构建方法的决策过程仅涉及决策区间内的系统行为。多式联运物流网络的运行过程通过基于 MPC 的网络流规划模型描述，模型评估特定网络流分配决策的全局成本，而优化过程不断地调整决策。随着评估与调整的不断迭代，网络流规划方法最终确定最优的网络流分配决策。然而，只有第一个步长内的决策会被应用于 $[t, t+T_s]$ 的时间区间内，其余步长的决策将被舍弃。本书构建的网络流规划模型为整数线性规划模型，3.3.2 节将对该模型进行详细的介绍。

在完成 $[t, t+T_s]$ 区间内的决策执行后，网络流规划模块重新开始对新的决策区间进行新一轮的状态采集、数据获取和决策求解。这种滚动时域的集装箱流量控制方法既保证了决策的时效性，又能够应对网络中的动态事件。

3.3.2 网络流规划模型建立

在集装箱网络流规划模块中，基于 MPC 的网络流规划模型通过搜索最优的集装箱流量分配方案以最小化决策区间内的全局运行成本。本节将详细说明所建立的网络流规划模型。

3.3.2.1 网络描述和假设

多式联运物流网络相较于普通物流网络的特点在于其运输方式的多样性，包括铁路、公路和水路三种运输方式，三种运输方式不同的组织模式和运输特点给网络建模带来了困难。

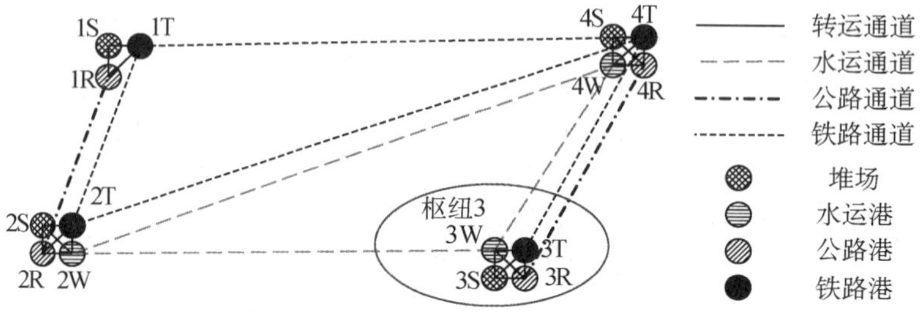

图 3.16 多式联运物流网络图

为了研究的便利，将多式联运物流网络抽象为有向图。如图 3.16 所示，多式联运物流网络中的港站被表示为节点，通道则被表示为边。

网络可以用 $G(V, E)$ 描述，网络中节点包含在节点集合中：$V=V_{\text{road}} \cup V_{\text{rail}} \cup V_{\text{water}} \cup V_{\text{store}}$，网络中所有的通道可以包括在通道集中：$E=E_{\text{road}} \cup E_{\text{rail}} \cup E_{\text{water}} \cup E_{\text{tran}}$。表 3.4 汇总了网络流规划模型中的所有集合。

多式联运枢纽表示为多个港站节点的组合，图 3.16 中枢纽 3 由 3W 水运港、3T 铁路港、3R 公路港、3S 堆场以及连接枢纽内各节点的转运通道构成。转运通道连接了同一枢纽中的不同港站节点，运输通道连接了不同枢纽的相同类型的节点并提供了相应的运输服务。

表 3.4 网络流规划模型的集合汇总

表达式	含义	表达式	含义
V	港站节点集合	E	通道集合
V_{road}	公路港节点集合	E_{road}	公路运输通道集合
V_{rail}	铁路港节点集合	E_{rail}	铁路运输通道集合
V_{water}	水运港节点集合	E_{water}	水路运输通道集合
V_{store}	堆场节点集合	E_{tran}	转运通道集合
N_i^{out}，$\forall i \in V$	起点为节点 i 的通道集合	C_{od}	托运人集合
N_i^{in}，$\forall i \in V$	终点为节点 i 的通道集合		

在多式联运物流网络图中，如果载具可以在两个相连的通道中运行，且无须在共有港站停靠，则网络图应在这两个通道的非相邻港站之间添加一个新通道。例如，如果货船可以通过 2W-3W 通道和 3W-4W 通道从 2W 水运港航行至 4W 水运港，而无须在 3W 港靠泊，那么应该在网络图中添加一条新航道 2W-4W。

在具体讨论基于 MPC 方法的网络流规划模型之前，需要说明研究的假设如下。

(1) 本书所讨论的多式联运系统的运行过程遵循协同运行协议，网络流规划模块具有相关决策信息的获取权限。

（2）本书只考虑标准集装箱。

（3）网络流规划模块不考虑集装箱的装箱与拆箱，这些工作在封装层完成。

（4）集装箱在运输开始时到达出发港站，在运输结束时离开目的港站，本书忽略到达出发港站和离开目的港站的成本。

（5）本书未指明方向的通道为双向通道。

（6）本书假定在公路与转运通道中载具只能装载一个集装箱，完成装载后立即出发，铁路与水运载具则按时刻表出发。

3.3.2.2 变量与参数定义

如图 3.17 所示为网络流规划模型的决策区间示意图，决策区间由 N 个长度为 T_s 的步长组成。其中决策区间的第一个步长是步长 0，步长 k 的时间区间为 $[Time_0 + kT_s, Time_0 + (k+1)T_s]$。

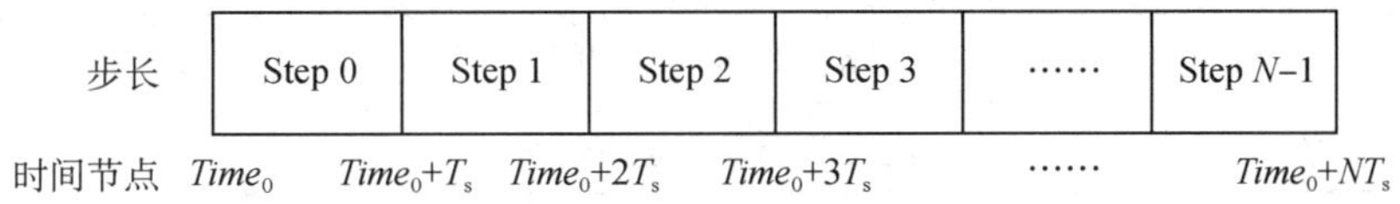

图 3.17 决策区间

在决策之前，网络流规划模块从各层次的多个模块获取辅助决策信息作为决策输入与初始化参数。首先，基于 MPC 的网络流规划方法中的一些参数需要人为设定以控制模型的执行，如表 3.5 所示。

表 3.5 人工设定的初始化参数

表达式	含　义
T_s	步长
N	决策区间的步长数
α	时间成本与经济成本的转换系数

来自运输层的决策输入与初始化参数如表 3.6 所示。运输层传递的是关于通道的信息，包括了各通道的实时状态，通道未来状态的预测以及通道中的载具信息等。

表 3.6 来自运输层的决策输入与初始化参数

表达式	含　义
$y_{j,c}(0),\ \forall c \in C_{od},\ \forall j \in E$	0 时刻托运人 c 在通道 j 中的集装箱数量
$s_{j,c}(k),\ \forall c \in C_{od},\ \forall j \in E,\ \forall k$	在决策区间 0 时刻位于通道 j 中，预计在步长 k 完成该通道内运输的托运人 c 的集装箱数量
$td_j,\ \forall j \in E_{rail} \cup E_{water}$	运输通道 j 的列车或货船的出发时间列表，$td_j[n]$，$n \in \mathbb{N}$ 为从 0 时刻起第 $n+1$ 次列车（货船）的出发时间
$ct_j[k],\ \forall j \in E,\ \forall k$	通道 j 的于步长 k 出发的载具预期运输时间

（续表）

表达式	含　义
tc_j，$\forall j \in E_{\text{rail}} \cup E_{\text{water}}$	铁路或水路通道 j 的载具容量限制
cp_j，$\forall j \in E_{\text{road}} \cup E_{\text{tran}}$	公路或转运通道 j 的载具容量限制
$ws_{j,c}$，$\forall j \in E_{\text{rail}} \cup E_{\text{water}}$	通道 j 在决策区间 0 时刻正在装货的载具中的集装箱数量

来自转运层的决策输入与初始化参数如表 3.7 所示，转运层负责网络中各港站的管理，其传递的信息主要涉及各港站的实时状态与港站的作业信息等。

表 3.7　　来自转运层的决策输入与初始化参数

表达式	含　义
$x_{i,c}(0)$，$\forall c \in C_{\text{od}}$，$\forall i \in V$	0 时刻托运人 c 在港站 i 的集装箱数量
S_i，$\forall i \in V$	港站 i 的集装箱存储量限制
h_i^{in}，$\forall i \in V$	港站 i 的卸货速率限制
h_i^{out}，$\forall i \in V$	港站 i 的装货速率限制

来自网络层的决策输入与初始化参数如表 3.8 所示，网络层负责多式联运系统网络层面的管理，其对于网络流规划模块的决策输入主要包括基于历史数据的运输成本估计信息。

表 3.8　　来自网络层的决策输入与初始化参数

表达式	含　义
$time\_term_{i,c}$，$\forall c \in C_{\text{od}}$，$\forall i \in V$	托运人 c 的货物从节点 i 出发运输到终点的预计运输时间
$time\_chan_{j,c}$，$\forall c \in C_{\text{od}}$，$\forall j \in E$	托运人 c 的货物从通道 j 出发运输到终点的预计运输时间
$cost\_term_{i,c}$，$\forall c \in C_{\text{od}}$，$\forall i \in V$	托运人 c 的货物从节点 i 出发运输到终点的预计运输费用
$cost\_chan_{j,c}$，$\forall c \in C_{\text{od}}$，$\forall j \in E$	托运人 c 的货物从通道 j 出发运输到终点的预计运输费用
$Time_0$	决策 0 时刻的时间

来自封装层和用户层的决策输入与初始化参数如表 3.9 所示，这些输入信息是关于待运输集装箱的起点终点信息。根据待运集装箱的类型的不同，这些信息可能来自用户层或封装层。若待运货物使用的集装箱为托运人自备箱，则该货物可以跳过封装层的大部分作业流程直达网络层的网络流规划决策，因此该货物的决策输入信息直接来自用户层；若待运货物所用集装箱为托运人于封装层租用的，或者待运集装箱为待转运的空箱，那么决策输入信息是来自封装层。

网络流规划模型中的变量定义如表 3.10 所示，在网络流规划模型中的所有变量都为整数。

表 3.9 封装层和用户层的决策输入

表达式	含 义
$d_{i,c}^{\text{out}}$, $\forall c \in C_{\text{od}}$, $\forall i \in V$	布尔参数,说明节点 i 是否为托运人 c 的运输终点
$d_{i,c}^{\text{in}}(k)$, $\forall i \in V$, $\forall c \in C_{\text{od}}$, $k=0, \cdots, N-1$	步长 k 中,托运人 c 在节点 i,预计到达的运输需求

表 3.10 变量定义

表达式	含 义
$x_{i,c}(k)$, $\forall i \in V$, $\forall c \in C_{\text{od}}$, $k=0, \cdots, N$	在 $Time_0+k\times T_s$ 时刻,托运人 c 在节点 i 的集装箱数量
$y_{j,c}(k)$, $\forall j \in E$, $\forall c \in C_{\text{od}}$, $k=0, \cdots, N$	在 $Time_0+k\times T_s$ 时刻,托运人 c 在通道 j 的集装箱数量
$q_{j,c}(k)$, $\forall j \in E$, $\forall c \in C_{\text{od}}$, $k=0, \cdots, N-1$	在步长 k 中,托运人 c 从通道 j 流入节点的集装箱数量
$u_{j,c}(k)$, $\forall j \in E$, $\forall c \in C_{\text{od}}$, $k=0, \cdots, N-1$	在步长 k 中,托运人 c 流入通道 j 的集装箱数量
$q_{j,c}^{u}(k)$, $\forall j \in E$, $\forall c \in C_{\text{od}}$, $k=0, \cdots, N-1$	在步长 k 中,托运人 c 由于规划区间内的网络流控制造成的,在通道 j 中完成运输的集装箱数量
$ship\_store_j(n)$, $\forall j \in E_{\text{rail}} \cup E_{\text{water}}$, $n \in \mathbb{N}$	决策区间中通道 j 的第 $n+1$ 班次载具中的集装箱数量

3.3.2.3 多式联运网络流动态模型

本书建立的网络流规划模型如式(3.1)—式(3.20)所示,该模型描述了多式联运系统在决策变量的影响下于决策区间内的演化过程,并以此计算系统在决策区间内的运输成本。

1. 节点动态方程

多式联运物流网络内港站节点的集装箱量在相邻步长之间变化的动态方程如式(3.1)所示。

$$x_{i,c}(k+1)=d_{i,c}^{\text{out}}\left[x_{i,c}(k)+\sum_{j\in N_i^{\text{in}}} q_{j,c}(k)-\sum_{j\in N_i^{\text{out}}} u_{j,c}(k)+d_{i,c}^{\text{in}}(k)\right]$$
$$\forall c \in C_{\text{od}},\ \forall i \in V,\ \forall k=0, \cdots, N-1 \tag{3.1}$$

2. 通道动态方程

多式联运物流网络内通道的集装箱数量在相邻步长之间变化的动态方程如式(3.2)所示。

$$y_{j,c}(k+1)=y_{j,c}(k)+u_{j,c}(k)-q_{j,c}(k)$$
$$\forall j \in E,\ \forall c \in C_{\text{od}},\ \forall k=0, \cdots, N-1 \tag{3.2}$$

3. 通道完成运输的集装箱数量

以下表达式描述了通道集装箱输入与通道完成运输的集装箱量之间的耦合关系,根据通道类型分为两个部分进行描述。

(1) 公路通道和转运通道

这类通道中的载运工具为集装箱卡车或者 AGV，装载一个集装箱后就立刻出发，通道完成运输的集装箱量如式(3.3)所示。

$$q^{u}_{j,c}(k')=\begin{cases}\sum\limits_{k|k'=t(k)} u_{j,c}(k), & \forall j \in E_{\text{road}} \cup E_{\text{tran}},\ \forall c \in C_{\text{od}}, \\ 0, & \text{其他}\end{cases} \tag{3.3}$$

式中，$t(k)$ 为在步长 k 流入通道 j 的集装箱完成运输的时间步长，其中 int 为向下取整。

$$t(k)=int\left(\frac{k \times T_{s}+ct_{j}[k]}{T_{s}}\right),\ \forall k \tag{3.4}$$

(2) 铁路与水路通道

在铁路与水路运输通道中，载运工具基于时刻表运行。

由于载具的等待时间，决策区间的第一班次载运工具与其余班次的载运工具有所不同。如果是第一班载运工具，在决策区间之前装货至载具中的集装箱也需要计算在内，否则，只需要计算两个班次之间流入的集装箱量即可。通道在各步长完成运输的集装箱量可以基于各班次载具的预计完成运输时间获得。

$$q^{u}_{j,c}(k)=\begin{cases}\sum\limits_{i=0}^{td'_j[0]} u_{j,c}(i)+ws_{j,c}, & if\ k=ke_{j}[0], \\ \sum\limits_{i=td'_j[n]}^{td'_j[n+1]} u_{j,c}(i), & if\ k=ke_{j}[n],\ n \in \mathbb{N} \backslash \{0\}, \\ 0, & \text{其他}\end{cases}$$

$$\forall j \in E_{\text{rail}} \cup E_{\text{water}},\ \forall c \in C_{\text{od}} \tag{3.5}$$

式中，td'_j 为列车(货船)从节点 i 出发的时间步长列表，其中 $td'_j[n]$，$n \in \mathbb{N}$ 为第 $n+1$ 班载具的出发时间步长。

$$td'_j[n]=int\left(\frac{td_{j}[n]}{T_{s}}\right),\ n \in \mathbb{N} \tag{3.6}$$

式中，$ke_j[n]$ 为通道 j 中第 $n+1$ 班载具完成运输的时间步长。

$$ke_{j}[n]=int\left(\frac{td_{j}[n]-Time_{0}+ct_{j}[td'_j[n]]}{T_{s}}\right),\ n \in \mathbb{N} \tag{3.7}$$

4. 网络流规划中卸货排队过程

在节点卸货的排队过程中，通道流出集装箱数量不能多于完成运输的集装箱数量，该约束由式(3.8)描述。其中通道内完成运输的集装箱包含两个部分，由于流量控制而产生的并且完成运输的集装箱，以及原 0 时刻存在于通道中的并且完成运输的集装箱。

$$\sum_{i \leqslant k} q_{j,c}(i) \leqslant \sum_{i \leqslant k} q^{u}_{j,c}(i)+\sum_{i \leqslant k} s_{j,c}(i)$$

$$\forall j \in E,\ \forall c \in C_{\mathrm{od}},\ \forall k = 0,\ \cdots,\ N-1 \tag{3.8}$$

5. 铁路与水路载运工具内集装箱数量

铁路运输与水路运输的载具中的集装箱数量的计算如式(3.9)所示。

$$ship\_store_j(n) = \begin{cases} \sum\limits_{c \in C_{\mathrm{od}}} \left(\sum\limits_{k=0}^{td'_j[0]} u_{j,c}(k) + ws_{j,c} \right), & if\ n = 0, \\ \sum\limits_{c \in C_{\mathrm{od}}} \sum\limits_{k=td'_j[n]}^{td'_j[n+1]} u_{j,c}(k), & \text{其他}, \end{cases}$$

$$\forall j \in E_{\mathrm{rail}} \cup E_{\mathrm{water}},\ n \in \mathbb{N} \tag{3.9}$$

6. 模型约束

(1) 针对载具容量限制而构建的约束：

$$ship\_store_j(n) \leqslant tc_j$$

$$\forall j \in E_{\mathrm{rail}} \cup E_{\mathrm{water}},\ \forall n = 0,\ \cdots,\ N-1 \tag{3.10}$$

(2) 港站卸货具有流量限制：

$$\sum_{c \in C_{\mathrm{od}}} \sum_{j \in N_i^{\mathrm{in}}} q_{j,c}(k) \leqslant h_i^{\mathrm{in}} \times T_{\mathrm{s}}$$

$$\forall i \in V,\ \forall c \in C_{\mathrm{od}},\ \forall k = 0,\ \cdots,\ N-1 \tag{3.11}$$

(3) 港站装货具有流量限制：

$$\sum_{c \in C_{\mathrm{od}}} \sum_{j \in N_i^{\mathrm{out}}} u_{j,c}(k) \leqslant h_i^{\mathrm{out}} \times T_{\mathrm{s}}$$

$$\forall i \in V,\ \forall c \in C_{\mathrm{od}},\ \forall k = 0,\ \cdots,\ N-1 \tag{3.12}$$

(4) 节点的集装箱存储量限制：

$$\sum_{c \in C_{\mathrm{od}}} x_{i,c}(k) \leqslant S_i,\ \forall i \in V,\ \forall k = 0,\ \cdots,\ N \tag{3.13}$$

(5) 因为公路通道与转运通道的载具数量是有限的，转运与公路通道具有容量限制：

$$\sum_{c \in C_{\mathrm{od}}} y_{j,c}(k) \leqslant cp_j$$

$$\forall j \in E_{\mathrm{road}} \cup E_{\mathrm{tran}},\ \forall c \in C_{\mathrm{od}},\ \forall k = 0,\ \cdots,\ N \tag{3.14}$$

(6) 终点流量约束：

各托运人从目的地节点出发的集装箱流量都为0。

$$u_{j,c}(k) = 0,\ \forall c \in C_{\mathrm{od}},\ \forall j \in N_{c.d}^{\mathrm{out}},\ \forall k = 0,\ \cdots,\ N-1 \tag{3.15}$$

7. 目标函数

(1) 总的目标函数为：

$$J = \alpha(J_1 + J_2) + J_3 + J_4 \tag{3.16}$$

式中，α 为将时间成本转化为经济成本的系数。

(2) J_1 为决策区间内已经执行的运输的时间成本。

$$J_1 = \sum_{c \in C_{od}} w_c \left[\sum_{k=1}^{N-1} \left[\sum_{i \in V} x_{i,c}(k) \times T_s + \sum_{j \in E} y_{j,c}(k) \times T_s \right] \right] \tag{3.17}$$

(3) J_2 为决策区间内未完成运输的集装箱的预计剩余运输时间成本。

$$J_2 = \sum_{c \in C_{od}} w_c \left[\sum_{i \in V} x_{i,c}(N) \times time\_term_{i,c} + \sum_{j \in E} y_{j,c}(k) \times time\_chan_{j,c} \right] \tag{3.18}$$

(4) J_3 为决策区间内已经执行的运输的经济成本。

$$J_3 = \sum_{c \in C_{od}} w_c \left[\sum_{k=1}^{N-1} \left[\sum_{i \in V} x_{i,c}(k) \times T_s \times sc_i + \sum_{j \in E} q_{j,c}(k) \times T_s \times L_j \times dc_j \right] \right] \tag{3.19}$$

(5) J_4 为决策区间内未完成运输的集装箱的预计剩余运输经济成本。

$$J_4 = \sum_{c \in C_{od}} w_c \left[\sum_{i \in V} x_{i,c}(N) \times cost\_term_{i,c} + \sum_{j \in E} y_{j,c}(k) \times T_s \times cost\_chan_{j,c} \right] \tag{3.20}$$

3.3.3 仿真实验

本节基于离散事件仿真方法为多式联运物流网络构建仿真环境，并在此基础上建立仿真实验。仿真实验对比了所构建的基于 MPC 的网络流规划方法与网络流规划中常用的 All-or-Nothing(AON)方法的决策性能，并测试了所构建的方法解决大规模问题的可行性。

3.3.3.1 仿真方法

本实验运用 Python 环境下的 Simpy 模块实现离散事件仿真。Simpy 是一个离散事件仿真库，是通过多个进程(Process)对系统的多个部件进行仿真。所有进程在同一个环境(Environment)中运行，各进程通过事件(Event)与环境或其他进程交互，从而实现系统的仿真。Simpy 中的进程是一种 Python 的生成器(generators)，进程生成事件并通过 yield 方法等待事件触发。当进程 yield 一个事件时，这个进程被暂停。当事件被触发时，Simpy 恢复这个进程的执行。

仿真实验运用面向对象编程的方法在环境中构建节点、通道、货物、载运工具、托运人和集装箱六个类作为描述多式联运系统的基本元素，并用各个类的属性表示各元素的性质，图 3.18 中的类图展示了各个类的属性与方法，这些方法作为进程并行地运行于仿真环境中。

图 3.19 展示了仿真的运行过程。在完成初始化之后，仿真环境中的多个进程并行地开始运行。所有的托运人对象都并行地执行运输需求生成进程。运输需求生成进程根据托运人属性的不同，单次地或周期地产生运输需求。所有的托运人都具有固定的起点港站与终点港站，且起点与终点都是存储场站。仿真中的托运人包括自备箱托运人、租箱托运人和虚拟托运人，而网络层对这些托运人的集装箱一视同仁，本实验只考虑自备箱托运人的运输需求。租箱托运人与虚拟托运人的运输需求会在空箱调度决策中得到体现，相关内容在 3.5 节呈现。此外，空箱分配进程也与空箱调度决策相关，具体的描述于 3.5.3.1 节呈现。

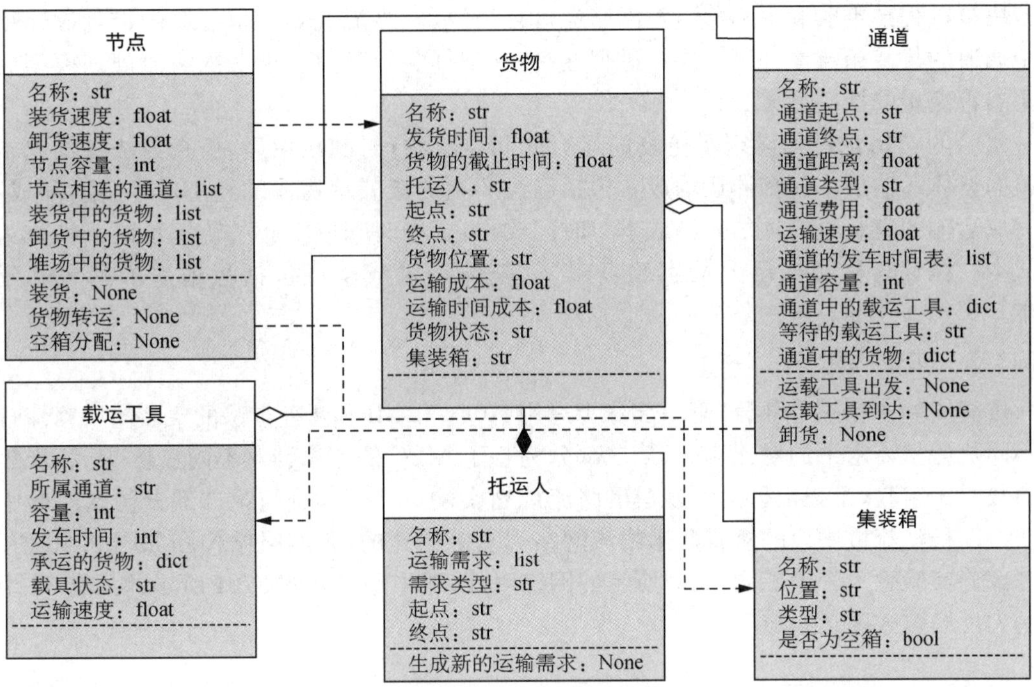

图 3.18　离散事件仿真类图

新运输需求中的集装箱在起点港站中生成，等待运输控制指令。与此同时，网络中的各港站并行地执行装货与转运进程。在装货进程中，具有运输许可的集装箱被装载至对应通道的载运工具中。在转运进程中，连接枢纽中不同节点的转运通道实现了集装箱在枢纽内部的转运。

仿真环境中的所有通道对象都并行地执行载具出发进程、载具到达进程与卸货进程。在载具出发进程中，列车与货船依据时间表出发，而公路通道与转运通道中的集装箱卡车则在装载完成后出发。载具完成运输后排队等候卸货，这一过程由卸货进程实现。最后，仿真中的载具到达进程处理已完成卸货的载具对象。

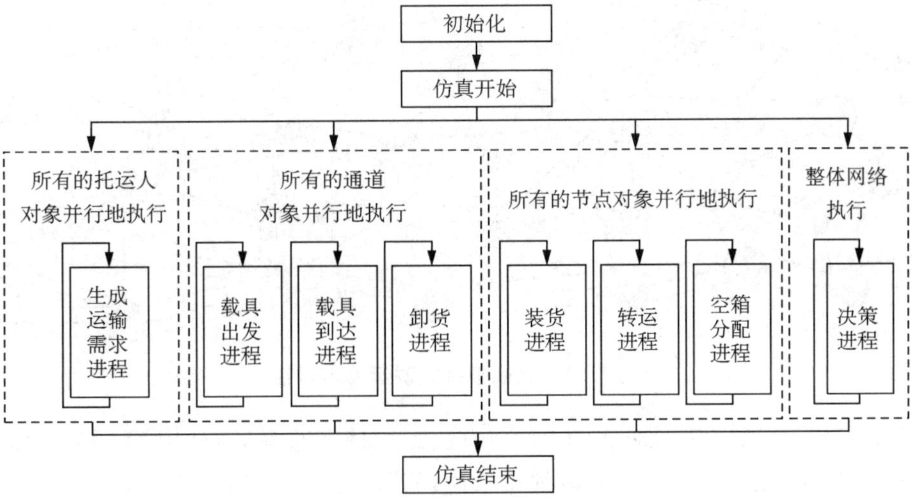

图 3.19　离散事件仿真框图

决策进程在本实验中为集装箱网络流规划模块，网络流规划对集装箱的控制被建模为每个通道的集装箱流量许可。决策进程在每一个时间步长运行，求解网络流规划模型后得到集装箱流量的控制方案。

实验的初始化过程设定了仿真的运行时间，在运行时间结束后，仿真方法将输出本次实验的整体运输成本。整体运输成本包括已经产生的集装箱运输的经济成本与时间成本，未完成运输的集装箱的预估经济成本与时间成本，其中时间成本通过转换系数 α 转化为经济成本。在具有租箱托运人的实验场景下，整体运输成本还包括租箱需求满足的延迟成本。

3.3.3.2 实验构建

仿真实验包括三个部分，第一部分为运用 AON 和 MPC 两种方法的集装箱网络流规划在不同货运量需求下的对比实验，第二部分为基于 MPC 的方法针对不同步长 T_s 和步数 N 的参数对比实验，第三部分为大规模网络流规划实验。第一部分与第二部分仿真实验中的网络是以长江流域中段的多式联运物流网络为基础构建的，其网络结构图如图 3.20 所示。第三部分实验除了采用了图 3.20 所示的网络以外，还采用了如图 3.21 所示的具有 35 个枢纽的大规模多式联运物流网络。

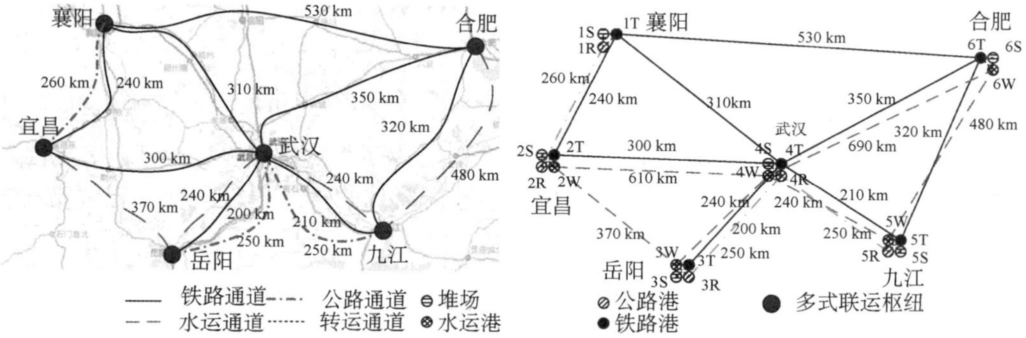

图 3.20 长江流域中段的多式联运物流网络

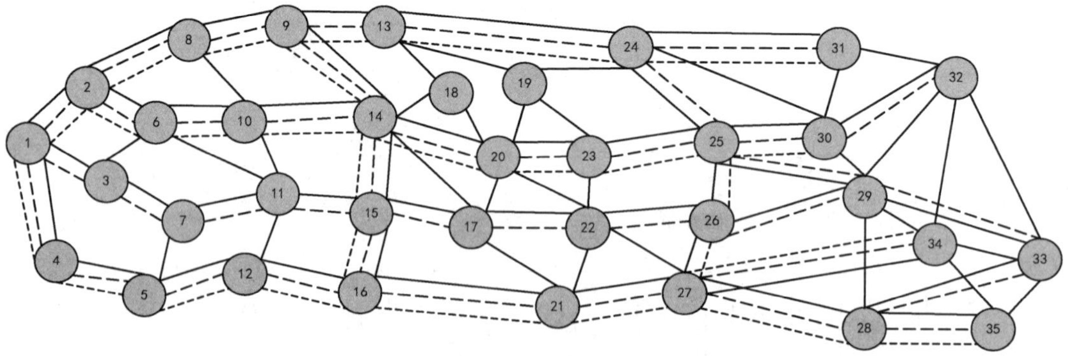

图 3.21 大规模多式联运物流网络

与基于 MPC 的方法进行对比的 AON 方法是一种交通流量分配中常用的启发式策略，特定出发地和目的地之间的所有运输都将采用最优路线，如果运输需求超出了最优路线的运输容量，AON 将选择次优路线。

仿真实验开始前需要对多式联运物流网络中的一些参数做出假设。首先，仿真对基于距离的运输成本做出假设，公路运输运输成本为 2.146 CNY/TEU/km，铁路运输的运输成本为 0.494 CNY/TEU/km，水路运输的运输成本为 0.166 CNY/TEU/km。此外，堆场节点至同一枢纽内的其他港站的转运经济成本为 93 CNY/TEU，时间成本为 1 h，同一枢纽内的不同类型港站节点之间的转运经济成本为 186 CNY/TEU，时间成本为 2 h。港站内的短期存储费用很低，很多港站都存在免堆期，因此仿真实验中设置集装箱堆放费用为 0.001 CNY/TEU/h。网络流规划模块中的通道载具旅行速度是从运输层获取的，仿真实验对于不同类型的运输通道设定了不同的载具旅行速度。其中，铁路通道中长度小于 300 km 的通道列车速度设定为 40 km/h，长度大于 300 km 的通道列车速度设定为 50 km/h。公路通道中的集装箱卡车的旅行速度设定为 50 km/h。在长江流域中段的多式联运物流网络中，水运通道内的货船由西向东为顺流航行，货船旅行速度设定为 25 km/h，由东向西为逆流航行，货船旅行速度设定为 20 km/h。在大规模多式联运物流网络中，水运通道内的货船旅行速度均设定为 20 km/h。

仿真实验中同样存在一些随机性，通道的运输时间遵循以 σ 为标准差的正态分布。通道的运输时间期望为该通道长度除以载具旅行速度，铁路运输通道的运输时间的标准差 σ 为 0.05 h，而货船与卡车的运输时间标准差为 0.1 h。此外，仿真实验将时间成本换算为经济成本使得模型为单目标数学规划模型，并设定转化系数 α 为 40 CNY/h。

仿真实验假定堆场节点的存储容量是无限的，而各运输方式的港站节点的容量被设定为 1 000 TEU。节点的装卸速度与节点相连通道数量相关，节点每拥有一条输入/输出运输通道，节点的卸货/装货速度增加 50 TEU/h。仿真实验同样限制了载具的容量，其中列车的容量为 100 TEU，而货船的容量为 250 TEU。公路运输与转运通道的载具为集装箱卡车，仿真实验假定集装箱卡车的容量为 1 TEU，这两类通道中的载具一旦装载了集装箱就出发。实验对这两类通道中的载具数量进行了限制，各转运通道的最大载具数量为 10 辆，而各公路通道的最大载具数量为 30 辆。铁路、水路的班次按照时间表出发，列车在每天的 7:00，12:00，17:00，22:00 出发，而货船在每天的 8:00，15:00，22:00 出发，而仿真实验从 00:00 开始。第一部分与第二部分实验存在三个托运人产生运输需求，如表 3.11 所示。对于具有单次运输需求的托运人而言，表 3.11 中到达时间为其待运集装箱进入网络层的仿真时间；而对于具有周期性运输需求的托运人而言，到达时间为其待运集装箱首次进入网络层的仿真时间。此外，表 3.11 中 i 表示在不同实验场景中的货运量系数。在第三部分的大规模实验中，托运人的运输需求是随机生成的，托运人的数量为 20 个、50 个、100 个三种类型。各托运人的待运集装箱数量为 100—150 之间的随机整数，托运人的起点终点、类型（周期运输或单次运输）、运输周期、到达时间也是随机生成的。

在基于 MPC 的网络流规划方法中，系统中的其他模块需要将网络实时状态与辅助决策信息传递给网络流规划模块。在仿真实验中，将每个通道的速度估计值设置为常数。通道和港站中的实时集装箱数量直接从仿真中获取。不同 OD 之间的预估运输时间和预估费用通过预实验仿真获得。运输需求预测模块仅对周期性的运输需求进行预测。

表 3.11 仿真实验的托运人信息

托运人	起点	终点	货运量 (i 为不同实验场景中的货运量系数)	到达时间	周期
1	1S	3S	10 TEU×i	0 h	单次
2	6S	2S	8 TEU×i	0 h	20 h
3	3S	5S	15 TEU×i	15 h	单次

仿真实验是在一台台式主机上实现的，其硬件配置包括 Intel(R) Xeon(R) 3.30 GHz 的 CPU 与 8 GB 的内存。网络流规划的线性整数规划模型是通过 Gurobi 求解器完成求解的，求解器的运行环境是 win10 系统下的 Python 环境。

3.3.3.3 实验结果

1. 不同货运量的对比实验

实验的第一部分对比了不同货运量需求下两种方法的决策效果，实验场景中的货运量需求通过系数 i 控制。基于 MPC 的网络流规划方法中的步长和步数分别为 4 h 和 10。仿真环境中的运行时间为 100 h。仿真实验测试了多式联运物流网络在系数 i 为 1 至 100 的货运量需求下的全局运输成本，实验结果如图 3.22 所示。

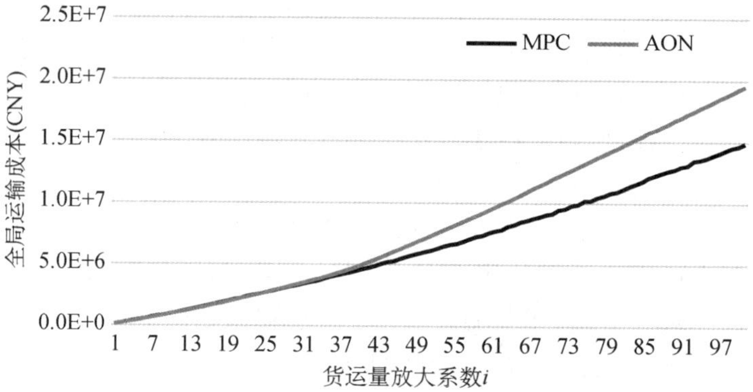

图 3.22 不同货运量需求下的全局运输成本对比

在货运量需求较小的场景中，基于 MPC 的方法与 AON 方法的决策效果几乎一样好。随着货运量需求的增长，多式联运物流网络负载增大，基于 MPC 的方法的决策效果要好过 AON 方法。在所有货运量系数 i 大于 60 的实验场景中，基于 MPC 的方法的网络全局运行成本比 AON 方法低 30%左右。在较小的货运量需求下，AON 方法在某些实验场景下略好于基于 MPC 的方法，例如，在货运量系数 i 为 2 的场景下，基于 MPC 的方法的网络全局成本比 AON 方法高 2%。

表 3.12 展示了货运量系数 i 为 50 的实验场景下托运人 1 的运输方案对比。在表 3.12 的载运工具信息中，符号"-"前为通道名称，符号"-"之后为载具的出发仿真时间。因此，表 3.12 中第一行表示的意思为 100 TEU 集装箱由 1T-4T 通道中的 7 时出发的列车从枢纽 1 运输至枢纽 4，再由 4T-3T 通道 17 时出发的列车运输至枢纽 3。

由表 3.12 可知，该场景的仿真实验中基于 MPC 的方法采用三条运输路线，分别为全程铁路运输、铁路转水路和公路转水路，而 AON 方法仅选用了一条全程铁路运输的路线。可见基于 MPC 的方法与 AON 相比，能够为同一托运人选择更丰富的运输路线，并且为托运人合理地分配集装箱流量。不同运输路线的采用使得托运人能够更早地完成运输任务。尽管 AON 选择的是最优的运输路线，但是拥堵造成的等待产生了大量的时间成本。

表 3.12　　货运量系数 i 为 50 的实验场景中托运人 1 的运输方案对比

方法	路线	载运工具		集装箱运量
MPC	1S-1T-4T-3T-3S	1T4T-7	4T3T-17	100 TEU
		1T4T-12	4T3T-22	100 TEU
		1T4T-15	4T3T-31	100 TEU
	1S-1T-2T-2W-3W-3S	1T2T-7	2W3W-22	100 TEU
		1T2T-12		70 TEU
	1S-1R-2R-2W-3W-3S	1R2R	2W3W-7	30 TEU
AON	1S-1T-4T-3T-3S	1T4T-7	4T3T-17	100 TEU
		1T4T-12	4T3T-22	100 TEU
		1T4T-17	4T3T-31	100 TEU
		1T4T-22	4T3T-36	100 TEU
		1T4T-31	4T3T-41	100 TEU

2. 不同参数选择的对比实验

仿真实验的第二部分首先确定了网络流规划的决策区间长度 $N \times T_s$，本实验设定决策区间长度为 40 h。仿真实验的运行时间仍然为 100 h，托运人信息沿用表 3.13，并设定货运量系数 i 为 50。第二部分实验将 4 种 N 和 T_s 参数选择的基于 MPC 的网络流规划方法应用于同一场景进行对比实验，实验结果如表 3.13 所示。

表 3.13　　基于 MPC 的网络流规划方法的参数对比实验结果

策略	T_s(h)	N	J(CNY)	平均决策时间(ms)	最大决策时间(ms)	公路(%)	铁路(%)	水路(%)
AON	—	—	6.72E+06	—	—	0	100	0
MPC1	1	40	5.58E+06	1 639.7	2540	3.3	95.7	1
MPC2	2	20	5.59E+06	403.7	696.1	3.6	95.5	0.9
MPC4	4	10	5.64E+06	117.4	145.8	3.3	96.1	0.6
MPC5	5	8	5.66E+06	88.1	100.7	1. 9	95.6	2.5

表 3.14 显示了第二部分实验的整体运输成本、平均决策时间、最大决策时间和网络中的运输方式的分配情况。可以看到，4 种参数选择下的基于 MPC 的方法的整体运输成本都要小于 AON 方法。在决策区间相同的前提下，选用更短步长的基于 MPC 的方法，网络运行结果具有更低的运输成本。然而，步长较短的基于 MPC 的方法也意味着更长的决策时

间，而 AON 方法的决策时间几乎可以忽略不计。

3. 大规模网络流规划实验

大规模网络流规划实验测试了在 6 个枢纽与 35 个枢纽的多式联运物流网络中，20、50、100 个托运人的随机运输需求下，网络的运输成本与方法的决策时间。在实验中，基于 MPC 的网络流规划方法中的步长和步数分别为 4 h 和 10，仿真环境中的运行时间为 100 h。实验结果如表 3.14 所示。

表 3.14　大规模网络流规划实验结果

网络枢纽数量	6			35		
托运人数量	20	50	100	20	50	100
MPC 方法的平均决策时间(s)	2.68	8.93	25.78	24.17	112.79	336.78
MPC 方法的成本 J(CNY)	9.34E+06	2.14E+07	5.13E+07	8.30E+06	2.46E+07	3.88E+07
AON 方法的成本 J(CNY)	9.56E+06	2.45E+07	6.60E+07	8.61E+06	3.28E+07	5.74E+07
方法成本差异	2.31%	14.22%	28.70%	3.74%	33.72%	47.92%

大规模网络流规划实验结果一方面说明基于 MPC 的网络流规划方法适用于大规模路径规划问题，另一方面说明了随着托运人数量的增加，基于 MPC 的网络流规划方法相较于 AON 方法的决策效果优势越为明显。

3.3.3.4　分析与讨论

1. 分析

第一部分实验在不同货运量需求的场景下对比了基于 MPC 的网络流规划方法和 AON 方法的决策表现。

在一些货运量需求较小的场景中，AON 方法的决策结果稍好于基于 MPC 的网络流规划方法。其中主要的原因是基于 MPC 的网络流规划方法只在决策时刻进行决策，那些在一个步长中间产生的未被预测到的新运输需求需要等待至下一个决策时刻才能获得运输决策，这些延迟造成了一些成本的增加。由于 AON 方法能随时应对新到达的运输需求，因此具有灵活性。基于 MPC 的网络流规划方法的这一缺点可以通过细化决策区间的步长划分改善。

在较大的货运量需求下，基于 MPC 的网络流规划方法的决策结果优于 AON 方法，以下原因能够解释基于 MPC 的网络流规划方法的优越性。首先，基于 MPC 的方法能够考虑网络中的拥堵情况、载具出发时间、载具容量以及港站的状态，从而动态地做出流量控制决策。AON 方法则只会在最优路线容量达到限制后选择次优路线，其对网络实时状态的应对能力弱于基于 MPC 的方法。其次，基于 MPC 的网络流规划模型将根据当前系统状态和其他模块的辅助决策信息，在决策区间内预测某一决策结果下系统的未来演化。网络流规划模型评估不同的网络流控制决策所造成的结果以找到最佳决策。此外，在网络流决策过程中，不同港站的网络流决策会互相影响，基于 MPC 的网络流规划模型充分考虑了不同港站的网络流决策之间的互相影响，而 AON 方法可以被认为是一种贪婪策略，缺乏对决策之间的互相影响的处理。

第二部分实验对比了不同步长与步数的基于 MPC 方法的网络流规划方法的决策效果，结果显示更小的步长能够具有更好的决策效果，但决策时间更长。由于基于 MPC 的方法以滚动时域的方式决策，并在每个决策过程中都会获得网络的实时信息，所以基于 MPC 的方法可以处理动态事件，如随机到达的运输需求、网络状况的动态变化等。因此，较短的步长意味着更高的信息获取频率，使得决策对随机事件的响应更迅速。此外，较短的时间步长使决策区间的划分更加精确，能够减小决策模型与现实之间的偏差。所以，较短的时间步长意味着更好的建模精度，从而带来更好的优化效果。然而，在相同的决策区间内，单次优化的决策问题规模随着步数 N 的增加而线性增加，而且较小的步长意味着更高的预测控制频率，所以步长更小的基于 MPC 的方法需要耗费更多的计算资源。综上所述，步长和步数的选择是控制效果和计算资源之间的权衡。

第三部分实验应用了更大规模的多式联运物流网络以及更多的托运人数量，测试了基于 MPC 的网络流规划方法的计算性能。大规模网络流规划实验验证了基于 MPC 的网络流规划方法能在合理的计算时间内解决大规模集装箱路径规划问题，也进一步证明了基于 MPC 的方法相较于 AON 方法的优越性。大规模网络流规划实验的数量级更贴近多式联运系统的实际运行情况，因此对于实践具有更好的参考意义。

2. 讨论

从多式联运系统的层面来说，AON 方法可以代表多式联运系统的现状：尽管在基础设施的层面上实现了网络化，但托运人却只能在某些多式联运路线中做出选择，而且运输过程中难以调整运输路线，并且没有统筹考虑不同托运人的集装箱运输之间的互相影响，具有链条化、静态化、低协同的特点。而为协同运行协议的网络层构建的基于 MPC 的网络流规划方法则能够在网络的层面规划运输路径，且能够及时应对系统中的动态事件。基于 MPC 的网络流规划方法也能够考虑不同托运人货物之间的互相影响，还充分利用了其他模块传递的辅助决策信息，具有网络化、动态化、协同化的特点。因此，基于 MPC 的网络流规划方法相较于 AON 策略的优势体现了基于协同运行协议的多式联运系统较现有多式联运系统的优越性。

本节所构建的方法仍可以在以下方面进行改进。由于基于 MPC 的网络流规划方法滚动时域的处理方式，随机事件的出现和处理之间存在的延迟将导致优化效果不足，后续的研究可以通过不同决策方法的混合策略改善这一问题。另外，由于环境保护的形势日趋严峻，在网络流规划和协同运行协议中需要更多地考虑环境因素。此外，决策模块的改进也将提高与之具有合作关系的模块的决策效果，因此对于网络流规划模块而言，其辅助决策模块的改进研究也是具有积极意义的。

3.3.4 小结

本节的核心问题是研究多式联运物流网络中基于实时信息的具有动态调整、多角色信息交互特性的集装箱路径规划。在协同运行协议无模式订舱前提下，决策模块为处于网络层的集装箱选择运输方式、路径以及运输时间节点。决策模块需要实现不同运输方式的优势互补，应对网络中的动态事件，充分利用网络的实时信息，在满足运输需求的前提下降低全局网络的运行成本。

在分析了决策模块的层次关系以及业务逻辑后，本书构建了基于 MPC 的网络流规划方法。基于 MPC 的网络流规划方法在决策时刻获取网络实时信息以及其他模块传递的辅助决策信息作为决策输入，针对包含多个步长的决策区间进行网络流规划。所建立的网络流规划模型计算网络状态在步长之间的动态变化，从而预测网络在决策区间内的演化并计算运行成本，最终选定全局成本最低的网络流决策。在所构建的方法中，只有第一个步长的决策会被多式联运物流网络执行，其余步长的决策将被舍弃，并在下一个决策时刻重复以上决策操作。

本书基于 Simpy 构建了离散事件仿真环境以模拟多式联运物流网络的运行过程，并在此基础上开展仿真实验。实验验证了基于 MPC 的网络流规划方法较 AON 方法的优越性，并说明了基于 MPC 的网络流规划方法中步长和步数的选择是优化效果和计算资源消耗之间的权衡。此外，仿真实验还验证了基于 MPC 的网络流规划方法在大规模路径规划问题中的适用性。

总的来说，本节为协同运行协议的网络层构建了基于 MPC 的网络流规划方法。网络流规划模块能够在决策时刻获得来自其他模块的辅助决策信息，这种多角色间的信息交互以促进各模块的决策效果是协同运行协议中最为简单便捷的协同形式。在此基础上，后续的章节将探讨考虑角色间合作限制的协同决策方法。

3.4 多式联运集装箱网络流规划横向协同决策

多式联运物流网络通常因为行政区域的差异或运营企业的不同而划分为多个子网，子网间往往存在隐私保护需求或数据传输的限制，各子网决策主体对于同一业务的协同决策为协同运行协议中的横向协同决策。考虑信息交互限制的去中心化协同决策方法能够在避免传输大量本地决策信息并保证各角色数据隐私的情况下完成全局优化决策，这为多式联运众多子网提供了横向协同决策手段。然而，现有方法的收敛速度慢是其广泛应用的最大阻碍。因此，本节以多式联运集装箱网络流规划横向协同决策（简称网络流协同规划）为研究对象，为各子网决策主体构建协同决策方法，所构建的方法需具备以下特点：

（1）子网之间仅对耦合信息进行交互。出于隐私保护的需求以及数据量传输限制，多式联运物流网络各子网之间不能共享全部决策信息，只能交互耦合信息。

（2）决策结果是有效的，且具有较好的全局优化性能。所构建的去中心化协同决策方法需要保证各子网决策结果是合理可行的，并且能够优化多式联运物流网络的全局运行成本。

（3）具有较快的收敛速度。现有的考虑信息交互限制的去中心化协同决策方法通常需要较长的时间完成决策收敛，这是新构建的方法需要改进的。

针对以上协同决策方法的需求，本书选定分布式模型预测控制（Distributed Model Predictive Control, DMPC）作为决策方法的基本结构，然后根据网络流协同规划的决策特点选定了两种 ADMM 作为分布式优化方法，最终构建了雅可比近端网络流协同规划方法

(Jacobi Proximal Network Flow Cooperative Planning, JP-NFCP)与对偶一致网络流协同规划方法(Dual Consensus Network Flow Cooperative Planning, DC-NFCP)。

3.4.1 网络流协同规划问题描述

多式联运物流网络是一个包含众多参与角色、大量决策过程的复杂系统。在多式联运物流网络的集中式决策过程中,若该决策涉及多个参与角色,各角色会将决策所需信息传递至一个决策中心实现决策。这样的决策方法通常会带来两个问题:①决策的所有参与者的数据隐私难以保障;②海量决策数据的传输需要大量的成本。但在去中心化协同决策方法中,不同的决策者只通过必要的数据交互实现全局最优化决策,而无需将所有决策数据传输到一个决策中心。这一特性可以有效地平衡多角色合作与隐私保护之间的矛盾关系,同时可以降低数据传输成本。

多式联运物流网络根据其行政区域的差异或者运营企业的不同往往可以划分为多个子网,各子网的决策主体之间通常是存在数据隐私保护需求的,且海量数据跨区域的传输较为困难,因此有必要引入去中心化协同决策方法。

延续上一节的研究内容,本节的研究对象依然是集装箱网络流规划模块,但多式联运物流网络被划分为不同的子网,网络流规划问题相应地横向扩展,因此本节的研究问题为不同子网间的多式联运网络流协同规划。

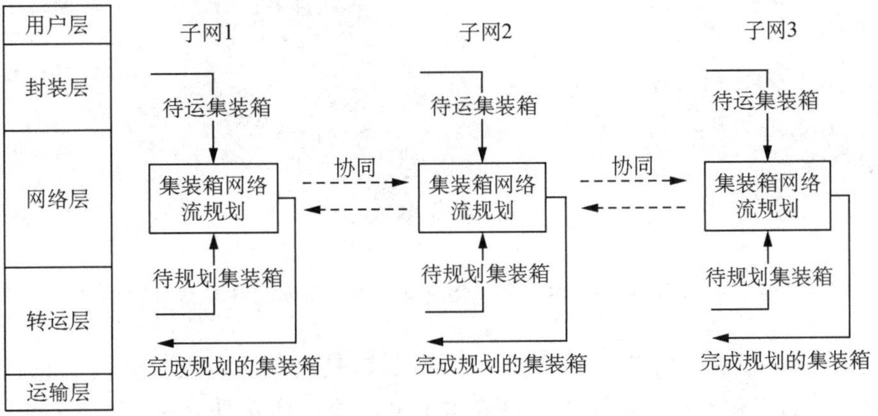

图 3.23 网络流协同规划的物流层次关系图

多式联运网络流协同规划中的物流和信息流层次关系如图 3.23 和图 3.24 所示。其中各子网内的物流与各模块单独决策时保持一致,即与图 3.13 所描述的模块物流相同,而子网间的物流是经由运输层中互连通道内的集装箱运输实现的。网络流协同规划的信息流除了如图 3.14 所示的各子网单独决策的信息流之外,还增加了各子网模块之间的耦合信息交互。

本节沿用 3.3 节的表示方法,将多式联运物流网络表示为 $G(V, E)$,网络根据不同的行政区域或者不同的经营主体被划分为多个子网,这也是协同决策中的不同决策主体。各子网可以表示为 $G_n(V_n, E_n)$,$n=1, \cdots, N_{\text{sub}}$,其中 N_{sub} 为子网数量。此外,不同子网间的互连通道表示为 $E_n^{\text{inter}} \subset E$,$n=1, \cdots, N_{\text{sub}}$。若两个子网之间存在互连通道,那么两个子网互为相邻子网。

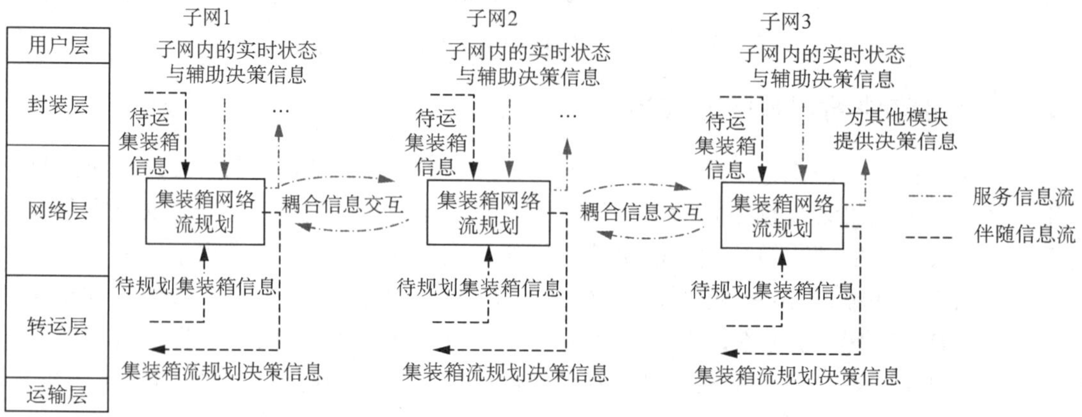

图 3.24　网络流协同规划的信息流层次关系图

如图 3.25 所示的多式联运物流网络由两个子网组成,子网 1 包含枢纽 1 与枢纽 2,子网 2 包含枢纽 3 和枢纽 4,各子网分别由各自的决策主体实现网络流控制。其中的双向通道 1T-4T、2T-4T、2W-4W 和 2W-3W 是两个子网所共有的互连通道。

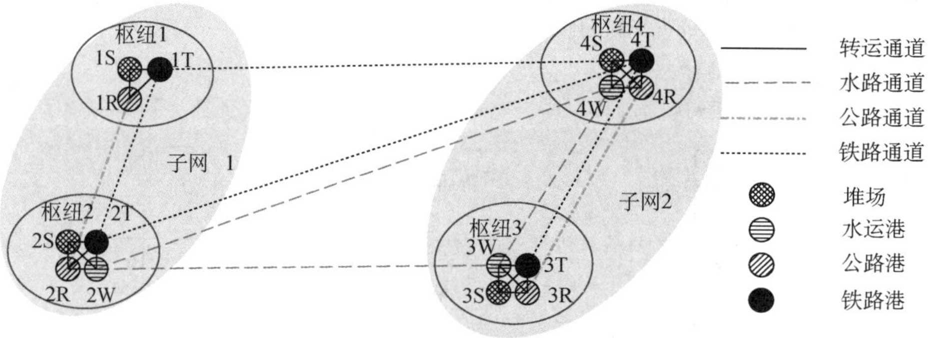

图 3.25　多式联运物流网络中的子网划分

在协同决策的过程中,每个子网都是独立的区域,其决策所需要的实时信息、辅助决策信息、子网拓扑结构等子网相关信息只能被本子网的决策主体所获取,其他子网的决策主体无法获得。两个子网的决策主体之间仅共享互连通道的相关信息,这是隐私保护的体现。网络中各子网协同决策的目标在于以最小的全局运行成本完成集装箱的运输,而决策输出为各个通道的集装箱网络流控制。

在对多式联运网络流协同规划进行深入讨论之前,需要说明本节的研究沿用 3.3 节的假设,并在此基础上增加了以下假设:不同子网之间仅针对耦合信息进行交互,其余决策信息出于隐私保护的目的不进行交互。

3.4.2　网络流协同规划方法结构设计

在完成多式联运网络流协同规划的问题描述后,本节基于问题描述实现网络流协同规划方法的结构设计。

DMPC 是 MPC 的扩展,正如前文所描述的,基于 MPC 的方法以滚动时域的形式对控制对象进行优化控制，通过预测决策区间内控制对象的演化情况对决策区间内每个步长进行决策，并只执行第一个步长的决策，而舍弃其余决策。而基于DMPC的方法的控制思路与基于MPC的方法一致，只是其中的决策过程由集中式转变为分布式。基于DMPC的方法根据目标函数的形式分非合作DMPC与合作DMPC两种类型。非合作DMPC的子问题优化了局部目标函数，而合作DMPC的子问题优化了全局目标函数。本书提到的DMPC均为合作型DMPC，合作型DMPC的构建可以理解为MPC与分布式优化方法的融合。基于DMPC的协同决策方法在电力控制，管道网络控制，交通网络控制等领域具有很好的应用前景。

DMPC继承了MPC处理动态事件、决策时效性等方面的优点，并且由于采用了分布式优化方法，DMPC能够在仅共享耦合信息的前提下完成全局优化决策。分布式优化方法各子问题之间仅针对耦合约束信息进行交互，而无需交互子问题的目标函数与本地约束，在此前提下优化了全局的目标函数，因此保护了各子问题决策者的隐私，这也是基于DMPC的方法保护各决策主体隐私的机制所在。鉴于DMPC所表现出来的优良特性，本节也将基于DMPC实现多式联运网络流协同规划方法的构建。

在多式联运网络流协同规划方法中，每个子网的决策者都以MPC的形式进行决策，子网内的决策模型沿用3.3节所建立的网络流规划模型。

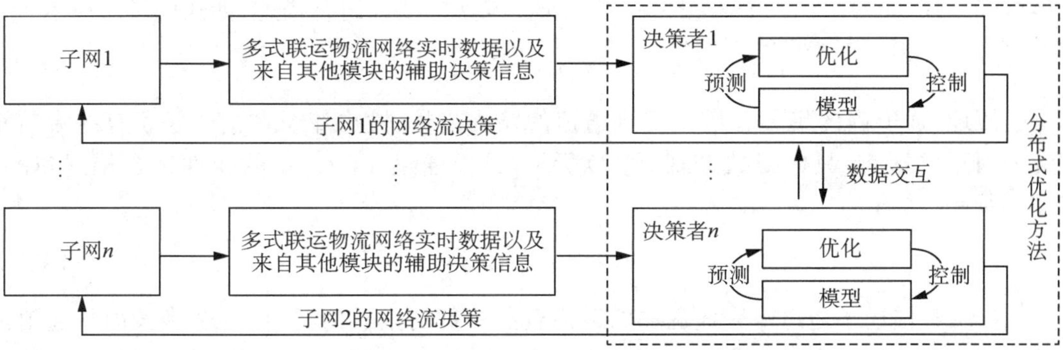

图3.26　基于DMPC的网络流协同规划方法结构

在基于DMPC的网络流协同规划方法中，每个决策者不仅考虑所在子网的决策信息，还与其他决策者对共有的互连通道的临时决策进行数据交互。如图3.26所示，在决策时刻，每个子网决策者在接受到本子网的决策信息后，交替进行各子网并行决策和子网间数据交互，经过多次迭代，最终收敛至决策结果。各子网将执行第一个步长内的网络流决策，并在下一个决策时刻重复上述操作。其中各子网并行决策和数据交互的迭代过程即为分布式优化方法的执行过程。

3.4.3　分布式优化问题描述与方法选定

分布式优化问题是将整个网络系统复杂的大规模优化问题分布到多个节点上进行分布式优化计算。这里的分布式是指各节点不需要知道全局信息，而只需要根据获得的局部信息，通过一定的协调机制和规则，独立地进行各自的优化和决策，最终实现整个网络系统的优化目标。本节说明网络流协同规划中的分布式优化问题，并选定分布式优化方法。

3.4.3.1 网络流规划模型向量化

本书所构建的网络流协同规划方法沿用3.3节所构建的网络流规划模型。本节以向量化形式呈现基于MPC的网络流规划模型以便于归纳协同决策中的分布式优化问题。

在网络流规划模型中，$\boldsymbol{u}(k)$ 为 $u_{j,c}(k)$ 的向量化表达形式，代表时间步长 k 中从节点流向通道的集装箱流量，因此整个决策区间内的流量表示为 $\boldsymbol{u}=[\boldsymbol{u}(1)^{\mathrm{T}}, \cdots, u(N)^{\mathrm{T}}]^{\mathrm{T}}$。此外，$\boldsymbol{q}(k)$ 为 $q_{j,c}(k)$ 的向量化表达形式，表示步长 k 中从通道流向节点的集装箱流量，对于整个决策区间而言 $\boldsymbol{q}=[\boldsymbol{q}(1)^{\mathrm{T}}, \cdots, \boldsymbol{q}(N)^{\mathrm{T}}]^{\mathrm{T}}$。模型的状态变量包括 $\boldsymbol{x}(k)$ 与 $\boldsymbol{y}(k)$，分别为 $x_{i,c}(k)$ 和 $y_{j,c}(k)$ 的向量化表达形式，分别表示时间步长 k 的开始时刻节点与通道内的集装箱数量，而 $\boldsymbol{x}=[\boldsymbol{x}(1)^{\mathrm{T}}, \cdots, \boldsymbol{x}(N)^{\mathrm{T}}]^{\mathrm{T}}$ 与 $\boldsymbol{y}=[\boldsymbol{y}(1)^{\mathrm{T}}, \cdots, \boldsymbol{y}(N)^{\mathrm{T}}]^{\mathrm{T}}$ 则是这两种变量在整个决策区间内的表示形式。

网络流规划模型的目标函数是最小化决策区间内的运输成本，具体形式见式(3.16)—式(3.20)，其向量化表达式如式(3.21)所示。

$$\min_{\boldsymbol{u},\boldsymbol{x},\boldsymbol{y},\boldsymbol{q}} j^{\mathrm{T}}[\boldsymbol{u}^{\mathrm{T}}, \boldsymbol{x}^{\mathrm{T}}, \boldsymbol{y}^{\mathrm{T}}, \boldsymbol{q}^{\mathrm{T}}]^{\mathrm{T}} \tag{3.21}$$

模型动态方程描述了节点与通道在不同时间步长间的动态变化。节点某个步长的集装箱数量受到输入流量、输出流量、新到达集装箱和先前步长留下货物这几个因素的影响，具体形式如式(3.1)所示。该方程可以通过 $\boldsymbol{x}$，$\boldsymbol{u}$，$\boldsymbol{q}$ 的线性组合描述，如式(3.22)所示。

$$\boldsymbol{C}^1\boldsymbol{x}+\boldsymbol{C}^2\boldsymbol{u}+\boldsymbol{C}^3\boldsymbol{q}=\boldsymbol{d}^1 \tag{3.22}$$

类似地，通道内的集装箱数量受到通道的输入流量、输出流量和前步长留存的集装箱这几个因素的影响，具体形式如式(3.2)所示，可以通过 $\boldsymbol{y}$，$\boldsymbol{u}$，$\boldsymbol{q}$ 的线性组合描述，如式(3.23)所示。

$$\boldsymbol{C}^4\boldsymbol{y}+\boldsymbol{C}^5\boldsymbol{u}+\boldsymbol{C}^6\boldsymbol{q}=\boldsymbol{0} \tag{3.23}$$

式(3.24)描述了通道内完成运输的运输载具卸货的排队情况，在一个步长内从通道流入节点的集装箱流应当小于或等于所有已完成运输但尚未卸货的集装箱量，其具体表达式如式(3.3)—式(3.8)所示。其中通道中完成运输的集装箱流可以通过通道输入流量 $\boldsymbol{u}$ 的线性变化来描述，因此表达式可以通过 $\boldsymbol{q}$，$\boldsymbol{u}$ 的线性矩阵不等式描述。值得注意的是，对于向量 $\boldsymbol{a}$ 和 $\boldsymbol{b}$ 而言，$\boldsymbol{a}\leqslant\boldsymbol{b}(<\boldsymbol{b})$ 表示 $\boldsymbol{a}_i\leqslant\boldsymbol{b}_i(<\boldsymbol{b}_i)$，其中 $\boldsymbol{a}_i$ 表示 $\boldsymbol{a}$ 的第 i 个元素。

$$\boldsymbol{C}^7\boldsymbol{q}+\boldsymbol{C}^8\boldsymbol{u}\leqslant\boldsymbol{d}^2 \tag{3.24}$$

在网络流规划模型中，四种通道的容量限制方式有所不同。铁路与水路通道的载运工具按照时刻表出发，式(3.9)—式(3.10)说明了铁路与货船通道中每个班次的容量限制，其向量化形式如式(3.25)所示。公路与转运通道的载运工具一般考虑为卡车、AGV等，一般情况下单个载具搬运一个标准集装箱，且载具的数量是有限的，因此式(3.14)对直接这类通道单步长内集装箱数量进行限制，其向量化形式如式(3.26)所示。

$$\boldsymbol{C}^9\boldsymbol{u}\leqslant\boldsymbol{d}^3 \tag{3.25}$$

$$\boldsymbol{C}^{10}\boldsymbol{y}\leqslant\boldsymbol{d}^4 \tag{3.26}$$

因为节点的装卸货设备数量有限，式(3.11)描述了通道流入节点的流量限制，式

(3.12)描述了节点流入通道的流量限制,两者的向量化表达为式(3.27)和式(3.28)。

$$\boldsymbol{C}^{11}\boldsymbol{q} \leqslant \boldsymbol{d}^{5} \tag{3.27}$$

$$\boldsymbol{C}^{12}\boldsymbol{u} \leqslant \boldsymbol{d}^{6} \tag{3.28}$$

式(3.13)描述了节点的集装箱存储容量限制,其向量化形式如式(3.29)所示。

$$\boldsymbol{C}^{13}\boldsymbol{x} \leqslant \boldsymbol{d}^{7} \tag{3.29}$$

在上述的表达式中,$\boldsymbol{C}^1$—$\boldsymbol{C}^{13}$ 和 $\boldsymbol{j}$ 均为参数矩阵,$\boldsymbol{d}^1$—$\boldsymbol{d}^7$ 均为参数向量。上述向量化的网络流规划模型可以进一步简化为式(3.30)所呈现的优化问题,其中的所有约束可以由式(3.30b)统一表示。上述模型的目标函数是关于 $\boldsymbol{u}, \boldsymbol{x}, \boldsymbol{y}, \boldsymbol{q}$ 的线性组合,而其约束则为 $\boldsymbol{u}, \boldsymbol{x}, \boldsymbol{y}, \boldsymbol{q}$ 的线性不等式构成的约束集合。

$$\min_{\boldsymbol{u}, \boldsymbol{x}, \boldsymbol{y}, \boldsymbol{q}} \boldsymbol{j}^{\mathrm{T}}[\boldsymbol{u}^{\mathrm{T}}, \boldsymbol{x}^{\mathrm{T}}, \boldsymbol{y}^{\mathrm{T}}, \boldsymbol{q}^{\mathrm{T}}]^{\mathrm{T}} \tag{3.30a}$$

$$\text{s. t. } \boldsymbol{C}[\boldsymbol{u}^{\mathrm{T}}, \boldsymbol{x}^{\mathrm{T}}, \boldsymbol{y}^{\mathrm{T}}, \boldsymbol{q}^{\mathrm{T}}]^{\mathrm{T}} \leqslant \boldsymbol{d} \tag{3.30b}$$

多式联运网络流协同规划方法中的分布式优化问题在式(3.30)所描述的网络流规划模型的基础上展开讨论。

3.4.3.2 分布式优化问题描述

在多式联运网络流协同规划问题中,各子网在管理决策层面上具有独立性,但由于各子网在互连通道上的货物往来,相邻子网之间对于互连通道的相关变量具有耦合关系。因此,网络流协同规划方法的分布式优化问题可以通过式(3.31)描述,其中,$\boldsymbol{u}_i^{\mathrm{T}}, \boldsymbol{x}_i^{\mathrm{T}}, \boldsymbol{y}_i^{\mathrm{T}}, \boldsymbol{q}_i^{\mathrm{T}}$ 为子网 i 的变量,整个网络的目标函数为各个子网目标函数之和。分布式优化问题中的约束则包含两个部分:一部分是子网的本地约束集,如式(3.31c)所示,其形式与基于 MPC 的网络流规划模型中的约束一致;另一部分为子网与子网之间的耦合约束,如式(3.31b)所示,耦合约束只存在于具有互连通道的两个子网之间,即相邻子网。

$$\min_{\substack{\boldsymbol{u}_1, \boldsymbol{x}_1, \boldsymbol{y}_1, \boldsymbol{q}_1 \\ \vdots \\ \boldsymbol{u}_N, \boldsymbol{x}_N, \boldsymbol{y}_N, \boldsymbol{q}_N}} \sum_{n=1}^{N} \boldsymbol{j}_n^{\mathrm{T}}[\boldsymbol{u}_n^{\mathrm{T}}, \boldsymbol{x}_n^{\mathrm{T}}, \boldsymbol{y}_n^{\mathrm{T}}, \boldsymbol{q}_n^{\mathrm{T}}]^{\mathrm{T}} \tag{3.31a}$$

$$\text{s. t. } \boldsymbol{u}_{n,e} = \boldsymbol{u}_{m,e},\ m \in \mathcal{N}_n,\ e \in E_n^{\text{inter}} \tag{3.31b}$$

$$\boldsymbol{C}_i[\boldsymbol{u}_i^{\mathrm{T}}, \boldsymbol{x}_i^{\mathrm{T}}, \boldsymbol{y}_i^{\mathrm{T}}, \boldsymbol{q}_i^{\mathrm{T}}] \leqslant \boldsymbol{d}_i,\ i = 1, \cdots, N \tag{3.31c}$$

其中,子网 n 与子网 m 是通道 e 连接的两个子网,$\boldsymbol{u}_{n,e}$ 与 $\boldsymbol{u}_{m,e}$ 是子网 m 与子网 n 的关于通道 e 的一致性变量。

本书用图论的形式表达分布式优化问题:$\mathcal{G} = \{\mathcal{V}, \varepsilon\}$,其中 $\mathcal{V} = \{operator\ 1, \cdots, operator\ N\}$ 表示不同子网的决策者,边 $(i, j) \in \varepsilon$ 存在当且仅当子网 i 与子网 j 存在互连通道且可以进行数据的交互,即子网 i 与子网 j 互为邻居。子网 i 的邻域集为 $\mathcal{N}_i = \{j \in \mathcal{V} \mid (i, j) \in \varepsilon\}$。

多式联运网络流协同规划方法中的分布式优化问题具有以下特点:无向图 $\mathcal{G}$ 是连通图;各个子网的优化问题是线性规划问题,每个子网都拥有本地约束;子网与子网之间的耦合约束为部分变量的一致性约束。在完成分布式优化问题描述后,本书需要为网络流协同规划方法选择合适的分布式优化方法。

3.4.3.3 分布式优化方法选择

现有的分布式协同决策方法的最大缺陷在于收敛速度慢，因此，本节的研究目标之一在于提高网络流协同规划方法的决策速度，其中分布式优化方法的选择是影响收敛速度的重要因素。

在现有文献中，DMPC 所采用的分布式优化方法通常为基于增广拉格朗日法(Augmented Lagrangian Method, ALM)的方法、交替方向乘子法(Alternating Direction Method of Multipliers, ADMM)、对偶分解、基于灵敏度的方法等。在各类基于 DMPC 的方法的对比研究中，基于 ADMM 的 DMPC 总是具有优势。鉴于 ADMM 在众多分布式优化方法中的优势，本书考虑从不同类型的 ADMM 中选用合适的分布式优化方法以构建多式联运网络流协同规划方法。

1. ADMM 介绍

ADMM 最初由 Gabay 等人提出，自 2011 年 Boyd 的综述性文章发表以来，ADMM 因为其快速收敛的特点被广泛应用于分布式优化问题的求解。ADMM 在这十余年中也迅速发展，不同类型的 ADMM 应运而生。最初形式的 ADMM 方法可以理解为坐标轮换法与增广拉格朗日乘子法的结合形式，其求解一个可以划分为两个部分的凸优化问题，如式(3.32)所示，全局的优化目标为两个可分离的凸函数之和，两个部分的决策变量通过耦合约束建立联系。

$$minimize f(\boldsymbol{x})+g(\boldsymbol{z}) \tag{3.32a}$$

$$subject\ to\ \boldsymbol{Ax}+\boldsymbol{Bz}=\boldsymbol{c} \tag{3.32b}$$

其中，变量 $\boldsymbol{x}\in\mathbb{R}^n$，$\boldsymbol{z}\in\mathbb{R}^m$，参数 $\boldsymbol{A}\in\mathbb{R}^{p\times n}$，$\boldsymbol{B}\in\mathbb{R}^{p\times m}$，$\boldsymbol{c}\in\mathbb{R}^p$。

式(3.32)的增广拉格朗日函数如式(3.33)所示。

$$L_\rho(\boldsymbol{x},\boldsymbol{z},\boldsymbol{y})=f(\boldsymbol{x})+g(\boldsymbol{z})+\boldsymbol{y}^{\mathrm{T}}(\boldsymbol{Ax}+\boldsymbol{Bz}-\boldsymbol{c})+(\rho/2)\|\boldsymbol{Ax}+\boldsymbol{Bz}-\boldsymbol{c}\|_2^2 \tag{3.33}$$

在 ADMM 方法中包含了式(3.34)—式(3.36)的迭代过程，每一次迭代中两个组件的变量交替更新，其间的数据是以 Gauss-Seidel 的形式传递。多次迭代后，ADMM 方法能够收敛至问题的全局最优解。后文将这种原始的以 Gauss-Seidel 的形式迭代的 ADMM 方法称为 Gauss-Seidel ADMM(GS-ADMM)。

$$\boldsymbol{x}^{k+1}:=\underset{x}{argmin}L_\rho(\boldsymbol{x},\boldsymbol{z}^k,\boldsymbol{y}^k) \tag{3.34}$$

$$\boldsymbol{z}^{k+1}:=\underset{z}{argmin}L_\rho(\boldsymbol{x}^{k+1},\boldsymbol{z},\boldsymbol{y}^k) \tag{3.35}$$

$$\boldsymbol{y}^{k+1}:=\boldsymbol{y}^k+\rho(\boldsymbol{Ax}^{k+1}+\boldsymbol{Bz}^{k+1}-\boldsymbol{c}) \tag{3.36}$$

2. ADMM 选定

上一节分析得到了网络流协同规划方法的分布式优化问题如式(3.31)所示，其中包括由每个子网的目标函数之和组成的整体目标函数如式(3.31a)所示，相邻子网之间的耦合约束如式(3.31b)所示，以及每个子网的本地约束如式(3.31c)所示。考虑到多式联运网络流协同规划的特点，在选择 ADMM 时应注意三个限制条件：①每个子问题都存在大量的本地约束；②协同决策的分布式优化问题是多块的(Multi-Block)；③分布式优化方法需要以并行处理的形式实现。

本书选择 Dual-Consensus ADMM(DC-ADMM)和 Jacobi-Proximal ADMM(JP-ADMM)作为构建多式联运网络流协同规划方法的分布式优化方法。值得一提的是,这两种方法原先并不包含本地约束,本书将本地硬约束添加到每个子网的并行计算过程中以构建网络流协同规划方法。此外,本书将以 Jacobi-ADMM 作为分布式优化方法的基于 DMPC 的网络流协同规划方法作为对照研究方法。

3.4.4 网络流协同规划方法构建

在完成多式联运网络流协同规划方法的结构设计以及分布式优化方法的选择后,本节将完成方法构建。本研究构建了两种以 ADMM 作为分布式优化方法的基于 DMPC 的网络流协同规划方法。第一种方法为雅可比近端网络流协同规划方法(JP-NFCP),该方法采用的分布式优化方法为 JP-ADMM。第二种方法为对偶一致网络流协同规划方法(DC-NFCP),该方法采用的分布式优化方法为 DC-ADMM。JP-NFCP 方法与 DC-NFCP 都是在基于 MPC 的网络流规划模型的基础上构建的。

此外,本节还呈现了现有的最为先进的去中心化协同决策方法作为对照方法,本书将其应用于多式联运网络流协同规划问题,并结合网络流模型构建了雅可比网络流协同规划方法(Jacobi Network Flow Cooperative Planning, J-NFCP),其中采用的分布式优化方法为 Jacobi-ADMM。

为了保证收敛的稳定性,三种网络流协同规划方法中的各子问题的整数变量都调整为实数变量,并在算法收敛后再将决策结果进行整数化处理。

为了方便三种方法的对比,本书为三者设置相同的收敛条件:$\varepsilon_k \geqslant \varepsilon$。其中 ε 为人为设置的收敛误差值,而 ε_k 为所有决策变量两次迭代的变化值与一致性变量差异这两个判定指标中的最大值。其中决策变量的迭代变化值的变小意味着方法趋于收敛,决策变量趋于稳定,而一致性变量差异的变小意味着不同决策主体在耦合变量上趋于一致。这样的收敛判断条件既保证了方法趋于收敛,又保证了解的有效性。除了收敛条件,当算法达到收敛次数限制时,也将停止并行迭代,其中 s 为迭代次数,$s_{\max}$ 为最大迭代次数。

因为三种方法都是基于 DMPC 构建的,所以基本决策流程是一致的。首先进行初始化,设置协同决策的参数,将决策时刻各子网的信息传入子网的决策系统,并将一些变量初始化。每个子网决策主体并行的进行模型求解、数据交互,然后进行收敛条件计算。若方法未达到终止条件,则继续进行迭代。如方法的迭代过程收敛了或者迭代次数到达了设定值,即完成了分布式优化求解。最终每个子网决策者输出第一个步长内的控制变量 $\boldsymbol{u}_i(0)$,$i=1, \cdots, N$ 作为控制决策。

3.4.4.1 雅可比近端网络流协同规划方法

本书构建的 JP-NFCP 方法的整体结构如算法 3.1 所示,其采用的分布式优化方法为 JP-ADMM。JP-NFCP 方法由三个部分组成,分别为初始化部分(步骤 1),并行迭代部分(步骤 3—7),迭代结束条件计算(步骤 8—9)。

在初始化阶段,JP-NFCP 方法设定了分布式优化方法的参数,设定了决策区间的步长和步数,各子网决策者从本地获取了决策所需的信息,并对并行迭代中的部分参数设定了初始值。并行迭代部分包括并行决策(步骤 4),数据交互(步骤 5)以及拉格朗日乘子 $\boldsymbol{\lambda}$ 更新(步骤 6)。

在 JP-NFCP 方法的并行决策(步骤 4)中,各子网决策主体依据子网的本地信息以及邻居传递的耦合信息各自独立地、并行地进行决策。各子网决策的目标函数第一项为网络流规划模型的目标函数,第二项与第三项为惩罚项,限制了相邻子网之间的耦合变量的一致性差异。具体地说,目标函数中的第二项为合并后的增广拉格朗日项,其中 ρ 为惩罚系数,$\boldsymbol{\lambda}$ 是针对耦合约束的拉格朗日乘子,第三项为近端项,其中 $\|\boldsymbol{x}\|_{\boldsymbol{P}}^2 := \boldsymbol{x}\boldsymbol{P}\boldsymbol{x}^{\mathrm{T}}$,$\boldsymbol{P}$ 为对称半正定矩阵。

完成并行决策后,各子网对并行决策获得的耦合变量的决策值进行交互,并基于交互的信息更新拉格朗日乘子 $\boldsymbol{\lambda}$,其中 γ 为 $\boldsymbol{\lambda}$ 更新时候的阻尼参数。随着并行迭代的进行,各子网决策的目标函数中的惩罚项逐渐趋于 0,子网之间的耦合变量也趋于一致,方法逐渐趋于收敛。

算法 3.1 雅可比近端网络流协同规划方法(Jacobi Proximal Network Flow Cooperative Planning, JP-NFCP)

1	输入参数 ρ, $\boldsymbol{P}_n$, γ, 迭代收敛误差限制 ε, 最大迭代次数 $s_{\max}$; 设定决策区间的时间步长 T_s 与步数 N; 各子网决策主体获取子网内的决策信息; 设定变量初始值 $\boldsymbol{u}_n^0$, $\boldsymbol{\lambda}_{n,e}^0 = \boldsymbol{0}$, $e \in E_n^{\text{inter}}$, $n \in \mathscr{V}$, 设置 $s = 0$, $\varepsilon_0 = \infty$。
2	**While** $\varepsilon_s \geqslant \varepsilon$ **and** $s \leqslant s_{\max}$ **do**
3	**for** 子网决策主体 $n = 1, \cdots, N_{\text{sub}}$ 并行化执行 **do**
4	$\boldsymbol{u}_n^{s+1}, \boldsymbol{x}_n^{s+1}, \boldsymbol{y}_n^{s+1}, \boldsymbol{q}_n^{s+1} \leftarrow \underset{\boldsymbol{u}_n, \boldsymbol{x}_n, \boldsymbol{y}_n, \boldsymbol{q}_n}{\operatorname{argmin}} \left\{ \boldsymbol{j}_n^{\mathrm{T}} [\boldsymbol{u}_n^{\mathrm{T}}, \boldsymbol{x}_n^{\mathrm{T}}, \boldsymbol{y}_n^{\mathrm{T}}, \boldsymbol{q}_n^{\mathrm{T}}]^{\mathrm{T}} + \sum_{e \in E_n^{\text{inter}}} \left[\frac{\rho}{2} \left\| \boldsymbol{u}_{n,e} - \boldsymbol{u}_{m,e}^s - \frac{\lambda_{n,e}^s}{\rho} \right\|_2^2 + \frac{1}{2} \|\boldsymbol{u}_{n,e} - \boldsymbol{u}_{n,e}^s\|_{\boldsymbol{P}_n}^2 \right] \right\}$, $\boldsymbol{u}_{n,e} \subset \boldsymbol{u}_n$, $m \in \mathscr{N}_n$ s. t. $\boldsymbol{C}_n [\boldsymbol{u}_n^{\mathrm{T}}, \boldsymbol{x}_n^{\mathrm{T}}, \boldsymbol{y}_n^{\mathrm{T}}, \boldsymbol{q}_n^{\mathrm{T}}] \leqslant \boldsymbol{d}_n$
5	将 $\boldsymbol{u}_{n,e}^{s+1}$ 传递给相邻子网 m 并获取 $\boldsymbol{u}_{m,e}^{s+1}$, $e \in E_n^{\text{inter}}$, $m \in \mathscr{N}_n$
6	$\boldsymbol{\lambda}_{n,e}^{s+1} \leftarrow \boldsymbol{\lambda}_{n,e}^s - \gamma\rho(\boldsymbol{u}_{n,e}^{s+1} - \boldsymbol{u}_{m,e}^{s+1})$, $e \in E_n^{\text{inter}}$, $m \in \mathscr{N}_n$
7	**end for**
8	$\varepsilon_{s+1} = max(\max_{n \in \mathscr{V}} \|\boldsymbol{u}_n^{s+1} - \boldsymbol{u}_n^s\|_\infty, \max_{n \in \mathscr{V}} \|\boldsymbol{u}_{n,e}^{s+1} - \boldsymbol{u}_{m,e}^{s+1}\|_\infty)$, $e \in E_n^{\text{inter}}$, $m \in \mathscr{N}_n$
9	$s = s + 1$
10	**end while**
11	$\boldsymbol{u}_{n,e} = \boldsymbol{u}_{m,e} = (\boldsymbol{u}_{n,e}^s + \boldsymbol{u}_{m,e}^s)/2$, $e \in E_n^{\text{inter}}$, $m \in \mathscr{N}_n$
12	输出 $\boldsymbol{u}_n(1)$, $n = 1 \cdots N_{\text{sub}}$

3.4.4.2 对偶一致网络流协同规划方法

本书构建的 DC-NFCP 方法的整体结构如算法 3.2 所示。DC-NFCP 方法的分布式优化方法为 DC-ADMM。DC-ADMM 是针对分布式优化问题的对偶问题进行求解的,因此求解过程中的一致性变量为原分布式优化问题耦合约束的对偶变量,DC-ADMM 每次迭代过程相当于求解分布式优化问题的拉格朗日函数的鞍点,经过多次迭代最终获得原问题和对偶问题的全局最优解。

算法 3.2 对偶一致网络流协同规划方法(Dual Consensus Network Flow Cooperative Planning, DC-NFCP)

输入正参数 c,迭代收敛误差限制 ε,最大迭代次数 s_{max};
设定决策区间的时间步长 T_s 与步数 N;

1 各子网决策主体获取子网内的决策信息;
设定变量初始值 $\boldsymbol{u}_n^0$, $\boldsymbol{v}_{n,e}^0$, $\boldsymbol{p}_{n,e}^0=\boldsymbol{0}$, $e\in E_n^{\text{inter}}$, $n\in\mathcal{V}$, 设置 $s=0$, $\varepsilon_s=\infty$;
设定参数 $\boldsymbol{A}_{n,e}=-\boldsymbol{A}_{m,e}=\boldsymbol{I}$, $e\in E_n^{\text{inter}}$, $m\in\mathcal{N}_n$

2 **While** $\varepsilon_s\geqslant\varepsilon$ **and** $s\leqslant s_{\max}$ **do**

3 **for** 子网决策主体 $n=1,\cdots,N_{\text{sub}}$ 并行化执行 **do**

4
$$\boldsymbol{u}_n^{s+1},\ \boldsymbol{x}_n^{s+1},\ \boldsymbol{y}_n^{s+1},\ \boldsymbol{q}_n^{s+1}\leftarrow\underset{\boldsymbol{u}_n,\boldsymbol{x}_n,\boldsymbol{y}_n,\boldsymbol{q}_n}{\operatorname{argmin}}\left\{\boldsymbol{j}_n^{\mathrm{T}}[\boldsymbol{u}_n^{\mathrm{T}},\ \boldsymbol{x}_n^{\mathrm{T}},\ \boldsymbol{y}_n^{\mathrm{T}},\ \boldsymbol{q}_n^{\mathrm{T}}]^{\mathrm{T}}+\frac{c}{4N_{\text{nei}}}\sum_{e\in E_n^{\text{inter}}}\left[\left\|\frac{1}{c}\boldsymbol{A}_{n,e}\boldsymbol{u}_{n,e}-\frac{1}{c}\boldsymbol{p}_{n,e}^s+\sum\nolimits_{m\in N_n}(\boldsymbol{v}_{n,e}^s+\boldsymbol{v}_{m,e}^s)\right\|_2^2\right]\right\},\ \boldsymbol{u}_{n,e}\subset\boldsymbol{u}_n$$
$$\text{s.t. }\boldsymbol{C}_n[\boldsymbol{u}_n^{\mathrm{T}},\ \boldsymbol{x}_n^{\mathrm{T}},\ \boldsymbol{y}_n^{\mathrm{T}},\ \boldsymbol{q}_n^{\mathrm{T}}]\leqslant\boldsymbol{d}_n$$

5 $\boldsymbol{v}_{n,e}^{s+1}\leftarrow\dfrac{1}{2N_{\text{nei}}}\left(\sum\nolimits_{m\in\mathcal{N}_n}(\boldsymbol{v}_{n,e}^s+\boldsymbol{v}_{m,e}^s)-\dfrac{1}{c}\boldsymbol{p}_{n,e}^s+\dfrac{1}{c}\boldsymbol{A}_{n,e}u_{n,e}^{s+1}\right)$, $e\in E_n^{\text{inter}}$

6 将 $\boldsymbol{v}_{n,e}^{s+1}$ 传递给相邻子网 m 并获取 $\boldsymbol{v}_{m,e}^{s+1}$

7 $\boldsymbol{p}_{n,e}^{s+1}\leftarrow\boldsymbol{p}_{n,e}^s+c\sum\nolimits_{m\in N_n}(\boldsymbol{v}_{n,e}^{s+1}-\boldsymbol{v}_{m,e}^{s+1})$, $e\in E_n^{\text{inter}}$, $m\in\mathcal{N}_n$

8 **end for**

9 $\varepsilon_{s+1}=max(\max\limits_{n\in V}\|\boldsymbol{u}_n^{s+1}-\boldsymbol{u}_n^s\|_\infty,\ \max\limits_{n\in V}\|\boldsymbol{u}_{n,e}^{s+1}-\boldsymbol{u}_{m,e}^{s+1}\|_\infty)$, $e\in E_n^{\text{inter}}$, $m\in\mathcal{N}_n$

10 $s=s+1$

11 **end while**

12 $\boldsymbol{u}_{n,e}=\boldsymbol{u}_{m,e}=(\boldsymbol{u}_{n,e}^s+\boldsymbol{u}_{m,e}^s)/2$, $e\in E_n^{\text{inter}}$, $m\in\mathcal{N}_n$

13 输出 $\boldsymbol{u}_n(1)$, $n=1\cdots N_{\text{sub}}$

与 JP-NFCP 方法类似,DC-NFCP 方法的整体结构也由初始化部分(步骤 1)、并行迭代部分(步骤 3—8)、迭代结束条件计算(步骤 9—10)组成。在 DC-NFCP 方法的并行迭代部分,v 为耦合约束的对偶变量,$\boldsymbol{p}$ 为引入的中间变量,c 为惩罚系数。DC-NFCP 方法中步骤 4—5 为各子网并行决策的过程,该过程为分布式优化问题的拉格朗日函数的鞍点计算过程的分解,两个步骤分别计算原问题与对偶问题的极值点。在完成并行决策以后,DC-NFCP 方法在步骤 6 进行相邻子网之间的数据交互,子网间的数据交互的内容为对偶变量 $\boldsymbol{v}$ 的并行决策结果,然后步骤 7 基于对偶变量 $\boldsymbol{v}$ 的一致性差异更新中间变量 $\boldsymbol{p}$。

随着并行迭代的进行,DC-NFCP 方法向分布式优化问题的拉格朗日函数的鞍点收敛,原问题的极值点也趋向于多式联运网络流协同规划问题的最优决策。

3.4.4.3 雅可比网络流协同规划方法

J-NFCP 是采用的分布式优化方法为 Jacobi-ADMM,其中的网络流规划模型同样为前文所建立的模型。本书将 J-NFCP 方法作为 JP-NFCP 和 DC-NFCP 的对照方法以进行对比实验研究。J-NFCP 引入了变量 $\boldsymbol{z}$ 作为一致性耦合变量的平均值，其中 $\boldsymbol{\lambda}$ 同样为针对耦合约束的拉格朗日乘子。J-NFCP 方法的整体结构如算法 3.3 所示，分为初始化部分（步骤 1），并行迭代部分（步骤 3—8），迭代结束条件计算（步骤 9—10）。

其中的并行计算部分的目标函数为原优化问题关于耦合约束的增广拉格朗日函数，其中的二次惩罚项中包含惩罚系数 ρ。完成并行计算后各子网对并行计算获得的耦合变量的决策值进行交互，并基于交互的信息更新拉格朗日乘子 $\boldsymbol{\lambda}$。

算法 3.3 雅可比网络流协同规划方法(Jacobi Network Flow Cooperative Planning, J-NFCP)

1	输入正参数 ρ，迭代收敛误差限制 ε，最大迭代次数 $s_{\max}$； 设定决策区间的时间步长 T_s 与步数 N； 各子网决策主体获取子网内的决策信息； 设定变量初始值 $\boldsymbol{z}_e^0$，$\boldsymbol{\lambda}_{n,e}^0=0$，$e\in E_n^{\text{inter}}$，$n\in\mathcal{V}$，设置 $s=0$，$\varepsilon_0=\infty$。
2	**While** $\varepsilon_s\geqslant\varepsilon$ **and** $s\leqslant s_{\max}$ **do**
3	**for** 子网决策主体 $n=1,\cdots,N$ 并行化执行 **do**
4	$\boldsymbol{u}_n^{s+1},\boldsymbol{x}_n^{s+1},\boldsymbol{y}_n^{s+1},\boldsymbol{q}_n^{s+1}\leftarrow\underset{\boldsymbol{u}_n,\boldsymbol{x}_n,\boldsymbol{y}_n,\boldsymbol{q}_n}{\operatorname{argmin}}\left\{\boldsymbol{j}_n^{\mathrm{T}}[\boldsymbol{u}_n^{\mathrm{T}},\boldsymbol{x}_n^{\mathrm{T}},\boldsymbol{y}_n^{\mathrm{T}},\boldsymbol{q}_n^{\mathrm{T}}]^{\mathrm{T}}+\sum_{e\in E_n^{\text{inter}}}\left[\boldsymbol{\lambda}_{n,e}^{s\ \mathrm{T}}[\boldsymbol{u}_{n,e}-\boldsymbol{z}_e^s]+\frac{\rho}{2}\Vert\boldsymbol{u}_{n,e}-\boldsymbol{z}_e^s\Vert_2^2\right]\right\}$，$\boldsymbol{u}_{n,e}\subset\boldsymbol{u}_n$，$m\in\mathcal{N}_n$ s. t. $\boldsymbol{C}_n[\boldsymbol{u}_n^{\mathrm{T}},\boldsymbol{x}_n^{\mathrm{T}},\boldsymbol{y}_n^{\mathrm{T}},\boldsymbol{q}_n^{\mathrm{T}}]\leqslant\boldsymbol{d}_n$
5	将 $\boldsymbol{u}_{n,e}^{s+1}$ 传递给相邻子网 m 并获取 $\boldsymbol{u}_{m,e}^{s+1}$，$e\in E_n^{\text{inter}}$，$m\in\mathcal{N}_n$
6	$\boldsymbol{z}_e^{s+1}=(\boldsymbol{u}_{n,e}^{s+1}+\boldsymbol{u}_{m,e}^{s+1})/2$，$e\in E_n^{\text{inter}}$，$m\in\mathcal{N}_n$
7	$\boldsymbol{\lambda}_{n,e}^{s+1}=\boldsymbol{\lambda}_{n,e}^s+\rho[\boldsymbol{u}_{n,e}^{s+1}-\boldsymbol{z}_e^{s+1}]$，$e\in E_n^{\text{inter}}$，$m\in\mathcal{N}_n$
8	**end for**
9	$\varepsilon_{s+1}=max(\max_{n\in\mathcal{V}}\Vert\boldsymbol{u}_n^{s+1}-\boldsymbol{u}_n^s\Vert_\infty,\ \max_{n\in\mathcal{V}}\Vert\boldsymbol{u}_{n,e}^{s+1}-\boldsymbol{u}_{m,e}^{s+1}\Vert_\infty)$，$e\in E_n^{\text{inter}}$，$m\in\mathcal{N}_n$
10	$s=s+1$
11	**end while**
12	输出 $\boldsymbol{u}_n(1)$，$n=1\cdots N_{\text{sub}}$

3.4.5 仿真实验

为了实现多式联运网络流协同规划，本书构建了 JP-NFCP 方法与 DC-NFCP 方法。本节通过仿真实验对比 JP-NFCP 方法、DC-NFCP 方法以及对照方法 J-NFCP 的决策性能。仿真实验首先需要验证三种方法的求解可行性，并在不同货运量场景下对比三种方法的求解速度、通信量、方法的实施难度等性能指标，从而评价三种方法的优劣。

3.4.5.1 仿真实验方法

本仿真实验以长江流域中部的多式联运物流网络为基础构建，分别应用三种网络流协同规划方法进行决策。多式联运物流网络被划分为三个子网，如图 3.27 所示。

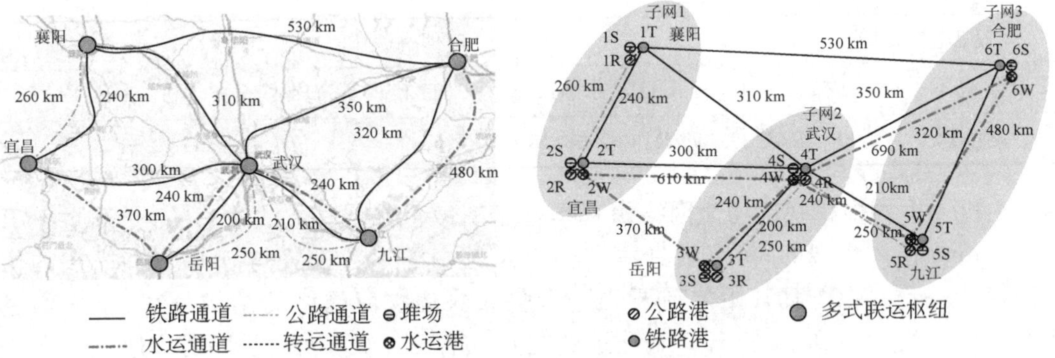

图 3.27 协同决策实验网络结构

在实验中的分布式优化问题表示为 $\mathscr{G}=\{\mathscr{V},\ \varepsilon\}$，其中子网决策主体集合 $\mathscr{V}=\{Operator_1, Operator_2, Operator_3\}$，因为三个子网决策主体两两之间都存在互连通道，因此三个子网决策主体都互为邻居，该分布式优化问题是完全图。

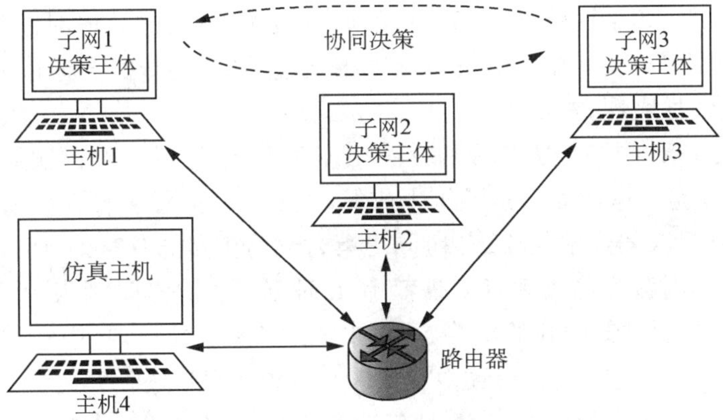

图 3.28 仿真实验实施方案

仿真实验是按如图 3.28 所示的实施方案构建的，所用到硬件设备包括四台主机和一台路由器，其中三台主机代表进行协同决策的三个子网的决策者，另一台主机则执行多式联运物流网络的仿真并作为分布式优化的中间协调者，四台主机通过路由器完成通信。实验中需要的硬件设备如表 3.15 所示。

主机 4 的作用既作为仿真平台，又作为网络流协同规划方法的协调者。其协调工作包括实验中各主机的同步、协同决策终止的判断、子网决策的接受与转发、决策与仿真的交互过程以及实验数据的统计和管理等。

表 3.15 实验所用到的硬件设备

设备	硬件资源
主机 1	具有 Intel(R) Xeon(R) CPU E5-2603 1.7 GHz 的 CPU 和 16 GB 内存的服务器主机
主机 2	具有 Intel(R) Xeon(R) CPU E5-2603 1.7 GHz 的 CPU 和 16 GB 内存的服务器主机
主机 3	具有 Intel(R) Core(TM) i7-5820K 3.3 GHz 的 CPU 和 8 GB 内存的台式主机

（续表）

设备	硬件资源
主机 4	具有 Intel(R) Xeon(R) 3.30 GHz 的 CPU 和 8 GB 内存的台式主机
路由器	TP-LINK TL-WVR450G 450 Mbps

主机 4 中的多式联运物流网络仿真是基于离散事件仿真方法构建的，是通过 Python 中的 Simpy 模块实现的，仿真的具体结构以及其中的参数设置与 3.3.4 节描述的仿真方法保持一致。在仿真开始之前要先进行多式联运物流网络的结构分解：首先通过对所有枢纽的划分得到子网；若一条通道的起点或者终点属于该子网，则该通道也属于该子网；若托运人的终点和起点都属于一个子网，则该托运人仅属于该子网，否则属于所有子网。

三台决策主机作为各个子网的决策者，根据子网的本地信息和子网间的交互信息进行协同决策。在实验中，每台决策主机实现并行计算与数据交互。其中并行计算过程中的求解器运用的是 Gurobi。在决策时刻，仿真中各子网的实时监控数据以及辅助决策信息都传递给各子网决策主体，包括网络通道与节点的监测数据，通道的运输时间估计，运输成本估计，新运输需求预测等。实验中的数据交互网络通过局域网实现，数据传输通过基于 TCP/IP 协议的 socket 编程实现。

仿真实验基于三种网络流协同规划方法在 1、3、12 个托运人的运输需求规模下各进行 10 次实验。每次实验的运输需求是随机生成的，需要运输的集装箱在仿真的 0 时刻到达起始节点。在 1 个托运人的运输规模下，协同决策时刻为仿真的 0 时刻，而在多个托运人的运输规模下，协同决策时刻为仿真 0 时刻或者 10 h 时刻。若决策时刻为 10 h 时刻，在协同决策点之前的 10 h 内，通过集中式的网络流规划方法实现全局规划，集中式方法的决策的步长和步数与网络流协同规划方法一致。在实验中，收敛误差限制 ε 设置为 10^{-4}，迭代次数限制 $s_{\max}$ 为 1 000。值得一提的是，如果协同决策方法未能收敛于实验中 $s_{\max}$ 迭代次数限制内，则实验的迭代次数将记录为 $s_{\max}$ 值。

在实验之前，首先需要先选定三种网络流协同规划方法的参数。对于 J-NFCP 方法和 DC-NFCP 方法，通过不同场景下不同参数的多次测试最终选择 ρ 为 200，c 为 0.000 5。而 JP-NFCP 方法同样通过不同场景下不同参数的多次测试，选定 $\boldsymbol{P}_i = 1\,000\boldsymbol{I}$，$\rho$ 为 200，γ 为 1。在实验中选用的时间步长为 5 h，决策区间内的步长数为 10。

3.4.5.2 仿真实验结果

在实验结果分析中，首先选取有代表性的一次实验说明三种方法的协同决策可行性，并对协同决策的结果进行对比研究。然后通过对不同货运量需求下多次实验的统计结果对比方法的优劣性。

1. 单次实验结果

本节选取了一次含有 12 个托运人的实验，在该实验中的运输需求如表 3.16 所示。其中小部分托运人的运输需求的起点和终点都位于同一子网，大部分托运人的运输需求位于不同子网，托运人的运输类型包括了单次运输和周期运输。在本次实验中，协同决策时刻为仿真中的 10 h 时刻。

表 3.16 托运人信息

托运人	类型	起点	终点	周期(h)	运输需求(TEU)
U0	周期	3S	1S	10	50
U1	单次	3S	1S	—	40
U2	单次	5S	1S	—	50
U3	单次	2S	3S	—	100
U4	周期	4S	2S	20	20
U5	单次	2S	5S	—	70
U6	周期	2S	6S	5	50
U7	单次	3S	4S	—	20
U8	周期	5S	3S	20	30
U9	单次	4S	5S	—	60
U10	单次	6S	4S	—	90
U11	单次	6S	5S	—	100

对于这个运输场景下三种网络流协同规划方法的运行结果如表 3.17 所示。

通过集中式的网络流规划方法求解获得的全局最优化的运输成本为 218 146.96 CNY，由表表 3.17 可见三种协同决策方法的全局成本与集中式方法几乎一致，说明三种协同决策方法都可以收敛至全局最优的运输成本。此外，从表 3.17 来看，三种协同决策方法的通信数据量和计算时间都随着迭代次数的增长而增长，且三个子网中与其他两个子网互连通道数量较多的子网 2 的通信量与计算量都更大。

图 3.29 显示了三种网络流协同规划方法的收敛曲线，结合表 3.17，可知在该次实验中 J-NFCP 方法、JP-NFCP 方法、DC-NFCP 方法分别在 514、351、283 次迭代后 ε_s 减小到 10e−4 以下，说明了这三种方法能够在震荡中趋于收敛。此外，这三种协同决策方法收敛后的全局成本与中心化求解的全局成本一致，表明这三种协同决策方法有效地找到了全局最优决策。在该实验场景中，DC-NFCP 方法的收敛速度最快，JP-NFCP 方法次之。

表 3.17 单次实验中三种方法的运行结果

方法		运输成本(CNY)	信息交互量(MB)	迭代次数	计算时间(s)
J-NFCP	全局	218 147.02	335.10	514	2 748.63
	子网 1	41 129.18	88.98		1 084.59
	子网 2	116 591.69	146.33		2 312.37
	子网 3	60 426.14	99.80		569.63
JP-NFCP	全局	218 146.96	251.55	351	1 872.66
	子网 1	40 632.75	66.58		751.94
	子网 2	116 884.20	110.23		1 543.10
	子网 3	60 630.01	74.74		386.14

（续表）

方法		运输成本（CNY）	信息交互量（MB）	迭代次数	计算时间（s）
DC-NFCP	全局	218 147.09	221.28	283	1 501.39
	子网 1	40 768.72	66.31		591.79
	子网 2	116 939.54	84.62		1 253.16
	子网 3	60 438.83	70.36		310.91

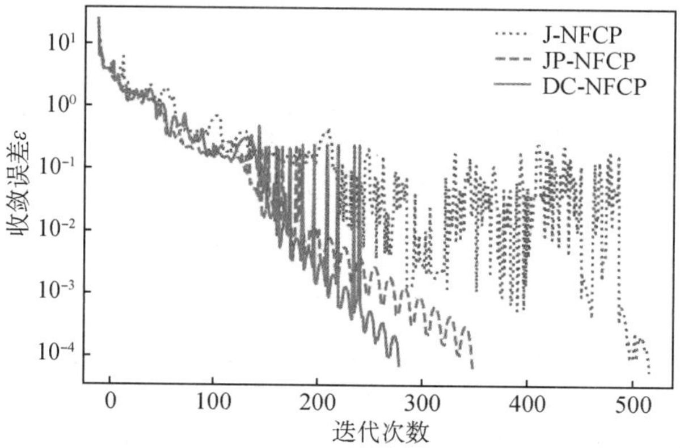

图 3.29　单次实验的迭代收敛误差曲线

虽然三种方法的全局运行成本都收敛至最优值，但是三种方法的流量控制决策与集中式网络流规划方法得到的决策并不完全相同，表 3.18 显示了决策区间内的第一个步长的流量控制，可以观察到三种方法的最终决策中托运人 U6 在 2T-4T 通道以及托运人 U0 在 3T-4T 通道的流量决策都与集中式方法得到的决策有所差异，说明网络流规划模型是存在多个最优解的。

表 3.18　单次实验中三种方法的决策结果

通道	托运人	集中式网络流规划方法结果（TEU）	网络流协同规划结果（TEU）		
			J-NFCP	JP-NFCP	DC-NFCP
2S-2T	U6	50	50	50	50
2T-2S	U4	20	20	20	20
2T-4T	U6	40	47.6	45.9	45.65
3S-3T	U0	50	50	50	50
3T-4T	U0	40	43.7	43.2	44.2
3R-3S	U8	30	30	30	30
4T-4S	U7	10	10	10	10
4T-1T	U0	50	50	50	50
4T-1T	U1	40	40	40	40

(续表)

通道	托运人	集中式网络流规划方法结果(TEU)	网络流协同规划结果(TEU)		
			J-NFCP	JP-NFCP	DC-NFCP
4T-1T	U2	50	50	50	50
4T-6T	U6	50	50	50	50
4T-5T	U5	50	50	50	50
4R-3R	U8	1	1	1	1
5T-5S	U9	60	60	60	60
5T-5S	U11	100	100	100	100

2. 多次实验的结果

在多式联运物流网络的实际运行中,网络货运量需求是不断变化的。因此探究各方法在不同货运量需求下的协同决策效果是必要的。本节展示了三类货运量需求下的多场景网络流协同规划实验结果。其中表3.19展示了三种方法在不同的货运量需求下的运行结果,图3.30、图3.31、图3.32分别展示了三种方法在三种货运量需求下多次实验的平均收敛误差曲线。

值得一提的是,完成收敛的协同决策方法的全局成本都与集中式方法的全局成本误差小于10^{-5},因此可以认定完成收敛的协同决策方法都收敛至全局最优解。

就托运人数量为1的场景而言,三种协同决策方法的平均迭代次数的差异并不算大,DC-NFCP的平均迭代次数最小。然而J-NFCP方法存在一次实验在1 000次迭代后未收敛的情况,除去该次实验后J-NFCP方法的平均迭代次数要小于另外两种方法。从表3.19也可以明显看到,J-NFCP方法在300次迭代之前的平均收敛情况要好于另外两种方法,而在300次迭代之后,则平均收敛曲线也因为未收敛的单次实验而一直处于振荡。但这情况也证明了J-NFCP方法的不稳定性。

表3.19　多次实验中三种方法的运行结果统计

运输需求	方法	平均迭代次数	单次迭代的平均通信量(kB)	单次迭代的平均时间(s)	迭代次数标准差	收敛至最优解的次数
托运人数量:1	J-NFCP	239.8	63.88	1.17	278.61	9
	JP-NFCP	236.4	70.48	1.16	121.39	10
	DC-NFCP	185.9	76.99	1.14	97.54	10
托运人数量:3	J-NFCP	791.5	191.76	1.86	345.41	3
	JP-NFCP	571.7	211.97	1.87	222.07	9
	DC-NFCP	426.4	231.25	1.85	144.15	10
托运人数量:12	J-NFCP	794.1	718.52	5.21	272.31	4
	JP-NFCP	607	791.32	5.12	253.49	8
	DC-NFCP	445.3	865.4	5.06	136.21	10

当托运人数量为 3 和 12 时,JP-NFCP 与 DC-NFCP 方法在收敛迭代次数上具有较大的优势,其主要原因是 J-NFCP 方法在多次实验中难以在限制次数内收敛。而 DC-NFCP 方法则在所有的实验中都收敛至了最优解,JP-NFCP 方法在大部分的实验中收敛至最优解。从图 3.30 和图 3.31 两张平均收敛曲线图也可以看出,JP-NFCP 与 DC-NFCP 方法的收敛速度优势从收敛过程的初期就有所体现,而到后期,在接近最优解的时候,即图中迭代次数为 600 次的附近,DC-NFCP 方法的收敛速度明显加快,这说明大量的实验场景中 DC-NFCP 方法在这附近完成迭代收敛,同样说明 DC-NFCP 方法在最优解周围具有快速收敛的特性。

J-NFCP 方法的不足在于其收敛速度的不稳定性,尽管在某些场景下也能快速收敛至最优解,J-NFCP 方法在三种货运量需求下收敛次数的标准差都是最大的。稳定性表现最优的方法为 DC-NFCP 方法,在实验中的所有场景中,该方法都快速地收敛至全局最优解。JP-NFCP 方法的稳定性介于二者之间。

从通信成本来看,JP-NFCP 方法与 DC-NFCP 方法的通信成本大于 J-NFCP 方法约 10%和 20%,差距并不是很大。从三种方法的原理上来看,它们数据通信的变量数量是一致的,但是通信成本的计算很大程度受到传输的数据形式、通信数据协议的影响,因此造成了通信成本上的误差。

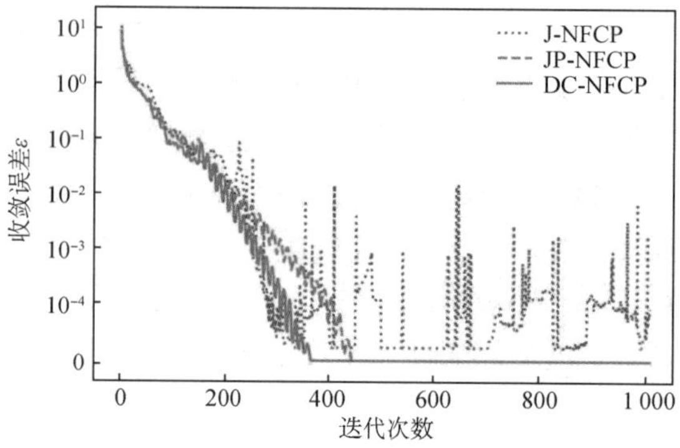

图 3.30 托运人数量为 1 的多次实验平均收敛误差曲线

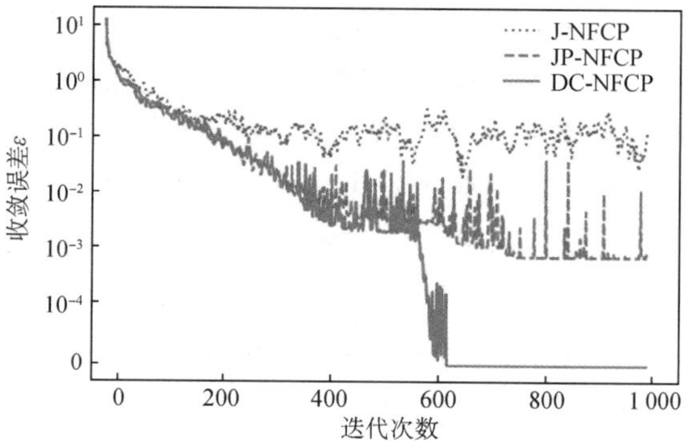

图 3.31 托运人数量为 3 的多次实验平均收敛误差曲线

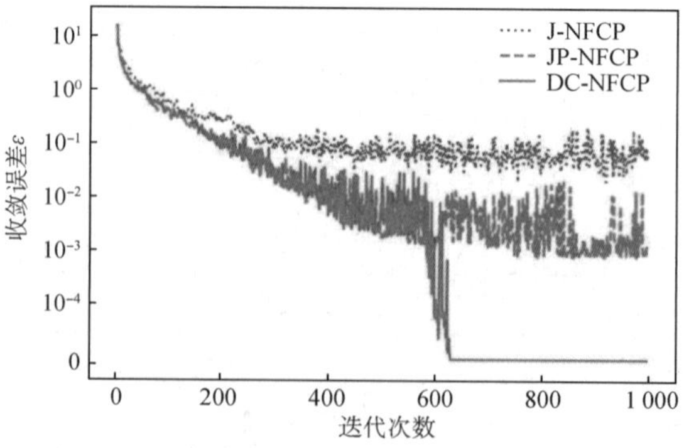

图 3.32 托运人数量为 12 的多次实验平均收敛误差曲线

三种方法的单次迭代时间开销差距同样并不是很大，DC-NFCP 相对其他两种方法具有微弱的优势。单次迭代时间开销包括数据通信时间开销和计算时间开销。各个子网的每次并行计算的问题形式都是一致的，都是二次规划，且问题的规模一致，因此并行计算的时间差距也较小。

总的来说，三种协同决策方法的主要差距还是在收敛迭代次数上，而 DC-NFCP 方法的性能最好，JP-NFCP 方法次之，J-NFCP 方法则表现最差。

3. 补充实验

先前的实验说明了 J-NFCP 方法的不稳定性。先前实验在具有不同运输需求的场景中使用相同的参数集，尽管实验前参数的选择也是通过多场景下的多次试验选定的，但是为了实验的严谨性，本书通过一个补充实验排除参数选定造成 J-NFCP 方法不稳定的可能性。补充实验选取先前实验中 J-NFCP 方法没有收敛至最优解的场景，测试更多参数选择下的收敛效果。

表 3.20　补充实验结果

实验 ID	托运人数量	J-NFCP					JP-NFCP	DC-NFCP
		$\rho=50$	$\rho=100$	$\rho=200$	$\rho=400$	$\rho=800$		
1-7	1	489	924	1 000+	1 000+	404	296	220
2-2	3	1 000+	1 000+	1 000+	1 000+	1 000+	597	512
2-5	3	1 000+	1 000+	1 000+	1 000+	1 000+	604	453
2-9	3	1 000+	1 000+	1 000+	1 000+	761	677	398
3-1	12	1 000+	1 000+	1 000+	1 000+	1 000+	441	389
3-5	12	1 000+	1 000+	1 000+	1 000+	1 000+	633	449
3-9	12	1 000+	1 000+	1 000+	1 000+	1 000+	660	623

补充实验测试了 J-NFCP 方法在参数 ρ 为[50，100，400，800]的四种情况下的协同决策，测试场景为在惩罚系数 $\rho=200$ 的情况下无法在 1 000 次迭代内收敛的 7 个场景。补充实验结果如表 3.20 所示，尽管部分场景下参数调整能够提高 J-NFCP 方法的收敛性，但是大部分情况仍无法在 1 000 次迭代限制内收敛至最优值，而其他两种方法在上述的场景中都能有效地收敛至最优解。说明动态化调参也无法提高 J-NFCP 方法的综合表现，J-NFCP 方法相较于其他两种方法，在收敛速度上确实存在劣势。这进一步说明了 JP-NFCP 和 DC-NFCP 方法能更好地应用于协同运输的网络控制中。

3.4.5.3　讨论

DC-NFCP 与 JP-NFCP 方法表现出的收敛速度优势是 JP-ADMM 与 DC-ADMM 两种的分布式优化方法的收敛性质优越性的体现。DC-ADMM 方法与 JP-ADMM 方法在收敛性上是有保证的，其中 JP-ADMM 方法在一定的参数选定下，可以以次线性收敛速率，DC-ADMM 方法在一些情况下能够具有线性收敛速度，而 Jacobi-ADMM 方法则需要对耦合约束具有额外的条件下才能具有次线性收敛速率。虽然这些分布式优化方法在讨论收敛性质的时候并不包含本地约束，但是仍具有参考意义。

此外，与 DC-NFCP 方法相比，JP-NFCP 方法在收敛速度上存在劣势。一方面可以通过分布式优化方法的收敛性质来解释;另一方面,JP-NFCP方法因为存在较多的参数,参数选定过程也更为复杂,这也可能限制其应用效果。

对于DC-NFCP方法收敛速度的优越性,以下分析也许能从另一个角度说明其中的原因。DC-NFCP方法求解的实际分布式优化问题是原分布式优化问题针对子网间耦合约束的对偶问题,对偶问题中各子问题的变量一致,都为对偶变量$\boldsymbol{v}_{n,e}$。而J-NFCP方法与JP-NFCP方法则是直接求解原分布式优化问题,耦合变量为各子网互连通道相关的控制变量$\boldsymbol{u}_{n,e}$,而各子问题除了耦合变量还包含大量的其他变量。因为$\boldsymbol{v}_{n,e}$与$\boldsymbol{u}_{n,e}$在数量上是一致的,而DC-NFCP的实际分布式优化问题中不存在其他变量,这也就意味着DC-NFCP解决的分布式优化问题的规模相对其他两种方法更小,这可能也是DC-NFCP方法具有更快的收敛速度的原因之一。简而言之,DC-ADMM更适合网络流协同规划这类耦合约束数量远小于变量数量的去中心化协同决策问题。

对于多式联运物流网络的协同决策问题,还有很多值得深入研究的内容。本书构建的方法在理论分析层面是欠缺的,这是未来研究的重要内容。虽然所构建的协同决策方法在收敛速度上有了不小的提升,但这仍然是协同决策发展的最大阻碍,进一步提升协同决策方法的决策速度仍然需要大量的研究与实践。为分布式优化构建更适合的决策模型也是下一步研究的内容,一方面模型最好摆脱多个最优解的情况;另一方面模型需要适合分布式优化的求解结构。此外,协同决策方法对同种网络下的不同货运量需求场景下的自动调参,或者在同一次决策中不同的迭代阶段调整超参也值得研究。

3.4.6 小结

本节对多式联运物流网络中不同子网之间的网络流协同规划展开研究。考虑信息交互限制的去中心化协同决策方法可以在避免大量数据传递并且保证各子网数据隐私的前提下实现全局优化,但是现有方法最大的缺陷是其决策过程非常耗时。因此,本节在分析了网络流协同规划问题特点后,设计了基于DMPC的协同决策方法结构。在分析网络流协同规划的分布式优化问题结构后,选定了两种变种的ADMM作为分布式优化方法,分别构建了JP-NFCP方法与DC-NFCP方法以实现多式联运网络流协同规划。网络流协同规划方法在完成初始化后,进入包括并行决策、数据交互、变量更新这三个部分的并行迭代阶段,在多次迭代之后各子网的耦合变量趋于一致,最终完成收敛。

仿真实验验证了DC-NFCP方法与JP-NFCP方法在完成收敛后能获得全局最优解,并验证了DC-NFCP方法与JP-NFCP方法较现有方法在收敛速度和收敛稳定性上的优越性,其中DC-NFCP方法的优势尤为明显。

综上所述,本节为多式联运网络流协同规划问题构建了新方法,提升了决策性能,在具有海量数据且注重数据隐私的多式联运物流网络中,本节构建的协同决策方法具有较大的参考价值。

3.5 多式联运集装箱调度纵向协同决策

本节对多式联运物流网络协同运行协议中层次化的、针对不同业务的决策主体之间的协同决策展开研究，本书将这一类决策称为纵向协同决策。本节的研究载体为多式联运物流网络集装箱调度问题，涵盖了位于封装层的空箱调度（Empty Container Repositioning，ECR）模块与位于网络层的网络流规划模块。这两个模块的决策问题是多式联运系统中的重要问题，且两个模块是具有层次化的耦合关系。本节将针对这两个模块研究不同类型的协同决策方法。纵向协同决策问题在不同的场景下往往具有不同的决策需求。

（1）协同决策方法需要实现全局优化决策。在纵向协同决策问题中，决策模块之间具有层次化的耦合关系，协同决策方法需要在保证耦合关系的前提下实现全局优化。

（2）决策模块之间可能存在隐私保护需求。由于不同决策模块的决策主体差异，一些场景中决策模块之间存在数据交互限制，在这类场景中决策模块只能交互耦合变量信息。

（3）模块之间可能因决策方法差异而具有协同决策合作限制。在一些场景中，各模块决策方法差异可能非常大，甚至无法知晓其他模块的内部结构，在协同决策中视彼此为黑盒。这类场景下，各模块通常无法整合为单一模型进行决策。

单一的协同决策方法无法满足不同场景下的所有决策需求，因此需要依据场景特点构建不同类型的协同决策方法。本节针对集装箱调度纵向协同决策问题，设计了顺序式、整合式、分布式三种协同决策方法结构，在网络流规划模型和空箱调度模型的基础上完成了三种协同决策方法的构建，并基于仿真实验对比分析了各方法的优缺点和适用场景。

3.5.1 集装箱调度纵向协同决策问题描述

本节讨论的集装箱调度包括空箱调度与网络流规划两个部分。在多式联运物流网络中，集装箱网络流规划是网络层的重要决策模块，其决策过程决定了每个集装箱的运输方式与路径，这极大地影响着网络的运行成本。空箱调度则是封装层的重要决策内容，尽管空箱运输所花费的成本并不会直接产生利益，但确保空箱在网络中合理地流转能极大地提升多式联运系统的运行效率。在集装箱 11～15 年的生命周期中，有约 56%的时间是处于空箱运输或空箱存储的状态；在世界港口所有记录的集装箱装卸中，约有 30%是空集装箱。所以如何合理地调度空箱对多式联运物流网络的影响同样是深远的。

这两个对多式联运物流网络举足轻重的决策模块之间的联系是紧密的。从协同运行协议来看，封装层位于网络层的上层。从顶向下看，封装层的决策都是要通过网络层的处理后下发至转运层和运输层进行执行；从底向上看，在网络中完成运输的集装箱都需在封装层拆箱与调度。由此可见，空箱调度与网络流规划模块的协同决策的研究是必要的。但在现有的研究中，空箱调度与集装箱路径规划的协同决策仅限于航运公司内部，且不涉及去中心化的协同决策方法。

3.5.1.1 集装箱调度各模块描述

1．空箱调度模块

多式联运物流网络中的运输需求不平衡是难以避免的，这导致空箱运输占用了大量的运输资源。如何以较低的运行成本满足多式联运物流网络中的用箱需求是空箱调度的决策目标。

在多式联运物流网络中，集装箱所有权可以分为以下几类：货主自备箱、承运人箱、出租箱，而在现有多式联运系统中，空箱调度的决策主体主要为船公司、铁路公司、租箱公司等。空箱调度一方面满足各场站的租箱型运输需求，另一方面当网络中不同区域的运输需求不均衡时，需要通过空箱转移以确保集装箱的流转。然而，各承运人以及各租箱公司的空箱调度通常仅限于自家公司以及少量合作企业的集装箱，这很大程度上限制了空箱调度的优化空间。

本节针对空箱调度的研究是在协同运行协议的体系结构下展开，而空箱调度问题是属于封装层的决策内容。封装层要求参与协同运行协议的租箱公司或承运人共享集装箱，并由封装层的集装箱共享平台统一管理，实现空箱调度、集装箱监测与维护等功能。因此本节讨论的空箱调度的决策主体是封装层中的集装箱共享平台。协同运行协议将多式联运物流网络中的托运人分为两种类别，自备箱托运人与租箱托运人。自备箱托运人的集装箱由托运人自行获取，完成运输后集装箱由托运人自行处理；租箱托运人的集装箱是托运人向共享平台提出用箱需求后租箱获取的，完成运输后需要归还至共享平台。

本节对空箱调度问题的研究是基于以下假设的。

(1) 多式联运物流网络的封装层存在集装箱共享平台，所有遵循协同运行协议的角色都可以于网络中任意枢纽的堆场节点租用集装箱空箱，并可以在任意枢纽的堆场节点还箱。

(2) 本研究所探讨的问题尺度在于整个网络的空箱供需均衡化，因此集装箱的装箱与拆箱等作业细节并不在本研究中进行探讨。

(3) 网络中的租箱过程与还箱过程仅发生在堆场节点。

(4) 租箱托运人在某堆场节点发出租箱请求后，若该节点的空箱不足，则该请求一直等待，直到租箱请求得到满足。

(5) 本书不考虑集装箱的损坏、维修与报废。

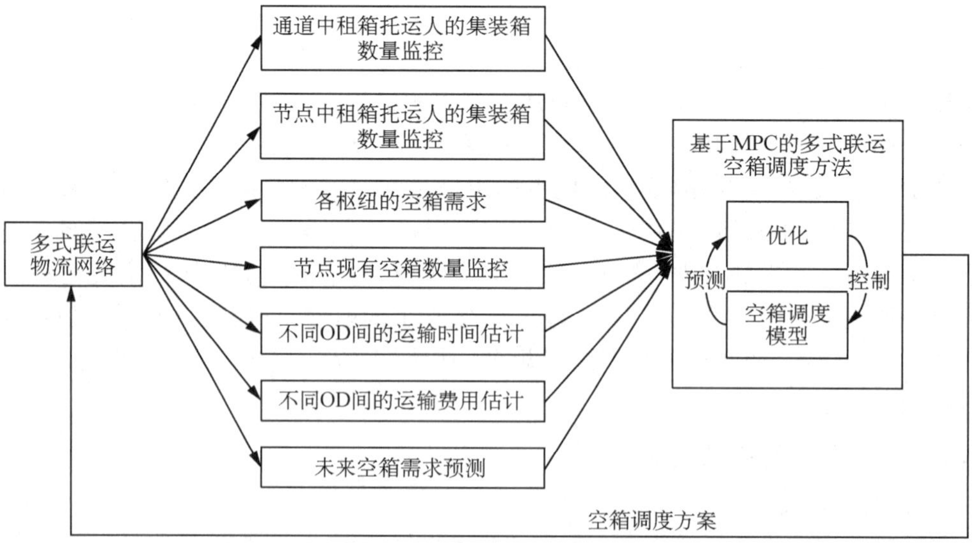

图 3.33　空箱调度模块结构

本书中的空箱调度方法同样是基于 MPC 构建的。空箱调度模块的结构如图 3.33 所示。在决策时刻，空箱调度模块从多式联运物流网络中获取网络实时信息以及其他模块传递的辅助决策信息，空箱调度方法以滚动时域的方式进行决策。在决策过程中，空箱调度模型实现决策方案的成本评估而优化过程实现决策方案的调整，在评估和调整的不断迭代后完成决策，最终确定决策区间内的空箱分配与转移方案。

2. 网络流规划模块

集装箱网络流规划模块的决策内容与决策方法在3.3节中进行了详细的讨论，本节不再赘述。集装箱网络流规划的决策主体为多式联运经营人。

3.5.1.2 集装箱调度各模块耦合关系分析

通过空箱调度模块与网络流规划模块的物流、信息流层次分析，本节说明了两个模块之间的耦合关系。

图3.34展现了空箱调度与网络流规划的物流层次关系。空箱调度的物流输入为用户层获取的待运货物以及待调度空箱，输出是待运的重箱和空箱。其中，待调度空箱包括租箱托运人的重箱完成运输后腾出的空箱和其他节点调度来的空箱，这些空箱经由网络流规划模块输入空箱调度模块。而网络流规划模块的物流输入为空箱调度传递的待运集装箱以及转运层传递的待规划集装箱，输出为完成规划的集装箱，这些集装箱将由转运层转运后完成网络中的运输。

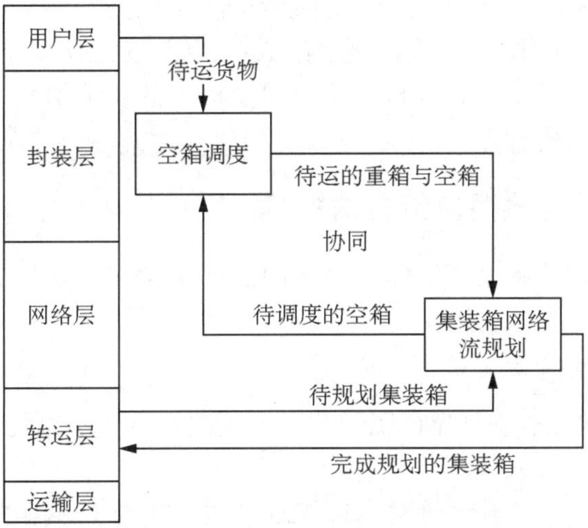

图3.34 空箱调度与网络流规划的物流层次关系图

图3.35则说明了空箱调度与网络流规划模块的信息流层次关系图。其中服务信息流包括：输入信息中的来自各层次的实时状态与辅助决策信息；两个模块间的耦合信息交互；各模块为其他服务模块输出决策结果以提供辅助决策信息。

由图3.34和图3.35可知，空箱调度与网络流规划协同决策问题的双向耦合关系在于：空箱调度产生的重箱和空箱的运输需求为集装箱网络流规划的输入，而网络流规划的结果决定了未来一段时间内各场站内的待调度空箱数量。

具体地说，用户层在接受到客户的运输订单后，分别产生了自备箱型运输需求和租箱型运输需求。自备箱型运输需求可以直接跳过空箱调度，进入网络层的集装箱网络流规划决策中。租箱型运输需求在封装层等待空箱调度决策为其安排空集装箱以装箱。若场站

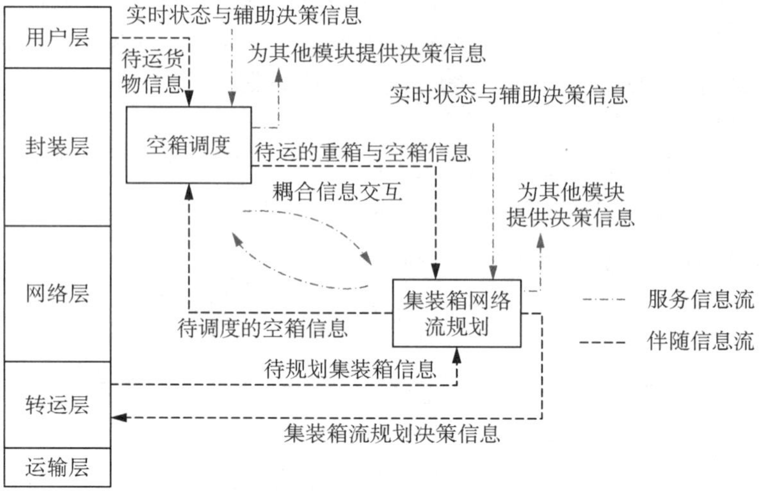

图 3.35　空箱调度与网络流规划的信息流层次关系图

内暂无空箱，则该租箱型运输需求则需要等待其他重箱拆箱后腾出的空集装箱，或者需要从网络中其他场站调度部分空箱以满足租箱需求。空箱调度决策产生的空箱与重箱的运输需求需要通过集装箱网络流规划模块实现运输路径的规划。网络流规划为各集装箱制定运输方式与路线方案，从而决定了集装箱到达终点以及场站获得空箱的时间。空箱调度与网络流规划的耦合关系使得二者各自决策时需要对方的决策信息，对于耦合信息的处理是构建不同协同决策方法的重点。

3.5.2　集装箱调度纵向协同决策方法构建

本节针对多式联运物流网络集装箱调度纵向协同决策问题构建了三种协同决策方法，分别是顺序式、整合式、分布式协同决策方法。

3.5.2.1　协同决策方法结构设计

在探讨方法构建之前，本节首先说明了三种协同决策方法的结构设计。

1. 顺序式协同决策方法

在协同运行协议中，空箱调度与网络流规划的决策主体是不相同的，不同决策主体之间的信息完全共享通常难以实现。在不同的决策模块仅能够针对耦合信息进行交互的情况下，顺序式协同决策方法是较为常见的，即参与协同决策的模块按顺序完成决策，先进行决策的模块将耦合信息传递给后决策的模块。然而，顺序式协同决策只能实现单向的信息传递，双向耦合的协同决策问题无法在一些耦合变量上达成一致。空箱调度与网络流规划的协同决策是双向耦合的，即两个模块都需要对方的决策结果来完成决策。在这种情况下，先决策的模块需要通过估计的方式获得耦合信息，后决策的模块则可以直接获取前者的决策结果。

空箱调度与网络流规划的顺序式协同决策结构如图 3.36 所示。在顺序式协同决策中，两个模块之间的协同方式具有低耦合低协作的特点。因为空箱调度所属的封装层位于网络流规划所属的网络层之上，而且空箱调度为网络流规划产生运输需求，所以在顺序式协同决策中，空箱调度被置于网络流规划之前。空箱调度模块首先完成决策，其所需要的耦合信息通过网络层的历史运行数据估算得到。完成决策后将结果传递给网络流规划模块，随后网络流规划模块将决策结果作为输入的一部分完成决策。

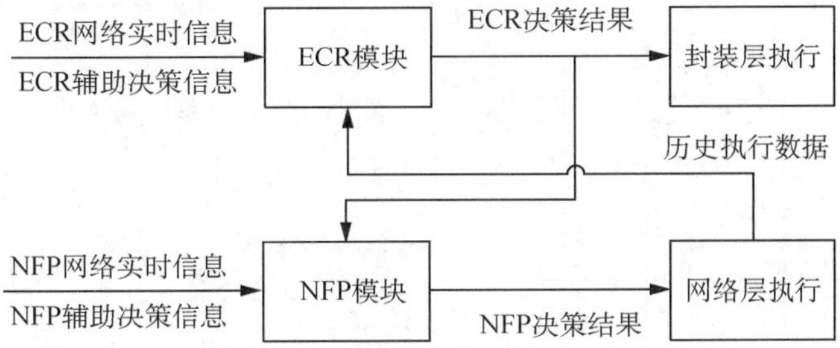

图 3.36　集装箱调度顺序式协同决策方法结构

2. 整合式协同决策方法

倘若两个决策模块的决策主体能够开展深度合作，允许交互所有决策相关信息，那么将两个模块的决策模型整合为集成模型是常见的协同决策解决思路。整合式协同决策方法要求各参与模块的决策方法是可集成的，因此各模块的决策方法差异较大的情况下通常无法选用整合式协同决策方式。空箱调度模块与网络流规划模块皆采用数学规划的决策方式，因此可以实现整合式协同决策。

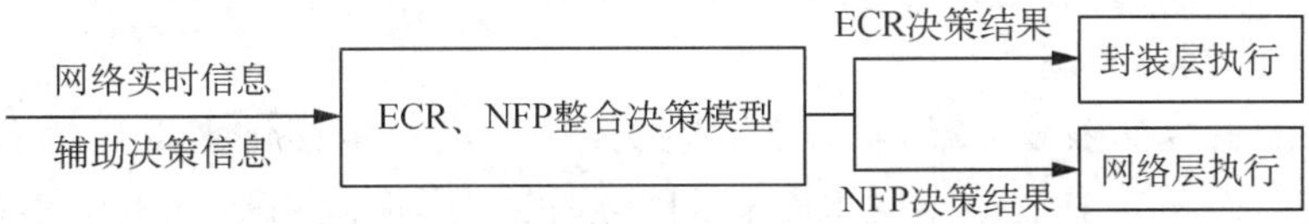

图 3.37　集装箱调度整合式协同决策方法结构

如图 3.37 所示，在整合式集装箱调度协同决策方法中，所有网络实时信息和辅助决策信息都传递给整合决策模型作为输入，模型决策结果再交由两个层次分别执行。整合式协同决策方法具有高耦合高协作的特点。

3. 分布式协同决策方法

分布式协同决策方法的特点在于参与协同决策的模块只对耦合信息进行交互，各模块各自独立地进行优化决策。通过多次独立决策与信息交互的迭代，各模块最终对耦合信息达成一致并获得全局优化的决策结果。分布式协同决策方法兼顾了隐私保护和决策效果，具有低耦合高协作的特点。本书基于目标级联分析法（Analytical Target Cascading，ATC）构建了集装箱调度分布式协同决策方法。如图 3.38 所示，在所构建的分布式协同决策方法中，空箱调度模块与网络流规划模块视彼此为黑盒，两个模块通过目标函数中的惩罚函数限制耦合变量的一致性差异，并在迭代计算过程中不断更新惩罚函数系数。在多次迭代之后两个模块就耦合变量达成一致，最终完成协同决策。

区别于 3.4 节构建的横向协同决策方法，基于 ATC 的分布式协同决策方法各模块以串行的方式按照层次从上至下依次进行决策。串行决策的分布式协同决策方法因为可以采用 Gauss-Seidel 的迭代方式，通常具备更好的收敛性，且更适合层次化的协同决策问题。此外，基于 ATC 的分布式协同决策方法在各模块视彼此为黑盒的决策场景中也能有不错的协同决策表现。ATC 方法的提出是为了解决多学科设计优化问题，这类问题涉及不同学

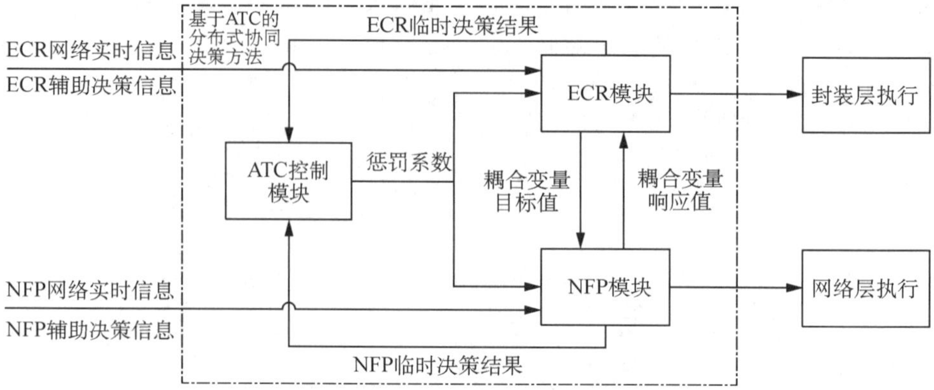

图 3.38 集装箱调度分布式协同决策方法结构

科的优化决策模块，各模块往往视彼此为黑盒，因此 ATC 方法可以很好地迁移至类似的纵向协同决策场景中。

3.5.2.2 协同决策参数定义

本书空箱调度与网络流规划都基于 MPC 构建，并且设定相同的步长与步数，以便于建立两个决策模块的耦合关系。关于网络流规划的参数定义与模型可以直接参照 3.3 节的内容，本节在前文定义的参数的基础上引入了一些新的集合与参数，并调整了一些原有参数的含义，以便于模型的表达。

其中新增的集合如表 3.21 所示，网络中的托运人进一步细化为租箱托运人、虚拟托运人和自备箱托运人。其中租箱托运人是在封装层的共享集装箱平台租用集装箱或拼箱的托运人，这类托运人在完成运输后需要还箱，腾出的空箱可供共享集装箱平台的其他租箱托运人租用。虚拟托运人是封装层为了解决网络中空箱的供需不平衡而产生的空箱转移业务的载体。自备箱托运人是自己拥有集装箱或在其他平台租用集装箱的托运人。需要说明的是，所有托运人的起点与终点都为堆场节点。虚拟托运人的起点与终点是事先指定的，空箱调度模块计算出每个虚拟托运人需要实现的空箱转移量。

表 3.21　　集装箱调度协同决策引入的集合

表达式	含　义
$C_{od} = Cr_{od} \cup Cv_{od} \cup Co_{od}$	托运人的集合，包括了租箱托运人、虚拟托运人、自备箱托运人
Cv_to_i	终点为节点 i 的虚拟托运人集合
Cv_from_i	起点为节点 i 的虚拟托运人集合
Cr_from_i	起点为节点 i 的租箱托运人集合

表 3.22　　集装箱调度协同决策引入的变量

表达式	含　义
$p_c(k),\ \forall c \in Cv_{od},\ k = 0, \cdots, N-1$	在 $Time_0 + k \times T_s$ 时刻，虚拟托运人 c 从起点至终点的空箱转移量

（续表）

表达式	含　义
$r_{i,c}(k)$，$\forall i \in V_{\text{store}}$，$\forall c \in Cr_{\text{from}_i}$，$k=0, \cdots, N-1$	在 k 步长内，托运人 c 在节点 i 所需要的空箱量
$de_{i,c}(k)$，$\forall i \in V_{\text{store}}$，$\forall c \in Cr_{\text{from}_i}$，$k=0, \cdots, N-1$	在步长 k 的结束时刻，托运人 c 在节点 i 滞留的空箱请求数量
$rcs_{c,i}(k)$，$\forall i \in V_{\text{store}}$，$\forall c \in Cr_{\text{from}_i}$，$k=0, \cdots, N-1$	在 k 步长内，节点 i 满足租箱托运人 c 的空箱需求量
$e_i(k)$，$\forall i \in V_{\text{store}}$，$k=0, \cdots, N$	在 $Time_0 + k \times T_s$ 时刻，节点 i 的空箱数量
$ne_i(k)$，$\forall i \in V_{\text{store}}$，$k=0, \cdots, N-1$	在步长 k 中，网络中集装箱在节点 i 完成运输产生的空箱数量

在 3.3 节中，$d_{i,c}^{\text{in}}(k)$ 是封装层与用户层传递给网络流规划模块的决策输入信息。在空箱调度与网络流规划的协同决策中，$d_{i,c}^{\text{in}}(k)$ 的定义包含各类托运人的预计到达的运输需求：预计到达的自备箱托运人运输需求、满足租箱需求后产生的租箱托运人运输需求、空箱转移产生的运输需求。

表 3.22 展示了协同决策引入的参数。其中 $de_{i,c}(k)$ 表示未满足的空箱请求数量。在空箱调度中空箱转移的集装箱量必须小于港站的空箱存量，因此空箱转移的用箱需求不会滞留，所以 $de_{i,c}(k)$ 只包括租箱托运人的用箱需求。对于港站节点的空箱数量 $e_i(k)$ 而言，$e_i(0)$ 是直接从多式联运物流网络的实时数据中获取的，当 $k=1, \cdots, N$ 时，$e_i(k)$ 通过动态方程计算获取。

两个模块之间的耦合变量包括了 $p_c(k)$，$ne_i(k)$，$rcs_{c,i}(k)$。其中 $p_c(k)$ 与 $rcs_{c,i}(k)$ 为空箱调度的决策变量，并且是网络流规划的运输需求的一部分；$ne_i(k)$ 既是由网络流规划中的 $q_{j,c}(k)$ 决定的，又是空箱调度中各港站节点空箱的新增量。

表 3.23　　空箱调度的人工设定参数

表达式	含　义
Pe	决策区间内未满足的空箱需求的惩罚系数，单位为 CNY/TEU
$deCost_c$，$\forall c \in Cr_{\text{od}}$	租箱托运人 c 的空箱请求的延迟满足惩罚系数，单位为 CNY/(TEU · h)
$limit_c$	虚拟托运人 c 的空箱转移量限制，单位为 TEU/h

空箱调度中需要人工设定的参数如表 3.23 所示。因为空箱请求长时间得不到满足是多式联运物流网络中非常不理想的状态，所以规划区间内未满足的空箱请求的惩罚成本 Pe 往往设定为较大的数值。$deCost_c$ 是租箱托运人 c 的空箱请求的延迟成本，决策模型可以针对每个租箱托运人的紧急程度分别设定相应的延迟成本。此外，虚拟托运人 c 的空箱转移量限制 $limit_c$ 是根据多式联运物流网络的实际情况设定的。

输入空箱调度的部分网络状态信息与辅助决策信息如表 3.24 所示。其中 $rc_{i,c}(0)$ 包括时刻 0 从封装层读取了各节点现有的租箱请求，以及步长 0 内的预测租箱请求。其他步长的 $rc_{i,c}(k)$ 则仅包含了预测到达的租箱请求。由于虚拟托运人的起点与终点是确定的，因此可以根据网络层的历史运行数据估计虚拟托运人 c 的空箱转移成本 $cost_c$。

表 3.24　　输入空箱调度的部分网络状态信息与辅助决策信息

表达式	含　义
$rc_{i,c}(k),\ k=0,\cdots,N,\ \forall c\in Cr_{od}$	在步长 k 中,场站 i 中租箱托运人 c 的新增空箱需求量
$e_i(0),\ \forall i\in V_{store}$	0 时刻各堆场节点中的空箱数量
$cost_c,\ \forall c\in Cv_{od}$	虚拟托运人 c 的空箱转移成本

3.5.2.3　顺序式协同决策方法构建

在集装箱调度顺序式协同决策方法中,空箱调度模块与网络流规划模块的协作关系相对较弱。在决策时刻,空箱调度模块首先进行决策,其所需的耦合信息是基于网络层的历史数据估算得到的,随后网络流规划模块在空箱调度的决策结果的基础上进行决策。顺序式协同决策方法中的空箱调度模块需要引入的新变量如表 3.25 所示。

由于顺序式协同决策方法的特点,先决策的空箱调度模块需要估算网络流规划的决策结果 $ne_i(k)$。$ne_i(k)$ 的定义包含两部分的内容:①网络中已有的集装箱完成运输后产生的空箱;②决策区间内的新运输需求完成运输后产生的空箱。因此,在顺序式协同决策方法中将 $ne_i(k)$ 拆分为 $ne'_i(k)$ 和 $a_c(k)$ 分别表示这两部分的内容,如式(3.5)所示。其中 $ne'_i(k)$ 直接由网络层根据网络实时信息完成估算后传入空箱调度模块即可,$a_c(k)$ 则需要在空箱调度模块中根据空箱转移量 $p_c(k)$ 和空箱需求满足量 $rcs_{i,c}(k)$ 估算得到,如式(3.42)—式(3.44)所示。

表 3.25　　顺序式协同决策所引入的变量

表达式	含　义
$a_c(k),\ \forall c\in Cv_{od}\cup Cr_{od},\ k=0,\cdots,N-1$	在步长 k,托运人 c 完成运输后产生的空箱量
$ne'_i(k)$	决策时刻网络中已有的集装箱完成运输产生的空箱量
$time_c,\ \forall c\in Cv_{od}\cup Cr_{od}$	托运人 c 的预估运输时间

在顺序式协同决策方法中的空箱调度决策模型如式(3.37)—式(3.48)所示,该模型可以独立地进行空箱调度决策。

1. 节点空箱数量的动态方程

$$e_i(k+1)=e_i(k)-\sum_{c\in Cr\_from_i} rcs_{c,i}(k)-\sum_{c\in Cv\_from_i} p_c(k)+ne_i(k)$$
$$\forall i\in V_{store},\ \forall k=0,\cdots,N-1 \tag{3.37}$$

2. 空箱请求数量的动态方程

每个节点的租箱托运人的空箱请求数量的动态方程如式(3.38)—式(3.39)所示,其中包含两个部分,新增加的空箱请求数量与累积的空箱请求数量。

因为 $rc_{i,c}(0)$ 既包含了 $Time_0$ 时刻之前累积的空箱请求数量,也包含了步长 0 内新增的空箱请求数量,所以第一个步长的空箱请求数量如式(3.38)所示。

$$r_{i,c}(0)=rc_{i,c}(0),\ \forall i\in V_{store},\ \forall c\in Cr_{od} \tag{3.38}$$

在其余的步长中，需求量由上个步长的累积未满足空箱需求量和步长内新到达的需求量组成。

$$r_{i,c}(k+1)=de_{i,c}(k)+rc_{i,c}(k+1)$$
$$\forall k=0,\cdots,N-2,\ \forall i\in V_{\mathrm{store}},\ \forall c\in Cr_{\_\mathrm{from}_i} \tag{3.39}$$

3. 满足的空箱需求量

步长 k 的空箱需求量与该步长的空箱需求滞留量之差为满足的空箱需求量。

$$rcs_{i,c}(k)=r_{i,c}(k)-de_{i,c}(k),\ \forall k=0,\cdots,N-1,\ \forall i\in V_{\mathrm{store}},\ \forall c\in Cr_{\mathrm{od}} \tag{3.40}$$

4. 运输完成量

节点内完成运输产生的空箱数量被拆分为两个部分，网络中已有的集装箱完成运输产生的空箱量 $ne'_i(k)$ 与新运输需求完成运输后产生的空箱量 $a_c(k)$，如式(3.41)所示。

$$ne_i(k)=\sum_{c\in Cv\_to_i}a_c(k)+ne'_i(k)$$
$$\forall i\in V_{\mathrm{store}},\ \forall k=0,\cdots,N-1 \tag{3.41}$$

空箱调度模块基于网络层提供的历史运输数据估计 $a_c(k)$。其中空箱转移的运输完成情况如式(3.42)所示，其中 $round$ 为取整。

$$a_c\left[k+round\left(\frac{time_c}{T_{\mathrm{s}}}\right)\right]=p_c(k),\ \forall k=0,\cdots,N-1,\ \forall c\in Cv_{\mathrm{od}} \tag{3.42}$$

租箱托运人的运输完成情况如式(3.43)所示。

$$a_c\left[k+round\left(\frac{time_c}{T_{\mathrm{s}}}\right)\right]=rcs_{c.\mathrm{origin},c}(k),\ \forall k=0,\cdots,N-1,\ \forall c\in Cr_{\mathrm{od}} \tag{3.43}$$

在空箱调度与重箱运输完成前，$a_c(k)$ 的值为0，如式(3.44)所示。

$$a_c(k)=0,\ \forall k=0,\cdots,round\left(\frac{time_c}{T_{\mathrm{s}}}\right)-1,\ \forall c\in Cv_{\mathrm{od}}\cup Cr_{\mathrm{od}} \tag{3.44}$$

5. 约束

(1) 空箱转移量不能超过港站的空箱数量。

$$\sum_{c\in Cv_{\_\mathrm{from}_i}}p_c(k)\leqslant e_i(k),\ \forall i\in V_{\mathrm{store}},\ \forall k=0,\cdots,N-1 \tag{3.45}$$

(2) 空箱转移的运力限制。

$$p_c(k)\leqslant limit_c\times T_{\mathrm{s}},\ \forall k=0,\cdots,N-1,\ \forall c\in Cv_{\mathrm{od}} \tag{3.46}$$

(3) 港站的空箱数量不能超过堆场容量。

$$e_i(k)\leqslant S_i,\ \forall i\in V_{\mathrm{store}} \tag{3.47}$$

6. 空箱调度模型的目标函数

空箱调度模型的目标函数包括以下几个部分：规划区间内的运输需求的滞留成本，空箱转移的成本，规划区间内未满足的用箱需求的惩罚成本。

$$J_5=\sum_{k=0}^{N-1}\Big[\sum_{i\in V_{\text{store}}}\sum_{c\in Cr_{\_\text{from}_i}} de_{i,c}(k)\times deCost_c\times T_s+\sum_{c\in Cv_{\text{od}}} p_c(k)\times cost_c\Big]$$
$$+\sum_{i\in V_{\text{store}}}\sum_{c\in Cr_{\_\text{from}_i}} de_{i,c}(N)\times Pe \tag{3.48}$$

顺序式协同决策方法的网络流规划部分沿用 3.3 节的网络流规划模型，但其中变量 $d_{i,c}^{\text{in}}(k)$ 所包含的内容更加具体化。在 3.3 节中，$d_{i,c}^{\text{in}}(k)$ 为用户层和封装层输入网络流规划模块作为决策区间内新增的运输需求信息，其内涵比较笼统。在集装箱调度顺序式协同决策方法中，$d_{i,c}^{\text{in}}(k)$ 的内涵更为细化，包括了以下几个部分：①决策区间内新增的自备箱托运人的运输需求，这部分信息直接来自协同运行协议的用户层；②决策区间内租箱托运人完成装箱后的重箱运输需求，这部分信息来自封装层空箱调度的决策结果；③空箱的转移运输需求，这部分运输需求同样是来自空箱调度的决策结果。

因为空箱调度的决策过程也是基于 MPC 实现的，所以其决策结果中只有第一个步长的决策将会被执行，但是整个区间的耦合变量信息都会传递给网络流规划。网络流规划接受整个决策区间里的 $p_c(k)$ 和 $rcs_{c,i}(k)$ 的决策值，结合自备箱托运人的运输需求预测，构成了模型中的 $d_{i,c}^{\text{in}}(k)$。

集装箱调度顺序式协同决策方法具有低耦合低协作的特点，其耦合关系是通过以下内容实现的：①在网络流规划模块中，$d_{i,c}^{\text{in}}(k)$ 收集了空箱调度模块的决策结果用以决策，包括空箱转移量与满足租箱请求后产生的重箱运输量；②在空箱调度中，$ne_i'(k)$ 是决策时刻网络中已有的集装箱完成运输后产生的空箱量，是基于不同 OD 之间的运输时间估计这一辅助决策信息推算得到的；③在空箱调度中，$a_c(k)$ 计算了空箱转移与新生成的重箱运输完成后产生的空箱，同样是利用不同 OD 之间的运输时间估计推算得到的。除了以上三点形成的耦合关系外，两个模块各自独立决策。

集装箱调度顺序式协同决策方法按顺序求解两个整数线性规划问题，其实现过程方便简单，但是两个模块的耦合变量 $ne_i'(k)$ 与 $a_c(k)$ 可能存在不一致的情况，这会导致整体优化性能的不足。

3.5.2.4 整合式协同决策方法构建

在集装箱调度整合式协同决策方法中，空箱调度问题与网络流规划问题在一个集成模型中完成决策，两个模块的决策主体需要开展深度合作。整合式协同决策方法的模型包括了式(3.37)—式(3.56)所描述的网络流规划模型，以及式(3.37)—式(3.40)、式(3.45)—式(3.48)所描述的空箱调度模型。整合式协同决策模型针对以下内容做了一些调整。

1. 规划区间内新出现的运输需求

对于整合型协同决策方法中的网络流规划而言，$d_{i,c}^{\text{in}}(k)$ 是一个变量，不再仅仅是外部输入的辅助决策信息。在模型的求解过程，$d_{i,c}^{\text{in}}(k)$ 会随着空箱调度部分的变量变化而变化。对于自备箱托运人的运输需求的预测仍然是从用户层输入的辅助决策信息。具体的，$d_{i,c}^{\text{in}}(k)$ 包括以下三个部分。

(1) 租箱托运人满足空箱请求后产生的运输需求。

$$d_{i,c}^{\text{in}}(k)=rcs_{i,c}(k),\ \forall i\in V_{\text{store}},\ \forall c\in Cr_{\text{od}},\ \forall k=0,\ \cdots,\ N-1 \tag{3.49}$$

(2) 空箱转移的运输需求。

$$d_{i,c}^{\text{in}}(k)=p_c(k),\ \forall c\in Cv_{\text{\_from}_i},\ \forall k=0,\ \cdots,\ N-1 \tag{3.50}$$

(3) 预测到达的自备箱托运人的运输需求。

2. 决策区间内新增的空箱数量

决策区间内堆场节点 i 内新增的空箱是由租箱托运人和虚拟托运人的集装箱完成运输后产生的。场站新增空箱数量的表达形式如式(3.15)所示,其中! 为取否。

$$ne_i(k)=\sum_{\forall c\in Cv_{\text{od}}\cup Cr_{\text{od}}}\left[!\ (d_{i,c}^{\text{out}})\times\sum_{j\in N_i^{\text{in}}}q_{j,c}(k)\right],\ \forall i\in V_{\text{store}},\ k=0,\ \cdots,\ N-1 \tag{3.51}$$

3. 节点容量约束

因为增加了对空箱的考虑,整合式协同决策方法对节点的容量约束[原式(3.49)]做出调整,如式(3.52)—式(3.53)所示。

$$\sum_{c\in C_{\text{od}}}x_{i,c}(k)+e_i(k)\leqslant S_i,\ \forall i\in V_{\text{store}},\ \forall k=0,\ \cdots,\ N \tag{3.52}$$

$$\sum_{c\in C_{\text{od}}}x_{i,c}(k)\leqslant S_i,\ \forall i\in V_{\text{road}}\cup V_{\text{rail}}\cup V_{\text{water}},\ \forall k=0,\ \cdots,\ N \tag{3.53}$$

4. 目标函数

整合式协同决策方法的总目标函数如式(3.54)所示。

$$J=\alpha(J_1+J_2)+J_3+J_4+\beta\times J_5 \tag{3.54}$$

其中,$\alpha(J_1+J_2)+J_3+J_4$ 为网络流规划的目标函数,J_5 为空箱调度的目标函数,二者通过权重 β 整合为单目标优化。整合型协同决策方法的目标函数是有主次关系的,模型要先满足空箱的分配,再降低网络流控制的成本,所以 β 将会是一个较大的值以保证空箱调度的决策处于主要地位。

集装箱调度整合式协同决策方法具有高耦合高协作的特点,两个模块的决策在一个模型中完成,两个模块的耦合关系通过式(3.49)—式(3.51)构建的。整合式协同决策方法的数学模型是整数线性规划问题,具有实现方便,求解效率高的特点。但是整合式协同决策方法要求不同模块的决策主体进行深度合作,且对不同模块的决策方法也有一定的要求,这也就导致了其在很多场景下难以适用。

3.5.2.5 分布式协同决策方法构建

集装箱调度分布式协同决策方法是基于 ATC 构建的。

1. 目标级联分析法

目标级联分析法(ATC)是一种分布式的、层次化的优化方法,它允许层次中的各个模块独立地进行决策,并通过模块间的耦合信息交互,实现整体的优化决策。ATC 方法考虑如式(3.55)所示的原问题。

$$\min_{z} f(\boldsymbol{z}) \tag{3.55a}$$

$$\text{s.t.} \quad \boldsymbol{g}(\boldsymbol{z}) \leqslant \boldsymbol{0} \tag{3.55b}$$

$$\boldsymbol{h}(\boldsymbol{z}) = \boldsymbol{0} \tag{3.55c}$$

其中，$\boldsymbol{z}$ 是所有决策变量构成的向量，$\boldsymbol{g}$ 为不等式约束，$\boldsymbol{h}$ 为等式约束。假设原问题是由多个层次的组件共同决策实现的，如图 3.39 所示，各组件也就是子问题，具有各自的局部变量 $\boldsymbol{x}_{ij}$，其中 i 为组件所在的层次，j 为组件的索引。整体的目标函数为各组件目标之和，即 $f=f_{11}+\cdots+f_{NM}$。组件之间通过上层次给下层次传递目标值 $\boldsymbol{t}_{ij}$ 实现耦合。其中 $i=1, \cdots, N$ 而 $j=1, \cdots, M$。因此变量 $\boldsymbol{z}$ 可以根据层次划分，$\boldsymbol{z}=[\boldsymbol{x}_{11}, \cdots, \boldsymbol{x}_{NM}, \boldsymbol{t}_{22}, \cdots, \boldsymbol{t}_{NM}]$。同样的，约束也可以根据层次划分，其中不等式约束为 $\boldsymbol{g}=[\boldsymbol{g}_{11}, \cdots, \boldsymbol{g}_{NM}]$，等式约束为 $\boldsymbol{h}=[\boldsymbol{h}_{11}, \cdots, \boldsymbol{h}_{NM}]$。

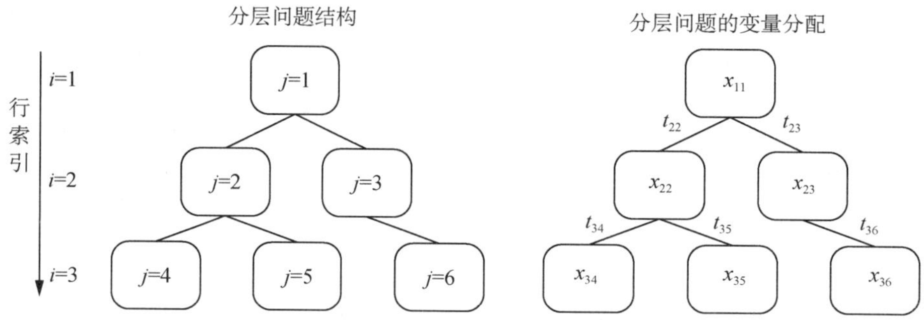

图 3.39　分层问题结构与变量

原问题可以根据组件的不同拆解为式(3.56)所描述的问题，其中 $L_{ij}=\{k_1, \cdots, k_c\}$ 是第 i 层的组件 j 的子组件集合，E_i 为层次 i 的组件集合。式(3.56d)为父子组件之间的一致性约束。

$$\min_{\bar{x}_{11}, \cdots, \bar{x}_{NM}} \sum_{i=1}^{N} \sum_{j=E_i} f_{ij}(\bar{\boldsymbol{x}}_{ij}) \tag{3.56a}$$

$$\text{s.t.} \quad \boldsymbol{g}_{ij}(\bar{\boldsymbol{x}}_{ij}) \leqslant \boldsymbol{0} \tag{3.56b}$$

$$\boldsymbol{h}_{ij}(\bar{\boldsymbol{x}}_{ij}) = \boldsymbol{0} \tag{3.56c}$$

$$\boldsymbol{c}_{ij} = \boldsymbol{t}_{ij} - \boldsymbol{r}_{ij} = \boldsymbol{0} \tag{3.56d}$$

$$\text{其中 } \bar{\boldsymbol{x}}_{ij} = [\boldsymbol{x}_{ij}, \boldsymbol{r}_{ij}, \boldsymbol{t}_{(i+1)k_1}, \cdots, \boldsymbol{t}_{(i+1)k_c}] \tag{3.56e}$$

$$\forall j \in E_i, \ i=1, \cdots, N \tag{3.56f}$$

为了不同组件之间的解构，ATC 方法在分布式求解的过程中对一致性条件进行松弛，并以罚函数的形式将一致性条件添加到组件的目标函数中。在 ATC 方法中，各组件的目标函数中加入的罚函数是用来限制该模块与其父组件、子组件耦合变量的一致性差异。在一次迭代完成后，ATC 方法根据耦合变量之间的一致性差异，更新罚函数的权重系数。随着迭代次数的增加，罚函数的权重系数也逐渐增加，而模块之间的耦合变量的一致性差异逐渐减小直至收敛。

罚函数有多种形式，最常用的为增广拉格朗日松弛形式的罚函数。经过松弛后的各个组件的子问题如式(3.57)所示。其中 $\boldsymbol{v}$ 是拉格朗日乘子，$\boldsymbol{w}$ 是惩罚系数。

$$\min_{\overline{\boldsymbol{x}}_{ij}} f_{ij}(\overline{\boldsymbol{x}}_{ij}) - \boldsymbol{v}_{ij}^{\mathrm{T}}\boldsymbol{r}_{ij} + \sum_{k \in L_{ij}} \boldsymbol{v}_{(i+1)k}^{\mathrm{T}}\boldsymbol{t}_{(i+1)k} + \| \boldsymbol{w}_{ij} \circ (\boldsymbol{t}_{ij} - \boldsymbol{r}_{ij}) \|_2^2$$
$$+ \sum_{k \in L_{ij}} \| \boldsymbol{w}_{(i+1)k} \circ (\boldsymbol{t}_{(i+1)k} - \boldsymbol{r}_{(i+1)k}) \|_2^2 \tag{3.57a}$$

$$\text{s. t.} \quad \boldsymbol{g}_{ij}(\overline{\boldsymbol{x}}_{ij}) \leqslant \boldsymbol{0} \tag{3.57b}$$

$$\boldsymbol{h}_{ij}(\overline{\boldsymbol{x}}_{ij}) = \boldsymbol{0} \tag{3.57c}$$

$$\text{其中}\ \overline{\boldsymbol{x}}_{ij} = [\boldsymbol{x}_{ij}, \boldsymbol{r}_{ij}, \boldsymbol{t}_{(i+1)k_1}, \cdots, \boldsymbol{t}_{(i+1)k_c}] \tag{3.57d}$$

在ATC方法中，信息传递过程如图3.40所示。各决策组件从其父组件获得耦合变量的目标值，并在本地完成子问题决策后将耦合变量的响应值返回给父组件。决策组件同样将与其子组件之间的耦合变量的目标值传递给其子组件，并从其子组件获取耦合变量的响应值。就这样，ATC方法的单次迭代中所有模块自顶向下完成决策。在完成单次迭代内各组件的决策后，ATC方法更新拉格朗日乘子 $\boldsymbol{v}$ 和惩罚系数 $\boldsymbol{w}$，如式(3.58)和式(3.59)所示。随后，ATC方法进入下一次迭代。在多次迭代之后，各层次向子组件传达的目标值与子组件的响应值达成一致，则ATC方法完成收敛，各组件完成协同决策。最终收敛的时候松弛误差趋向于0，拉格朗日乘子 $\boldsymbol{v}$ 接近于达到最优解的对偶变量值，而惩罚系数 $\boldsymbol{w}$ 趋向于一个很大的值。

$$\boldsymbol{v}(s+1) = \boldsymbol{v}(s) + 2 \times \boldsymbol{w}(s) \circ \boldsymbol{w}(s) \circ \boldsymbol{c}(s) \tag{3.58}$$

$$\boldsymbol{w}(s+1) = \gamma \times \boldsymbol{w}(s) \tag{3.59}$$

基于ATC的分布式协同决策方法的优势在于：模块之间的共享信息少，减少了信息收集与传递的成本；可解决分布式的复杂问题，能够用于大型系统的优化问题；如果原问题无解，则在偏差容忍度下可以得到松弛解。ATC方法在各组件都为凸优化问题时，能够收敛至全局最优解。但在实践中，ATC方法是否能收敛至最优值受到很多因素的影响，包括问题的性质、参数的选定、收敛条件的设置、问题的性质等。

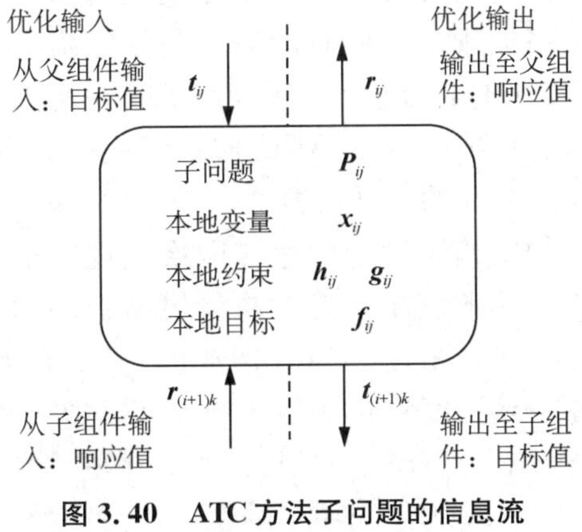

图3.40　ATC方法子问题的信息流

2. 分布式协同决策方法

基于ATC的集装箱调度分布式协同决策方法仅包含两个层次，如图3.38所示，空箱调度为父组件，网络流规划为子组件。两个决策问题的耦合变量包括：运输完成后场站空箱的增加量 $ne_i(k)$、空箱调度量 $p_c(k)$、空箱需求的满足量 $rcs_{c,i}(k)$，这三类耦合变量的

向量形式表示为 $\boldsymbol{ne}$，$\boldsymbol{p}$，$\boldsymbol{rcs}$。

分布式协同决策方法具有低耦合高协作的特点。其低耦合体现在每个模块可以单独决策，大量本地信息不需要传递给其他模块，一方面保护了决策主体的隐私，另一方面也能降低数据传递的成本。分布式协同决策方法的耦合形式是通过模块之间的目标值与响应值的一致性实现的。耦合变量 $\boldsymbol{ne}$，$\boldsymbol{p}$，$\boldsymbol{rcs}$ 的差异性以惩罚函数的形式出现在各模块的目标函数中，在不断的迭代过程中，目标值与响应值的差异逐渐减小最终达成一致。

算法 3.4 集装箱调度分布式协同决策方法(Distributed Cooperative Decision-Making Method for Container Distribution)

```
初始化 s = 0，初始化 w(0)v(0) 与 ne_nfp(0)，p_nfp(0)，rcs_nfp(0)，设置迭代次数限制 S 和一致性差异限制 ε，获取决策所需的实时信息与辅助决策信息。
while ε_s ≥ ε and s < S:   # 收敛性判断
    ne_ecr(s+1)，p_ecr(s+1)，rcs_ecr(s+1) =        # 空箱调度子问题
        empty_container_repositon(ne_nfp(s)，p_nfp(s)，rcs_nfp(s)，w(s)，v(s))
    ne_nfp(s+1)，p_nfp(s+1)，rcs_nfp(s+1) =        # 网络流规划子问题
        network_flow_planning(ne_ecr(s+1)，p_ecr(s+1)，rcs_ecr(s+1)，w(s)，v(s))
    w(s+1)，v(s+1) = penalty_update(w(s)，v(s)，c(s+1))   # 更新惩罚系数
    ε_{s+1} = ‖c(s+1)‖_∞   # 更新收敛判断
    s = s+1
end while
记录决策变量值
```

基于 ATC 的集装箱调度分布式协同决策方法如算法 3.4 所示。其中函数 *empty_container_repositon* 代表了空箱调度子问题，*network_flow_planning* 代表了网络流规划子问题。空箱调度子问题的输入包括网络实时信息、辅助决策信息、惩罚项系数、网络流规划子问题返回的响应值。网络流规划子问题的输入包括网络实时信息、辅助决策信息、惩罚项系数、空箱调度子问题传递的目标值。其中，各子问题所需的网络实时信息与辅助决策信息由各模块自行采集。惩罚项系数由 ATC 控制模块完成更新后传递给各个模块，而目标值与响应值为两个模块所交互的数据内容。

分布式协同决策方法中的空箱调度子问题与网络流规划子问题可以认为是将整合式协同决策拆分得到的。其中空箱调度子问题的决策模型中的动态方程是由式(3.37)—式(3.40)构成的，约束是由式(3.45)—式(3.47)构成的，其目标函数如式(3.60)所示。式(3.60)所示的目标函数比原空箱调度目标函数[式(3.48)]多了增广拉格朗日形式的惩罚项，而空箱调度中的耦合变量 $\boldsymbol{ne}$，$\boldsymbol{p}$，$\boldsymbol{rcs}$ 通过目标函数中的惩罚项进行约束。$\boldsymbol{v}(s)$ 为一致性约束的拉格朗日乘子向量，$\boldsymbol{w}(s)$ 为惩罚项中的惩罚系数向量，$\boldsymbol{v}(s)$ 和 $\boldsymbol{w}(s)$ 与耦合变量 $\boldsymbol{ne}$，$\boldsymbol{p}$，$\boldsymbol{rcs}$ 一一对应，如式(3.61)所示。惩罚项中的 $\boldsymbol{ne}_{nfp}(s)$，$\boldsymbol{rcs}_{nfp}(s)$，$\boldsymbol{p}_{nfp}(s)$ 为上次循环中的网络流规划子问题的结果，而首个循环则传入这些变量的初始值。

$$\beta \times J_5 + \boldsymbol{v}(s)^{\mathrm{T}} \cdot \begin{bmatrix} \boldsymbol{ne} \\ \boldsymbol{rcs} \\ \boldsymbol{p} \end{bmatrix} + \left\| \boldsymbol{w}(s) \circ \begin{bmatrix} (\boldsymbol{ne} - \boldsymbol{ne}_{nfp}(s)) \\ (\boldsymbol{rcs} - \boldsymbol{rcs}_{nfp}(s)) \\ (\boldsymbol{p} - \boldsymbol{p}_{nfp}(s)) \end{bmatrix} \right\|_2^2 \tag{3.60}$$

$$\boldsymbol{v}(s) = \begin{bmatrix} \boldsymbol{v}_{ne}(s) \\ \boldsymbol{v}_{rcs}(s) \\ \boldsymbol{v}_p(s) \end{bmatrix},\ \boldsymbol{w}(s) = \begin{bmatrix} \boldsymbol{w}_{ne}(s) \\ \boldsymbol{w}_{rcs}(s) \\ \boldsymbol{w}_p(s) \end{bmatrix} \tag{3.61}$$

网络流规划子问题的约束与动态方程的表达式由式(3.1)—式(3.12),式(3.14)—式(3.15),式(3.17)—式(3.20),式(3.39)—式(3.53)组成。网络流规划子问题的目标函数如式(3.62)所示,网络流规划子问题的目标函数也增加了增广拉格朗日形式的惩罚项。惩罚项中的 $\boldsymbol{ne}_{ecr}(s+1)$, $\boldsymbol{rcs}_{ecr}(s+1)$, $\boldsymbol{p}_{ecr}(s+1)$ 是由本次循环中的空箱调度子问题求解得到并传递给网络流规划子问题的。

$$\alpha(J_1 + J_2) + J_3 + J_4 - \boldsymbol{v}(s)^{\mathrm{T}} \cdot \begin{bmatrix} \boldsymbol{ne} \\ \boldsymbol{rcs} \\ \boldsymbol{p} \end{bmatrix} + \left\| \boldsymbol{w}(s) \circ \begin{bmatrix} (\boldsymbol{ne}_{ecr}(s+1) - \boldsymbol{ne}) \\ (\boldsymbol{rcs}_{ecr}(s+1) - \boldsymbol{rcs}) \\ (\boldsymbol{p}_{ecr}(s+1) - \boldsymbol{p}) \end{bmatrix} \right\|_2^2 \tag{3.62}$$

算法 3.4 第 5 行中的 $\boldsymbol{c}(s)$ 为两个模块的耦合变量一致性差异,计算方式如式(3.27)所示。

$$\boldsymbol{c}(s) = \begin{bmatrix} \boldsymbol{ne}_{ecr}(s) - \boldsymbol{ne}_{nfp}(s) \\ \boldsymbol{rcs}_{ecr}(s) - \boldsymbol{rcs}_{nfp}(s) \\ \boldsymbol{p}_{ecr}(s) - \boldsymbol{p}_{nfp}(s) \end{bmatrix} \tag{3.63}$$

penalty_update 函数对算法中的惩罚系数进行更新,更新过程如式(3.58)和式(3.57)所示。

分布式协同决策方法的迭代结束条件包括两个内容,其中 ε_{s+1} 指的是每次循环一致性变量最大差异值。随着迭代的进行,一致性变量差异值小于规定值则认定算法收敛。此外,算法终止条件对迭代的次数也进行了限制,最大的迭代次数为 S。

基于 ATC 的协同决策方法在整体优化模型为凸优化的情况下能够保证收敛。为了收敛的稳定性,集装箱调度分布式协同决策方法中的两个子问题的整数变量都调整为实数变量,算法在收敛后再将决策结果整数化。

3.5.3 仿真实验

本节研究了多式联运物流网络协同运行协议中的纵向协同决策问题,并针对集装箱调度问题构建了顺序式、整合式、分布式协同决策方法。本节通过离散事件仿真实验,对比分析这三种协同决策方法的优缺点与适用场景。为了表述的简便性,后续的图表中:ALL 指代整合式协同决策方法,SEQ 指代顺序式协同决策方法,ATC 则指代分布式协同决策方法。

3.5.3.1 仿真实验构建

本实验采用的仿真实验环境沿用 3.3.3.1 节所构建的仿真环境。其中仿真环境中的决策进程调整为空箱调度与网络流规划协同决策。在本实验中，托运人的运输需求包含了三种类型，分别为租箱托运人、自备箱托运人以及虚拟托运人。其中，租箱托运人和自备箱托运人的运输信息是实验中的输入信息，而虚拟托运人的运输需求信息则是由空箱调度生成的。

在仿真环境的运输需求生成进程中，租箱托运人对象根据输入信息在某个时刻向起点场站发出空箱请求。在仿真实验中，租箱托运人同样具有周期与单次两种不同的运输需求类别，周期租箱托运人会周期性地产生空箱请求，而单次租箱托运人则只会生成一次空箱请求。仿真环境中允许空箱转移的两个堆场节点之间都存在一个虚拟托运人。虚拟托运人的空箱请求根据空箱调度的决策结果生成，其空箱请求同样传递给起点场站。只有当租箱托运人或虚拟托运人的空箱请求被满足时，运输需求生成进程才在托运人的起点场站生成相应数量的待运输的重箱或空箱。

空箱请求的处理由每个存储场站的空箱分配进程实现。空箱分配进程根据空箱调度模块的决策结果处理各托运人的空箱请求，该进程优先处理虚拟托运人的空箱请求。若空箱请求得到满足，则场站内的空箱相应地减少；若空箱请求未得到满足，则请求继续等待。

在转运进程与卸货进程中，租箱托运人与虚拟托运人的集装箱在到达终点后直接离开场站中的堆场，并将腾出的空箱增加至场站的空箱列表中。

仿真实验的整体运输成本计算中，租箱托运人的空箱需求的延迟满足会造成延迟成本。当虚拟托运人与租箱托运人的空箱得到满足后，产生的集装箱的运输成本的计算方式与自备箱托运人的重箱一致。

仿真实验的运行设备为一台笔记本电脑，其硬件配置为 Intel(R) Core(TM) i5-6300HQ @ 2.30 GHz 的 4 核 CPU 与 8 GB 的内存。网络流规划与空箱调度的数学规划模型是通过 Gurobi 求解器完成求解的，求解器的运行环境是 win10 系统下的 Python 环境。

3.5.3.2 实验参数

仿真实验包括两个部分，第一部分对比三种协同决策方法在同一场景下的单次决策结果，第二部分对比三种协同决策方法在一段时间区间内，多种运输需求下的整体运输成本。

仿真实验的物流网络采用长江流域中部的多式联运物流网络。考虑到协同决策的复杂性与计算资源的有限性，本实验仅采用其中四个枢纽所构成的多式联运物流网络，如图 3.41 所示。

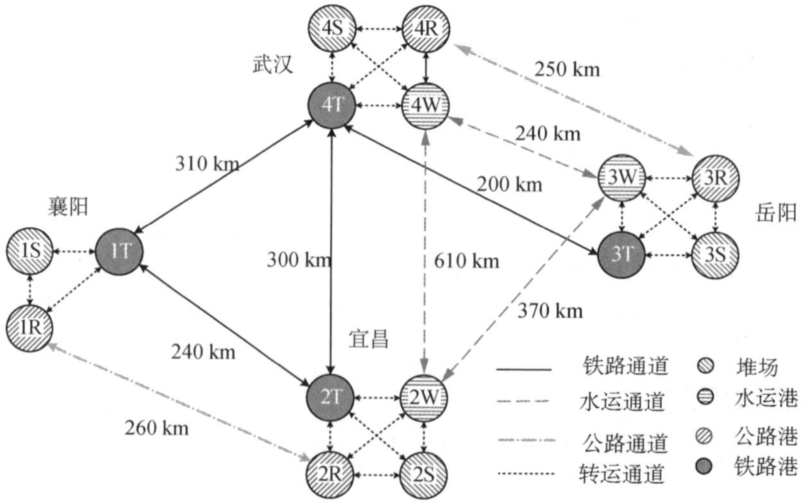

图 3.41　协同决策实验的多式联运物流网络

在仿真实验的0时刻，各存储场站具有150个空箱。在实验过程中，多式联运物流网络的实时状态是决策模块从仿真中实时读取的。

因为空箱调度与网络流规划的建模都是基于MPC实现的，仿真实验为这两种决策模块设定了相同的步长与步数，其中步长 T_s 为5，步数 N 为10。对于协同决策中的空箱调度，统一设定 $deCost_c$ 为30 CNY/(TEU · h)，Pe 为100 CNY/TEU，空箱调度模块的权重系数 β 设定为100。仿真实验中网络流规划的参数设定与第3.3.3.2节仿真实验的参数设定一致。

在分布式协同决策方法中，初始化惩罚系数向量 $\boldsymbol{w}(0)$ 的值全为1，向量 $\boldsymbol{v}(0)$ 的值全为0。实验中 $\boldsymbol{ne}_{nfp}(0)$，$\boldsymbol{p}_{nfp}(0)$，$\boldsymbol{rcs}_{nfp}(0)$ 为0向量。设置分布式方法的迭代次数限制 S 为1 000次。单次决策实验设定一致性差异限制 ε 为0.000 1，惩罚系数 $\boldsymbol{w}$ 的更新系数 γ 为1.001；连续决策实验设定 ε 为0.001，γ 为1.05。

3.5.3.3　实验结果与分析

1. 单次决策实验

第一部分实验为单次决策实验，测试了同一场景下不同协同决策方法的结果。单次决策实验的托运人信息如表3.26所示，决策时刻为10 h仿真时刻，决策时刻之前的时间段由整合式协同决策方法完成决策。

表3.26　单次决策实验的托运人信息

托运人类型	名称	起点	终点	周期性	运输需求(TEU)
租箱托运人	U1	3S	2S	T=24 h	80
	U2	4S	1S	单次	200
	U3	1S	3S	T=12 h	100

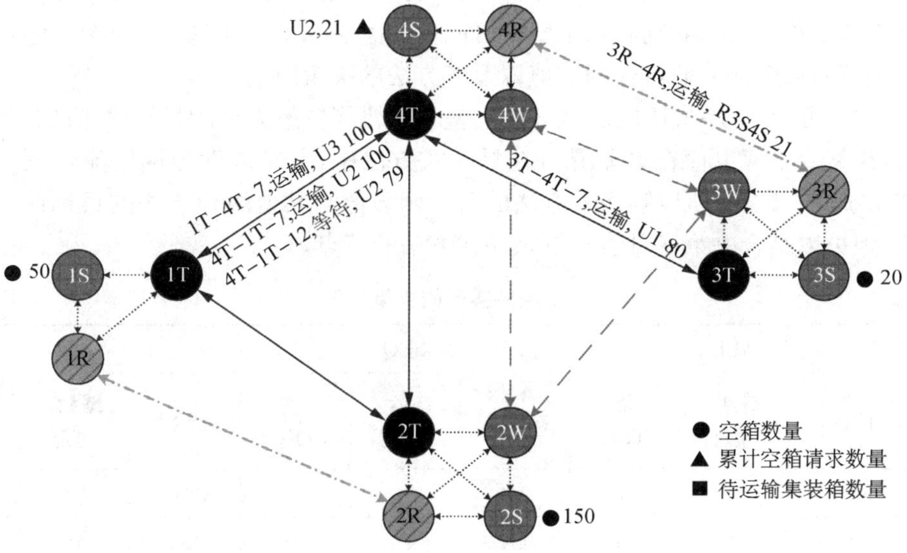

图3.42　决策时刻实时状态图

决策时刻仿真网络的实时状态如图 3.42 所示。在图 3.42 中,网络节点附近标注了各个托运人的空箱数量、累计空箱请求数、待运输集装箱数量,其中 U 字母开头的托运人为租箱或自备箱托运人,R 字母开头的托运人为虚拟托运人。虚拟托运人的名称展示了该托运人的起点与终点,如托运人“R1S4S”的起点为 1S 终点为 4S。各运输通道附近注明了通道中货物的信息,包括载运工具信息、载具状态、托运人信息、集装箱数量。通道货物信息第一项为载具信息,例如“1T-4T-7”表示通道 1T-4T 中 7 h 时刻出发的列车。第二项载具状态中“运输”表示载具正在运输中,“等待”则表示载具位于起始节点进行装货作业。

其中,分布式协同决策方法经过 96 次迭代后完成收敛,收敛曲线如图 3.43 所示。

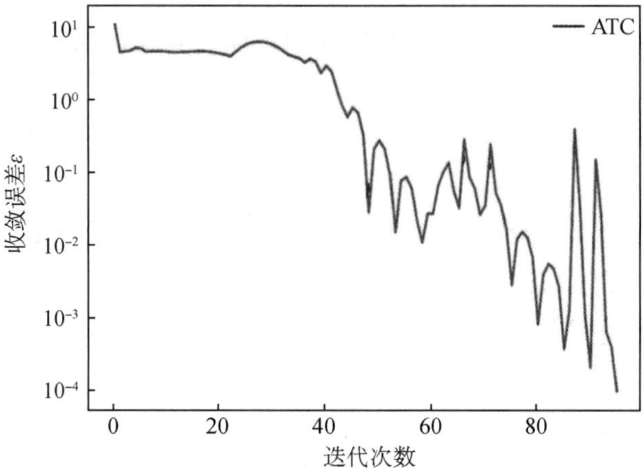

图 3.43　集装箱调度分布式协同决策方法的收敛曲线

三种方法得到的决策结果如表 3.27 所示。决策结果包含了空箱调度的决策变量 $\boldsymbol{p}$, $\boldsymbol{rcs}$, $\boldsymbol{ne}$, $\boldsymbol{de}$ 和网络流规划的决策变量 $\boldsymbol{u}$, $\boldsymbol{q}$。表 3.27 中并未显示全部的决策变量值,变量 $\boldsymbol{p}$, $\boldsymbol{rcs}$, $\boldsymbol{ne}$, $\boldsymbol{u}$ 仅展示了第一个步长中大于 0.1 的变量值,变量 $\boldsymbol{q}$ 展示了第一个步长内的部分大于 0.1 的变量值,而 $\boldsymbol{de}$ 则展示了整个区间内的大于 0.1 的变量值。此外,表 3.27 还展示了最终决策的各个部分的目标函数值以及各方法的决策时间。

由表 3.27 可知,顺序式协同决策方法与整合式协同决策方法的最终决策的目标函数值差异较大,决策变量值也存在着差异。在顺序式方法中,空箱调度与网络流规划之间的耦合变量并未确保一致性,所以顺序式方法的目标函数值与其他两种方法的目标函数值无法直接对比,但可以结合决策变量值分析顺序式方法的特点。

表 3.27　单次决策实验的决策结果

	ALL			SEQ			ATC		
决策变量	托运人	场站/通道	值(TEU)	托运人	场站/通道	值(TEU)	托运人	场站/通道	值(TEU)
$\boldsymbol{p}$	R2S1S	2S	50	—	—	—	R2S1S	2S	30
$\boldsymbol{rcs}$	U2	4S	21	U2	4S	21	U2	4S	21
	U3	1S	100	U3	1S	50	U3	1S	100

（续表）

	ALL			SEQ			ATC		
ne	—	1S	100	—	—	—	—	1S	100
	—	4S	21	—	4S	21	—	4S	21
de	—	—	—	U3，0	1S	50	—	—	—
	—	—	—	U1，2	3S	60	—	—	—
u	U1	4T-2T	80	U1	4T-2T	80	U1	4T-2T	80
	U2	1T-1S	100	U2	1T-1S	100	U2	1T-1S	100
	U2	4S-4T	21	U2	4S-4T	21	U2	4S-4T	21
	U2	4T-1T	21	U2	4T-1T	21	U2	4T-1T	21
	U3	1S-1T	100	U3	1S-1T	50	U3	1S-1T	100
	U3	1T-4T	100	U3	1T-4T	40	U3	1T-4T	93
	U3	4T-3T	100	U3	4T-3T	100	U3	4T-3T	97
	R2S1S	2S-2T	50	—	—	—	R2S1S	2S-2T	30
	R2S1S	2T-1T	50	—	—	—	R2S1S	2T-1T	30
	R3S4S	4R-4S	21	R3S4S	4R-4S	21	R3S4S	4R-4S	21
q	U2	4T-1T	100	U2	4T-1T	100	U2	4T-1T	100
	U2	1T-1S	100	U2	1T-1S	100	U2	1T-1S	100
	U3	1S-1T	100	U3	1S-1T	40	U3	1S-1T	93
	…	…	…	…	…	…	…	…	…
模块	空箱	网络流	整体	空箱	网络流	整体	空箱	网络流	整体
目标函数值(CNY)	4.568 E+04	1.195 E+06	5.764 E+06	6.218 E+04	1.173 E+06	7.391 E+06	4.568 E+04	1.200 E+06	5.768 E+06
决策时间(s)	2.33			3.25			434.71		

在顺序式协同决策方法的结果中，根据 ***de*** 的变量值可知，托运人 U3 在步长 0 存在 50 TEU 的空箱需求未满足，托运人 U1 在步长 2 中存在 60 TEU 的空箱需求未满足，而其他两种方法的所有空箱需求都在单个步长内得到满足。通过 ***q*** 与 ***u*** 的变量值可知，在顺序式协同决策的网络流规划部分中，托运人 U2 的 100 TEU 货物在步长 0 完成了通道 4T-1T 中的运输与卸货，然后被从节点 1T 运送至 1S 从而腾出了 100 个空箱。但根据 ***ne*** 变量值可知，空箱调度模块认为并不会有空箱在步长 0 到达。通过查询后续步长的 ***ne*** 变量值可知，空箱调度预估 U2 的 100 TEU 货物会在步长 1 到达 1S 并腾出空箱。可见，顺序式协同决策方法中的空箱调度模块与网络流规划模块的决策值存在不一致的情况，其原因是空箱调度模块对于货物运输时间的估计不够准确。

整合式协同决策方法与分布式协同决策方法的决策结果则确保了耦合变量的一致性。

整合式协同决策与分布式协同决策的决策结果目标函数值几乎一致，差距仅为0.07%，但是这两种方法的决策变量值存在一些差异。

分布式协同决策方法的整体模型与实数化松弛的整合式协同决策方法一致。需要说明的是，经过测试，实数化松弛的整合式协同决策方法的决策目标函数值与原方法一致。因此，若分布式协同决策方法收敛至全局最优解，其目标函数值应与整合式方法的目标函数值相同。结合第一部分实验的结果看，整合式方法与分布式方法的目标函数值差距仅为0.07%，作者认为这个差距是处于合理误差范围内的，即可以认定分布式协同决策方法收敛至全局最优决策。

其中目标函数差距的产生可能是耦合函数之间仍存在的微小一致性差异造成的。此外，分布式协同决策方法与整合式协同决策方法的决策变量值差异存在的原因是实数化模型存在多个最优解的情况。这也是分布式方法相对于整合式方法的缺陷所在，整合式方法可以直接找到整数化的最优决策，而分布式方法可能会找到非整数的最优决策，后续的整数化处理可能使得决策不再具有最优性。若在分布式方法中直接采用整数变量，则破坏了各组件的凸优化的性质，会一定程度地影响收敛性能。

对于单次决策实验的各方法的决策时间而言，整合式协同决策方法的单次决策时间花费最少，顺序式协同决策方法次之，而分布式协同决策方法的决策时间花费远高于前两者。

2. 连续决策实验

连续决策实验随机生成了10个货运量需求场景，在这些场景下三种协同决策方法在50 h的仿真时间内进行连续决策。在每个场景中，租箱托运人和自备箱托运人的数量都在0～10个的范围内，且托运人信息是随机生成的。连续决策多次实验的结果均值如表3.28所示，对于整体运行成本的对比图如图3.44所示。

表3.28　多次连续决策实验结果均值

	决策时间(s)	全局运行成本(CNY)	空箱转移量(TEU)	重箱运输量(TEU)	空箱占比	稳定性指标
ALL	4.6	3.16E+07	411.6	2 049.2	16.7%	0.00E+00
SEQ	4.7	3.75E+07	432.7	2 000.5	17.8%	2.74E+06
ATC	584.7	3.12E+07	416.0	2 049.4	16.9%	2.44E+06

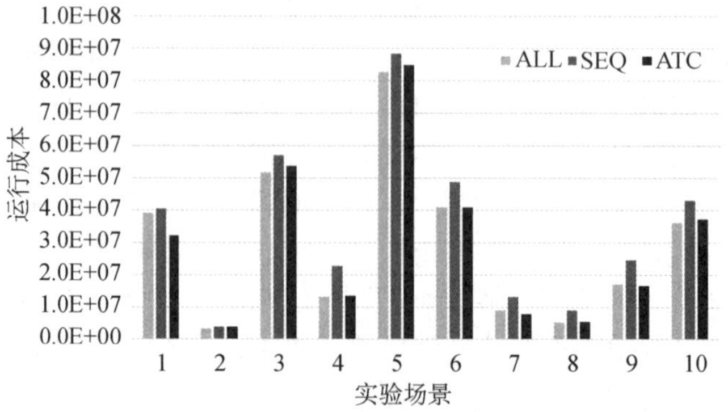

图3.44　连续决策整体运行成本实验结果

根据表3.28中的决策时间均值可知，整合式协同决策与顺序式协同决策的决策速度相差不多，且这两种协同决策方法的决策速度远快于分布式协同决策方法。

根据图3.44，顺序式协同决策方法的全局运行成本在几乎所有的场景中都是三种方法中最高的，只有在场景2中顺序式方法低于分布式方法。可见顺序式协同决策方法在协同决策的效果上是最差的。从实验结果来看，整合式方法和分布式方法在全局运行成本均值上几乎相同，整合式方法在十次实验中有6次全局运行成本低于分布式方法，而剩余4次则是分布式方法更低。

在连续决策实验中，整合式协同决策方法的平均空箱转移量少于其他两种方法，但平均重箱运输量则多于顺序式方法，与分布式方法几乎相同。这说明整合式方法相对于其他两种方法，能够通过利用更少的空箱转移满足更多的空箱需求。分布式方法的空箱转移量稍多于整合式方法，顺序式方法则产生了最多的空箱转移却满足了最少的空箱需求。网络中的空箱占比均值也可以直观地体现出整合式方法与分布式方法的优势。

图3.40中的稳定性指标是各个场景中三种方法与整合式协同决策方法的全局运行成本之差的标准差。因为是以整合式方法为基准计算的稳定性指标，因此只对顺序式方法和分布式方法进行对比。可以看出分布式协同决策方法的稳定性略优于顺序式协同决策方法。

3.5.3.4 讨论

基于仿真实验结果与协同决策方法构建过程，表3.29总结了三种协同决策方法的特点。

三种协同决策方法都能够保持协同模块各自的最优性，而整合式协同决策方法能够确保全局最优性。顺序式协同决策方法则因为耦合变量的不一致性，无法获得全局最优决策。分布式协同决策方法在理论上是可以获得全局最优决策的，但是实践中决策结果最优性会受到参数选择影响。若 γ 的参数选定更接近1，且进行更严格的收敛性判断，分布式方法就可以收敛至全局最优解，但这样的参数选定会导致迭代次数的增加。因此实践过程中需要权衡决策速度与决策效果来选定方法的参数。

表3.29 三种协同决策方法的特点

方法特点	ALL	SEQ	ATC
全局最优	是	否	受参数选择影响
各模块最优	是	是	是
一致性保证	是	否	是
决策优化效果	优秀	合格	良好
数据交互	全部决策数据	耦合数据单次交互	耦合数据多次交互
隐私保护	否	是	是
决策速度	快	快	慢

在决策优化效果上，整合式协同决策方法因为其决策结果的全局最优性具有最好的决策效果。对于分布式协同决策方法而言，为了加快收敛速度而牺牲全局最优性的参数选择

会降低决策优化效果。此外，方法收敛后仍存在的一致性误差以及整数化处理带来的误差都会降低分布式协同决策方法的优化决策效果。分布式协同决策方法的这些劣势并未体现在连续决策实验中，其可能的原因是：决策模型与仿真物流网络的运行存在一定偏差，而且仿真具有一定的随机性，这些因素可能在有限次数的实验中掩盖了分布式协同决策方法的缺陷。尽管存在以上缺陷，分布式协同决策方法仍具有良好的优化决策效果。

根据连续决策实验结果看，顺序式决策方法的决策效果相对最差。其主要原因还是耦合变量的一致性的缺失。若顺序式方法中各模块对于耦合关系的估计比较准确，那么顺序型决策方法也能具有不错的决策效果。

顺序式方法在数据交互层面上具有较大的优势。从方法构建的角度来看，顺序式协同决策方法空箱调度模块传递给网络流规划模块的数据为 $\boldsymbol{p}$ 和 $\boldsymbol{rcs}$ 的决策值，网络流规划模块传递给空箱调度的数据为网络中节点之间的运输时间预估数据。对于整合式方法而言，协同决策中的多个模块需要选定一个决策中心完成决策，所有模块的决策信息需要全部传输至决策中心，其传输数据量远大于顺序式决策。分布式方法的交互信息则是耦合变量 $\boldsymbol{p}$，$\boldsymbol{rcs}$ 和 $\boldsymbol{ne}$ 在每次迭代中的取值以及惩罚系数 $\boldsymbol{w}$ 和 $\boldsymbol{v}$。分布式方法的数据交互量多于顺序式方法是显而易见的，但分布式方法与整合式方法的数据交互量对比受到很多因素的影响，包括耦合变量的数量、分布式方法迭代次数、整体决策数据量等等。在空箱调度与网络流规划的协同决策中，一般情况下认为分布式方法的数据交互量小于整合式方法。

在信息共享层面上，分布式方法与顺序式方法模块之间的信息共享仅局限于耦合变量，这种协同方式较好地保护了各模块决策主体的隐私。整合式方法则需要共享所有的数据，这种协作方式可能因为决策主体对于数据隐私的担忧而难以实施。

基于上述研究，当多个决策模块需要完成协同决策时，研究人员可以根据场景特点不同选择不同的协同决策方法。若各决策主体之间可以展开深度合作，所有决策信息都可以共享，且决策模型能够整合为单一决策模型，那么整合式协同决策方法是最好的选择。对于因为种种条件限制而无法进行整合式协同决策的决策主体而言，若对决策速度没有很高的要求，则可以运用分布式协同决策方法，若是对协同决策速度有较高的要求，那么可以选用顺序式协同决策方法。

3.5.4 小结

本节针对协同运行协议中层次化的、面向不同业务的决策模块之间的协同决策展开研究，研究的载体为集装箱调度问题，涵盖了位于封装层的空箱调度模块和位于网络层的网络流规划模块。本节首先分析了空箱调度模块与网络流规划模块的双向耦合关系，然后构建了顺序式、整合式、分布式三种协同决策方法。

其中，顺序式协同决策方法在决策时刻先完成空箱调度，再进行网络流规划，具有低耦合低协作的特点。在顺序式协同决策方法中，空箱调度所需的耦合变量信息通过估算得到，网络流规划则直接从空箱调度的决策结果中获取耦合变量信息。整合式协同决策方法将两个决策问题集成至一个模型中完成决策，具有高耦合高协作的特点。分布式协同决策方法则是基于 ATC 方法构建的，具有低耦合高协作的特点。在分布式协同决策方法中，两个决策模块通过在目标函数中添加惩罚项来限制耦合变量的一致性，并在每次迭代中各自决策并交互耦合信息。在多次迭代后中两个决策模块对耦合变量趋于一致，最终完成协同决策。

仿真实验对比分析了三种方法的优缺点。其中整合式协同决策方法能够获得全局最优结果，且能够保证耦合变量的一致性，并且具有较快的决策速度，其缺点在于参与协同决策的主体需要交互所有决策信息。顺序式协同决策方法的参与者只需要交互耦合信息，且决策速度很快，但决策结果无法保证耦合变量的一致性，因此全局优化性能相对较差。分布式协同决策方法能够在仅交互耦合信息的前提下完成全局优化决策，但其决策速度较慢。

本节的研究为涵盖空箱调度与网络流规划的集装箱调度问题构建了三种协同决策方法以应对不同场景下的协同决策需求，对多式联运物流网络协同运行协议中纵向协同决策的发展有重要意义。

第4章　电商物流

本章从物流干线网络、物流中心、末端网络三个角度，简述电子商务的物流活动涉及的关键问题、物流装备和物流工程技术。首先简述电子商务和商品物流背景、快递物流过程，并分析其中的关键环节和痛点问题；物流干线网络部分，简述物流干线网络理论和先进干线运输模式，分析物流干线网络的布局与调度问题；物流网络节点部分，简述物流中心功能和设备，分析物流中心分拣系统调度问题；末端网络部分，简述物流末端网络和揽收配送作业模式，分析末端收配规划调度问题。

4.1　电商物流概述

4.1.1　电子商务概述

4.1.1.1　电子商务定义与特点

电子商务(Electronic Commerce, EC)是20世纪末出现、21世纪初兴起的一种商品交换模式，是伴随着互联网技术的进步而发展出来的一种新的商务模式，简单来说即“互联网＋商务”，属于第一批“互联网＋”应用。

电子商务是信息通信技术与商务活动化学反应产生的成果，互联网的高效性和开放性与商务活动的需求完美契合，互联网将市场的范围从线下局限的物理空间，扩展为一个囊括全国乃至全世界的开放虚拟空间，其优越性是传统媒介手段根本无法比拟的。本书的主要对象为物流，因此主要讨论进行实体商品交换的商品交易，而不涉及服务交易。而商品交换的实质是物流、资金流与信息流的结合体。互联网技术的出现与发展，极大地促进了信息流与资金流的流动速度，相较而言物流技术没有这种跳跃式的发展，因此物流的发展进步目前显得尤为必要。

与许多“互联网＋”产业一样，电子商务具有以下几个特征。

(1) 全球化

如今早已步入互联网时代，全球的绝大部分地区都已接入互联网；以世界贸易组织(World Trade Organization, WTO)为核心的多边贸易体制，也使得大部分国家之间具备了自由贸易的条件。电子商务的全球化也理所当然，优秀的企业将拥抱全世界的市场。

(2) 便捷性

相较于过去通过邮件、线下洽谈等方式进行商务交流，互联网使得企业与客户能随时进行交流与交易；服务器的24 h运行，允许互联网电商平台能够24 h运营，客户可以在网上随时下单，不必受时间、距离等因素的约束。

(3) 低成本

与线下实体店相比，线上商城能够大幅度降低商铺租金等成本，为客户提供更低价格的商品，使得自己更具备竞争力。目前，许多曾以线下实体店为主的品牌，也开始转为“线上+线下”的销售模式，甚至收缩线下门店，仅保留线下体验门店。

(4) 透明化

电商野蛮生长的阶段已经过去，国家已制定电子商务相关的规范与要求，对其进行有效的监管与约束；区块链的应用使得商品能够被溯源查询真伪，有力地打击假货问题；方便的多平台比价使得商家利用信息差虚假报价的机会大大减少，透明的价格也使得中间商赚差价的机会大大减小。

(5) 个性化

大数据技术的应用能让平台快速将产品与客户需求相匹配，为客户针对性地推荐产品；同时生产企业也可以快速了解客户的需求，进行定制化产品的生产，企业生产方式从过去的生产推动销售变为销售拉动生产，当然定制化生产需要建立在快速柔性化的生产能力与高效的物流配送能力的基础上。

4.1.1.2 电子商务模式

根据物流的定义“物品从供应地向接收地的实体流动过程”，确定了供应地与接收地就确定了物流的方向，而供应方与接收方的不同，则决定了电商模式的不同，不同的电商模式往往具有不同的物流需求，从而分属物流的不同市场。

常见供应方主要有企业(Business)与个人(Consumer)，常见的接收方主要有企业(Business)、个人(Consumer)、政府(Government)等，由此组合而成的模式则有B2B(Business-to-Business)、B2C(Business-to-Consumer)、C2C(Consumer-to-Consumer)等，目前最为常见的以B2B与B2C为主。除此以外，线上对线下O2O模式(Online-to-Offline)，也是一种较为常见的模式。

(1) 企业对企业(B2B模式)

B2B模式常见于供应链上下游企业之间和企业采购的情况，因此主要又可分为垂直模式与综合模式。垂直B2B一般存在于一个行业内部，从上游到下游的，特点是专业程度较高、定位较精准，但是往往规模偏小。综合B2B一般为第三方提供的综合的企业采购交易平台，典型代表是阿里巴巴1688，是目前国内最大的企业电商平台之一。

(2) 企业对个人(B2C模式)

B2C模式是大部分消费者接触最多的电商模式，最大的优势在于便捷与低成本，对消费者来说不必出门即可购买所需商品，对企业来说可以大幅度降低线下商铺的成本，是一种双赢的方式。缺点是消费者购买前无法直接接触并体验商品，以及线上商铺质量参差不齐，因此现在很多企业开始“线上销售+线下体验”的模式。

(3) 线上对线下(O2O模式)

O2O模式既可以看作一种特殊的B2C模式，也可以看作线下商店的一种拓展服务。O2O相对于传统B2C具有鲜明的线下服务的特征，而相互对于传统线下实体店又具有互联网特征。O2O往往是有区域范围限制的，其核心点在于通过线上平台进行推广宣传，而其服务又必须有线下实体店才能进行。O2O中涉及物流的主要是同城商品购买，最大的特色在于快速的配送服务，如外卖、超市跑腿等。

4.1.2 商品物流概述

国家标准《物流术语》(GB/T 18354—2021)中定义：物流(Logistics)，根据实际需要，将运输、储存、装卸、搬运、包装、流通加工、配送、信息处理等基本功能实施有机结合，使物品从供应地向接收地的实体流动过程。

物流发生于实体商品生产、销售、回收的每一个环节。本部分主要分析对象为发生在产品销售过程中的物流活动。

4.1.2.1 物流服务分类

中国物流按照单票运输货物的质量可以分为包裹、小票零担、大票零担、整车，如表 4.1 所示，30 kg 以下的货物主要为快递的业务范围，30～500 kg 的货物是现阶段网络型零担快运企业的业务范围，500 kg 以上则几乎全由专线企业提供服务。部分物流企业对运输货物重量分类如表 4.2 所示。

表 4.1　单票货物重量分类

分类	重量	主要市场
包裹	0～30 kg/票	快递服务
小票零担	30～500 kg/票	零担运输服务
大票零担	500 kg～3 t/票	
整车	3～10 t/票	整车专线服务

表 4.2　部分物流企业对运输货物重量分类

物流企业	服务名称	重量范围
顺丰速运	标准快递	20 kg 以内
	重货包裹	20～100 kg
	小票零担	100～500 kg
	重货专运	整车专线
京东物流	标准快递	20 kg 以内
	特快重货	20～100 kg
	特快零担	100～500 kg
	大票直达	500～3 000 kg
	整车直达	整车专线
德邦快递	标准快递	3 kg 以内
	大件快递	3～60 kg
	零担	500 kg 以内
	整车	整车专线

（续表）

物流企业	服务名称	重量范围
中通快运	快运小件	10～60 kg
	小票零担	10～300 kg
	大票零担	300 kg 以上
	整车运输	整车专线

整车物流是以车为单位的点到点物流模式，中途不装卸货，适用于成规模的货物。一些有特殊要求的货物，如苗木景观、活禽活畜等也需要整车物流。而快递、零担物流主要是零散小件的运输，一般需要将许多客户的货物集中后通过大型车辆运输，到达目的地物流中心后再分散配送。

相较于整车物流，无法装满一车的零担物流作业流程显然更为复杂，因此本节主要分析需要将来自不同发货人的多个运输实体进行分拣、装车、运输、配送的零担物流的作业流程。

影响物流运输成本的一个重要因素是运输车辆满载率，由于快递均为小件包裹，需要将具有相同运输路线的包裹集中运输才可以提高满载率，也就是说往往经过多次转运才可以达到最高的满载率，即最低的运输成本。而多次转运一方面会大大降低运输速度，另一方面多次分拣与装卸可能会对包裹造成损害，严重影响物流服务质量。因此大部分物流企业往往为具备不同的时效需求与重量的货物，提供不同定位的物流服务。顺丰、京东和圆通物流服务见表 4.3—表 4.5。

表 4.3　　顺丰速运部分物流服务（来源：顺丰速运官网）

物流服务		承诺时效
即时配	顺丰同城急送	3 km 平均 30 min 送达，5 km 平均 60 min 送达，如遇恶劣天气、高峰时段等影响，配送时效可能会有临时调整
快递服务	顺丰标快	根据寄件时间及快件寄/收地的行政区域，可查询明确的快件送达时间，省内、经济圈最快次日 12:00 前送达
	顺丰特快	根据寄件时间及快件寄/收地的行政区域，可查询明确的快件送达时间，异地流向最快次日 12:00 前送达
	顺丰即日	根据寄件时间及快件寄/收地的行政区域，可查询明确的快件送达时间，当日寄当日送达
快运服务	快运标准达	在指定服务范围和寄递时间内收寄，根据寄件时间及快件寄/收地的行政区域，可查询明确的快件送达时间，省内、经济圈最快次日 12:00 前送达
	大票直送	根据寄件时间及快件寄/收地的行政区域，可查询明确的快件送达时间
	整车直达	根据客户需求规划线路，并根据线路运行时长承诺时效
	丰城专运	根据客户需求预约时效，一般同城范围 24 小时内可达

表 4.4　京东物流部分物流服务(摘自京东物流官网)

物流服务		服务内容
快递服务	特惠送	中国大陆地区全境送达
	特快送	覆盖范围全国超过 300 个城市 1 h 上门揽收、最快当日送达
	同城速配	提供多种即时配送时效服务,满足用户的多场景需求,最快 30 min 送达
快运服务	特快重货	提供快速准时、送货上楼的高品质物流服务
	特快零担	提供快速准时、安全稳定的批量货物运输服务
	大票直达	提供高性价比、定制化的大宗货物运输服务
	整车直达	提供专车直达、安全可靠的整车运输服务

表 4.5　圆通速递部分物流服务(来源:圆通速递官网)

物流服务	服务内容
即日达	当天取件,当日送达的快递服务,适用于同城件
次日达	当天取件,次日送达的快递服务,适用于同省件,区域件
隔日达	当天取件,隔日送达的快递服务,适用于跨省件
三日达	当天取件,72 h 内送达的快递服务,适用于偏远地区、超区件

4.1.2.2　物流服务模式

(1) 第三方物流

在第三方物流中,第一方指发货人,第二方指收货人,第三方则指物流服务提供商。对大部分第一方发货人来说,建立一个能够满足自身商品配送的物流体系是不现实也没有必要的,而第三方物流服务则能为大部分有物流需求的企业或者个人提供有质量保证且成本可控的物流服务。对第三方物流企业来说,市场有足够的物流需求,才能支撑起整个物流体系的运转。

(2) 自营物流

自营物流是由有物流需求的企业,也就是上文所说的第一方,自建的物流体系,用于完成自身的货物配送业务。自营物流具备着一定的优势,企业能够根据自身需求量身打造适合自己的物流业务,提供更优质的配送服务;同时当企业的物流业务形成一定规模时,也能显著降低自身的配送成本。但自营物流的要求也是极高的,其投入较高,一般的中小型企业难以承担。

(3) 共同配送模式

共同配送模式是指多个有定期货运需求的企业,共享同一个物流系统进行配送业务。共同配送对于货物配送资源的合理利用有重要意义,减少了资源浪费,物流成本大大降低,货物配送也变得更加高效。

4.1.3　快递服务

电商物流与一般意义上的物流有一定区别,尤其是以个人消费者为目标的 B2C 与 C2C

模式，往往对配送服务质量的时效性提出要求，同时具备单个订单小、订单数量大的特点。而快递服务较为符合以上需求特点，因此，在电商快速发展的十数年中，快递服务也得到了飞速的发展。

4.1.3.1 常规快递服务

如图 4.1 所示，日常最常见的快递服务可分为三个阶段。

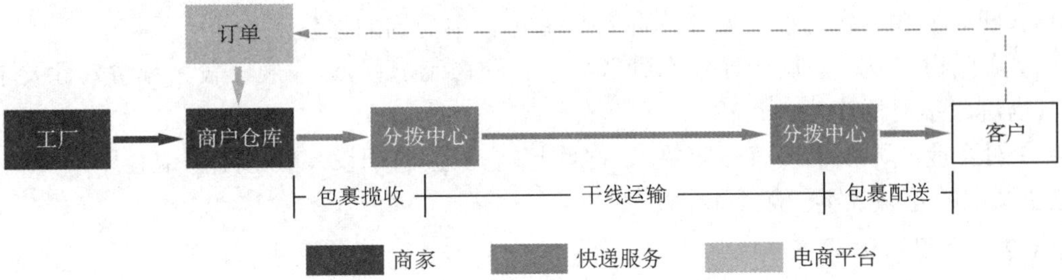

图 4.1 常规订单发货流程示意图

第一阶段，包裹揽收。在消费者通过电商平台提交订单后，对应商品从商户仓库分拣、打包、出库，由快递公司派遣人员揽收包裹，进入当地物流中心，并根据目的地进行分拣，准备进入第二阶段干线运输或者第三阶段包裹配送。

第二阶段，干线运输。当最终目的地处于当前物流中心的服务范围内时，无须经过干线运输阶段，在分拣后直接配送至消费者即可。当最终目的地超出当前物流中心服务范围时，需要运输至最终目的地对应的物流中心，期间可能会经过多个物流中心，并进行多次分拣、转运。

第三阶段，包裹配送。包裹到达最终目的地对应的物流中心后，由快递公司派遣人员将包裹配送至消费者手中或指定的代收点。

对于规模较大、在全国多地有大量订单的企业，可采用全国多仓发货的方式来提高订单的配送速度和降低物流成本，图 4.2 为全国多仓发货流程示意图。

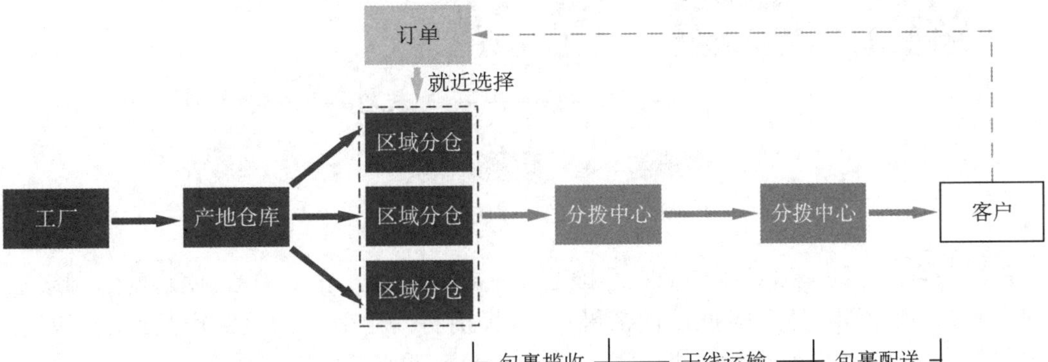

图 4.2 全国多仓发货流程示意图

企业可在北京、上海、广州、深圳、成都、西安、武汉、郑州等物流枢纽城市设置区域分仓，根据历史订单、市场调查等大数据分析预测需求量，为各个分仓配货。在消费者通过电商平台提交订单后，企业直接就近选择仓库发货，这种形式主要具有以下几个特点。

① 提高配送速度与质量。与常规订单发货流程相比，全国多仓发货有效缩短了发货地与消费者之间的距离，减少了订单包裹所需经历的运输距离和转运次数。消费者能更快收到商品，同时能在一定程度上减小商品在运输过程中受到的损伤。

② 降低物流成本。从产地仓库到区域分仓的物流过程，运输规模较大且时效性要求不高，其物流成本要低于快递运输。

③ 对企业的订单规模有一定要求。全国多仓发货前期投入要大于产地仓库发货，且物流枢纽城市的仓储成本一般会较高。

4.1.3.2 仓配一体服务

仓配一体是指由第三方物流企业为有物流配送需求的商家提供一站式仓储配送服务，包括货物配备的集货、加工、分货、拣选、配货、包装等环节，和最终的货物配送环节。仓配一体流程见图 4.3。

对电商来说，配送速度与配送质量是影响用户体验的最大因素之一，而大部分电商订单呈现出多而散的特点，要在中国如此广阔的面积上实现快速且高质的配送服务，通过常规快递服务显然成本较高，而由企业自己来完成全国多仓发货对企业自身的要求较高。第三方物流服务提供商的仓配一体服务正是当前这种情况下较好的解决方案。

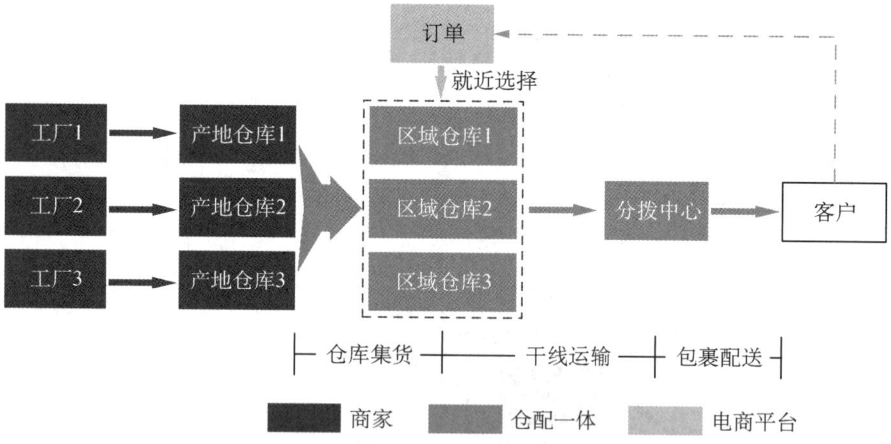

图 4.3　仓配一体流程示意图

首先由第三方物流服务提供商在全国范围主要城市设立仓配中心，使得配送网络覆盖全国大部分主要城市；然后根据预期销售情况，提前将一定数量的电商产品运输至对应仓库进行存储；当有消费者下单时，即可由就近仓库分拣并直接发往配送站。

从配送速度来讲，仓配一体的配送速度远快于常规快递，对于部分重要城市往往可实现次日达甚至当日达；从配送质量来讲，仓配一体所需的分拣次数远少于常规模式，大大降低了产品的装卸次数，能有效地降低货损率；从配送成本来讲，由于第一段从供应商运输至仓配中心往往是整车运输，运输成本低于常规快递，而仓储成本则与产品销售情况以及仓配中心地理位置有关。

除去基础的仓配服务外，第三方物流服务提供商与电商平台合作，能够为商家提供更多的增值服务。以京东物流供应链为例，为商家提供软硬件高度协同、价值、信赖、服务可承诺、全托管式的供应链一体化服务，主要存在以下优势。

① 物流配送全程可控，有利于提升服务质量与客户满意度。

② 多环节高效协同，有利于降本增效与时效管理。

③ 多样增值及正逆向全链路一体化服务，满足商家复杂场景下业务诉求。

④ 数据驱动下的供应链协同网络，智能预测、精准布局、全年无休。

4.1.3.3 O2O 模式

O2O 模式即 Online-to-Offline 模式，是一种将线上电商平台与线下商户相结合的一种模式，电商平台为商户提供线上推广、交易结算等服务。O2O 模式流程见图 4.4。

O2O 模式下的配送服务较为特殊，目前一般以短途的公路配送为主，既有由第三方平台提供的配送服务，也有实体店商家自己组织的配送人员。这种模式下的配送业务门槛较低，由实体店准备好商品后，交由配送人员直接送往客户手中即可，中间没有二次交接。

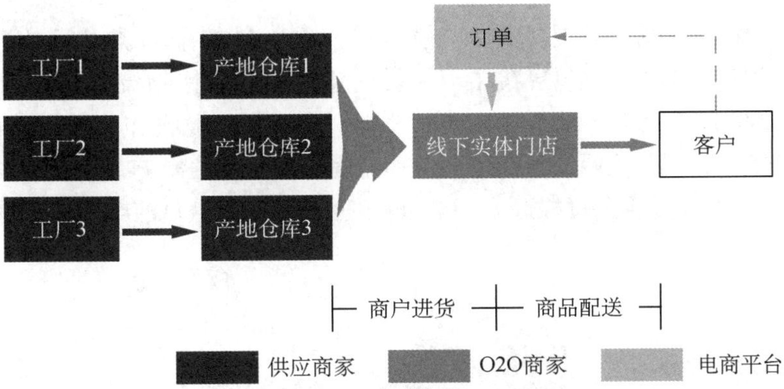

图 4.4 O2O 模式流程示意图

4.1.4 关键环节与问题分析

如图 4.5 所示，在常规快递流程中，三个阶段分别对应三个环节，即揽收环节、干线运输环节、配送环节，分拣环节则衔接三个环节；在仓配一体流程中，主要包括集货环节、干线运输环节、配送环节，以及衔接三个环节的仓配环节和分拣环节。在 O2O 模式流程中主要包括集货环节、仓配环节和运输环节。

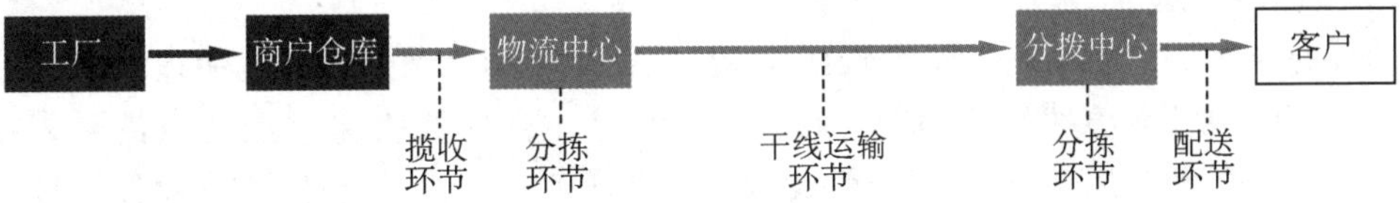

(a) 常规快递服务关键环节

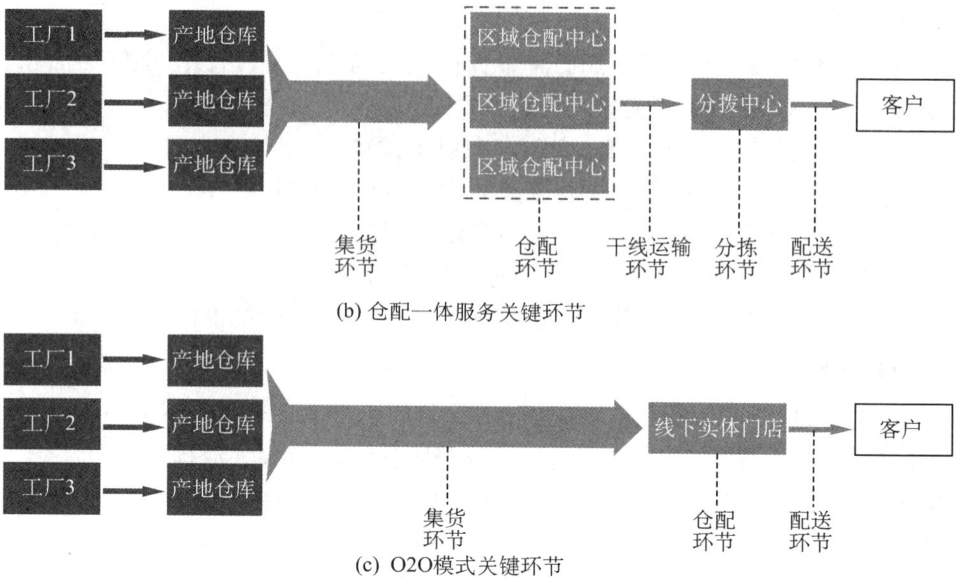

图 4.5　物流关键环节

1. 揽收环节与配送环节

揽收环节与配送环节也就是所谓的“最后一公里”，是整个物流过程的开始和结束环节。揽收环节的任务是将客户包裹集中至快递网点并统一送往物流中心，配送环节任务是将物流中心送来的包裹按具体地址送至客户手中(图 4.6)。揽收环节与配送环节是电商物流中直接接触客户的环节，这两个环节的服务质量将极大程度地影响客户满意度，加上揽收环节与配送环节的作业场景复杂度极高，因此“最后一公里”服务是目前电商物流的痛点。

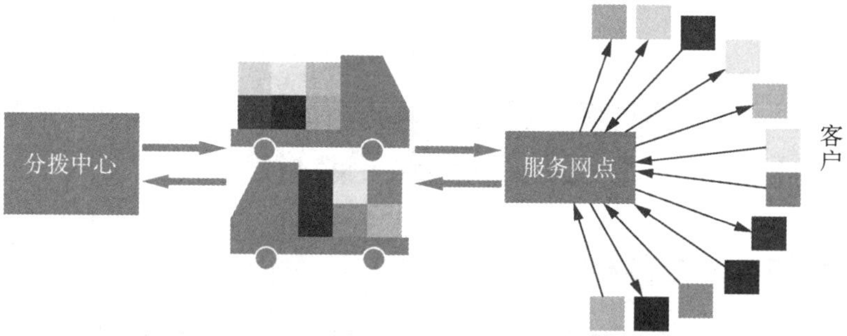

图 4.6　揽收与配送环节功能示意图

揽收环节与配送环节主要研究的问题集中于快递网点选址、揽收与配送工作模式、揽收与配送任务分配与路径规划等。

(1) 快递网点选址

快递网点分布过于密集会导致资源浪费、成本上升等问题，分布过稀疏又会导致对物流需求覆盖低、服务响应速度慢、服务质量差等问题。合理的快递网点选址需要采用合理的研究方法，综合考虑周边的交通条件、潜在需求分布等因素。随着目前大数据技术与智慧城市的不断发展，可以利用的数据也越发充足，结合人工智能算法，对城市物流结构进行布局优化，有利于实现城市的智能规划。

(2) 揽收与配送工作模式

揽收与配送工作模式主要可以分为两种:直接揽收配送和间接揽收配送。

直接揽收配送模式即上门取件和送货上门,由快递工作人员在约定时间范围内到指定地点收取要寄出的包裹或者将要配送的包裹送到指定地点。这是目前揽收配送的主要形式,也是对客户而言最为方便的一种方式。但实际作业过程中会出现客户时间安排不便的情况,而导致多次上门服务,增加作业成本。

间接揽收配送模式是由快递工作人员指定地点,客户到达指定地点寄件或者取件(图 4.7、图 4.8)。该模式将分散揽收配送的快件物品变为集中揽收配送,提高揽收配送作业效率,降低作业成本。该模式主要用于配送,通过智能快递柜等设施,可以实现 24 h 工作,有利于一些时间安排不便的客户方便地取件。

(3) 揽收与配送任务分配与路径规划

揽收与配送任务具有数量多、位置分散的特征,需要考虑客户时间窗、包裹体积重量、运输车辆容积载重等因素,然后对配送与揽收任务进行分组分配和路径规划(图 4.9)。

任务分配是指在满足任务需求和运输车辆能力的前提下,将多个揽收与配送任务按组分配给每个运输车辆,这是一个典型的组合优化问题。路径规划是指确定任务后,确定一条路径,能经过所有的客户并完成揽收与配送任务,同时尽可能降低作业成本和时间,这是一个典型的旅行商问题。高效的任务分配和路径规划策略能有效地提高揽收与配送环节的作业效率,降低作业成本。

图 4.7 快递驿站

图 4.8 快递柜

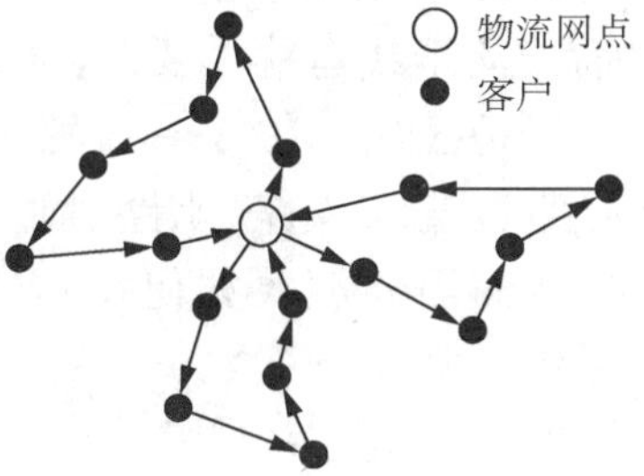

图 4.9 揽收与配送任务分配与路径规划

2. 干线运输环节

以 B2C 模式为主的电商物流往往采用快递的方式,具有小批量、多批次的特点。在完成区域内包裹的揽收、集中到区域物流中心后，在物流中心对包裹进行分拣、成规模跨区域运输的环节为干线运输环节(图 4.10)。

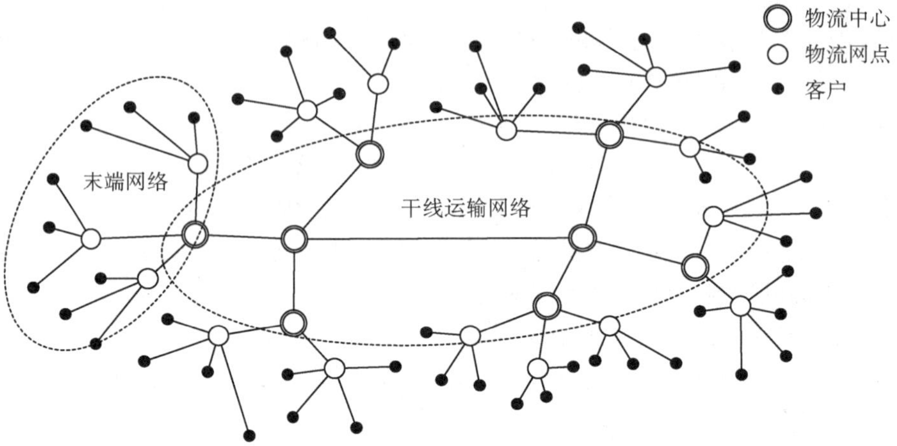

图 4.10　干线运输网络功能示意图

大部分物流节点之间的运输需求量有限，如果任意两个节点之间均进行直接运输，即采用全连通网络结构，则会导致运输车辆装载率较低，且会提高运输成本，因此目前一般采用轴辐式网络结构。在轴辐式网络中，包裹在物流中心根据目的地和运输量进行集散和转运，以提高运输车辆装载率，降低单位运输成本，同时尽可能保证运输速度，兼顾规模经济效益与物流服务质量。该环节主要研究的问题集中于干线网络布局、干线运输路径规划、干线运输方式等。

① 干线运输网络布局。需要对物流中心进行选址决策，综合考虑潜在物流需求分布、交通运输条件、物流中心建设成本等因素，选择合适的位置建设物流中心，尽可能实现整体效益最大化。

② 干线运输路径规划。在确定了现有物流中心的前提下，如何在物流中心之间进行包裹的分拣、运输即干线运输路径规划。前文提及目前一般采用轴辐式网络结构，但物流需求是实时变化的，因此具体的轴辐式网络结构也非一成不变，根据实时物流需求的分布、物流中心的分拣能力、交通条件等因素，对每个包裹的分拣运输进行规划，确定用于集散分拣的物流中心，即干线运输路径规划需要解决的问题。

③ 干线运输方式。目前电商物流干线运输主要以公路运输为主，部分对时效要求极高的物流服务会采用航空运输。但是公路运输是一种成本较高、速度一般的运输方式，其主要优势是灵活性较高。将公路运输与铁路、水路、航空等运输方式相结合进行多式联运，是目前有潜力的发展方向，然而需要解决如何在不同运输方式间进行快速转运的问题。

3. 分拣环节与仓配环节

分拣环节的任务是将不同的包裹按目的地分类、集装，准备发往目的地；仓配环节的任务是按照订单将对应商品出库、打包、分类、集装，准备发往目的地。仓库的主要功能为仓储，通过货物的入库与出库也能实现一定的分拣功能。这两个环节主要研究的问题集中于分拣作业模式、分拣系统调度、仓储系统调度等。

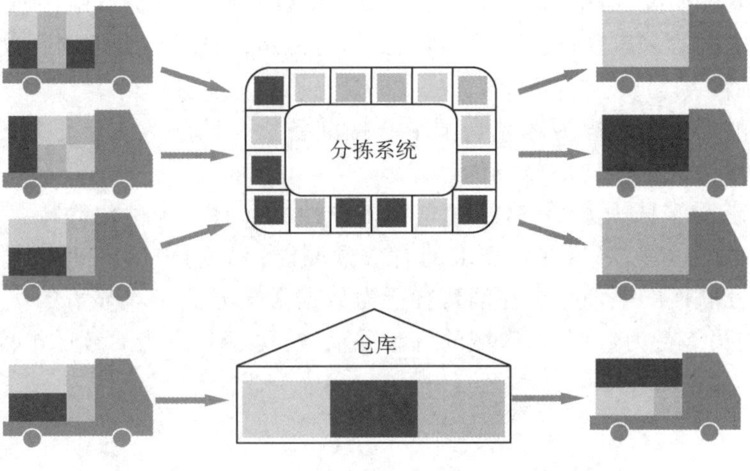

图 4.11　分拣环节与仓配环节功能示意图

(1) 分拣作业模式

分拣作业过程中主要有两个要点:包裹的搬运和识别方式。根据搬运方式可以分为连续式搬运和离散式搬运两种。连续式搬运主要是指通过输送带等固定设备搬运包裹,离散式搬运主要是指通过 AGV 等移动设备搬运包裹,离散式搬运系统一般较为灵活、调度难度较高。识别方式可以分为人工识别与自动识别。人工识别主要是通过传送带、AGV 等设备将包裹搬运至工作人员处,典型代表是货到人拣选模式。自动识别一般依靠条形码、RFID 等技术进行识别,然后通过机械手、挡板、万向轮、AGV 等方式将不同特征的包裹分散集中。综合考虑人工成本、场地成本、分拣能力需求等指标,设计综合效益最高的分拣系统,是本部分需要研究的内容。

(2) 分拣系统调度

与连续式搬运系统有固定的搬运路径不同,在灵活性较高的离散式搬运系统中,AGV 等搬运设备没有固定路径,可根据包裹目的地自动分配出口、规划路径(图 4.12)。

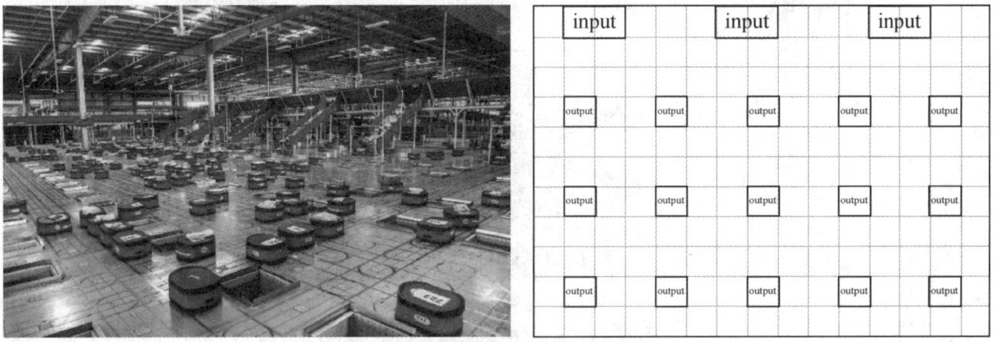

图 4.12　离散式搬运分拣系统

因此在离散式搬运系统中,如何根据包裹情况对搬运设备进行合理调度,高效地完成分拣作业,是一个重要且困难的问题。

(3) 仓储系统调度

在仓储系统中,不同货位出库所需的时间不同,因此,如何根据货物需求特点分配存储空间是一个重要的研究问题。此外，对于穿梭车系统等搬运设备自由度较高的仓储系统，多个移动设备之间容易出现冲突碰撞问题，如何对搬运设备进行合理调度也十分重要。

4. 集货环节

集货环节的任务是商户为区域仓配中心提前备货。该环节主要研究的问题集中于订单需求预测与库存优化。

消费者需求受多种因素影响，往往具有多样性、波动性、个性化等特点，同时电商消费又是一个快节奏的过程，对消费者需求的有效预测能提高商户反应速度、缩短货物配送时间。而依托于互联网的电商平台在消费者行为数据采集方面有着显著的优势，根据大量消费者的浏览、购买等行为数据，对区域的订单需求进行预测，将为后续的电商库存优化提供数据支撑。

4.2 干线运输网络

4.2.1 物流网络理论

整个物流网络可以分为两部分，即用于区域内揽收与配送的末端网络和用于全国跨区域运输的干线运输网络。其中物流中心既是地方网络的中心，又是全国网络的节点(图 4.13)。物流中心的主要功能为从用户处获取需要运输的包裹，集中至分拣中心按照目的地进行分拣装箱，将已装载货物的货车/列车/航班交付于全国运输网络，并将到达的货车/列车/航班卸货，按照目的地再次分拣并配送至相应的用户处。除此以外，分拣中心作为全国网络的节点，有时还需起到二次分拣的作用。

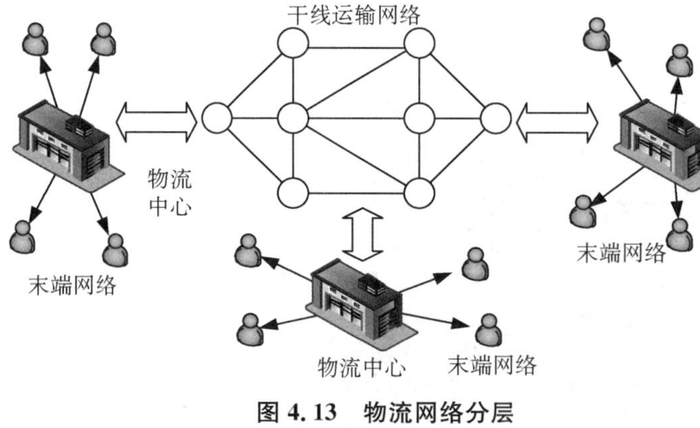

图 4.13 物流网络分层

4.2.1.1 全连通网络结构

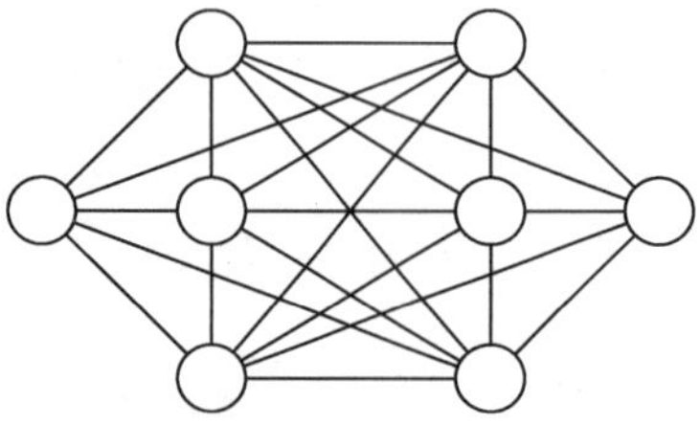

图 4.14 全连通网络结构

如图 4.14 所示，在全连通网络(fully-connected network)结构中，所有节点都可以直接连接，故当网络中节点数量为 n 时，链路数为 $n(n-1)/2$。其主要优点是可靠性和灵活性较高，当个别节点发生故障无法运行时，其他节点之间依旧可以顺利运输。

全连通网络的问题也十分明显，当运输量不足时，则会延长货物在节点的停留时间，直到等到足够数量的货物后发车，从而降低运输速度且增加仓储成本。或者单次运输货物量降低，单位数量货物的运输成本上升。因此，全连通网络在运输量不足时，无法形成规模经济，相较于具备规模优势的轴辐式网络反而会增大运输成本。同时，相较于轴辐式网络，全连通网络由于路径很多，管理难度也一般较大。因此，目前物流一般采用轴辐式网络结构。

4.2.1.2　轴辐式网络结构

轴辐式网络（Hub-and-Spoke network）结构以中心节点为轴心，周边其他节点为轮辐，中心节点之间彼此连接，承担大量的流量中转的功能，周边节点与中心节点相连接，所有周边节点可以通过中心节点进行相互联系。轴辐式网络结构实际上将整个网络划分为多个区域，每个区域由中心节点进行辐射。

如图 4.15 所示，这里举出了几种轴辐式网络结构。

① 图 4.15(a)为单中心的轴辐式网络，前文所讲的末端配送网络一般为单中心网络，以本地区的分拣中心为轴，辐射至各个配送站。

② 图 4.15(b)为多中心的轴辐式网络，这是最常见的结构，一般运输网络都是多中心的。

③ 图 4.15(c)中的一个周边节点同时与两个中心节点相连接，这种称为多分配的轴辐式网络，图 4.15(a)，(b)所示的单分配结构中，任意两个节点间只有一条路径，而多分配结构中的路径不再唯一，这样的网络更具有灵活性，同样也提高了管理难度。

④ 图 4.15(d)为支线接驳，一个周边节点没有直接连接中心节点，在受到地形等因素的影响下，可能会出现这种结构。

⑤ 图 4.15(e)中有周边节点未通过中心节点，而直接与其他周边节点相连接，这其实已经具有部分连通网络的特征，但整体依旧是轴辐式网络，因此为混合式网络。

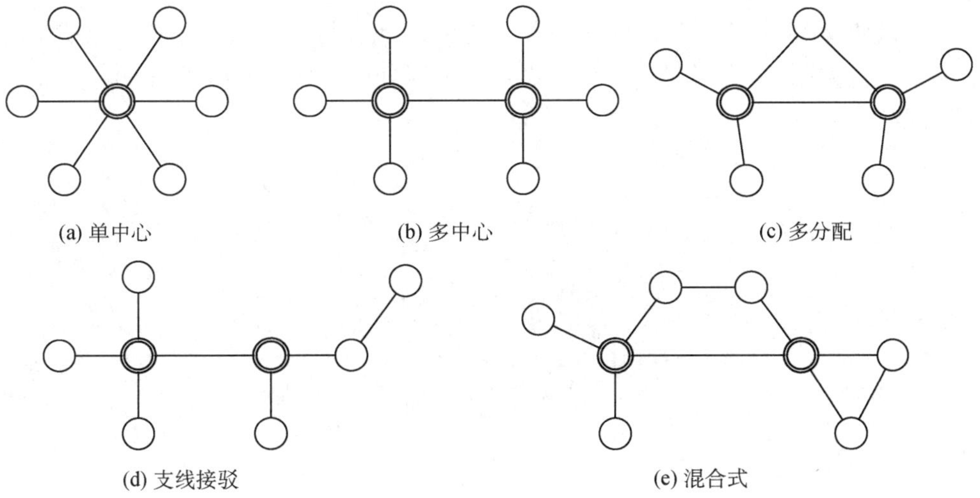

图 4.15　常见轴辐式网络结构

图 4.15(a)，(b)，(d)的单分配结构中，任意两个节点间只有一条路径，而图 4.15(c)的

多分配结构和图 4.15(e)的混合式结构中的路径不再唯一,这样的网络更具有灵活性,同样也提高了管理难度。其实后两者已经具有部分全连通网络的特征,因此网络具备更强的灵活性。

轴辐式结构能够有效地简化网络,减少整个网络中的路径数量,降低管理难度,同时能够将货物运输集中至几条主要线路,实现规模经济,提高运输效率,降低成本。然而从另一方面讲,轴辐式网络在部分情况下,会增加物流运输成本,两个距离较近但分属于两块区域的周边节点之间的物流运输,必须经过中心节点,出现"绕路"的情况。

4.2.1.3 非直达式的全连通网络

从另一个角度考虑,轴辐式网络与全连通网络并不冲突,全连通网络可以是实际道路的物理实体网络,而轴辐式网络可以是运输策略上的逻辑网络。

目前,中国依旧以公路与铁路运输为主,密集的公路网与铁路网将大部分城市彼此连接。这个网络中大部分城市都与多个城市能直接连接,虽非完全理想的全连通网络,但更不适合作为轴辐式网络进行分析,因此将其近似看作全连通网络。这个网络是实际已经存在的,同时也确定了每个城市之间的运输成本,并不会因为物流企业采取不同的运输策略而发生变化。而这个全连通网络的存在,也为物流企业提供了多种选择,企业可以在轴辐式网络与全连通网络间自由选择。

而企业采取的轴辐式网络更多的是在管理策略上的逻辑网络,并不存在对应的物理实体。由于公路与铁路都是已经建成的,高速公路服务站与铁路站也都是建成的,当企业采取的轴辐式网络发生改变时,也不需要投入更多的前期成本。

对企业来说,最重要的两点为产品/服务质量和成本。全连通网络最大的问题在于难以形成规模效应,如果在全连通网络中也采取如同轴辐式网络的策略,将若干城市的物流需求集中分拣处理,则可以解决这个问题。

图 4.16 为一个具有两个中心的轴辐式网络,假设由于某突发事件,B 地区对 A 地区产出的某类物资产生大量的需求,而按照轴辐式网络的规则,所有物资都需要在中心节点进行集散。如果将 A 地区发往 B 地区的物资直接在 A 地区与 B 地区中的相邻城市进行集散(假设承担集散功能的节点有足够的分拣作业能力),如图 4.17 所示,则能明显减少运输距离,降低运输成本。

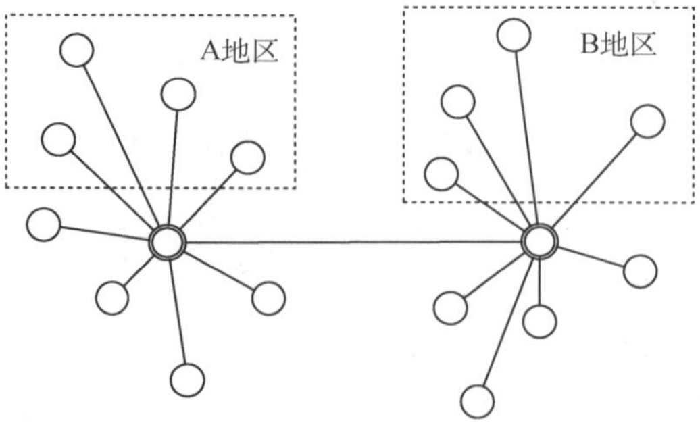

图 4.16 某多中心轴辐式网络

上述策略是对轴辐式网络结构的一次临时的灵活调整,而全连通网络可以看作所有轴

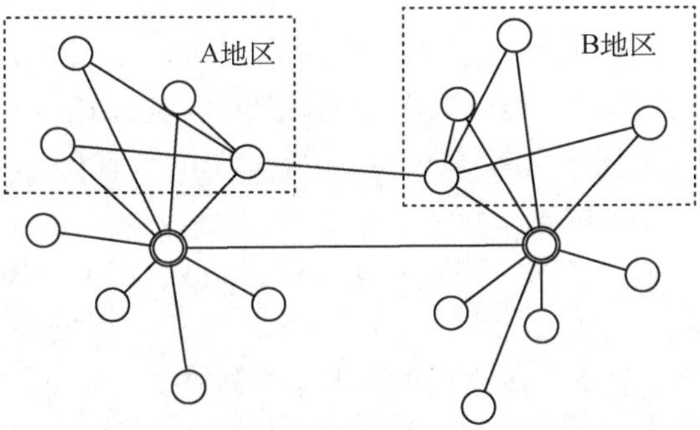

图 4.17 某多中心多分配轴辐式网络

辐式网络结构的集合，在全连通网络中合理选择各类运输货物的集散点，也可以实现规模效应，降低运输成本。同时，全连通网络还能具有更强的弹性，能合理分配整个网络中各个节点的作业资源，增强网络整体的运输能力。

4.2.2 先进干线运输模式

4.2.2.1 多式联运

当前国内快递企业常用的运输方式有三种：公路运输、铁路运输、航空运输，采用两种及以上方式进行运输即为多式联运。

公路运输主要优势为机动灵活、建设周期短。依托于密度极高且分布广泛的公路网，公路运输可以实现“门到门”的物流服务，大大减少了装卸转运环节。此外，公路运输在时间方面的机动性也比较大，相对铁路、航空而言调度管理起来更加简单。

铁路运输主要优势为运送量大、成本低、长距离运输速度快。尽管铁路前期建设的投入成本较高，但建成后单位货物运输成本远低于公路运输，理论运输速度也显著高于公路运输，一般不受气候条件限制，目前比较适用于大宗货物的陆地运输。由于铁路运输只能在固定线路上运行，绝大部分运输工作需要铁路运输与公路运输相结合才能实现，所以目前公铁之间的转运衔接效率是亟待提升的地方，尤其是高铁货运的装卸、转运作业。唯有高铁货运装卸转运作业实现高效化、自动化，才能将高铁的速度优势发挥出来，适用于更多高时效要求、高附加值的货物运输。

航空运输的主要优势是速度快、不受地形限制。航空运输适用于追求时效的货物，如鲜花、海鲜等冷链产品的远距离运输。但航空运输缺点也同样明显，其成本高、运输能力小、受天气影响较大。

采用何种运输方式主要取决于运输成本和时效要求，而这二者往往不可兼得，速度最快的航空运输同样也是成本最高的。而铁路运输由于与其他运输方式之间转运效率不高，使其低成本、速度较快的优势无法发挥，目前更适用于对时效不敏感的大宗货物运输。因此，提高转运环节作业效率、推广多式联运有利于降低物流成本、提高物流质量，这是目前研究的重点之一，也是物流发展趋势。

4.2.2.2 高铁货运

高铁货运主要利用日常开行的高铁列车对货物进行快速运输，充分利用空闲的高铁运力，且不受交通堵塞、航空管制等因素影响，是一种较为理想的运输方式。高铁货运的主要运输模式有四种：客运列车的闲置空间运输、检测列车运输、客运与货运动车混编运行和高铁货运专列。其中，前三种模式对运输装备要求较低，但装卸速度也较慢，是用于过渡的模式；第四种高铁货运模式，整体作业效率较高，需要专用的装卸搬运设备与标准化容器。

1. 客运列车的闲置空间运输

是指在不影响旅客运输的前提下，利用客运动车组列车的行李架、座位空隙、大件行李放置等闲置空间进行货物运输(图 4.18)。其主要优势是可直接利用现有的高铁设施设备与覆盖网络迅速开展业务，充分发挥高铁的优势，具有较高的运输速度与开行频率，能满足快件货物时效性要求。主要劣势是客运列车装卸难度大，必须人工装卸，装卸效率低；运输能力有限，受车厢空间、装卸速度等因素影响；难以实现规模化、自动化作业。

图 4.18　高铁客运列车的闲置空间运输

2. 检测列车运输

利用检测列车空间进行运输，一般在夜间或凌晨开行，与物流白天集散夜间运输的需求相吻合，其运输能力相对第一种客运列车更大。但检测列车开行范围有限，一般以路局分界划分，难以实现长途跨线开行，局限性较大，而且难以实现规模化、自动化作业。

3. 客运与货运动车混编运行

将动车组部分车厢或车厢局部设置为货运车厢或隔间，以满足高铁物流装载及运输技术条件，实现客运与货运动车混编运行(图 4.19)。该方式的优势与客运列车相同。但采用该方式运输，需要车厢对动车车厢进行改造，人工装卸速度慢时间长，对停站时间造成影响。

图 4.19　客货运动车混编运行

4. 高铁货运专列

根据运输需求分布，在快递量较大的线路开行高铁货运专列（图4.20、图4.21）。高铁货运专列一般采用自动化作业，装卸速度快，易于实现规模化，且列车开行时间不受固定客运班次的限制，可按照高铁快运的物流需求组织。但专列需单独开行，将占用高铁线路的区间通过能力，在繁忙干线及限制区间，专列的开行将加剧通过能力紧张的局面。而且需对车站设施进行改造且需要专门的货运动车车厢与高铁集装箱，投入成本较高。此外，也对经营管理、合作模式、运量保障等提出了更高的要求。

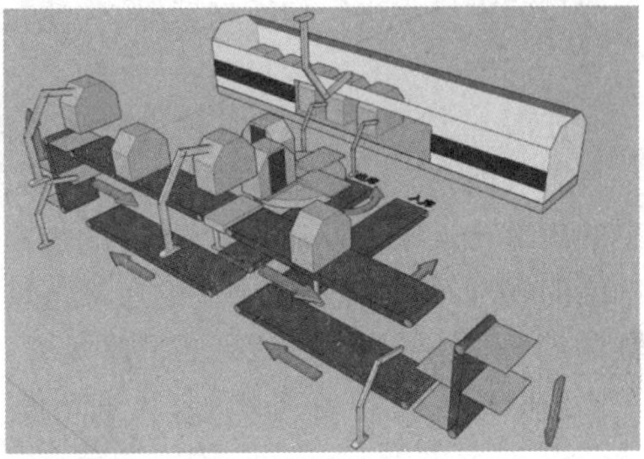

图 4.20 货运动车组装卸示意图

图 4.21 货运动车组样机

4.2.2.3 集装化与标准化

集装是将一定数量的货物，通过标准化的存储单元组合成尺寸规格相同、重量相近的组合体。通过集装技术，可以实现货物集小为大，使中小件散杂货以一定的规模进入市场、进入流通领域，形成规模优势，其主要具备以下优势。

① 有利于推进物流装卸转运环节作业的自动化、智能化进程，能有效提高物流作业中装卸环节的效率。

② 货物集中单元的标准化有利于提高仓储和载具空间的利用率。

③ 通过使用坚固、可复用的集装单元，不仅能减少货物包装材料的消耗，还能增强对货物的保护能力，降低货损。

④ 通过集装化的实现物流集装系统，将不同的运输方式高效地衔接起来，促进多式联运发展，提高社会物流效率。

4.2.3 干线运输网络规划与调度

4.2.3.1 干线运输网络布局

电商物流往往具有小批量、多批次的特点，单独一对需求点之间的物流需求较小，采用轴辐式物流网络结构能够有效地简化网络，减少整个网络中的路径数量，降低管理难度，同时能够将货物运输集中至几条主要线路，实现规模经济，提高运输效率，降低成本。在轴辐式物流网络中，物流包裹首先通过末端物流网点揽收至物流中心，再根据包裹的目的地在干线运输网络中进行集散与运输，到达目的地附近的物流中心后再通过物流网点进行配送服务。

如图 4.22 所示，干线运输网络由多级物流中心和连接物流中心的网络构成。物流中心是具有短期仓储、分拣、装卸、运输及组织调度等功能的物流设施，负责处理区域内物流包裹的集散转运工作，不同物流中心的规模与级别取决于其负责的集散转运规模。干线运输网络的规划，即多级物流中心的布局选址，这将直接影响物流网络的运营成本和运输速度。轴辐式干线运输网络的规划布局常见方式有两种：综合评价法和模型求解法。综合评价法主要选取地理位置、服务水平、政策环境中的重要指标，构建评价指标体系，对物流中心候选节点进行评价打分，选取较优的节点构建和优化干线运输网络；模型求解法主要以干线运输网络的运营成本、服务质量等为优化目标，以物流中心的选址为决策变量，建立干线运输过程的数学模型，通过求解器、智能算法等方式对模型求解。

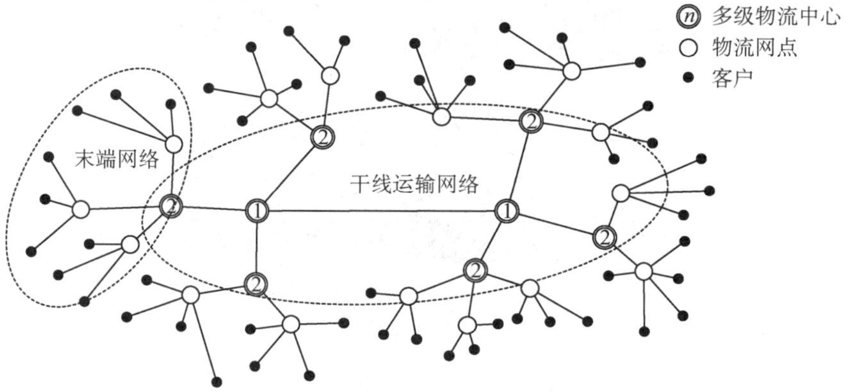

图 4.22 干线运输网络中的多级物流中心

物流中心的选址要考虑整个物流服务过程的成本与质量，既要考虑在干线运输网络中的区位，选择交通方便的位置，也要便于末端网络中包裹揽收与配送作业的进行，使得揽收与配送在合理的距离与时间范围之内。因此物流中心的选址往往需要考虑以下方面。

① 交通便利。物流中心选址时，要同时兼顾与物流网络相关节点之间的距离，以及选址位置的道路条件、交通规划等，尽量将物流中心建立在交通顺畅、通行能力强的位置，尽量降低交通堵塞的发生概率，以避免运输延误产生的损失。

② 建设与运营成本。物流中心的建设需要较大面积，应尽量选择用地成本低、水电等基础设施完善的区域，同时要避免气候灾害频发、地质条件不佳的地区。此外还要考虑所在地区的人力成本、经营环境等因素。

③ 政策与产业结构。物流中心的选址还要考虑当地的发展规划、行业政策、地方性法规等因素。物流中心的建设规模、位置应尽可能符合所在区域的发展规划，考虑当地未来产业结构的发展与变化对物流服务的需求情况，应尽可能选择对物流行业有鼓励与优惠政策的地区。

4.2.3.2 干线运输任务调度

当物流包裹通过末端网络从各个物流网点集中至附近的物流中心后，需要决策的内容就是确定目的地不同的包裹在干线运输网络中的运输计划，主要包括包裹的分拣装车计划和对应车辆的运输计划。干线运输任务调度问题列于表4.6。

表4.6 干线运输任务调度问题分析

已知信息	包裹信息：每个包裹的日期、起点、终点、体积、重量等信息
	物流中心参数：干线运输网络中各个物流中心的装卸、输送、分拣能力等
	运输车辆参数：运输车辆(列车、航班)信息
	未来需求：根据平台预约信息和历史数据预估未来一段时间的物流需求
	运输成本：每个分拣中心之间的运输成本
决策变量	包裹的分拣装车计划
	车辆运输任务
约束条件	物流中心仓储、分拣、装卸能力限制
	运输车辆容量、速度限制
	包裹最晚运达时间限制
优化目标	作业成本：分拣、装卸、运输等环节作业成本
	服务质量：干线运输任务完成时间

在决策包裹的分拣装车计划和对应车辆的运输计划时主要需要考虑以下因素。

(1) 运输成本与时间

物流中心之间的运输成本与很多因素有关，包括交通条件、距离、运量、最大发车间隔时间等。交通条件较好的情况下，运输成本会较低；运输成本与运输距离成正比；在运量无法达到一定规模，无法装满整车的情况下，运量越少，单位运输量成本越高，达到一定规模后，单位运输量成本稳定；最大发车间隔时间是指，物流对运输速度有一定要求，有时即使无法装满一整车也需要发车运输，因此允许的最大发车间隔越小，则可能为装满货车的概率越大，则单位运输量成本越高。而运输时间可以分为两部分，实际运输时间与滞留等待时间，在货物无法装满一车的情况下，需要适当等待一定时间，累计更多货物降低以运输成本。

(2) 物流中心作业成本

物流中心的作业成本与时间主要与物流中心本身规模以及分拣装卸作业量等因素有关。物流中心的规模越大，则其固定成本越高，能承受的作业规模也越大；物流中心的规模较小时，虽然固定成本可能较低，但一旦货流超出其能处理的范围，则作业时间和成本都会大幅度上升。

4.3 物流网络节点

4.3.1 物流中心功能

在物流网络结构中，物流中心是其中的一个节点，物流中心、物流网点以及连接它们的道路共同构成了整个物流网络。物流中心一般配备有一定的仓储、分拣、搬运、装卸设备，以实现短期仓储、分拣、装卸等功能。

① 装卸功能。运输包裹的车辆到达物流中心后，需要尽快将车上包裹卸载，进行分拣作业；当完成分拣后，又需要尽快将包裹重新装车。装卸环节是目前物流运输作业中对人工作业依赖最大的环节，亟待实现自动化与智能化。

② 分拣功能。包裹到达物流中心后，需要对目的地不同的包裹进行快速准确的分拣，才能按照配送和运输计划配装，发往其他物流中心或者所在区域的物流网点。

③ 仓储功能。通过物流中心分拣转运的包裹数量一般较大，需要一定的仓储设备进行短期的存储，起到缓冲的作用，减少包裹在瓶颈环节的积压。

物流中心根据规模与级别不同，其位置也往往不同。规模较大的物流中心往往建立在重要交通枢纽周边，如机场、火车站、港口或者大型物流园区内，实现较大范围内包裹的集散转运；规模较小的物流中心一般距离物流网点较近，与末端物流网络相连接，负责将包裹转运到物流网点或者从物流网点集中包裹转运至其他物流中心，衔接了干线运输网络和末端网络。

4.3.2 物流中心设施与设备

4.3.2.1 装卸搬运设备

1. 叉车

叉车是指能短距离运输、起升、堆垛或码放货物的各种轮式搬运车辆，其作业对象一般是成件托盘货物，在国际标准化组织 ISO/TC110 中叉车也被称为工业车辆(图 4.23)。叉车广泛应用于物流中心、港口、铁路货场、工厂车间、仓库等场景下，进行托盘货物的装卸、搬运作业，是托盘运输、集装箱运输的重要设备之一。

图 4.23 仓储叉车

2. 自动导引车辆

自动导引车(Automated Guided Vehicle, AGV)是指能够沿规定的导航路径行驶的无人运输车辆(图 4.24)，其常见的导航手段包括电磁方式(预埋磁钉、磁轨等)和光学方式(地面二维码、SLAM 导航等)。除基本的搬运功能外，部分 AGV 还可具备自动装卸的功能。

图 4.24 物流中心用于分拣的 AGV

图 4.25 穿梭车系统

3. 有轨制导车辆

有轨制导车辆(Rail Guided Vehicle, RGV)是指在导轨上行驶的无人运输车辆，常用于密集存储的场景(图 4.25)。穿梭车系统是一种以 RGV 为物料搬运设备的仓储系统，根据穿梭车的行驶特点又可分为四向穿梭车、子母穿梭车等。

4. 输送机

输送机是在固定的路线上连续输送货物的物料搬运机械，根据运作方式的不同可分为皮带输送机、螺旋输送机、辊筒输送等。输送机输送能力大、运距长，还可在输送过程中同时完成识别、分拣等工作。

5. 机械臂系统

机械臂系统一般由机械臂和夹具组成，适用于对自动化操作柔性度要求较高的场景，在物流作业场景下常用于对货物进行小范围立体空间内的搬运，实现货物的装卸、堆垛、拆垛等工作。常见的机械臂有码垛机器人，应用于电商物流中心的码垛机器人往往要面对混合尺寸的货物，这对其码垛空间规划算法有极高的要求。码垛机器人的应用能大大节省物流作业过程中的劳动力，提高整个物流系统的自动化程度。

4.3.2.2 仓储与分拣设备

1. 常规货架

常规货架如图 4.26 所示，一般为单深位货架，通过叉车可以对每个货位进行存取。由于其中每个货位都紧邻巷道，所以其主要优点是存取管理简单，缺点是巷道会占用大量的仓库空间，存储密度低。

图 4.26 常规货架

图 4.27 驶入式货架

2. 驶入式货架

驶入式货架如图 4.27 所示,驶入式货架是指托盘的存放由里向外顺序存放,是一种后进先出式的货架。驶入式货架存储密度很高,但存取性较差,适合用于存储种类少、数量多的货物。

3. 后推式货架

后推式货架如图 4.28 所示,由轨道和托盘小车组成,轨道一端封闭、一端开放,叉车无须驶入货架,直接在轨道的开放端处进行货物存取,对叉车的操作要求比驶入式货架低。轨道向开放端方向倾斜一定角度,利用货物自重使其滑向开放端,是一种后进先出式的货架。与驶入式货架的特点相似,后推式货架存储密度高、存取性较差,适合用于存储种类少、数量多的货物。

图 4.28 后推式货架

4. 重力式货架

重力式货架如图 4.29 所示,由轨道和托盘组成,轨道一端为进货口、一端为取货口,轨道向取货口方向倾斜一定角度,利用货物自重使其滑向取货口,是一种先进先出式的货架。重力式货架存储密度较高,适用于少品种大批量货物的存储、分拣。

5. 流利式货架

流利式货架如图 4.30 所示,将周转箱、零件盒等容器放在滑轨上,滑轨一端为进货口、一端为取货口,轨道向取货口方向倾斜一定角度,利用货物自重使其滑向取货口,是一种先进先出式的货架。流利式货架存储效率较高,适用于大量货物的短期存放和拣选。

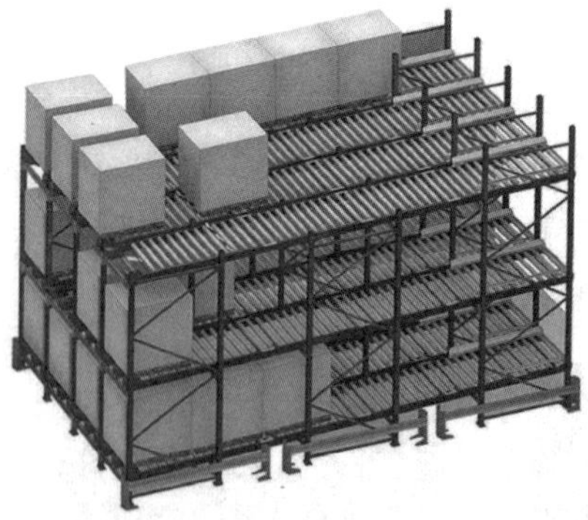

图 4.29 重力式货架

图 4.30 流利式货架

6. 移动式货架

移动式货架由货架、轨道、移动底盘组成,由驱动电机通过链条传动带动整个底盘及其上货架货物在轨道上移动(图 4.31)。移动式货架仅需设一条通道,存储密度较高,适用于库存品种多、但出入库频繁率较低的仓库,或出入库频率较高、但可按巷道顺序出入库的仓库。

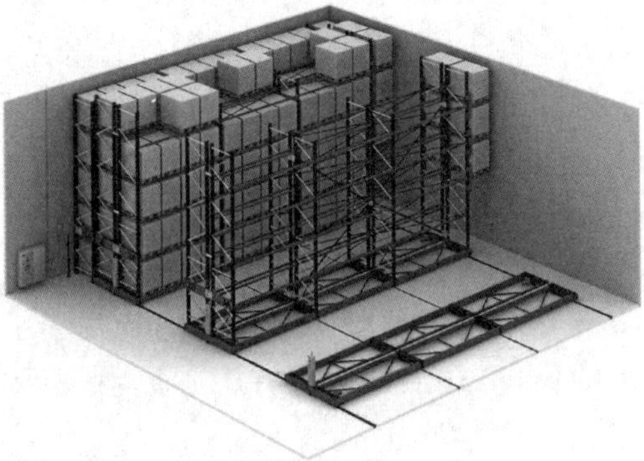

图 4.31 移动式货架

图 4.32 拣选式货架

7. 拣选式货架

如图 4.32 所示，拣选式货架是一种可以被 AGV 小车举起并移动的货架，常用于货到人拣选模式。拣选式货架是一种灵活性较高的存储货架，在处理少品种大批量货物时，可以将货架密集放置提高空间利用率，在处理多品种少批量货物时，可以将货架分散放置提高存取性能。因此，拣选式货架的使用对物流系统的调度管理能力要求较高。

4.3.2.3 自动分拣系统

1. 分拣系统功能

如图 4.33 所示，分拣功能简单来说，就是将运输对象按照某些特征进行分类集中，以便于对运输对象进行下一步操作。

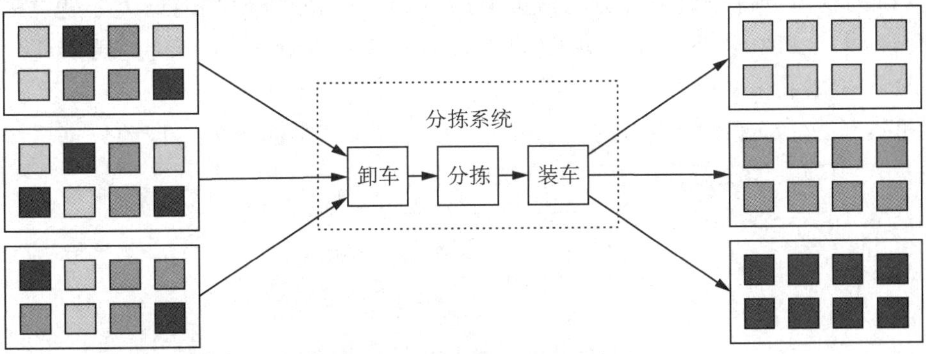

图 4.33 分拣系统功能示意图

下面简单介绍一些常见的分拣过程(图 4.34)。

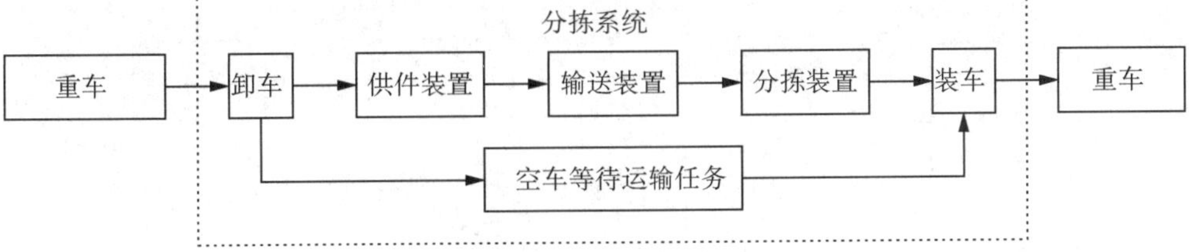

图 4.34 分拣作业流程

① 对本地发出的货物，按照目的省份分拣，将相同目的地的集中装车发往对应地区。例如，从四川省发往省外的包裹，首先在成都的分拣中心集中，再按照发往省份分类装车，运输至对应省份。

② 对中转的货物，按照目的城市分拣，将相同目的地的货物集中装车发往对应地区。例如，从省外发往四川省的包裹，在成都的分拣中心集中，再按照发往省内城市分类装车，运输至对应城市。

③ 对发往本地的货物，按照具体目的地分拣，将同一个配送站服务范围内的货物集中装车，发往相应配送站进行配送。例如，发往绵阳市的包裹，在绵阳的分拣中心集中，再按照具体的目的地址分类装车，运输至对应配送站。

2. 自动分拣系统特点

（1）分拣作业准确率高

自动分拣系统目前一般采用条形码技术对包裹进行识别，这是一项非常成熟的技术，几乎不会出错。而如果采用人工识别、手动输入的方式，员工会受到身体状态、情绪、外界干扰等因素影响，其最终识别误差率要远高于自动识别。因此，除了分拣作业外，在进行其他物流服务时，大部分信息录入也采用条形码技术，而在设备方面仅需一部带摄像头的智能手机就可以完成信息的识别录入。

（2）人力成本低

目前在自动分拣作业中的大部分环节都可以实现无人化，需要人员参与的环节仅包括：从待分拣货物送入自动分拣系统入口、将分拣好的货物装载至车辆上以及整个自动分拣系统的运行管理和维护。

而传统的物流分拣是典型的劳动密集型产业，而目前中国面临的最大问题之一——人口老龄化问题，人口红利即将消耗殆尽，要求我国大部分劳动密集型产业实现转型。

3. 自动分拣系统架构

如图 4.35 所示，虚线为虚拟的信息部分，实线为物理实体部分。自动分拣系统中有两个关键部分：物理实体设备和信息决策方法。

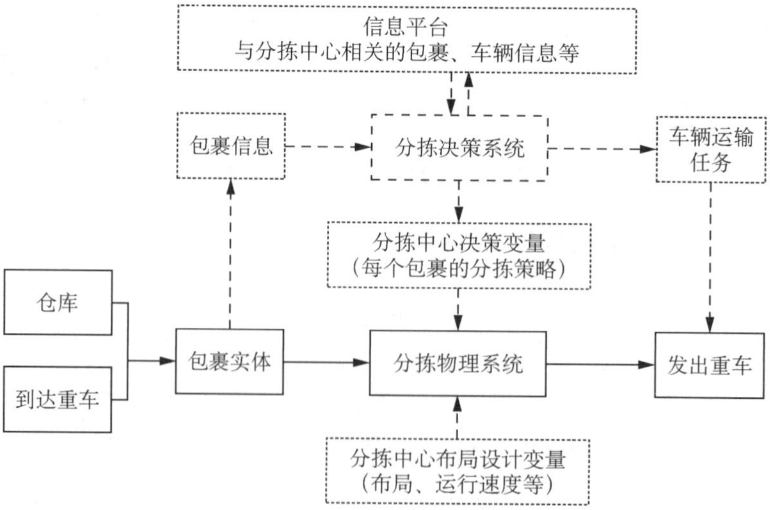

图 4.35　自动分拣系统结构图

其中物理实体设备指自动分拣系统的硬件设备，包括装卸设备、搬运分拣设备、控制设备、传感设备等；信息决策方法指分拣策略生成算法，即以低成本和高效率为目的，根据现有确定的物流需求，去规划每个货物的运输途径、车辆，并且将每个货物的下一个目的地来确定本分拣系统的分拣策略。

4. 分拣系统设计需求

分拣系统面临的问题列于表 4.7。

表 4.7　　问题分析

设计变量	装卸设备种类与数量：装卸速度与并行数量
	供件装置种类与数量：供件速度与并行数量
	输送分拣装置种类与数量：运输与分拣速度与并行数量
	仓储：仓储空间
	布局位置：各设备之间距离
期望目标	初期投入成本与迁移成本
	运营作业成本
	整体作业速度、设备闲置率等

分拣系统主要根据具体物流中心需求，优化装卸设备、搬运设备、仓储设备、布局等设计变量，以达到成本、作业能力等的期望目标，分拣系统设计流程见图 4.36。

① 作业需求分析：中心总作业需求 ＝ 发出分拣需求 ＋ 到达分拣需求 ＋ 中转分拣需求。

② 设备种类与数量确定：根据作业需求和不同设备的能力、特性、成本等信息，确定装卸、供件、输送分拣设备的选型。

③ 仓储设计：根据作业需求和设备选型等信息，确定仓储空间、类型。

④ 布局设计：根据设备选型、仓储设计、现有场地面积形状等信息，确定设备的布置。

⑤ 仿真与评价：对初定的方案建模仿真，对仿真结果从成本、作业效率等角度进行分析。

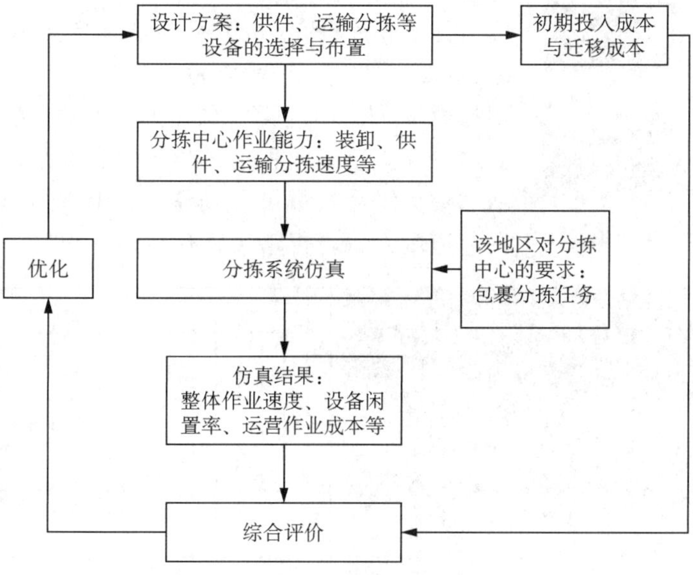

图 4.36　分拣系统设计流程

4.3.3 离散式物料搬运系统调度

近年来出现的物联网、5G 通信、大数据技术等，以及信息物理融合系统、工业 4.0 和中国制造 2025 的提出，将有力促进我国制造业的转型升级。企业已越来越多地采用物联网技术对物流设备进行实时的数据采集和调度控制，实现物流系统的自动化与智能化。通过使用条形码、射频识别、激光定位、5G、Wi-Fi 6 等技术，集成自动化、信息化、人工智能技术，使物料与商品的物流过程自动化运转，提供更加快速、方便、精确的物流服务，同时降低成本，降低自然资源和社会资源的消耗。一方面，物流作业过程的自动化与智能化，使得物流过程中设备与货物的状态更加精准和透明，能为调度系统实时提供精确的数据；另一方面，更多的数据与更快的控制，也对调度系统的计算效率提出了更高需求。

不同于劳动密集型的传统物流行业，智能物流体现出技术密集、以机器替代人力、土地利用效率大幅提升等特点。目前智能物流主要应用于两大领域：工业生产物流、商业配送物流。工业生产物流服务于生产，对工厂内部的原材料、半成品及成品等进行存储和输送，侧重于物流与生产的对接；商业配送物流系统为商品流通提供存储、分拣、配送服务，使商品能够及时到达指定地点，侧重于连接工厂、代理商与消费者。随着云制造、定制化等概念的推行，从消费者的需求出发，对商品的生产、配送过程都提出了“多品种、小批量、多批次、短周期”的需求，需要灵活地组织和实施物流作业。目前柔性度、灵活性较高的物料搬运系统一般由 AGV、堆垛机等离散式搬运设备组成，其灵活性远高于传送带、辊道等连续搬运设备，但也对多设备间的协同调度策略有更高的要求，低效的调度策略算法不仅无法提高作业效率，还可能导致设备之间互相冲突、锁死等问题。

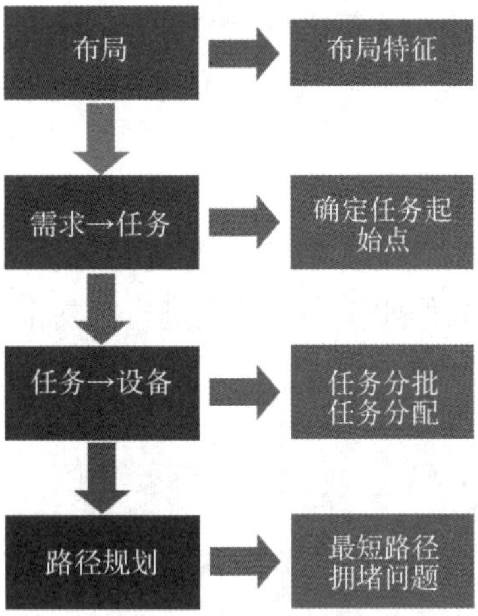

图 4.37　物流设备的调度

如图 4.37 所示，物流设备的调度一般可以分为四个过程：布局、物流任务的生成、多设备的任务分配、设备的路径规划，但这四个过程又不是相互独立的，甚至还需要考虑到外部系统的调度问题。

常规仓库（图 4.38），由巷道和货架组成，主要有几个特征：货架高低、通道宽窄、输入输出点数量与位置。低层货架指设备/人员上下移动的时间较短或者设备无法同时进行水平和垂直方向移动的情况，即当货架高度不会为问题增加一个维度就都可以当作低层货架来处理，窄巷道是指在巷道内设备可行路径只有一条直线。

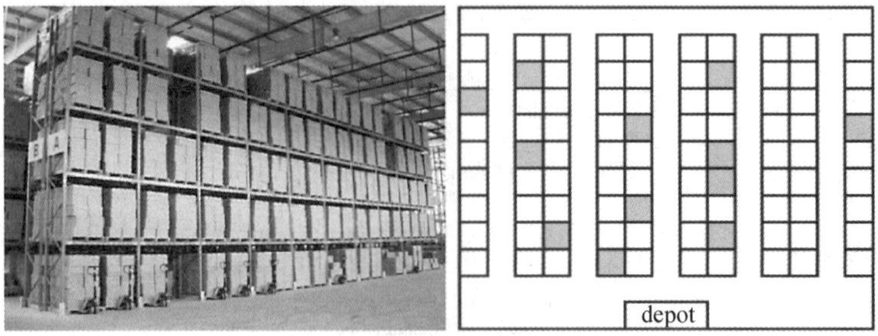

图 4.38　常规仓库

生产车间(图 4.39),需要物料供给或者产品输出的生产设备构成了一个个节点,AGV等设备在其间穿行,在这个场景下,物流调度和生产调度联系是相当紧密的。

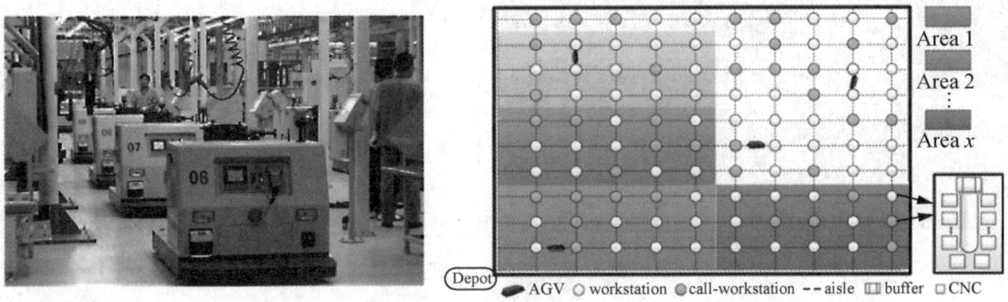

图 4.39　生产车间

穿梭车系统和货架到人(图 4.40、图 4.41),是近年来较为先进的仓储系统,在这两个布局中,货架、托盘的移动会改变布局,穿梭车和 AGV 在空载时可以随意从托盘、货架下方通过,但当有负载时则只能从空位置通过,这一特性使得其调度难度较高。

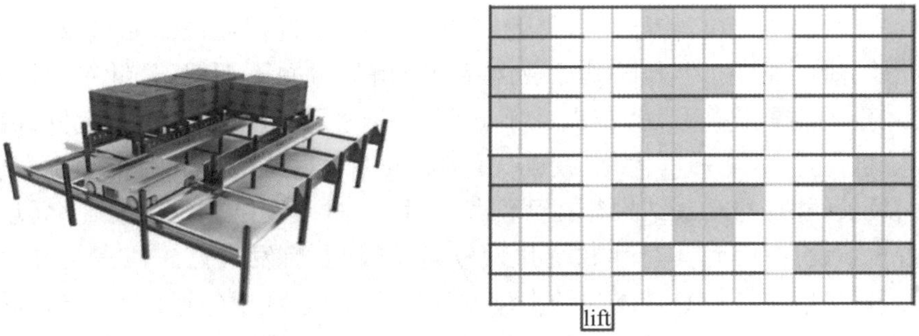

图 4.40　穿梭车系统

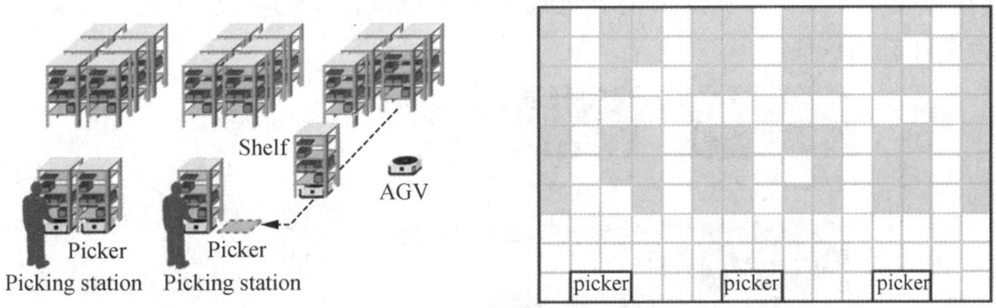

图 4.41　货架到人系统

AGV 分拣(图 4.42)的特征主要是设备众多,难点在于如何在避免碰撞的情况下提高作业效率。

其中,物流任务的生成一般取决于物流系统的服务对象,在生产物流中需进行生产调度,才能确定不同加工设备的物料、半成品与成品的物流需求并生成相应的物流任务;在仓储物流中,入库任务需由存储管理系统为货物分配存储位置,出库任务在分散存储的情况下也需由存储管理系统选择出库货物提取位置,生成相应的物流任务。但考虑到计算复杂

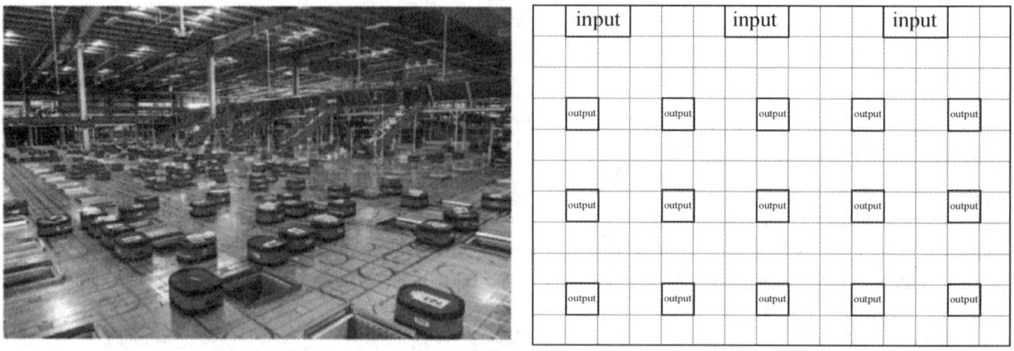

图 4.42　AGV 分拣方案

度的问题，目前研究人员很少会将物流任务的生成与后续调度协同决策优化，往往通过启发式算法确定物流任务。而任务分配与路径规划这两个过程也不是相互独立的，不同设备的路径规划也需要考虑设备间冲突、锁死等问题。

针对物料搬运系统中多设备协同调度的复杂问题，现有研究采用的调度算法以启发式和元启发式算法为主(图 4.43)。此类方法的经典流程为：针对一个特定的模型提出算法，反复调试算法中某些参数与特征以获得较好的性能，这个过程往往需要重复进行。启发式算法虽然高效、简单、易用，但是因其短视性导致求解质量并不理想，且针对不同问题、不同目标，启发式算法性能千差万别，难以在不同调度环境下普遍适用；而元启发式算法，如遗传算法、粒子群优化、人工蜂群优化、蚁群优化等，虽然通过迭代搜索保证了求解质量，但是其搜索时间较长，并且与问题结构存在强烈相关性，一旦问题结构发生变化，元启发式算法也需要进行重新设计，因而实时性和泛化性较差。因此，启发式算法通常是针对具体问题的，元启发式算法通常是针对具体问题类型的，缺乏对动态环境的适应性，当问题的某些方面发生变化时，可能需要重新设计算法。此外，亦有研究采用精确算法，即可以计算出最优调度策略，但一般只能应用于复杂程度低、规模较小的问题，一旦涉及多设备、二维甚至三维空间内的调度问题，其计算复杂度会迅速提升到难以接受的程度，因此在复杂调度问题中不具备实际应用价值。

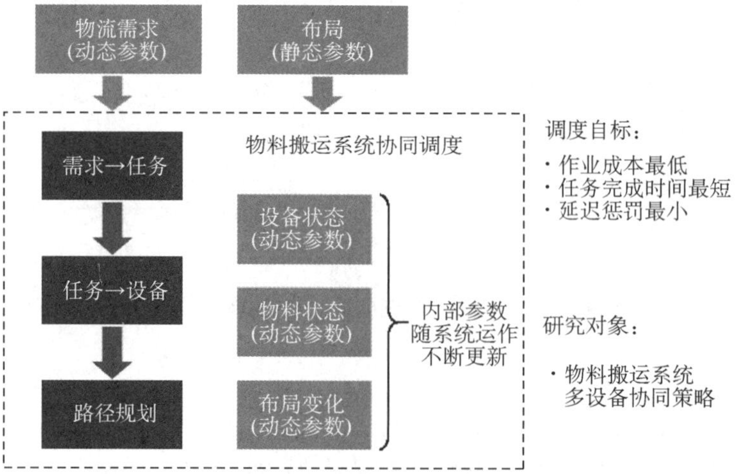

图 4.43　物料搬运系统协同调度研究内容

4.4 物流网络最后一公里

4.4.1 物流网络末端

本节介绍了物流的首末端环节——揽收与配送环节，分析其功能需求，并详细阐述该环节的硬件设备部分与调度分配模型(图 4.44)。其中对硬件部分的站点选址和设备类型选择进行分析评价，对揽收与配送任务的分配调度问题建立以服务质量和成本为优化目标的数学模型(图 4.45)。

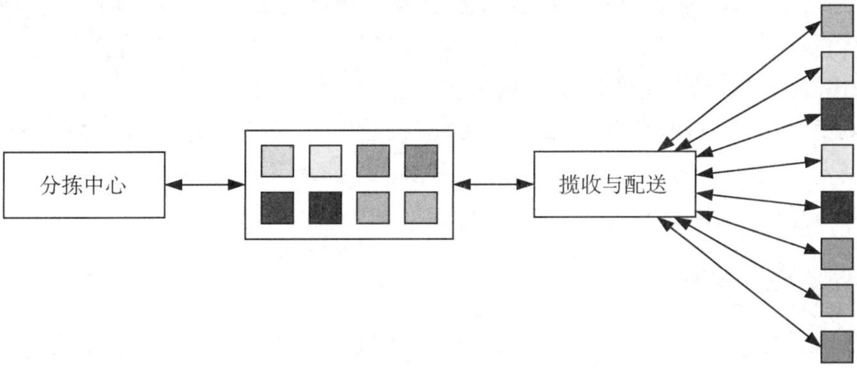

图 4.44 揽收与配送功能示意图

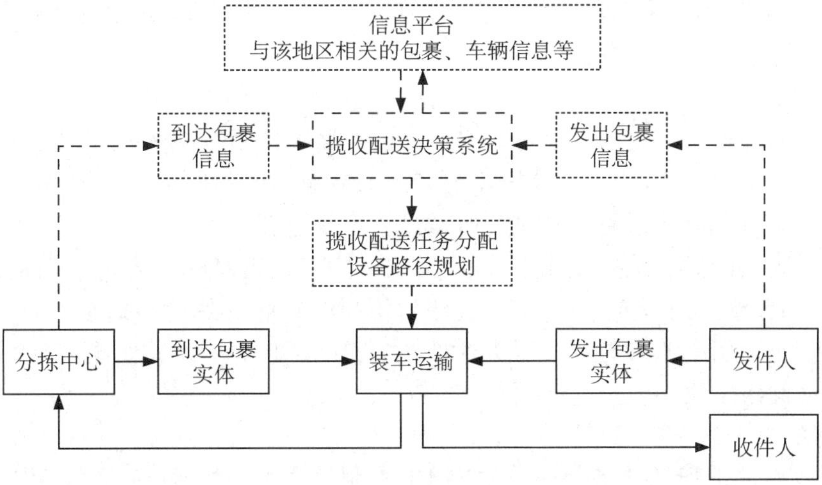

图 4.45 揽收与配送系统架构

物流末端网络功能：①揽收，寄件人→揽收包裹→分拨中心；②配送，分拨中心→运输→配送站→配送→收件人。

最后一公里配送是指客户通过电子商务途径购物，购买的物品被配送到配送点后，从一个分拣中心，通过一定的运输工具，将货物送到客户手中，实现门到门的服务。配送的

"最后一公里"并不是真正的一公里，是指从物流分拣中心到客户手中的这一段距离，通过运输工具，将货物送至客户手中的过程。由于属于短距离，俗称"一公里配送"。这一短距离配送是整个物流环节的末端环节，也是唯一直接和客户面对面接触的环节，意义重大。

"最后一公里"配送服务是电商面对客户的唯一方式。但负责"最后一公里"配送服务的第三方物流无法完成电商或产品的品牌传播和货物售后服务等工作。由于客户个性化的需求，例如以旧换新的上门服务，都依靠"最后一公里"来实现。客户满意度很大程度上取决于这个环节的质量和效率。

"最后一公里"配送服务可实现增值效益。服务中积累的数据，蕴含着客户端的丰富资源，能够积累出基于数据采购、信息管理的极有价值的东西，对于前端市场预测，提供有力的支撑。"最后一公里"配送，使得整个物流由被动转向主动分析客户信息，挖掘出隐藏价值，为客户提供个性化服务。由于直接与客户接触，企业的形象、价值文化等都能够通过"最后一公里"配送服务进行传播，达到增值效益。

总的来说，"最后一公里"配送意义重大，不仅是电子商务企业成败的关键，也是对电商消费者极其重要的一个物流活动。只有做好"最后一公里"配送，电商企业才能真正快速发展，整个物流过程才可以称得上通畅，才能获得客户满意。

4.4.2 末端收配设施与设备

近年来，物流过程中的末端收配环节一直是个难点，根据解决思路的不同，可以分为自助提货与寄件和上门服务两大类。

4.4.2.1 自助提货与寄件

自助提货与寄件适用于末端收配过程中客户过于分散、时间不方便等场景，主要有服务网点、合作网点、快递柜等方式。

1. 服务网点

由物流企业在人流密集的地方，如学校、社区等区域附近建立专门的服务网点，提供揽收包裹和代收包裹的服务，当有需要寄出的包裹或者有需要签收的包裹到达指定的服务网点后，客户可以自由选择时间前往服务网点寄出、签收包裹。

这种模式主要的优点是降低成本，同时方便客户自由选择比较方便的时间。但同样也会带来问题，相较于上门服务，一些客户会认为便利性降低或服务不到位。另一方面，尽管服务网点相较于上门服务有更宽的服务时间窗，但依旧难以做到 24 h 服务，并不能解决很多客户工作时间没空收寄包裹的问题。

2. 合作网点

物流企业将末端配送业务外包，由非物流企业人员组织场地、人手进行包裹的配送工作，或与便利店、物业门卫等合作。相较于服务网点，合作网点模式对物流企业投入在末端网络的要求较低，当合作对象是便利店、物业门卫等 24 h 工作对象时，能实现 24 h 的自助提货功能。但该模式缺点同样非常明显，物流企业对合作网点的管理能力较弱，很难把控服务质量。

3. 智能快递柜

快递员将包裹放入智能快递柜，并给客户发送取件信息，客户在智能快递柜终端输入取件信息后即可取得自己的包裹。智能快递柜占地面积较小、无须工作人员看管，因此前期投入和运营成本都较低。同时，通过这种模式可以实现 24 h 自助提货服务，是目前较为便捷高效的自主提货模式。

4.4.2.2　上门服务

1. 送货上门与上门取件

当客户有需要签收的包裹或者需要寄出的包裹时，物流工作人员通过网络、电话等方式与客户约定上门服务时间范围，然后送货上门或者上门取件。这种模式是服务质量最高的，但同样也是成本最高的，尤其是在物流工作人员和客户难以确定一个双方都方便的时间时。

2. 私人收货箱

私人收货箱是客户自己订购的标准收货箱，物流工作人员可以在任何时间投递包裹，该模式目前在中国应用较少。

4.4.3　末端收配规划与调度

4.4.3.1　揽收与配送设施布局设计

揽收与配送设施布局问题列于表 4.8。

表 4.8　揽收与配送设施布局问题分析

设计变量	装卸设备种类与数量：装卸速度与并行数量
	配送装置种类与数量：配送速度与并行数量
	仓储装置：仓储空间
	布局位置：营业点/配送站位置
优化目标	初期投入成本与迁移成本
	运营作业成本
	整体作业速度、设备闲置率等

① 配送与揽收需求分析：分析配送与揽收需求产生地点与数量、客户期望服务形式等。

② 快递点位置确定：根据配送与揽收需求的分布，确定快递点位置。

③ 配送与揽收方式确定：根据不同方式特点、客户期望与需求、快递点位置等信息，确定配送与揽收的方式、所需设备数量等。

④ 仓储设计：根据快递点位置、配送与揽收需求数量、服务形式等信息，确定仓储空间与方式等。

⑤ 仿真与评价：对初定的方案进行建模仿真，对仿真结果从成本、作业效率等角度进行分析。

揽收配送系统设计流程见图 4.46。

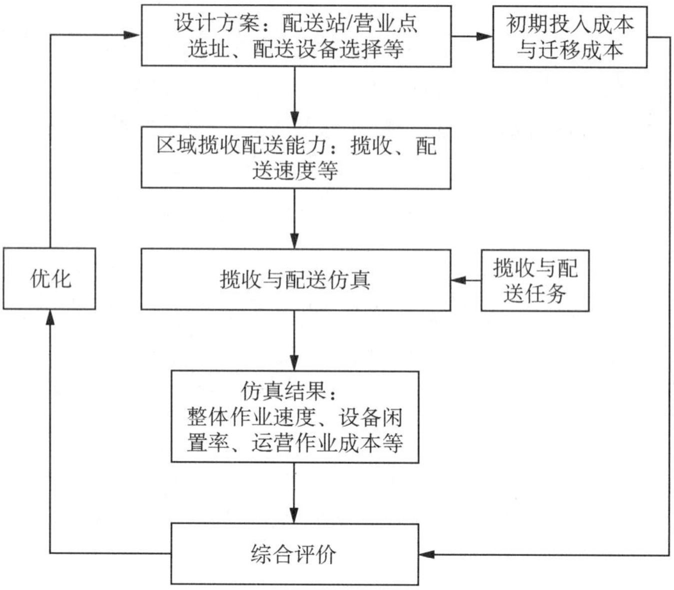

图 4.46 揽收配送系统设计流程

4.4.3.2 揽收与配送决策优化

图 4.47 为一个揽收与配送任务分配与路径规划问题，对该问题的分析见表 4.9。

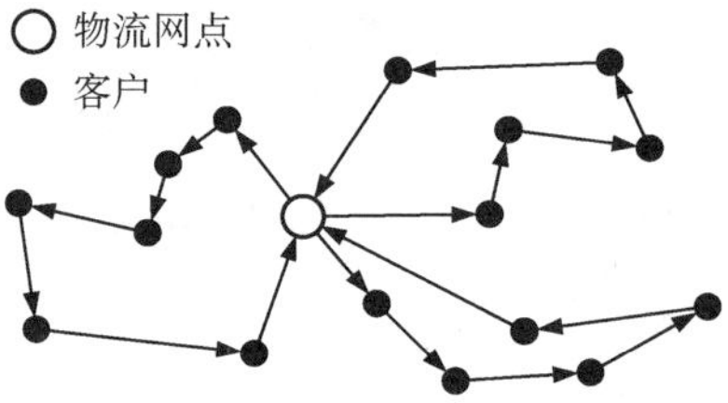

图 4.47 揽收与配送任务分配与路径规划

表 4.9 揽收与配送决策问题分析

已知信息	包裹信息：每个包裹的客户需求、日期、起点、终点、体积、重量等信息
	营业点/配送站信息：营业点/配送站的最大装卸速度、揽收与配送速度等
	可用设备信息：配送车、配送无人机、快递柜工作状态等信息
	预计包裹信息：根据信息平台预估将来一段时间该区域需要配送的包裹信息
决策变量	揽收配送任务分配
	路径规划
约束条件	揽收配送能力约束
	保证每个包裹按时送达目的地，即每个包裹滞留不能超过一定时间
优化目标	整体作业成本
	整体揽收与配送任务完成速度

针对上面的决策优化问题，目前常见的解决方法有以下几种。

① 仿真方法:通过物流配送与揽收作业的仿真过程与结果,直观地判断策略的合理性和优越性,但仿真方法只能用于对比两种策略的优劣,无法给出最优结果。此外,物流配送与揽收的实际作业中会存在一些随机因素,仿真结果与实际结果会存在偏差。

② 精确解法:准确的算法可以确保最终解决方案在构建的数学模型下是最佳的。但精确解法一般存在计算量较大的问题,当面对大规模求解时会耗费大量的时间。此外,精确解法对问题数学模型的构建有很高要求。

③ 智能算法:常见的智能算法有遗传算法、蚁群算法等元启发式算法,这些算法能兼顾计算速度和求解质量,同时对问题数学模型的构建要求较低。

第 5 章　物流仓储与配送

在物流系统中,仓储与配送的重要性不言而喻,本章从自动化立体仓库、物流配送中心、制造物流线边库、冷链物流系统这四个部分展开论述。自动化立体仓库部分说明了自动化立体仓库的发展,并针对其分类特点和作用进行分析,并介绍了自动化立体仓库的构成,分析其构成单元基本工作原理。物流配送中心部分阐述了物流配送中心的概念、发展以及运用的技术,分析物流配送中心的选址、规划问题以及发展趋势。制造物流线边库部分介绍了制造物流线边库的概念、作用与管理,分析其在生产流水线边上的布局。冷链物流系统部分阐述了冷链物流系统的组成,并分析系统中应用的装备技术和信息化技术。

5.1　自动化立体仓库

本节介绍了自动化立体仓库的发展,同时针对其分类特点和作用进行了分析。并介绍了自动化立体仓库的构成,并针对每一构成单元,分析其基本工作原理。

5.1.1　自动化立体仓库概述

自动化立体仓储集机械、电气、计算机、通信、网络、规划管理于一体,是以计算机智能控制技术为手段,以高层货架为主体,以一整套的搬运设备为基础,高效率、大容量存储的高科技集成系统。

5.1.1.1　自动化立体仓库的发展

自动化立体仓库早期发展主要经历了如下几个发展阶段:第一代机械式立体仓库仓储系统中,搬运设备完成物料的出库和入库主要是由仓管人员通过人工操作电气元件的启动和停止来实现的;20 世纪 70 年代末,随着可编程控制器 PLC,自动导引车 AGVS,读码器等设备开始得到广泛使用,立体仓库的自动化水平得到进一步的提升;20 世纪 80 年代之后,计算机与仓库管理系统的深度融合,进一步提高了立体仓库的自动化程度,形成了由管理级、监控级、控制级组成的三级分布式控制结构,上位管理机协调控制整个仓库系统的出入库作业和库存管理,并且与上位工厂计算机信息管理网相连接,实现管理微机化。

未来,随着物流工业生产水平的不断提高,自动化立体仓库的效率、信息管理能力和安全性也应不断加以提升。而数据采集技术和数据通信技术的不断提高,带动了传送带、自动导引车、堆垛机等运输设备智能水平的提高,从而提高自动化立体仓库系统的柔性化水平和系统灵活性。自动化立体仓库的发展趋势概括起来主要有如下几点。

一是不断提升仓库系统的自动化水平。通过自动化控制设备和计算机管理系统,不断提升自动化立体仓库的自动化水平。

二是更加密切地结合生产工艺流程。例如在配送中心中，立体仓库与物品的拣选配送的结合程度不断加深，立体仓库在配送中心的重要性日益提升。总的来说，立体仓库与企业的生产工艺流程的结合程度日益加深，成为物流生产中一个不可或缺的环节。

三是不断提高仓库出库入库的周转效率，其中提高立体仓库搬运设备的工作速度是技术上发展的一个重要趋势。

四是不断提高立体仓库的可靠性。如增加仓库智能消防系统，提高仓库对火灾的防范能力；选用高可靠的软硬件系统，从而增强立体仓库系统的抗风险能力和抗干扰能力；开发应用仓库系统风险识别设备，从而提前发现问题，防患于未然。

五是应用领域日益广泛。不再仅限于当前的应用领域，而是更加广泛应用于生产制造等物流领域，如商场、机场、港口、军需部门到地下室冷库等各行各业。

自动化立体仓库的优势显而易见，包括效率高、空间利用率高、提高了管理质量等，而随之而来的是立体仓库造价高昂、保养维护难度大等问题。

从自动化立体仓库的优势上来看，主要可以分为以下几点：①效率高。仓库出库入库作业自动化水平高，从而大幅减少人力，提升了效率。②空间利用率高。充分利用了仓库的垂直空间，大大提升了其单位面积的存储量。③占地少，仓储容量大。相比于普通的平面货架，高层货架充分利用了三维空间，实现高利用率的立体存储，大大减少了货架的占地面积。另外堆垛机的运行通道较窄，从而由运行通道带来的空间损耗降低，进一步提高了仓储容量。④货损货差少。通过配合精密的机械设备搬运，可以显著的降低货物搬运过程中出现的损伤。⑤提高保管质量。立体式存储与单元化存储避免了传统存储中存在的货物互相堆压、货物存取困难等问题，从而提高了货物存储的质量。⑥提高储存的经济效益。立体仓库可以大大提高库存管理的准确性和迅速性，从而相对减少库存量和库存资金，降低储存成本。⑦便于现代化管理。得益于立体仓库的机械化、自动化水平的不断提升，方便了计算机技术系统中的应用，从而能实现对仓储信息的高效管理。并大大增加生产环节与管理环节的紧密程度，有效减少企业库存的积压。同时，条码扫描读取技术和信息处理技术的应用，能够更加准确地追踪货物流向，极大地增加了物料的可回溯性，便于现代化的管理。

从自动化立体仓库的劣势来看，主要有以下几点阻碍了其推广：①基建和设备投资高。立体仓库自动化水平的提升，随之而来的是仓库造价的提高。由于仓库系统配套设施众多、仓库结构复杂、高层货架造价高、安装精度相对较高，导致立体仓库的建设维护成本也随之提高。②操作、维护和保养要求高。机械化自动化水平的提升，随之带来的是操作和管理要求的提高。同时，仓库中的设备多为各类先进设备，其购买成本高，维护成本也高，操作的技术难度也大。因此需要对仓库管理和操作人员进行专门的培训以满足以上的需求。③作业流程要求严格，导致系统的弹性和柔性下降。

5.1.1.2　自动化立体仓库的作用

(1) 实现空间利用率和货物管理质量的提升

自动化立体仓库采用高层货架对物料进行储存，其高度可以达到 30 m 以上。采用了立体高层货架的立体仓库相比于平面仓库，可以节约 70%甚至更多的占地面积。同时，得益于计算机技术的应用,可以更加有效地实现对物料的管理,如更加有效地实现先进先出,有效预防货物的自然老化、变质、生锈等问题。同时,立体化仓库的先进性管理也可以更加有效地降低货物的丢失与损坏。总的来说,自动化立体仓库已日益成为现代化仓储的一个重要组成部分。

(2) 自动存取,提高了劳动生产率,降低了劳动强度

随着立体仓库机械化水平和自动化水平的提升,设备搬运的工作速度和效率都得到大幅的提升,从而极大地实现了劳动生产率的提高和操作人员工作的降低。

(3) 提高物料调节水平,加快储备资金周转,从而提高仓库管理水平

相对于人工处理,计算机的应用能有效地提高对各类信息的存储和管理水平,从而减少货物信息处理中出现的各类问题。同时得益于计算机强大的存储和检索能力,可以更加有效地掌握仓库库存的各类信息,方便货物清点和盘库,从而合理减低库存、加快资金周转、节约流动资金,并提高仓库的管理水平。

(4) 有效衔接生产与库存,加快物资周转,降低成本

在物料的出入库环节中,通过增加对不同形状、状态、装运方式、运输方式物料的衔接,可以有效地降低成本。同时自动化立体仓库还可以作为生产流程中产品的原材料、半成品、成品的缓冲存储区,从而能更加有效地实现各环节的有效衔接。同样得益于计算机技术,可以降低总成本。

(5) 自动化技术的采用能较好地满足特殊仓库环境的需要

对于特殊货物,对仓储环境还提出了特殊的要求。如有毒物料、易爆物料的存储风险大,人工操作的有可能会给操作人员带来身体上的损伤。而通过计算机的自动化控制,可以实现无人化货物出入库作业,从而既保证了安全操作,又极大地降低了对工作环境的要求。针对这些问题,自动化立体仓库以其高度自动化的特点,可以较好地满足黑暗、低温、污染、有毒、易爆等特殊场合及物品存储需要。

(6) 适当加工,衔接产需,合理利用资源,提高效益

例如满足仓储需求的组装、物料出货前的包装等操作,也可以由仓库系统实现。通过打通生产与需求之间的信息阻隔,能更好地利用自身资源,提高产量的闭环控制。

(7) 为企业的生产指挥和决策提供有效的依据

仓库系统信息化水平的不断提升,可以促进企业管理水平的提高。排产与库存信息化管理可以帮助企业更合理安排排产,既增加了效益,又减少了浪费。得益于仓储信息的高度实时性和准确性,方便了企业对库存的管理,从而可以更加有效地针对市场的变化做出合理规划,增加企业的应变能力和决策能力。立体仓库的信息管理的高度可控性可以为企业领导者提供更可靠详实的信息,从而协助制订更加合理的战略和计划,促进整个企业的健康发展。

5.1.2 自动化立体仓库的分类

自动化立体仓库是一个复杂的综合自动化系统,作为一种特定的仓库形式,一般有以下几种分类方式。

(1) 按建筑形式分

可以划分为整体式仓库和分离式仓库两种,如图 5.1 所示。

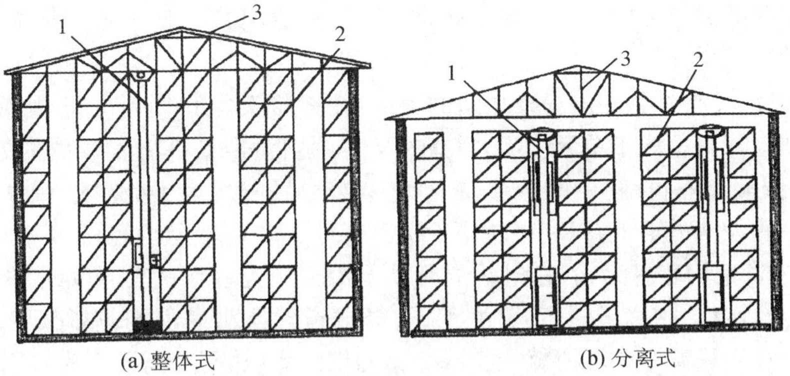

图 5.1　自动化立体仓库结构

1—堆垛机；2—货架；3—仓库建筑物结构

整体式仓库的货架是建筑物的一部分，货架既发挥了存储物料的作用，还承担了支撑建筑的作用，是建筑物支撑结构的一部分。整体式仓库优点主要有材料消耗小、施工经济、仓库空间利用率高等，该设计经济合理，同时其整体性提高了仓库的抗震能力。

分离式与整体式仓库的最大区别在于货架与仓库建筑体是否是一个不可分离的整体。基于分离式仓库的特性，我们可以根据需要，灵活地实现其他用途建筑物与立体仓库之间的转换。可以看出，分离式仓库库房的搭建和货架的搭建不是同步的，因此相比于整体式仓库，分离式仓库更加灵活。当仓库高度低于 12 m 时，常采用该形式。

(2) 按货物存取形式分

可以将自动化立体仓库划分为单元货架式仓库、移动货架式仓库和拣选货架式仓库。

单元货架式仓库。在该类仓库中，物料与托盘构成一个单元整体中，然后再随同托盘一起放入货架的货格中，其出入库都是以这样一个单元整体的形式来实现的，常用的货物搬运设备主要为伸缩货叉的巷道式堆垛机等。

移动货架式仓库。货架的移动是由控制装置的运动来实现的。当堆垛机工作时，就将货架分开，留出足够大的工作空间，方便搬运设备的搬运工作。当设备不工作时，就可以将货架合拢，从而降低货架的占地面积。

拣选货架式仓库。该形式仓库主要的工作过程为：货物以单元的形式入库，而在出库时，不需要将货物单元整体出库，而只拣选出需要的部分货物即可。

5.1.3　自动化立体仓库的构成及其工作原理

自动化立体仓库系统由高位货架、装载托盘、巷道式堆垛机以及专门开发的自动控制系统组成。

5.1.3.1　立体货架

货架是采用具有一定强度的材料，按一定式样建成并用来存放货物的几何构筑体。货架在物流中的作用至关重要。货架的仓储能力关系着仓库存储能力，其能力的大小取决于货架与自动化设备的配合水平以及仓库整体的管理水平。

按存取作业方式的不同，货架可以分为单元货架、贯通式货架、悬臂式货架、移动式货架等。

① 单元货架具有很高的灵活性，是国内最常用的货架。其由货架片自由组装而成，因

此可以根据不同的需求，灵活地调整货架的三维尺寸。同时得益于其可拆卸性，我们同时也可以方便地移动货架。

② 贯通式货架取消了各排货架之间的巷道，使得货架之间相互贯通，从而极大地增加了货架的存储空间。相比于单元货架，贯穿货架每一层对横梁都做了倾斜的处理。物料从高端入库，由低端出库，货物中间依靠重力实现移动。同时，为了减少移动中的阻力，会在横梁上增加一些无动力辊子，以利于货箱下滑。

③ 移动式货架均装有滚轮，在电机的驱动下沿着预先铺设的轨道实现移动，具有易控制、安全可靠的特点。相比于固定式的货架一条通道只能供通道两侧货架的局限性，移动式货架的每组货架只需一条通道就能实现货物的出入库，从而提高了空间利用率。

④ 悬臂式货架的主要特点是使用固定或可移动的悬臂存放长大物料，如金属线材、钢管、型钢、钢板卷等。悬臂安装的位置一般在立柱或者货架片上，同时悬臂边缘端需要按照挡块避免存放物料的滑落，保证存放的安全性。

5.1.3.2 堆垛机

堆垛机是用来完成存取高层货架物料的专用起重机械，其搬运堆码的手段主要有货叉搬运和串杆搬运。作为最重要的仓储设备之一，堆垛机又可以分为巷道式堆垛机和桥式堆垛机两种。在自动化立体仓库的所有运输和装卸存取设备中，堆垛机无疑是最重要的设备。

① 桥式堆垛机。单从名字可以看出，桥式堆垛机技术基于桥式起重机的技术，其期间又汲取了叉车技术，从而发展成为满足自动化立体仓库所需的堆垛机形态。桥式堆垛机的起重量一般需要控制在 0.5～5 t，但是在某些特殊环境下，可起重 10～20 t。桥式堆垛机既适用于仓库高层货架的存取工作，又适用于无货架环境下的堆垛工作。桥式堆垛机一般适用于跨度 22.5 m 以下及高度 12 m 以下的仓库。

② 巷道式堆垛机。巷道式堆垛机的运行空间为仓库巷道，这也是其名称的来源。其工况主要针对高层货架，并常用于完成单元物料的存取工作。同时，其也可以在工作人员的操作指令下，运行至相应的货格前，按照工作人员的定制需求，完成物料拣选出库的工作。

5.1.3.3 自动导引车

自动导引车(Automatic Guided Vehicle, AGV)，也称无人搬运车或自动搬运车，是一种现代化的先进物料搬运设备。

自动导引车是实现柔性制造、柔性装配、自动化搬运的重要环节，目前已成为信息通信、机械、电子技术、计算机等多个领域的热点研究问题之一。自动导引车集图像处理、信息处理等智能功能于一体，是一种现代化的先进物料搬运设备。目前，AGV 已广泛应用于各个行业，如仓储、制造业、烟草、医药、食品和化工等行业。

自动导引车有以下主要特点：①无人驾驶。自动导引车可以根据其自带的自动导引系统，在无人工导引的情况下，自动沿着预先设定的路线将货物从设定的出发点运送到要求的目的地。②运送路线设定灵活，柔性水平高。因此，当运送的货物发生改变时，只需要在管理站改变输入的运行路线即可，无需改变 AGV 以外的输送设备或厂房设备。③线路容易变更。当需要更改自动导引车的运行路线时，对于固定路径的 AGV 来说，我们只需要改变导引线的走势，而对于自有路径的 AGV 来说，只要改变内部的某段程序即可。这使得导引车的路线增减修改都变得十分的容易。④具有检查和避开障碍物的技能。AGV 的车体上安装有红外或超声探测等装置，从而使得当出现遇见障碍或两车相近的情况时，AGV 能快速反应，自动报警并停车。⑤路径选择灵活。路径选择不再局限于既定的几条回路，而是可以将整个系统的路线纳入自身的路径集合中。⑥具有清洁生产的特点。AGV 小车依靠自带的蓄电池提供动力，运行过程中低噪声、无污染，可应用于要求工作环境清洁的场所。

5.1.3.4　输送设备

输送设备是以连续的方式沿着一定的路线从装货点到卸货点均匀输送货物的机械。输送设备是自动化立体仓库中必不可少的重要搬运设备，有水平和垂直搬运之分，也有整箱和托盘搬运之别。常见的输送设备主要有带式输送机、辊道式输送机、螺旋输送机、气力输送机、斗式提升机等。

5.1.3.5　托盘

托盘是储存单元化和运输单元化的重要媒介，在物流仓储领域发挥着巨大的作用。托盘在现代物流产业发挥的主要作用有：实现物料包装的标准化，起到了对物流运输中商品的保护作用；实现物流运输的集装化，提高了物流运输的效率；方便了物料存储的立体化；促进了物料装卸的自动化和机械化，提高了仓库物料运输存储的速度；促进了物料的信息化，提高了现代化自动化仓库的管理水平。故托盘虽小，但其作用不可忽视。常见的托盘主要有以下几种。

① 平托盘是最常见和最通用的托盘。其中，木质平托盘的基本构造如图 5.2 所示。

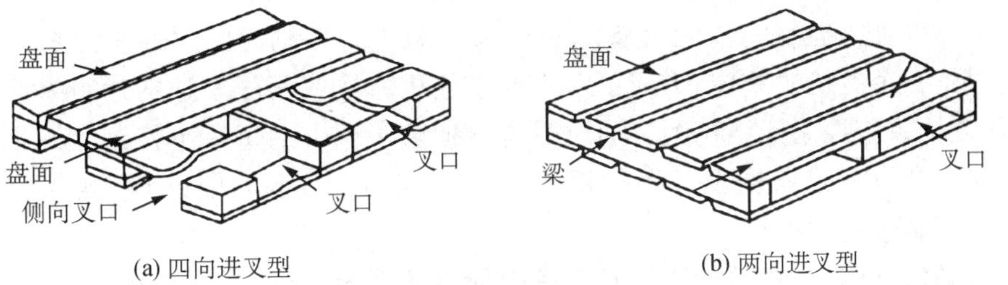

图 5.2　木质平托盘基本构造

② 柱式托盘通过多层结构来实现物料的存储，从而避免了物料堆积导致的压货货损。柱式托盘通过在托盘四个角上安装固定式或可卸式的柱子，来实现其多层存储的结构，是对平板式托盘的一种升级，存储用途上，主要用于包装物料、棒料管材等的集装。

③ 箱式托盘的基本结构是沿托盘四个边由板式、栅式、网式等各种平面组成箱体。箱式托盘有着更高的防护能力，同时由于其四周都有保护，还可以用于包装各种异型物料。

④ 轮式托盘也称为物流台车，它最大的特点是在托盘底座安装了可以滚动的脚轮，从而便于做短距离的货物搬运，主要用于仓库内不同工序之间的物料移动。

5.1.3.6　管理信息系统

管理信息系统是用系统的思想建立起来，以计算机为信息处理手段，以现代通信设备为基本传输工具，能为管理决策者提供信息服务的人机系统。

自动化立体仓库采用计算机进行管理，其功能主要有以下几点：①库存管理。信息管理系统可以实时存储展示当前的物料信息，包括物料商品信息、物料地址信息、物料库存信息等。其中，立体化仓库管理信息系统可以根据立体仓库的实际要求实现多方面的库存管理。最常用的基本功能包括出入库作业功能、货物数据的管理功能、信息交换功能、库存分析功能等。②货位管理。管理信息系统还可以为物料的最佳存储位置选择提供解决方案。通过建立模型，输入存储规则，管理系统即可根据当前的物料存储状态为技术人员计算最佳的存储位置与路径，从而提高货位的管理水平。

5.1.4 自动化立体仓库管理和控制系统的实现

实时监控系统是管理信息系统的组成部分之一，主要有以下两个方面的作用：①在大屏幕上动态实时显示立体仓库中传送系统和堆垛机的当前运行状态和载货情况，包括货物的卸载过程和堆垛机所处的排、列、层具体位置，出错情况及相应处理方法，某个具体运行任务的完成状态；②实时控制所有运行机构的执行状态，可以针对任一独立运行机构单独操作控制，特别适用于仓库控制系统的调试和出错情况的处理。

接下来以一种基于控制元结构的实时监控系统为例，介绍自动化立体仓库实时监控系统的实现。

5.1.4.1 控制元设计原理

对于任何一个运行系统，我们可以将其看作由最基本的控制元对象构成的一个集合。一个控制元是对系统中的任何独立运行机构的抽象，是系统的最小组成构件，就像计算机中的一个比特位。它是以状态图为基础的。每一个控制元主要由四个元素（或属性）组成：位置（坐标）、时间、载体对象和运行方向，此外还包括其他附加属性。每个单个的控制元都映射到一个可以独立控制的单元设备。一个系统的所有控制元的属性将这些相互独立的控制元构成了一个有机的整体，形成了一个便于使用算法或程序表达的运行系统的精确抽象，我们称之为系统控制元结构图。通过对这个抽象集合中的每一个控制元周期性地扫描和根据具体命令设置或根据设备运行返馈状态对其实时更新，从而可以实时跟踪或控制（调度）整个控制系统的运行。

对于自动化立体仓库系统，通过对仓库中的传送系统、自动导引小车、堆垛机以及各个货位等设备工具进行划分和抽象，就可以将其归类为由许多具有不同类型和属性的控制元组成的一个集合。例如，对于一条传送带系统，可以将其抽象成与堆垛机设备具有相同主属性的不同类型的控制元，都具有位置、运行方向、时间和作用对象这些主要属性。

5.1.4.2 系统程序设计

由于监控程序要求实时跟踪仓库中所有执行系统的状态并动态地在屏幕上模拟显示这些执行系统的状态，因此程序需要采用多线程的方式编程。除了主线程用于状态显示、控制信息输入操作和屏幕动画显示刷新以外，起码还需要另一个线程用于周期性地获取系统中各类状态信息。当然也可以采用定时的方法来模拟多线程的处理过程。

监控程序屏幕上显示的仓库货架和执行设备等信息来自仓库软件系统初始配置的控制元结构图（或称为映射图）。在监控程序的执行过程中，大部分的状态信息来自通信程序生成的状态信息表。

在程序的编制过程中会涉及仓库实际位置坐标到屏幕坐标的转换。为便于操作，我们在程序中采用了一个个标准小方框来表示仓库中的某一个设备或设备的一部分。这样做能将屏幕上的内容与控制元图很好地进行匹配，因此可以将控制元结构图的内容根据其属性直接绘制在屏幕上，即可显示出整个立体仓库的全貌。

程序线程设计主要有如下功能：①读取任务数据表中的信息；②读取状态数据表中的信息；③设置相应控制元状态信息（方向、速度、出错号等）；④根据方向、速度设置屏幕对象的移动步长；⑤刷新移动屏幕对象；⑥更新屏幕上显示的状态信息；⑦更新任务表显示内容；⑧检测各任务执行状态（如有错则显示出错信息、弹出对话框选择处理方式：放弃任务、强制完成或继续任务执行）。

5.1.4.3　系统功能实现

监控系统主要有如下几个功能：①实时监视整个立体仓库中各系统的运行情况；②动态显示堆垛机和出入库传输设备以及各货物的运行位置；③显示所有任务的当前运行状态；④出错报警，并能直接独立地控制仓库中所有设备的运行。

图 5.3、图 5.4 为仓库监控系统界面，其功能有：当前接收到的任务和正在执行的任务的统计及显示；各任务具体参数显示和动态编辑；当前通信状态显示；运行设备动态位置、状态显示；动态货位占用情况的顶视、侧视图显示以及设置；底层单步控制信息显示及动态修改；紧急停止、出错报警、堆垛机召回功能；任务执行状态动态显示；货位中货箱箱号显示等。

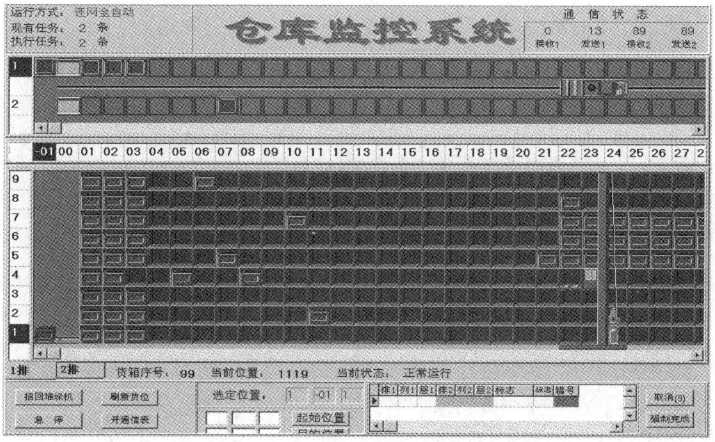

图 5.3　单个巷道的监控系统界面

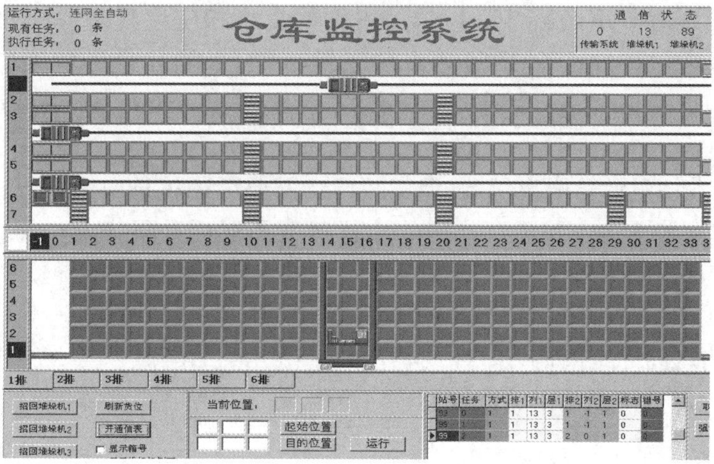

图 5.4　三个巷道且巷道间有摆渡通道的监控系统界面

5.1.5 算法在仓储物流中的应用

仓库作为物流转运的中心，选择合适的路径规划算法，可以提高仓储系统的整体运转效率。下文以 A^* 算法为例，介绍一种通用的仓库拣选三维路径规划模型，从设备能耗、拣选时间两个方面考虑设计目标函数，并通过设计分段启发函数的 A^* 算法进行求解最佳路径。

5.1.5.1 算法距离选择

A^* 算法是一种常见的路径搜索算法，A^* 算法的估价函数可以表示为：

$$f(n)=g(n)+h(n),\ h(n)<h^*(n) \tag{5.1}$$

式中 $g(n)$——从起始节点 Startpoint 到节点 n 的真实耗费值；

$h(n)$——从节点 n 到终止点 Goalpoint 的启发估计耗费值；

$f(n)$——从起始点开始，经过节点 n 到达目标的启发估计耗费值；

$h^*(n)$——指经过节点 n，到达终止目标点的实际最优消耗值。

其基本思路与经典的路径搜索算法 Dijkstra 相似，但在 Dijkstra 算法的基础上加上启发代价，路径代价通常由距离决定。由于仓储环境中，只存在直线运动且为前、后、左、右、上、下六个方向，因此算法的距离选择应以曼哈顿距离为基础，在此距离公式基础上增加竖直方向坐标差的绝对值，距离公式为：

$$h_M(n)=(|x_n-x_{\text{goal}}|+|y_n-y_{\text{goal}}|) \tag{5.2}$$

5.1.5.2 模型建立

路径规划需要考虑的指标：①行走时间最短，机器人行走时间按最低的选取；②能量消耗最小，机器人所走过的路径能量消耗按最低的选取。

假设自动化立体仓库中每一个货架长宽高尺寸分别为 a，b，c，由 l 排 m 列 n 层的货架组成，则整个仓库有 $l\times m\times n$ 个货格，整个仓库货架区长 $a\times l$，宽 $b\times m$，高 $c\times n$。地图环境代价值的设置则根据仓库中已被占据的货格决定，若此货格已被占用，则无法存放或穿越，即此点为障碍点，在 matlab 中可建立 $l\times m\times n$ 的三维数组，其中已被占据的货格相应位置则置 INF，表示障碍，未被占据的货格相应位置则置 0，表示可存储或可通行。我们可以通过建立一个 $l\times m\times n$ 的三维矩阵，来描述仓库货架的储存信息。其中每层 INF 值所在位置即障碍点，S 点代表出发点 Startpoint，G 点则代表终点 Goalpoint。

由于启发函数中只计算距离函数，但实际行走需要考虑拣选时间、设备能耗，且实际行走过程中拣选设备水平方向和竖直方向的运行速度和能耗并不完全一样。因此启发函的距离计算中在竖直方向引入因子 γ，以调节竖直方向与水平方向的差异。

D_{MS} 表示 M 和 Startpoint 点之间的距离；$D_{\text{MS1}}=|x_s-x_m|+|y_s-y_m|$ 表示点 S 与下一点 M 水平方向之间的距离；$D_{\text{MS2}}=\gamma|z_s-z_m|$ 表示点 S 与下一点 M 竖直方向之间的距离；历史路径代价函数可以如下分段表达：

$$g(M)=\begin{cases}K(M')+\alpha E_x D_{\mathrm{MS1}}+\beta\dfrac{D_{\mathrm{MS1}}}{v_x}\\[2ex] K(M')+\alpha E_y D_{\mathrm{MS2}}+\beta\dfrac{D_{\mathrm{MS2}}}{v_y}\end{cases}\tag{5.3}$$

式中　$K(M')$——地图环境代价；

α、β——设备能耗与运行时间在启发函数中的占比，且 $\alpha+\beta=1$。

ξ 表示启发代价调节参数（为了保证路径搜索方向始终走向目标点，仅避开障碍且不受历史路径代价函数的影响，ξ 可适当调节，使得每次路径搜索都尽量靠近目标点），ξ 值的选取控制在时间和能耗参数同一量级，并略大于 αE 及 $\dfrac{\beta}{v}$。

若 $\gamma>1$，表示竖直方向单位能耗是水平方向单位能耗的 γ 倍。则 $f(M)$ 为如下分段函数（水平、竖直）：

$$\begin{cases}g(M)+h(M)=K(M')+\alpha E_x D_{\mathrm{MS1}}+\beta\dfrac{D_{\mathrm{MS1}}}{v_x}+\xi D_{\mathrm{MT}}\\[2ex] g(M)+h(M)=K(M')+\alpha E_y D_{\mathrm{MS2}}+\beta\dfrac{D_{\mathrm{MS2}}}{v_y}+\xi D_{\mathrm{MT}}\end{cases}\tag{5.4}$$

目标函数为：

$$\min\sum_{S}^{G}f(M)\tag{5.5}$$

5.1.5.3　算法流程

在三维空间中求解移动机器人最优路径的方法有很多，如 A* 算法、D* 算法、进化算法等，在众多求解最优路径的方法中，A* 算法简单、有效，并且得到了广泛的应用，本文采用的 A* 算法进行仓储设备的路径规划，其算法基本步骤描述如下。

步骤 1：通过 InitializeField 函数初始化参数，初始化地图环境；将初始节点存入 SetOpen 数组中。

步骤 2：扩展当前的节点，即找到以当前节点为中心，其前、后、左、右、上、下六个方向邻域内的可通行节点，将不存在于 SetOpen 数组和 SetClosed 数组中的节点计算其启发代价即 $h(n)$，并将其存入 SetOpenHeuristics 数组中相对应的位置，并计算该节点的路径耗费即 $g(n)$，并将其设定为当前节点；在 SetOpen 数组中删去当前节点，并将其存入 SetClosed 表中。

步骤 3：将扩展得到的节点依次加入 SetOpen 数组中，若此节点不存在 SetOpen 数组中，那么就将其加入到 SetOpen 数组中，并将计算得到的路径耗费 $g(n)$ 加入 SetOpenCost 数组中相应的位置，并记录这点的来源方向到 FieldPointers 数组中，若此节点已经存在于 SetOpen 数组中，比较此点记录在 SetOpenCost 数组的路径消耗与新计算得到的路径消耗，若记录的路径消耗小于新计算得到的路径消耗，则对此点不做任何改变，反之用新的路径消耗代替此点在 SetOpenCost 数组中相对应的路径消耗，并更新此点的来源方向到 FieldPointers 数组。

步骤 4：SetOpenHeuristics 数组中和 SetOpenCost 数组中相对应位置的值相加，选取其和最小的节点为当前节点，并将其置入 SetClosed 数组中，将其耗费置入 SetClosedCost 数组中，然后跳转步骤 2。

步骤 5：当 SetOpen 数组为空集之后，从目标节点开始，通过 FindWayBack 函数找到最终路径。

5.2 物流配送中心

5.2.1 物流配送中心概述

物流配送中心是专门从事配送业务的物流基地。它是一种基础设施，可以按照客户的需求准备货物，并通过转运、分类、存储、加工、信息处理等操作快速、准确、廉价地配送货物。随着经济的快速发展，对物流业的要求也不断提高。作为物流行业的关键节点，物流配送中心也在不断完善，朝着标准化、智能化、国际化方向发展。

5.2.1.1 物流配送中心的发展

全国物流配送中心的发展可以追溯到 20 世纪 60 年代，当时已经产生物流配送业务，但限于生产资料的领域。20 世纪 60 年代初期，产品公司为赢得更大的市场占有率，开始采取送货上门的推销手法，随着市场竞争日趋激烈，对多个种类、多个客户的产品公司来说，为适应不同顾客的需求，产品公司需要准备一定的存货并按顾客对种类和数量的需求进行配送，在规定的日期运到规定的地方。产品公司的这些业务活动已初步拥有了存储、配货和送货三个基本特点，因此可以认为配送起源于生产企业的延伸服务。

20 世纪 60 年代中期以来，随着欧美发达国家经济的快速发展和市场竞争的加剧，货运量和销售量都有了较大的增长。为了保证生产的顺利，各生产企业必须在一定的时间内准备好各种生产资料。由于库存占用了当地资源，且缺乏规模导致采购和管理成本高，产品缺乏价格竞争力。因此，专业化配送给制造企业带来的优势更加明显。这是因为专业配送减少了公司资金的使用，同时确保了材料的可用性，使公司能够将更多精力用于生产和管理。在此背景下，生产企业的销售、配送和营销职能分离，形成了专门从事产品配送的组织，并成为一个新兴产业。

20 世纪 70 年代石油危机后，为了挖掘物流过程的经济潜力，企业开始对物流过程进行细分。随着市场经济体制下买方市场的逐步形成，服务质量已成为企业成功的关键。因此，提供更好的服务、贴近客户的“端到端物流”受到了前所未有的关注。为了适应这种新的经济环境，企业在仓库基础上开发了一种创新物流设施，即物流配送中心。

20 世纪 80 年代以后，物流配送业务步入成长期。发达国家的公司纷纷建立物流配送机构，包括改进传统物流配送设备，以便适应现代制造与物流技术的要求。企业对物流及配送设备改造的最根本要求之一就是采用更高水平、信息化的机械化作业，以全面适应用户的各种要求。同时，在满足功能的基础上，减少产品流通时间，合理减少配送成本，使物流管理成为企业的另一利润来源。

随着世界经济以及科学技术的高速发展，物流配送行业也在不断进步，物流配送中心正朝着大型化、专业化、社会化、国际化方向发展，这必将成为物流配送中心的发展趋势。

5.2.1.2　物流配送中心的特点

第一，配送功能集成化。物流配送中心整合了物流与供应链的其他环节，如将物流渠道与业务流渠道的整合、物流环节与制造环节的整合、物流功能的整合等。

第二，配送目标系统化。物流配送中心系统地规划整个物流配送活动，从宏观角度进行考虑，优化整个物流活动，而不单单是优化单个物流，从而最优化整个物流配送过程。

第三，配送服务系列化。物流配送中心物流服务的正确定位和系列化，除了传统的配送服务外，还外延了物流市场调研与预测、物流配送、订单处理、物流咨询、物流配送、物流库存控制策略建议等一系列服务。

第四，配送作业规范化。物流配送中心为物流配送作业流程和操作制定了一套标准，按照标准对物流过程进行标准化和程序化，并简化了相关操作，从而大规模提高物流作业的效率和效益。

第五，配送手段现代化。物流配送中心运用先进的物流技术、物流设备和管理手段，为物流配送提供保障，保证大规模生产、流通、配送活动的正常运行。

第六，配送组织网络化。主要体现在物流配送中心拥有完善健全的物流配送网络体系，物流配送中心、物流节点等设施分散在各地，且运行正常。

第七，配送经营市场化。由于物流配送中心的配送活动在市场中进行，受市场机制调控，因此，利用市场来调节企业组织的物流配送或是社会物流配送，物流配送活动才能取得良好的社会效益和经济效益。

5.2.1.3　物流配送中心的功能

物流配送中心是专门从事货物配送活动的物流场所或经济组织，它是集货物存储、加工、拣选、配组、配送等多种功能于一身的物流节点。一般来讲，物流配送中心具有采购功能、仓储功能、配组功能、分拣功能、集散功能、加工功能、信息处理与传输功能等基本功能。

① 采购功能是指物流配送中心采购货物以便供应和配送的能力。物流配送中心应首先采购待发货和配送的货物，以便及时准确地为客户提供物资。物流配送中心应根据市场供需变化，及时制订和调整统一、全面的采购计划，再由专人、部门组织实施。

② 仓储功能是指物流配送中心储存待发货和配送货物的能力。为了确保及时、定量和高质量地向生产企业和消费者交付货物，满足生产和消费需求，配送中心应考虑适当的货物储存。物流配送中心应建设现代化的仓储设施并储存一定数量的货物。对于一些大型区域配送中心来说，仓储功能至关重要，若是没有一定的仓储能力，物流配送中心将很难成功完成物流配送业务。

③ 配组功能是指物流配送中心可以根据客户的需求对货物进行分类和组合。由于每个客户公司需求不同，对产品的品种、规格、型号、数量、质量、交货日期、地点等也就具有不同要求，因此需要物流配送中心按照客户需求对产品进行分类和分组。物流配送中心的配组功能是物流配送中心与传统仓储企业的显著区别之一，也是物流配送中心最重要的特征

之一。

④ 分拣功能是指物流配送中心根据订单需求选择货物的能力。作为一个物流节点，物流配送中心联系产品上游及下游的众多企业，多数企业在性质和业务规模上有很大不同，因此，不同的用户在订购或购买时对商品的类型、规格和数量就会有不同的要求，在这种情况下，为了确保有效配送，物流配送中心必须采取适当的货物选择和组织方法，按照客户要求将不同种类以及数量的货物配送给不同的客户。

⑤ 集散功能是指物流配送中心需要具备对生产企业的货物进行收集、再选择和配送的能力。凭借其独特的地理位置和先进的设施和设备，物流配送中心可以收集、分类和组装分散在不同生产企业的产品，然后进行分拣、组装，再发送给多个用户。

⑥ 加工功能是指物流配送中心根据用户的要求和合理配送货物的原则，将货物加工成一定规格、尺寸和形状。这些加工功能是现代物流配送中心服务功能的具体体现。商品加工是一些物流配送中心的重要业务。物流配送中心具有加工功能，积极开展该项业务，不仅方便了用户，同时也简化了繁琐的劳动，而且有利于提高资源的利用率和配送效率。此外，加工功能在增强配送活动整体功能方面也发挥了客观作用。为了提高配送水平和拓展业务，目前国内外大部分物流配送中心都配备了各种加工设备和技术人员，形成了一定的加工能力。

⑦ 信息处理和传输功能是指物流配送中心不仅可以提供进出口销售、配送、流通加工、仓储等功能，还可以为物流配送中心的运营管理、战略制定、货物路线设置等提供各种信息。

5.2.2 物流配送中心的关键技术

物流配送中心应用的技术包括智能存储技术、物流机器人技术、智能输送与分拣技术、装卸技术和其他辅助技术等。

5.2.2.1 智能存储技术

由于人们消费方式的改变、个性化的追求以及定制化的要求，B2C 业务的出现使得物品种类变多，而批量变小、订单呈现散而量多的特点，传统的托盘单元式存储无法满足存储量大而高速存储的需求，生产和物流的方式也随之改变。

应对箱类、盒类物品的存储，涌现许多新的存储模式和装备，小件物品储存库（MINLOAD）、旋转货架库、多穿密集库、AUTOSTORE 库、机器人＋货架拣选库、密集货柜等。

首先是小件物品存储库（MINLOAD），该种方式只是将储存单元由托盘改成了料箱，依然由巷道堆垛机完成存取，单元货物变轻变小，因而箱式堆垛机为了满足高速存取的需求，可以两箱、三箱或是四箱同时或分时存取，存取机构为货叉、抱夹式、皮带式输送、辊道、吸盘等等各不相同，目前箱式堆垛机可以达到 24 m 高。

针对小而轻的物品，出现了旋转货架库，在巷道的端头布置不动的提升机，全部货架旋转，如洗衣店中的旋转衣架，选定的货格转到提升机处，通过提升机完成入出库。此种方式由于存取一件货物，需要全部货架运动，旋转驱动的经济性差，适应性受限，仅仅适合轻型小件物品，如超市。

虽然物品单元变小，但入出库的频率大幅度提高，由于前两种方式仍然由巷道堆垛机完成存取，吞吐能力的提升存在瓶颈。既要满足高频次的出入库，又要满足大的储存量，就此诞生了箱式穿梭车式密集存储库，诞生了多层箱式穿梭车，在多通道内同时工作，从而显著提高系统的吞吐能力。多层穿梭车库结构如图 5.5 所示。多层穿梭车结构设计非常紧凑，比一般及传统的解决方案占地面积减少了 30%～50%，可运用于高密度的仓储系统，大大提高所需的存储货位。相同空间布局系统中，多层穿梭车系统出入库处理能力比传统仓储系统提升了 5～10 倍。并在近年来得到迅速推广应用。

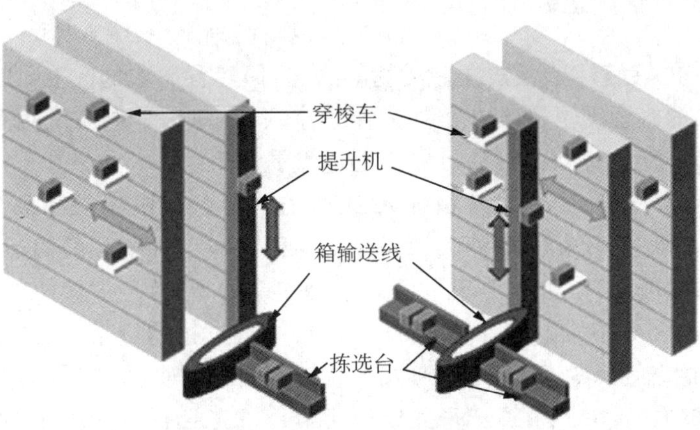

图 5.5　多层穿梭车库结构示意图

由于机器人技术的成熟，还有两种方式也能解决密集存储问题。一种是 AUTOSTORE，这是一个由国外而来的技术，将货箱密集堆放棋盘格状的框架内，而依据顶层的机器人在框架上四向运动，向下从井道内垂直提取货物到顶层，水平移动，完成货物的存取。此种方式计划不受地面空间的限制，容量密度是同等空间存储的 4 倍。对建筑物结构的依赖小，容易搬迁和安装，受环境影响小，可将仓库空间的潜力发挥到极致。还有一种是机器人＋货架的储存方式，也是亚马逊发明的方式，不高的货架上存储货物，由机器人在货架底层，顶起货架移动，货架可以密集排布，实现密集存储。这种方式适用于轻型货物，尤其在电商中应用广泛。

5.2.2.2　物流机器人技术

随着劳动力成本的上升，科学技术的发展，越来越多的岗位都在逐渐被机器人替代，在物流行业尤为明显。包括以搬运为主的 AGV、著名的 KIVA 机器人、分拣机器人、码垛机器人以及与人类共同工作的协作机器人等，都呈现出高速发展的态势。

搬运是物流领域中最基本的功能要求，无论是工厂、车间还是库房，都离不开物料的搬运，搬运通常由各种搬运车辆、叉车来完成，难免有对设备和环境的损伤，以及人员疲劳造成的损失，效率和准确率都受到制约，而物料搬运的准确性、准时性以及和环境的特殊性、需求的多样性等要求，都促使搬运技术和装备的提升。

叉车式 AGV 经过了几十年的发展，从单机走向系统集群，技术日趋成熟。随着近年来传感技术以及信息技术的发展，叉车式 AGV 的导航技术以及及时通信大幅度提高，当前通常采用 2D 的距离传感器、毫米波雷达等来检测周围的物体距离和反射信息，配以数字地

图 5.6　叉车式 AGV

图，分析多变周围的障碍物，完成距离路径的计算。也有采用光谱相机、立体相机等传感器，通过计算机视觉和图像识别处理，来检测周围的安全区域，实现 AGV 在工厂或库房区域内安全运行，避免撞到人与其他车辆。加以 AI 算法，AGV 的线路优化，由系统直接调度，实现集群控制。AGV 通过工业互联网，实现与上级企业管理系统和 WMS 的数据共享，完成货物的实施搬运与信息统一（图 5.6）。

叉车式 AGV 能够满足单元式托盘货物的搬运，但随着需求的改变，B2C 业务的飞速增长，轻型小件物品的搬运需求剧增。尤其是在物流领域中，随着电商的爆炸式发展，为应对高峰订单的压力，小型的背驮式移动机器人迅速发展起来。

自从 2012 年亚马逊使用 KIVA 机器人以来，在世界各地掀起了 KIVA 机器人的热潮，众多公司纷纷投入研发，开发出多种产品来完成各种各样小件物品的搬运。此种 KIVA 式移动机器人，在国内俗称“小黄人”，就此迅速发展。其中机器人＋货架的模式成为典型的“货到人”的方式，由小型机器人（通常是背驮式）将存有货物的货架，按照上级系统指令，依据地面的二维码信息，移动、转向行驶到人工拣选站，供人拣选。机器人按照订单顺序，将货物送到操作人员面前，由人工拣选来完成指定订单的拣选任务。由于机器人可以在底部穿行，货架能够并排密集存储，比原有的固定货架节省了通道。在同样高度下，实现了更大的存储量。此类机器人的机构简单、单机成本低、对软件依赖度大、对现场通信能力要求高。这种方式的机器人集群，对于仓库环境要求小，系统规模客户由企业自行决定，企业可根据需求随时添加机器人，而无须改变系统，因此备受客户欢迎。一时间，成为应用最广的货到人方式。

伴随着 B2C 业务的增多，拣选作业量增多。拣选人员的拣选作业是去存储区域按照客户的订单将货物挑选出来，并送到包装区域，每天物流中心的操作人员都在重复着数以千计的同类工作，耗费大量的人力和时间，是物流中心当前人力成本耗费最多、时间占用最长的作业。随着机器人技术的成熟，人们开始利用机器人来拣选，在人拣选的位置上，布置机械臂，利用视觉传感技术识别要拣选的货物，通过网络实现图形数据的分析，以及库存的核减和动作命令的实时传输来驱动机器人拣选。拣选准确率能提高到 99.99%，且稳定工作、全年无休。

无论在货场还是在仓库，货物的堆放都需要按照一定的规则，以方便辨识、搬运和存储和管理，堆码和整理的技术一直以来消耗着大量的人力，尤其是实现自动化存储与搬运以来，对堆码的要求提高了许多，再娴熟的工人也难以满足机器设备和日益增加的高效要求。因而，早几年在码垛环节就实现了机器人码垛，尤其在生产线上，码垛机器人几乎成为标配。

码垛机器人可以实现对物料进行自动堆垛与拆垛。根据物料的性质、形状不同，机器人本体配备不同的夹具来完成，通常是六轴机器人就可以完成这类动作。机器人结构简单、适应性强，常见是固定式的，也有移动式的，根据生产节拍的不同，一台机器人可以满足多条生产线的需求。移动式则更加灵活，可满足多产线、多工位的需求。最大限度地发挥机器人的能力。

协作机器人是指在与人共同的工作区域内，与人直接交互、同时工作的机器人。自 2014 年兴起以来，正在逐步被人们接受。协作机器人，有固定的机械手，有加载在机器人上的机械臂，也有双臂机械人等，其外观简洁直观、精度高，可以视为对人类的补充，同时装备有视觉、触觉传感器，更便捷、更安全、易操作，满足人类劳动力不足以及高工作强度的需求，辅助人类工作。

5.2.2.3　智能输送与分拣技术

在物流配送中心里，分拣达到了和存储几乎同等重要的位置。在物流配送中心分拣过程，是将拣选包装完成的物品要按照客户的目的地、配送的线路，集中装车的过程，也是物流中心货物运出的最后一关，要求高效而且精准。常用的分拣设备有推块分拣机、导轮式分拣机、交叉带分拣机、滚珠模组带分拣机、悬挂式分拣机等，也有新兴的 AGV 分拣系统，分拣的效率逐步提升，分拣的模式越来越适应市场的新需求。

自动化输送分拣技术主要分为两大流派：一个是以输送线、分拣机构成的传统自动化分拣系统，在产品细节设计、性能等方面不断改进，如结合最新的信息技术、物联网技术，向高速化、智能化方向发展；另一个是自 KIVA 机器人式的新兴机器人分拣系统，因其柔性化程度高而越来越受到市场关注。每种设备和技术都有其最适用的领域，根据要处理货物的属性，每种分拣系统都有自己适用范围。

万向轮分拣设备由若干个输送模块组成，每个输送模块都由一定数量的紧密排列的万向轮组成，每个轮子都可以单独或者成组运动。在输送模块上的货物，依靠与轮子的摩擦力，向特定的方向运行，将货物移出。轮组通过直流电机控制，轮子的摆动角度可以是从 0°到 90°的任意角度。货物可以直线运动，也可以曲线运动。根据算法，将路径算出，就能让包裹按照规划好的路径和时间运行，可在极短的时间内将货物分离。由于是依靠底部摩擦，对物品无冲击可适用于易碎物品的分拣。分拣设备模块化组合，易装配，通用性、互换性强，通过增减轮组的数量，可以实现不同长度物品的分拣。此种结构缩短了货物的传输距离，设备布置紧凑，节省了空间资源。再与输送系统无缝对接，可以实现完美合流、分流，以及连续大批量全向分拣。

还有一种摩擦带式分拣，依靠塑料的传输带代替皮带，塑料带上有许多自由的小球，正常运行时，小球随着主线方向滚动，球面上的货物运动(图 5.7)。当要改变方向时，依靠摩擦带在底部带动小球朝规定的方向运动，从而带动球面上货物的运动。这种方式速度高，而且能够适应低温、水洗等特殊环境，具有传统皮带不具备的优势。

除了传统的几种分拣以外，近年来在服装和电商行业，出现了类似车辆厂悬链输送式样的悬挂式高速分拣系统(图 5.8)。悬挂输送系统将货物装在定制的货袋中，每个口袋像衣架一样挂在空中的轨道上，货袋与货袋间按照一定顺序密集排列，货袋中上的吊点都装有条码或 RFID 标签，可以通过相关的分岔机构，将与目标相吻合的货袋分出，实现分拣。货袋排列密集，运行速度快，可以通过空中轨道，实现搬运、分拣和缓存等多种功能。

图 5.7　摩擦带式分拣机

图 5.8　悬挂输送系统

以机器人为核心的分拣系统，因为其占地面积小、成本低、互换性强、灵活、低能耗、绿色清洁等特点，在多电商、快递等行业应用，成为分拣的一种补充形式。分拣机器人是以KIVA 机器人的底盘外加翻板或是皮带输送，将包裹放在翻板或是皮带之上，由分拣机器人运输到目标分拣口，包裹翻落或移栽到分拣口中。可以形象地理解为原有的翻板分拣机，每辆小车都独立运行。也可以是交叉带的小车独立运行，是传统方式和新兴机器人技术结合的产物。

5.2.2.4　装卸技术

最常见的装卸设备如伸缩皮带机，能够伸缩到集装箱内，由工人将箱件货物，搬运到皮带机上，实现装卸车。机器仅仅解决了远距离输送的工作量，大量的工作还是需要人工完成。当前对无法用机械代替的人工，人们用外骨骼机器人来解决。外骨骼机器人最早是辅助病人康复治疗，减轻人体骨骼支撑重量的一种可穿戴设备，近来出现在工业场景中，辅助人们搬运。

外骨骼是一种穿戴式机器人，是一种能够增强人类能力的可穿戴机电设备，它通过气动液压或电子元件提高人的力量和耐力。对于高强度的负重搬运工作，外骨骼机器人可以给搬运工人提供很好的助力，在长时间的工作中既提高工作效率又节省工作人员的体力。

外骨骼机器人分机械助力外骨骼机器人和伺服驱动/电助力外骨骼机器人。融合传感、控制、信息、移动计算的综合性技术，以人的运动带动机器运动为主，通过齿轮高转矩电机等精细部件，将重物的重量传到地面，而减少对人体力的消耗。通过力传感器、位置传感器收集使用者的运动意图，通过检测到热的身体姿态，从而跟人配合，跟人运动，延时不超过 1 s。然后通过算法再决定给人的助力的方向和大小。

5.2.2.5　其他辅助技术

人们的工作，除了有机器代替以外，常常借助一些辅助设备或手段，来减轻劳动强度和提高劳动效率，常见的有智能语音技术、视觉识别技术等。

语言交流是人机交互最简洁的方式。在仓库的拣选方案中，可穿戴式语音拣货是近年来的一种新兴的拣货解决方案，它的作业准确率高、速度快。

可穿戴语言拣选设备是由符合人体工学设计的耳机以及支持文字语音转换技术的高级软件组成。中控系统可以根据仓库管理系统的任务，转换为语音，并转达给仓库操作员，指导操作人员按照系统规划好的路径按部就班地取货，完成后，员工可通过麦克风口头确认，库存信息也通过这些口头信息转换成数据并传回主机系统，以实时更新生产和库存作业情况。语言系统指引他们前往下一个地点，并引导他们按步骤完成任务，以完成拣选、补货、维护和维修等流程。语音可以解放双眼和双手，在苛刻的仓储和配送中心环境下，让操作员更加注意周围的环境，更加专注自己的工作。

在物流系统的拣选活动中，拣选工作者除了语言辅助以外，还可以佩戴眼镜，通过眼镜上的显示器和扫描器识别信息。眼镜通常集摄像机、增强现实、麦克风和条码扫描器、无线发射器等多种设备于一体，完成人与数据的交互。

另外听、说、看的各项新技术，可以相互组合，实现物流中的拣选、复合包装等工作。智能眼镜＋语音相结合，在包装场景中，使用智能眼镜的语音指令可以与眼镜的图像捕捉相结合，以获取数字图像，证明包装正确包装并且无损坏，提升复合的效率。在工程系统中，语言识别＋视觉可以简化设备维护和检查工作。对于大型系统，机电设备的正常运行至关重要。为了提高时效性，利用语音＋视觉识别技术进行远程运维是通常采用的技术，可以利用视觉将所看到的实际场景回传到控制中心，在专业人员的指导下，普通的检修人员也能达到专业水平，通过语音指导，逐步完成维护、检维修。在确保合规性的情况下，最大限度缩短计划内和计划外停机时间。

5.2.3　物流配送中心的选址

物流配送中心的选址和优化是物流配送中心研究领域的热门问题。物流供应链的形成和运作旨在实现经济性、及时性、环境保护和服务。该目标的实现受供应链节点之间的协调程度的影响，节点之间的协调程度受分布网络布局和分布路线的影响。配送网络布局和配送路线规划最终由物流配送中心的位置确定。因此，物流配送中心的选址是优化物流供应链的先决条件，因此它意义重大。

物流分配中心地址选择的关键在于建立决策模型和数据处理算法。选址模型首先要明确前提假设与变量定义，例如选址的数量、需求点的数量、材料需求、物流系统节点之间的路径状态、成本分配和服务范围。在此基础上，建立目标函数，确定约束，并选择适当的算法来求解模型。在物流分配中心选址的决策过程中，首先要分析物流配送过程的特点和存在的问题，总结物流配送中心选址的影响因素，计算每个影响因素的影响因子，并确定评估指标系统。其次，根据确定的评估指标的特征，选择数据预处理的相关算法，确定数据评估算法，并使用这些主要决策步骤来确定最佳的地址。

5.2.3.1　选址的常用方法

常用的物流配送中心选址方法有层次分析法、交叉中值法和因素评分法等，其最终目标是为更好地服务于“供应链”的协调运作，最大化“供应链”的整体利益。

1. *层次分析法*

物流配送中心的选址要考虑很多因素。比如，物流配送中心周边的车流量，周围有没有学校等。因为物流配送中心需要接触很多人，所以物流配送中心的选址一定要具有便利性。在这个过程中，我们必须考虑得更全面，才能得出更准确的结论。层次分析法（AHP）是一种根据不同影响因素和特点做出不同决策的设计方法。因此，在物流配送中心选址决策决策方法中运用决策分析方法具有现实意义。

层次分析是一种决策方法，它将决策和决策过程的影响因素分为目标、计划和标准层次，以及基于层次或定量的分析。基本原则是根据问题的目标和性质将问题划分为不同影响因素，并将需要解决的问题设置成总体目标和分层目标的组合，从而构建不同层次的结构模型，最终得到最合适的解决方案。

层次分析具有以下几个特点。

① 系统性：层次分析法将项目决策作为一个整体进行系统分解，通过比较综合的思维解决问题，将复杂问题作为整体解决方案应用于多个领域。因此，层次分析法的系统特点可以作为物流配送中心决策的重要参考。

② 实用性：层次分析法不同于其他复杂深奥的分析法，它在特定事件中做出决策，只要将决策作为一个整体，确定问题的根本原因，并将解决方案所涉及的内容划分为几个层次，就可以轻松做出决策。

③ 简单性：层次分析法采用层次分析法来做决策，不同于数据分析需要大量的数据信息，并从大量的数据中挖掘决策的相关信息，只需要层次分析法主要负责人员从决策者的角度进行思考和问题分析，并将决策中的要素和影响因素具体分析出来即可，它是一种偏好定性分析的决策方法，是模拟大脑思维的过程。

层次分析法在物流配送选址决策中的应用有以下步骤。

第一步需要确定层次分析法的研究要素。首先，层次分析法的计算步骤要符合大脑正常的思维顺序，最终目的是做出物流配送中心的选址决策，这是最重要的内容，因此它被置于层次分析法的最高层次。以解决问题的方法和解决问题需要遵循的原则为研究的途径，这是解决问题的必要方法，因此，将这些内容置于层次分析法的中层。在解决问题时，人们往往需要制订更多的计划，并最终从中选择最合适的解决方案。由于这些计划的运行是人为的，在正常运行中会出现很多不可预测的问题，这时，负责人员需要确定备选方案。其次，在选择物流配送中心选址时应考虑几个影响因素，包括交通便利性和市场竞争力。交通便利性是因为物流配送中心需要和很多企业交流合作，交通便利可以节省成本和时间。另外，物流配送中心从其运营环境和物流成本的各个方面进行分析，需要确保其价格和环境具有一定的市场竞争力：提高市场核心竞争力的条件是周围有合适的供应商。这可以节省很多不必要的成本。最后，为了确保物流和配送中心的可持续发展，物流配送中心的快速发展不能与人力和物质资源的支持分开。因此，在选择配送中心的位置时，需要考虑基础设施和周围环境是否符合配送中心的基本条件。

第二步是建立层分析模型。第一，对决策过程的要素进行分层，例如，在规划物流配送中心时，将物流配送中心的选址决策放在最高层次，研究物流配送中心的选址决策方法放在中间层次，把各种备选方案放到最低层次，目的是获得最佳决策方案；第二，根据研究对象，建立可以用特征向量法枚举的重要性矩阵来构造判断矩阵，该判断矩阵证明了事物之间关系的一致性，通过特征向量法的判断矩阵，可以清楚地知道影响企业物流决策结果的影响因素；第三，研究人员可以参考相应的数学依据，以确定矩阵的一致性检验结果，以确保构建我们所需要的层次分析法模型，具体方法是确定影响因素的单一权重向量，以便进行一致检验的假设；第四，确定每个层次的重要因素，并赋予确定因素的综合权重向量，确定最终测试因素后，检验这些因素的一致性假设，并确定各层次的影响因素和影响因子；第五，全面处理每个层次的影响因素，并建立各层影响因素的模型。

2. 交叉中值法

我们不可能在城市中无限制地选址建设物流设施，但可以在街道交叉路口选择某个位置作为物流配送中心的地址。交叉中值模型是一种以城市的道路网格作为定位范围的单个设施选址方法。应用条件包括城市中每个服务对象的地理位置，所需的物资流量和单位服务费等。该选址是基于设施和每个服务对象的综合最小绝对距离。最终结果应该是所有服务对象在两个相互垂直的方向上物流需求的中心位置。

3. 因素评分法

因素评分法的过程是确定要评估的所有作业的几个主要因素，每个因素根据标准评估相应的分数，然后根据要评估的作业总分来确定相应的水平。因素评分法的最大优点是它的公正性和准确性。当然，它的缺点也很明显，即复杂的实施步骤、长周期、时间消耗和高成本。因素评分法主要有四个要点。

① 选用若干因素作为衡量程度高低的依据。

② 将评分标准表作为评定程度高低的标准。

③ 把工作说明表的内容和既定因素评分标准表相比较，按因素依次评定分数并算出总分。

④ 制定分数与职等换算表，根据工作所得评分换算为职等。

5.2.3.2　选址的常用技术

地理信息系统(Geographic Information System，GIS)技术是物流配送中心选址中常用的主要技术。GIS 是以计算机环境和空间地理数据库为基础，对一系列空间数据进行处理，并按照各种地理模型分析方法，为使用者提供各类空间和动态的地理信息服务，为地理研究、科学管理、定量分析和决策服务而建立的一种计算机应用系统。

完整的 GIS 技术包括三个主要组成部分：计算机系统的硬件和软件系统、地理数据、应用人员和组织机构。其中计算机系统是核心，研究对象是可以反映地理内容的地理数据，整个系统的运作方式由应用人员和组织机构来决定。

计算机系统包含硬件和软件系统。硬件系统是 GIS 的物理外壳，主要包括中央处理器、数据输入输出设备和存储设备。其中，CPU 主要用于程序执行；数据输入输出设备主要用于数据输入、显示和输出，包括数字设备、显示器、绘图仪、数字化仪等；存储设备用于保存程序和数据。GIS 的硬件部分主要是通用的计算机设备，现在正朝着更加通用、快速和低成本的方向发展。

GIS 软件系统包括计算机系统软件和应用软件。计算机系统软件按数据采集、存储、分析、分析、查询、显示等基本功能分为数据输入、数据存储、数据交换、数据显示、用户界面五个基本功能模块。应用软件是系统研发人员根据具体的项目或分析模型编写的一些特定的应用软件。应用软件作为系统功能的扩展，与核心模块相结合，用于空间分析、地形分析等特殊应用问题。

空间数据是 GIS 的研究对象，是指主题化、集成化、动态化的自然、社会和人文经济景观数据的集合。空间数据根据其特征可分为位置数据、时间属性数据和主题属性数据。使用者可以自行收集空间数据，也可以从数据提供商那里购买，并通过数字设备和系统界面输入数据。空间数据的表现形式多种多样，一般包括数字、文字、表格和图像等。GIS 与其他信息系统的不同之处在于其对空间数据进行统一编码，旨在定位或者定性和定量地描述数据。GIS利用数据库管理系统对数据进行组织和保存，从而实现数据管理。

GIS应用的关键在于专业的技术人员。为了确保系统的平稳运行，需要有一个合理的组织。通常，经过精心策划的GIS项目包括项目经理、技术人员、应用工程师和用户：项目经理主要负责系统的设计和实施；技术人员主要负责信息管理；应用工程师主要负责系统自定义；用户执行最终系统操作。

GIS包括数据采集与编辑、数据库管理、空间查询、空间分析和制图五个基本功能。

数据采集是构建GIS系统的第一步。它是指将图形数据和属性数据输入数据处理系统，然后由数据处理系统将数据格式转换为内部格式，该格式方便系统进行处理。该任务包括三个过程，分别是数据归一化、数字化和数据编码。数据编辑是对图形和属性数据的编辑和修改，以消除数据采集中的各种错误。随着空间实体在不断变化，其数据也会发生变化。数据的编辑和更新不仅可以满足GIS动态分析的需求，还可以对自然现象的发生作出合理的预测。

数据库管理是指使GI数据库管理系统来管理由数据采集形成的巨大地理数据集，包括空间数据管理和属性数据管理。空间数据包括各种图形或图像信息。它们存在于空间数据库，逻辑结构严格且标准化。空间数据管理是GIS数据管理的核心，相对而言，属性数据重要性略低一些。属性数据通常由关系数据库软件(如Oracle SQL Server)管理。

空间查询是GIS的基本功能之一。GIS可以执行两个空间和属性的查询，也就是说，根据空间实体的图形特征搜索相应的属性，或者根据属性搜索相应的实体和图形特征。

空间分析是GIS的核心功能，例如数字地形高程分析、BUFFER分析、网络分析、三维模型分析、多要素综合分析及面向专业应用的各种特殊模型分析等，通过分析和解决与空间相关的问题，实现了地理信息系统的应用深度化。

GIS可以通过地理数据库地图形成数字地图，然后装饰数字地图，添加图例、颜色、注释等，最后输出完整的要素图。GIS还可以根据用户需求输出各种主题图，例如土地使用的总体规划图、行政区域规划图等以及通过空间分析获得的最终结果图。

GIS应用于物流的优势有以下几个方面。

① 使用GIS地图浏览功能，可以在数字地图上找到并显示产品资源的分布和需求市场。

② 使用GIS空间查询功能，通过空间位置查询属性特征，获取诸如特定地理位置、地形特征、土地类型、人口密度、交通状态和候选区域的其他信息。在“属性查询空间位置”中，输入客户的门号或邮政编码，可以知道客户的大概位置，以便准确地了解每个需求点的分布，然后更准确地计算物流成本，避免仅将区域重力作为某些模型的需求重点引起的错误。

③ GIS数字地图中通过经度或坐标来准确表示每个点的位置，这与传统定位方法中网格获得的相对位置不同。因此，借助GIS，一方面可以更快、更方便地获取数据，另一方面也可以获得更准确的计算结果。

④ 利用GIS可以对选址区域内的空间实体进行数据化，包括道路、候选点和需求点，以便轻松获得每个部分的道路交通状态，使计算更加符合客观实际情况，避免了传统模型用直线表示两点之间的距离。

⑤ 传统模型往往采用线性或非线性函数模型来处理运价问题，虽然逻辑和计算过程简

单，但得到的结果往往与实际运价有较大偏差。在 GIS 中，可以利用其缓冲区分析功能，将配送中心作为计算中心，以属性查询得到的数据建立等成本缓冲区，由不同地区得到不同的运价，这样可以大大提高计算结果的准确性。

⑥ GIS 具有空间分析功能，如缓冲区分析、叠加分析，并整合了一些决策分析工具。通过操作用户提供的信息和数据，获取有用的信息，从而有效地协助决策。

⑦ 通过 GIS 的地图制作和显示功能，可以制作直方图、饼图和数据分布曲线，并将标签、报告和图例等添加到地图上，从而清楚地表示选址结果的所有信息。

⑧ GIS 数据可以及时更新，这使得选址过程可以有效地节省人力、物力，且选址能够有效地适应实际情况。

5.2.4　物流配送中心总体规划

物流的发展离不开各行各业的共同参与，在不同的行业领域中，物流技术都有相应的应用。物流技术主要应用于制造以及流通两大领域，而物流配送中心就是物流技术应用于流通领域的具体表现。

配送中心的物流战略与一般企业的配送和生产战略类似，配送提供物流的外部环境需求，生产则是提供内部环境需求。而物流管理一方面必须直接面对下游客户的挑战，另一方面需要考虑生产(或上游供应)的实际状况。为了在市场竞争中获得优势，配送中心必须确定合理的定位和物流战略，因此需要对物流配送中心进行的总体规划。

物流配送中心总体规划，通常要考虑五大原则，分别是动态原则、竞争原则、低运费原则、交通便利原则以及统筹原则。

根据动态原则，物流配送中心的规划建立在详细分析现状和预测未来变化的基础上，并能适应一定范围内数量、用户、成本等方面的变化。

根据竞争原则，物流配送中心的布局应反映多重竞争的情况。这对政府进一步重组市场和相关的新基础设施建设规划尤为重要。

物流配送中心必须组织运输配送活动，因此低运费原则有其特殊性。由于运费与运输距离和运量有关，低运费原则往往被简化为最短运输距离和最小运量问题，并通过数学方法求解，作为物流配送中心布局的参考。

根据交通便利原则，由于物流配送中心的运输配送活动都在中心之外，所以这项活动取决于交通状况，布局时必须考虑现有的交通状况。

物流配送中心的水平、数量和布局与生产力和消费布局密切相关，它们相互交织、相互促进、相互制约。因此，规划一个合理的物流配送中心，必须本着统筹的原则。

物流配送中心的规划在面对现代物流蓬勃发展，新技术与新应用层出不穷的现状下，除了五大原则之外，还有如下要求和标准。

① 操作自动化，物流操作过程机械化，无人操作，扩大物流能力，提高生产效率，减少差错。

② 设备标准化，增强各配送中心设备的通用性，有利于提高采购、维修、更新等环节的效率，有利于设备管理。

③ 处理信息化，物流信息在收集、处理、存储、传输过程中的数字化、电子化和标准化。

④ 管理网络化，不同区域的物流节点不再是孤立的站点，信息反馈速度加快，提高

效率。

有效的配送中心工艺规划和布局安排，以及新技术条件下新机械设备的应用，是上述要求和标准能够付诸实施的前提。

遵循以上总体规划的各项原则与标准要求对物流配送中心进行总体规划，通常包括作业流程规划、作业区域规划以及作业能力规划。

1. 作业流程规划

配送中心的主要活动是订货、备货、储存、取单、发货和配送操作。有的配送中心有退货作业，需要有退货货物的分类、保管和退货作业。因此，只有在基础数据的分析和基本条件的假设之后，才能进一步分析配送中心的特点，制定合理的操作规程，从而选择设备和规划设计空间。通过对各个操作过程的合理化分析，从而找出操作中不合理和不必要的操作，力求简化配送中心可能出现的不必要的计算和处理环节。这样，配送中心可以减少重复堆垛的搬运、翻转和暂存，提高配送中心的效率，降低运行成本。如果储运单位过多，可以对所有经营单位进行分类合并，避免内部经营过程中储运单位转换过多。尽量简化储运单元，以托盘或储运箱作为存储容器。将大小和外观差异较大的货物划分为相同标准的储运单位。

2. 作业区域规划

作业流程规划完成后，配送中心可根据作业区域特点及周边辅助活动区进行规划。物流作业区是指配送中心的装卸、入库、配单、出库、配送等基本作业环节。周边辅助活动区是指办公室、计算机中心等。通过分类规划，配送中心可划分为以下作业区域。

① 基本物流作业区。该区域是配送中心的核心区域，进行基本的物流作业，包括车辆入库、卸货、货物收发、理货、入库、仓储、流通加工、配送、配载、配送等作业。

② 退货物流作业区。该区域的设置可根据配送中心规模的实际需求和与供应商的协议来确定。这方面的操作包括退货卸货、退货收集、退货责任确认、退货良品处理、退货次品处理、退货废物处理操作。

③ 换货补货作业区。可以在基础物流作业领域进行。主要操作包括退货后的换货操作、散补货的提货操作、散补货的包装、散补货的发货。

④ 流通加工作业区。这个区域是根据实际需要设置的。如果流通加工业务量小，可以在装配区进行。流通加工区的主要操作包括开箱、包装、各种物品的包装、外包装、发货货物的称重、印刷和贴标等。

⑤ 物流配合作业区。物流协调作业是集装箱回收、空箱暂存、废物回收等基础物流作业。可以根据需要设置集装箱暂存区或集装箱存放区、废物暂存区或废物处理区等。

⑥ 厂房使用配合作业区。该区域主要是保证配送中心正常运行的协调区域。主要操作项目包括电气设备的使用、动力和空调设备的使用、安全和消防设备的使用、设备维修工具的存放、人员和车辆的畅通通行、机械搬运设备的停放等。

⑦ 办公事务区。办公事务是配送中心正常运行和高效运行的基本保证。主要活动包括配送中心的办公活动、一般文件和档案的管理、配送中心计算机系统的使用和管理等。

⑧ 劳务活动区。配送中心工作人员及供应商休息、饮食、洗漱的区域。

3. 作业能力规划

确定了配送中心作业区域后，根据配送中心服务对象、商品特点、自动化水平、信息系统建设等因素进一步确定各个作业区域的具体内容。在作业区域的规划中，应以物流作业区域为主，再向周边相关区域延伸。物流作业区域的规划可以根据工序的进出顺序进行。

总之，配送中心规划要先了解方法论，再根据实际情况进行规划设计，这样才能让企业少走弯路。特别是随着新基础设施政策颁布和数字经济时代的到来，利用数字技术从三维的角度来解决现代物流配送中心规划和建设等问题的仿真将成为可能，也是大势所趋，特别是参数化智能物流系统建模，物流系统仿真技术的进一步应用，可以从根本上通过虚拟与现实的二维空间。同时，通过建立物流配送中心运行系统的三维仿真模型，包括双向通信系统的建立或大数据、区块链等技术的应用，应该有一个由局部到全面、由低到高的过程；对于包含多个子系统的大型物流系统的配送中心，子系统可以逐步重构，直到完成。

5.2.5　物流配送中心的发展方向

物流配送中心的发展方向主要有高质量、智能化、自主化、安全化、标准化和绿色节能等。

高质量发展是我国物流仓储装备行业的必然选择。现阶段，我国经济发展进入了新时代，其基本特征就是我国经济已由高速增长阶段转向高质量发展阶段。物流行业作为经济发展的重要支撑，应高质量发展推动经济高质量发展，并成为不可或缺的重要力量，物流仓储装备作为物流业高质量发展的重要载体，在这一过程中将发挥重要作用。2019 年 3 月，国家发改委等 24 个部门和单位联合印发《关于推动物流高质量发展促进形成强大国内市场的意见》(简称《意见》)，从 6 个方面提出 25 条具体举措，解决制约物流高质量发展的突出问题，以降低社会物流成本水平，增强实体经济活力，提高社会经济运行效率，促进形成强大国内市场。《意见》指出了物流高质量发展的重要性，提出要“积极推动物流装备制造业发展”，以提升高质量物流服务实体经济能力。具体包括：加大重大智能物流技术研发力度，加强物流核心装备设施研发攻关，推动关键技术装备产业化。开展物流智能装备首台(套)示范应用，推动物流装备向高端化、智能化、自主化、安全化方向发展。

大力推进物流仓储装备生产模式、服务模式、创新模式向高质量方向发展。不断加强关键技术创新，提升传统产业的技术装备和生产水平，加快新能源、自动识别技术、信息技术、通信技术，以及其他相关技术自主研发，促进中国物流技术装备产业实现跨越式发展。以集成自动化、智能化、柔性化的智能物流仓储装备作为高端装备高质量发展目标，加快信息技术、通信技术等在物流仓储装备中的深度融合应用，推进远程运维信息化管控平台的开发，实现对物流仓储装备的高质量运维服务和管理。

智能化已经成为我国物流仓储装备行业发展的必然趋势。从技术上来看，随着人工智能技术在仓储物流应用场景的不断探索与实践，越来越多智能化的技术手段和装备不断投入到仓储物流工作实践过程中，以技术创新推动仓储系统工作模式的优化升级，智能仓储装备通过大数据、机器学习等不断实现数据积累与学习，使得智能装备可以为系统提供更加匹配的功能性服务。从政策上来看，仓储物流装备智能化符合国家未来科技创新与行业发展需要。智能仓储物流装备作为生产资料，广泛应用于我国智能制造各行业，已经成为智能工厂供应链环节不可或缺的重要组成部分；作为产品，智能仓储物流装备是我国高端装备制造领域重点关注的产品，在市场上具有较高的需求。2016 年，国家发改委印发《“互联网+"高效物流实施意见》要求：顺应物流领域科技与产业发展的新趋势，推动大数据、云计算、物联网等先进信息技术与物流活动深度融合，鼓励和促进机器人等先进物流设备应用，实现物流业转型升级。意见中首次明确提出：鼓励物流机器人技术开发，促进机器人在物流业的应用，重点突破机器人影像识别拣选、高密度存储机械臂拣选、语音拣选等技术，开展仓内机器人多模式应用。物流仓储分拣、拣选、包装、配送等环节的装备智能化升级将加快进度。

智能物流仓储系统是智慧工厂供应链的核心，是未来建设智慧工厂的主要方向之一。自动化立体库、输送分拣系统、物流机器人集群系统、自动识别与感知系统等现代物流仓储硬件装备智能化水平不断提升，与管理软件、智能识别系统融合应用，通过有效的数据采集和挖掘，结合信息技术、数据处理技术、智能群控技术构建深度感知型、智能仓储系统。实施物流仓储装备智能化升级改造行动，加强物流仓储装备数字基础设施建设，支持物流园区和大型仓储设施与物联网技术的深度融合，发展智能物流系统。

5G、AI、物联网、工业互联网、大数据、云计算、区块链等新一代信息技术对实体经济的影响，以及第四次工业革命的战略机遇期，都将使物流仓储装备迎来新一轮的发展。基于工业互联网、工业大数据的工业人工智能技术将深刻影响仓储物流领域智能技术的发展，也必将成为工业人工智能技术重要的应用场景，物流系统集成企业将基于数据挖掘和大数据分析，以深度应用信息技术的定制化方案作为未来智能化发展趋势；物流软件企业从关注流程向关注相关算法方向转型，开始介入设备调度算法和人工智能；基于5G的低延时、高带宽、广连接等特点，结合物联网、大数据、人工智能等关键技术，进行远程智能化管理、监控与维护，实现智能仓储、智能园区、智能配送、智能安防。

自主化是实现我国物流仓储装备高质量发展的必由之路。加快物流仓储装备产业自主化步伐，特别是关键基础件，采取原始创新、集成创新和引进消化再创新等自主创新方式，通过自主设计、研发、制造、管理、经营等环节，获得市场需要的具有自主知识产权的系列自主品牌，并通过自主品牌效应实现自主创新导向的物流仓储装备快速发展。

深耕物流仓储装备技术的自主化，保护现有国有品牌领先优势；加强物流核心装备设施自主研发，推动关键技术装备产业化，注重工控系统的协同创新发展，加快融合系统仿真软件、图像采集处理软件、仓库管理软件、设备调度软件和ERP系统软件等产品的物流管理软件的集成创新研发。通过自主核心技术开发和国际专利的申请与保护，积极参与相关国际标准制定，增加国际市场竞争话语权，利用高水平国际展览交流平台展示具有完全知识产权的创新型产品，努力缩小与国外优秀企业间的差距。

安全化是实现我国物流仓储装备高质量发展的重要基石。物流仓储作为物流运行过程中的重要一个环节，所有的货物在此保管与中转，随着电子商务、冷链、医药、化工、军事领域应用要求的不断提高，对货物全物流过程期间的安全管理尤为重要。无论是装备还是信息系统都需要建立完善安全机制。

现代物流仓储系统的作为生产流通环节的中枢系统，其安全性、可靠性显得尤为重要。在日常工作中，既要确保货物在入库、在库、出库作业过程中的安全，又要保证作业人员的人身安全和设备安全，随着大量的计算机系统、工业控制系统的使用，系统网络安全风险也逐渐显现。如何降低作业风险，提高作业效益和系统的准确性，保护物流仓储作业过程中人、财、物、网的安全及可靠运行是行业发展急需解决的核心问题。建立设备运行的保障机制、安全运维系统，建立设备全生命周期的健康管理系统，建立网络、数据安全保障系统，重点发展传感、监控、可视化、通信集成的高端信息集成技术，搭建基于大数据检测技术的仓储物流核心装备故障检测与诊断系统，对装备运行情况进行实时监测。建立可信的追溯体系，实现特殊货物的管理，通过现代技术手段实现仓储物流装备安全化。

标准化是实现我国物流仓储装备高质量发展的重要保障。物流仓储装备标准化以存储单元器具的标准化为起点，系统地推动物流仓储装备标准化工作进程，逐步对托盘、周转箱、集装箱、各种物流存储、输送、搬运、分拣、拣选和装卸设施、物流中心、条形码等通用性较强的物流设施进行硬件装备及软件接口的标准化，努力改善物流设施、设备的标准化运作水平。发挥行业协会优势、积极引导相关企业在标准制订和修订工作中开展工作，推动核心企业参与制定专业技术标准和管理标准、参与标准化试点工作，提高产品标准化、通用化水平，依托行业标准化进程提升企业产品参与市场竞争能力。

绿色节能发展是国家对装备制造业发展提出的要求，也是实现我国物流仓储装备高质量发展的核心目标。国内物流仓储装备企业以《中国绿色物流技术与装备分类目录》为指导，推进仓储与配送设备技术绿色发展。不断摸索自主创新，在满足设备高性能、高效率的基础上，采用全生命周期、轻量化、模块化设计方法，设计低成本、低能耗的物流装备。

在系统规划方面，关注设备布局与物流的一致性以及与周边环境的协调性。不仅仅关注首次的建设成本，更注重降低使用成本，充分利用太阳能、风力等自然能源，降低能耗。在装备布局方面，合理利用空间；在调度上方面，优化路径规划，提高效率，降低设备磨损。在装备设计方面，充分采用蓄能技术、直流伺服技术、超级电容技术、免喷漆等技术，降低能耗，减少污染。在材料选择方面，充分可循环利用的材料。在单元器具和包装物方面，选择标准托盘、新结构托盘、环保材料托盘、环保周转箱、冷链物流箱等绿色托盘产品，循环使用并延长使用寿命，降低能源消耗，创造巨大的绿色物流经济效益和社会效益。

5.3　制造物流线边库

制造物流线边库是生产企业设立的物流仓库之一，区别于常规仓库，制造物流线边库是在生产线边上的暂存库，其作用主要是支持生产线的不间断生产。

随着市场的多变性及需求的多样化，制造企业面临着更加激烈的竞争，它们通过不断降低生产成本、提高产品质量、增强产品服务等获得客户信任，树立品牌形象，从而提高自身竞争力。“时间就是金钱”，为降低生产成本，制造企业不断压缩产品的生产时间。但目前，加工车间针对型材的配送通常选择天车将其由转料台运送至加工设备上。但这种运输方式使天车的移动路线增加，从而延长天车上料时间，迫使加工设备等待。因此，针对加工车间型材的配送，选择从线边库中给加工设备上料，减少天车上料时间，从而支持生产线的平稳连续运行，对缩短产品的完工周期、提高车间生产效率具有重要意义。

线边物流作为一项基础活动，贯穿企业整个生产过程，在以车间为生产组织形式的企业中，生产物流又可分为车间内物流和车间外物流，车间内生产物流是指生产物料在车间内部的运输、装卸、储存、管理等过程，反映了单个车间内部的生产运转情况。

5.3.1 制造物流线边库的管理

制造物流线边库的职能大致可分为领料、存储、发料、退换不良四大职能，根据其职能，对制造物流线边库的管理可分为以下几部分。

① 专人管理。线边库管理权限为生产部，生产部指派专人或兼职管理，负责线仓的保管与维护、物料收发管理、次品管理、库存管理等事项，并对线仓的准确性负责。

② 物料调拨。线边库当管理人员发现物料低于最低库存时，根据生产编配清单将相应物料分配到仓库进行补货，编配数量以物料设定的最高库存编号为准，并在 ERP 系统中制作请料台账。

③ 物料存储。线边库物料存储是指仓库的物料管理制度，对物料进行分类存放，制作清晰的物料标识卡，并每日记录物料进出库。

④ 发料管理。根据生产要求，生产线可派指定人员到线边库取走相应的物料，并做好记录。在订单结束时，剩余的材料必须在当天送回线边库，并做好记录。线边库管理人员应根据当天订单的物料出库情况，记录相应物料的物料标签卡。

下面以汽车生产企业的制造物流线边库为例，对线边库的管理做详细介绍。

汽车组装厂的总安装线非常长，每辆车都使用了许多组件。因此，某些零件库存暂时存储在生产线的每个位置旁边，以促进生产线的连续生产，这就是汽车总安装线上的线边库。汽车装配线的线边库不是真正的仓库，只是几个存放零件的架子。除原材料、备件等，汽车行业以外的公司还在线边库中放置了成品、半成品等。但是，汽车总装线上产生的成品或是半成品，体积都很大，并且按照固定的轨迹运行，因此不能放置在线边库上，所以汽车的总装线的线边库只防止装配所需的各类零部件。

要管理好汽车总装线的线边库，主要有以下几个步骤。

1）梳理该岗位上所需物料种类

在汽车的装配线上，每个工位都需要把相应的零部件安装到汽车的车身上，如车门、轮胎、方向盘、座椅等。目前装配线的节拍通常为 1～2 min，因此每个工位的线边库都需要保存两分钟内所需的零部件。

汽车装配线是混线装配，每个工位都需要组装两到三个型号（常见的是汽车＋SUV）的汽车，每种型号都有许多规格：座椅颜色、方向盘规格、自动/手动变速箱等。在这种情况下，大部分工位的组件并不多，但是所需的具体规格有很多。要建立线边库，就需要对这些组件规格分类并列表。

完成零部件列表后，应确定线边库中每种零部件的数量，但是在此之前需要进行一些物料补充决策。

2）确定物料补货间隔、上线周期

汽车总装线补料间隔在一定程度上反映了企业的精益管理水平。一般来说，精益水平越高，补货间隔越短。因为频繁的搬运有助于减少生产线库存，所以生产线库存是精益水平的一个重要指标。现在汽车装配线材料上线间隔半小时或一小时的企业较多。

另一个要调查的领域是零件的交货时间，这是从发出材料要求的日期到零件被交付到生产线的响应时间。这个时间与拣料速度、搬运速度、搬运长度等有关，体现了物流管理和规划的水平。

3）确定每种物料的存放数量

不同的物料上线方式，需要采取不同的计算方式。上线方式分别有定时不定量、定量不定时、不定时不定量和定时又定量。

（1）定时不定量补货的线边库存

定时不定量方式类似于班车，这样更容易安排。重点是确定补货间隔，并确定具体的线路巡逻时间或每次补货时间，这就是“定时”的意思。既然“不定量”，那每次补充多少呢？补充那段时间所消耗的数量。看板是汽车工业中常用的工具，有多少看板就加多少。

线边库最高库存＝安全库存＋每小时消耗量×补货间隔

（2）定量不定时补货的线边库存

这是一种传统的库存补货方法，需要计算补货点。这个“再订货点”属于定量不定时中的“定量”。“定量”还有另外一个含义：每次补充的数量是固定的。

再订货点＝安全库存＋本岗位每小时消耗量×物料上线周期

线边库最高库存＝安全库存＋每次补货量

每种零部件都要计算最高库存，因为这与线边料架的容量需求有关。每次补货量与上线运送周期、补货间隔有关。每次补货量要大于上线运送周期内的本岗位消耗量。

由于不定时的关系，所以，到了再订货点，需要有发出指令的方法，如按灯、对讲机等。也有必要有人在等待指示，不可以发生无人相应的情况，因此等待者的工作负荷就不是很均匀，有忙有闲。

相比较而言，定时不定量在管理上比定量不定时来得容易。

（3）不定时不定量补货的线边库存

不定时不定量是针对那些需求数量、需求时间都不固定的物料。这种物料一般采用临时同步上线的方式，不为这类物料设立专门的料架，但要有一定的备用区域，以备不时之需。

（4）定时又定量补货的线边库存

定时又定量是一种推动式补货方式，前面三种补货方式都是拉动式补货方式。定时定量补货策略在遇到生产意外的情况下，缺乏应对方法，所以不建议采用这种方式。

4）设计线边库的料架、容器

根据零件的数量、尺寸和重量设计容器，确定包装标准号(SNP)。供应商提供的包装和物流公司运输包装同样也要在 SNP 倍数的基础上设计，这有助于内部和外部物料包装的转换，从而提高物流运营的效率。

在线边，通常不将放置零部件的容器直接放在车间地上，而是放在线边的料架上。料架是汽车总装线旁每个工位的线边库的主要形式。料架采用平滑或线条架的形式，方便先进先出。架子下方有轮子，可以轻松移动。材料框架的特定形式主要反映在层之间的高度以及零件包装的大小、数量和重量。尽管材料框架的形式不相同，但外部尺寸差距不能太大，否则线边库区域不容易规划，因此要尽量保证材料框架的外部尺寸一致化，同时内部分层高度、隔断距离差异化。

5）确定补货指令传递方式

汽车企业补货指令的交付方式主要有看板、按灯呼叫、订单供应等。首先是最知名的看板，通过拾取看板告知要补件的名称和数量。在工厂取看板通常是定时不定量的方式，专门人员定期巡视生产线，取看板，根据看板的数量补货。

目前，看板提货在汽车总装线上的应用正在减少。它主要用于一般中小型零件，其特点是零件数量多、容易预测需求。

目前通用大件通常采用定量不定时的呼叫方式。到了再订购点，生产线作业人员通过按灯方式发出补货指令，物流人员听到呼叫指令后，根据补货指令将所需物料补充上线。

标准件则一般采用两箱法。由于两箱法也是一种特殊形式的定量不定时补货方式，所以有时也需要设计呼叫形式，但多数情况下并不特意呼叫，只是等定期巡视时被取走，因为剩余的那一箱标准件足可以支撑下一个补货间隔。

针对一些专用的大件，如座椅、轮胎等，通常采用 JIS 同步顺序上线方式。而针对一些专用的中小型零件，如内饰、挡泥板、管件等，一般采用 SPS 成套供应。JIS 和 SPS 都属于顺序供货方式，不占用线边库。

随着按灯呼叫、JIS、SPS 等方式的日益增多，看板的使用呈下降趋势。

6）确定物料上线运输形式

物料上线运输时，一般将物料箱和零件放在小车上。小车是一种轮式物料架，其形式多样，在选择或设计小车时，需要考虑物料特性和物料箱的特性以及牵引等影响因素。小车的运输动力主要有三种形式：人力驱动、电动车辆牵引和 AGV（自动引导车辆）。电动车辆牵引和 AGV 一般可以拉动多辆车。在 AGV 牵引的情况下，需要设置电磁等引导模式，才能使 AGV 按照既定路线自动运输。

线边库的管理很重要，要想管理好线边库，除了关注线边库本身外，物料上线模式的改善同样重要，如 SPS 零部件成套供应就对改善线边库的库存非常重要。

5.3.2 制造物流线边库的布局优化

制造物流线边库的合理布局，可以有效降低物流成本，同时提高生产效率。下面通过对现有仓储方案的比较，引出基于塑料托盘的线边库优化。

塑料托盘具有抗撞击性和耐用性、重量轻以及操作简单、叉车容易进入等特点，给工业生产带来了方便，广泛应用于食品、医药、机械、汽车、烟草和化工等行业。

目前常见的仓储方案有如下几种。

① 托盘货架：货架存放塑料托盘，这是最常见的存储方法。通常以 6 m 以下 3～5 层为宜。货架可根据需要调整组合，施工简单，经济效益好，出入库不受顺序影响，一般叉车均可使用。该方法存取方便、提取效率高，但存储密度低，需要多通道。

② 立体库：采用高层货架储存物料，利用自动控制堆垛机存取作业和信息管理，扩展了仓库的功能，包括物料的接收、分类、分拣、分发、归档等功能，实现了大容量物料存取，在生产物流应用中不断增加，但对仓库空间尺寸要求较高。

③ 穿梭式货架：使用货架来存放塑料托盘。每一层货架之间都有一辆穿梭小车来存取货物。货物通过垂直升降系统运送到操作站进行人工拣选。系统采用模块化设计，节省了传统设计方案中的大量运输线路，能节省空间、满足业务需求，并且可根据需要灵活调整（包括货位数量、工作站数量、仓储空间等）。但穿梭式货架占地面积大，会影响生产线的整体布局和生产能效。

④ 升降库：以托盘为存储单元，通过取货车的提升和水平移动，将用于存放货物的托盘

取出或送至柜内相应的货位。提取车的上下操作采用绝对地址方式，地址识别准确，寻址精度高。水平运动通过感应开关控制，能满足机构运行的要求。升降库运行时，自动优化路线，检测最优存储位置，实现“物到人”的智能化管理。

通过对比现有的四种方案，货架存储塑料托盘的仓储方式，空间利用率低，需要较大的仓储面积，同时，仓储与生产区域的分区，增加了物流成本，降低了生产效率，不利于产能提升。相比之下，升降库方案可以解决生产线周围塑料托盘的进出问题。

物流设备作为一个快速发展的行业，是客户降低成本、提高效率的重要手段。与传统货架和大型立体仓库相比，二者之间的线边库是提高客户产能的关键。线边库如升降库的出现有效补充了这一细分市场。目前，智能仓储正处于不断发展和完善的阶段，基于升降库原理的塑料托盘仓储方案将越来越丰富。

5.3.3　制造物流线边库的库存优化

线边库是生产线所需物料的临时存放区域。根据生产线的需求提供物料，使生产线更加顺畅。如果线边库管理不好，会给企业带来很多问题：①缺货，效率低下的线边库会导致生产线停工；②线边库库存过多会占用企业流动资金，造成资金积压；③掩盖生产管理问题。合理的线边库库存水平，既能保证生产线原材料和零部件的需求，又直接影响采购部门和销售部门的经营活动。为了盘活企业流动资金，加快资金周转速度，在保证供应的前提下，最大限度地减少投入线边库库存管理的成本，可以大大降低企业生产经营的总成本，从而给企业带来更多的利润空间。因此，线边库的有效管理非常重要。

线边库的库存优化过程可以分成四个步骤。

(1) 确定目标

开展线边库的库存优化之前，先确定项目的目标，即明确要解决的问题是什么。线边库库存优化的主要目的是维持生产线线边库库存水平在企业生产要求的合理范围内，不能过高也不能过低。因此，第一阶段要对企业生产线线边库的库存的范围做评估。

(2) 讨论不良结果

在这个阶段，将企业现存问题转化为理论模型，建立现状问题结构树(图5.9)。现状问题结构树是帮助识别约束、发现核心问题的关键步骤。制作现状问题结构树需要以下信息。

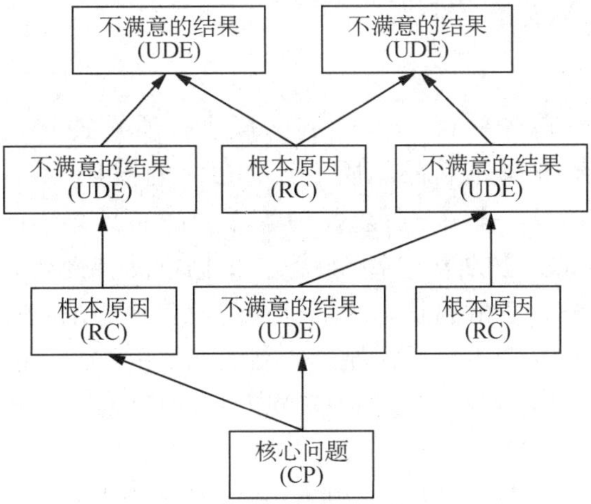

图5.9　现状问题结构树图示

① 不令人满意的结果：通过项目组现场管理，与线边库直接相关人员交流以及项目小组讨论，得出不满意结果。不满意结果也可理解为项目实施过程中的不满意表现。

② 根本原因：根据不满意结果推测根本原因。

③ 核心问题：从根本原因分析出核心问题。70% 以上的根本原因被称为“核心问题”。

在现状问题结构树的建立过程中，列出不满意结果，遵循因果关系“之所以，是因为”来探究不满意结果之间的关系和其产生的原因，并用箭头表示因果关系。

(3) 识别核心问题，确定对立冲突图，制定解决方案

根据第二阶段成果，借助对立消除图识别出核心问题。对立消除图的作用是根据现状图中的核心问题，制定“改变成什么”的解决方案。其原理如图 5.10 所示。D 和 D′是一对对立的行为。D 的对立面记录在 D′中，把实施 D 所能达到的效果填入 B，相应地，把实施 D′所能达到的效果填入 C，把 B 和 C 所要达到的共同目的记录到 A 中。对立消除图的目的在于消除核心问题背后的矛盾。通过分析 D 和 D′，克服存在于对立面背后的问题。最后，制定解决最大约束的方案，制定的方案要将约束环节转化为非约束环节，将约束环节平衡到其他环节。可先在某个试验点试验制定方案，再根据测评结果来优化方案。

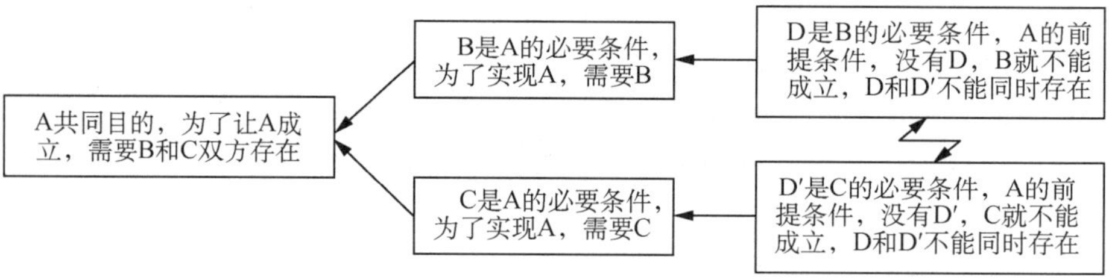

图 5.10 对立消除图图示

(4) 执行解决方案

最后，将上述分析形成的解决方案应用于具体的生产线。

5.4 冷链物流系统

说起冷链物流，就得首先明确一下冷链的概念。所谓冷链，具有两个要点：一个是“冷”，即需要低温的环境，来保证产品品质不致有过大的损耗；另一个是“链”，指的是产品从生产到零售商和消费者这一整个过程，各种各样的产品具有不同的起始点，各种各样的“链”一起形成了网络形式。总的来说，冷链就是“根据物品特性，为保持其品质而采用的从生产到消费的过程中始终处于低温状态的配有专门设备设施的物流网络”。冷链的概念诞生于在物流活动中对一些易产生品质损耗的产品的保护的需求，由于低温会抑制大部分微生物的繁殖与分解作用，所以在物流过程中实现产品的低温运输可以有效减少产品品质损耗，实现一定的经济效益。

冷链物流，就是将冷链的概念应用于物流，将物流环节中的生产、储藏、传输、销售等全

部置于规定的低温环境，使得易腐、生鲜产品或者有特殊保存要求的药品等的品质质量在从生产商到消费者的整个物流过程得到保障，以此提高产品质量、减少产品损耗。

我国是一个农业大国，具有相当大的农产品生产产量，具有较大的冷链物流市场需求。然而，由于冷链物流有着对冷藏冷冻技术的严格要求，对各环节有着较高的组织协调性要求，因此冷链物流系统在建立初期需要较大的投入。我国冷链物流体系起步较晚，技术也相对落后，相关设备的数量也相对缺乏。通过发展冷链物流，可以降低我国农产品的损耗率，在相当大的生产基数下，会产生很高的经济效益；可以提高农产品的质量安全，提高一些偏远地区人民的生活质量；由于巨大的市场需求，建立冷链物流系统后，物流企业也会获得源源不断的物流收入，提高自身的市值和竞争力。总的来说，发展冷链物流对我国具有很大的现实意义。

5.4.1　冷链物流系统组成

冷链物流系统具有以下三个层次的节点：生产层次的节点，包括生产加工基地，生产商冷库等；转运或批发层次的节点，包括冷链物流运输配送中心、冷链物流批发商的冷库等；零售层次的节点，主要包括各零售商的冷柜等。冷链物流产品被生产出来后，首先需要对其进行一定程度的初加工；经过预冷过程，才能进入生产商冷库进行冷藏或冷冻存储；生产商在接到相应产品的订单后，通过冷链运输方式，直接或间接地将产品送至各零售商处。上述流程的流程如图 5.11 所示。

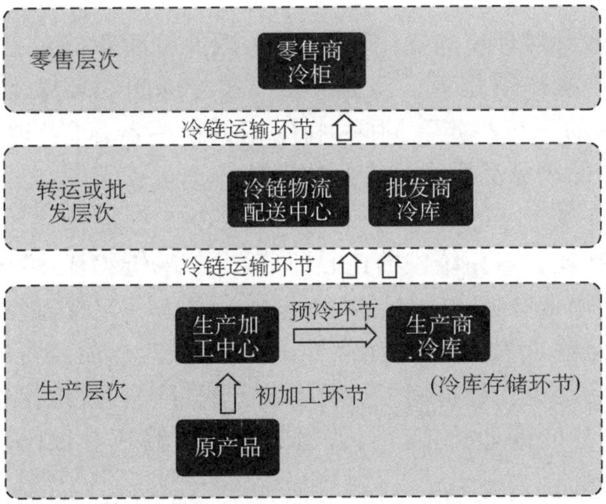

图 5.11　冷链物流系统运作流程图

冷链物流系统在运作过程中，涉及的主要的冷链环节有以下几个部分。

(1) 初加工

为了方便一些冷链物流产品的保存、销售，原产品需要在生产加工中心进行初加工。初加工包括分割、包装、杀菌等种类，会使得产品发生某些物理或者化学变化，进而延长产品的保质期。

(2) 预冷环节

冷链物流产品进入冷库进行冷藏或者冷冻保存前，都需要在专门的冷却间进行预先冷却，让产品从初始温度迅速降至存储温度，以便后续进入冷藏库或者冷冻库存储。这种在产品进入冷藏或冷冻库之前进行的快速冷却或者快速冻结的工序称为预冷。一般来说，用于预冷环节的冷却间或者冻结间的温度都分别要低于存放预冷后产品的冷藏间或冷冻间的温度，这样可以保证产品在进入冷藏间或冷冻间前就已经迅速达到用于存储的温度。

在入库前增加预冷环节的主要目的是延长果蔬等产品的贮藏寿命。经过预冷的果蔬产品可以迅速除去由于产品自身的呼吸作用等原因和环境因素产生的热量，降低产品温度，抑制其呼吸作用或者其他的热量产生机制，减少水分蒸发，减少消耗自身的营养成分；还可以有效抑制产品上各种微生物的繁殖和其他活动，延长产品的保质时间，降低后续存储和运输过程中的产品损耗。另外，还可以在原产品采摘后立即冷却产品，也可以起到相似的效果，延长产品保质期。

（3）冷库存储环节

冷库存储环节是对经过预冷的冷链物流产品进行较长期存储的环节，是冷链物流系统的重要环节之一。冷库存储环节一般都在冷库的冷藏间或者冷却间内进行，依靠温控设备创造合适的温度及湿度环境，保障冷链物流产品的品质和性能，延缓产品的变质过程，降低产品在整个冷链物流流程中的损耗。

冷库存储需要利用冷库及其提供的相关设备和工具，包括但不限于制冷设备，各类货架、托盘、耐低温 AGV 等结构和搬运工具及设备，各类温湿度感知系统和冷库信息管理系统等。与传统物流仓储类似，冷库存储也需要对货物的堆垛及存放过程及相关结构和单元的尺寸等进行规范。

冷链物流产品一般都对环境的变化较为敏感，因此冷库存储对相关设备和流程的设计具有较高的要求。预冷操作就是为了保证冷藏间及冷冻间的环境不会因货物的进出产生较大的变化，保障冷库的环境稳定。同时，利用相关传感器，可以动态调整制冷设备的工作，使得冷库存储环节的产品品质得到良好的保护。

（4）冷链运输环节

冷链运输环节是冷链物流系统中的核心环节，也是冷链物流中的重点和难点所在。总的来说，冷链运输是使用带有特定冷藏或冷冻设备及具备一定保温性能的运输工具来运输产品的环节。在整个运输过程中，产品始终处于低温状态，产品自身的呼吸作用得到抑制，微生物的繁衍和其他活动也受到抑制。这种运输方式可以有效地保持产品的外观、品质和营养价值，从而保证产品的商业价值。与普通的物流运输环节相比，冷链物流系统的冷链运输环节具有以下特点。

① 用于运输的产品受温度影响品质变化较快，常温下不易长期存储，或低温情况下可大大延长其保质期，包括水产品、肉禽产品、一部分果蔬、花卉产品及医药领域的部分试剂和药品。

② 运输工具上具有制冷设备和经过保温设计的低温空间，可以实现制冷和维持低温环境的功能，以保证运输货物的品质。

③ 对货物装卸和接驳具有速度要求，防止在产品因为离开低温环境后因温度上升而引起品质衰变，导致冷链物流过程中的损耗。

常见的冷链运输方式包括公路冷链运输、铁路冷链运输、水路冷链运输、航空冷链运输以及上述若干种方式相结合而成的多式联运冷链运输。

公路冷链运输主要采用机动车作为冷链运输的运输工具。公路运输的主要特点是灵活、机动性和连续性较好，速度相对较快，可靠性较高，颠簸较小，对产品损伤较小。在短途的运输任务中，公路冷链运输可以充分发挥其优势，实现"门到门"的运输，装卸时间也较短。如果运输距离较长，公路运输就会受到车辆性能和成本等因素的制约，物流效率和效益都会有所折扣。相较于其他运输方式，公路运输的设备（如冷藏汽车）具有较低的成本，因此在我国具有最广的市场覆盖面。

铁路冷链运输采用火车作为冷链运输的运输工具。铁路冷链运输的主要优势是对于远距离大批量货物的运输运输成本较低。虽然不像公路冷链运输一样可以实现"门到门"的运输，但是可以到达绝大多数的城市，在远距离、非紧迫的运输任务上具有较大优势。铁路冷链运输一般都是按照一定的时间表进行，灵活性不高，且装卸过程较为费时，所以可能需要采取其他措施解决装卸或等待过程的品质衰败问题。

水路冷链运输采用货轮作为冷链运输的运输工具。水路冷链运输能够运输大量的货物，适合进行长距离、低价值的货物运输。可以将产品放在具备制冷功能的集装箱中，这样可以较长时间地存储产品，且无须特别关注装卸过程的产品品质损耗问题。对于跨洋国际冷链产品运输，如欧洲的三文鱼等，水路冷链运输是绝佳的选择。水路运输的主要优势在于运输距离和运输成本，但是会受到港口位置的限制，除非起始地和目的地都具有可以装卸货物的港口，否则需要利用其他冷链运输方式进行转运。

航空冷链运输主要采用飞机作为冷链运输的运输工具。航空运输的最大优势就是运输速度快，对于高价的易腐烂变质的产品几乎是唯一选择。但是航空运输的成本极高，且易受天气影响，可靠性较低。

5.4.2 冷链物流装备技术

冷链物流的初加工、预冷、冷库存储以及冷链运输四个环节都需要相应的设备来实现其环节所需实现的功能。对于每一个环节，都需要在较低温的环境下进行，因此需要一定的制冷设备。对于不同的环节和不同的冷链产品，对环境温度及温度波动都有一定的要求。对于一些产品的初加工环节，就已经开始有低温的加工温度要求了。在预冷环节，产品需要以较快的速度达到其冷藏或冷冻温度，所以需要比冷库的冷藏或冷冻间更低的环境温度。在冷链运输与存储环节，一方面存在着对存储运输环境中温度的要求，另一方面还有对普通物流过程中的各个要素功能的需求，如装卸、接驳等。工作在低温环境下的物流设备，相较于常规情况下都具有一些额外的要求。根据冷链物流装备技术应用的环节，本节将介绍包装技术、存储设备与设施、冷藏工具、装卸搬运接驳用设备等装备技术，对于不同的运输方式，如公路运输、铁路运输、航空运输、水路运输等，也将简要介绍其中利用到的装备技术。

1. 包装技术

冷链物流产品的质量变化除了受到环境温度的影响，还与其接触的气体环境、自身的结构完整度等相关。包装可以将产品周围环境进行一定程度的隔离，可以从物理上将产品与外界隔离开，使得整体具有较好的力学性能，可以减少后续存储、运输过程中的堆叠、搬运等过程对产品本身结构的损耗；可以控制气体环境，控制与产品直接接触的氧气或水蒸气等气体的浓度；还可以起到一定的保温作用，使得在一些常温环节中产品温度不致有太大的上升。冷链物流产品的包装主要分为内包装和外包装两个部分。

内包装主要为产品提供一个良好的内环境，将气体、水分等隔离开来。常用的内包装方法有塑料薄膜包装、保鲜纸包装以及活性包装三种。

塑料薄膜包装主要利用塑料高分子材料或者具有特定气体通过能力的薄膜将产品包装起来。一般生鲜食品采用的是塑料高分子材料，将内外气体环境几乎完全隔离开来，抑制内环境中微生物的呼吸和繁殖。对于一些果蔬类产品，采用具有一定通透性的薄膜，一方面保证果蔬基本的呼吸作用，保证其活性；另一方面可以通过一些醇类等对产品品质有负面作用的气体，防止因气体累积而降低产品品质。

保鲜纸主要指的是经过特定化学方法处理后的纸张。保鲜纸包装方式是在纸张和生鲜之间形成一个特殊的环境，依靠纸张上的化学成分影响产品的呼吸作用和产品上微生物的生存，从而达到保鲜的效果。

活性包装指的是以包装材料为载体，通过释放挥发性的腐蚀抑制剂、抗氧化剂、抗菌剂及酶等活性物质，抑制微生物的生长，上述物质的释放速率经过一定的手段得到控制后，可以有效地延长产品的保质期。总的来说，内包装主要通过对产品环境的保护实现产品保质期的延长。

外包装主要为产品提供支撑和保护，防止因外界挤压等造成产品内部结构的变化，进而影响保鲜。外包装方式主要有普通的纸箱包装和保温箱包装等。

纸箱包装可以抵抗一定程度的外界压力与冲击，可以有效地保护内部产品的物理特性。普通的纸箱造价便宜，但不具备隔热、气调等功能。近年来，一些集成了新功能的纸箱在冷链物流运输过程中得到了应用。通过在纸板中嵌入塑料、二氧化硅等材料，可以使得纸箱具备一定的保温或者保湿功能，甚至在一定程度上可以调节箱内气体成分，在支撑的同时保证内部产品的质量。

保温运输箱相对纸箱具备更好的保温性能，可以在较长时间内保持内部环境的低温状态。保温运输箱一般采用绝热板作为材料，具备较为严格的制造要求，因此也具有较高的制造和维护成本。如今，随着信息技术的普及，一些保温运输箱内部也预先安装了传感器和其他信息设备，可以通过读取传感器的数据来获得箱内的实时温度情况，或者在不开箱的情况下获得箱内产品的相关信息，有助于实现物流过程的信息化。

2. *存储设备与设施*

在冷链物流系统中，冷库是主要的存储设施，冷库存储是冷链物流产品在进入配送和运输流程前保障品质的关键环节。冷库主要为产品提供恒定的低温环境，使得各类产品能够在其适合的贮藏温度下较为长期地储存。有的冷库也具有产品入库前的预冷功能。

冷库主要由以下四个部分组成：制冷设备、控制系统、隔热库房以及其他功能房间。

制冷设备用于承担整个冷库的制冷任务，包括制冷压缩机、冷凝器等，通过制冷剂的气化吸收制冷房间内的热量，再通过压缩机使制冷剂液化，如此循环往复来将热量转移到冷库外，保证冷库内的低温环境。

控制系统主要用于实现对冷库内各制冷设备以及其他辅助设备的控制。一方面，通过温度传感器，可以实时监控冷库内各部分的温度，在达到设定阈值时开始或停止制冷；另一方面，监测整个冷库内的设备工作情况，一旦有设备出现故障或者整个冷库的供电出现问题，控制系统都能及时发出警告并采取一定措施，避免事故的发生。

隔热库房是冷库的主体，不同的房间具备不同的功能，例如，冷却间和冻结间用于对进库的产品进行预冷操作；冷藏间和冷冻间用于保存产品等。与一般的建筑物相比，冷库的房间需要具备一定的隔热性能，便于制造和维持低温环境。

其他功能房间主要是为了在冷库中实现相应的物流过程而设立。例如，电梯间用于库内的垂直运输；冷库站台用于装卸货物；穿堂用于在库内各房间之间搬运产品等。

一些冷链物流系统的存储仓库也具有传统物流仓库所具有的自动化立体系统，具备自动化立体存储功能。但是，与传统的自动化立体系统相比，冷链物流的自动化立体系统的货架对材质、载荷以及跨度等均有特殊要求，系统中的自动化设备，如 AGV，均有在低温下可以正常工作的特殊要求。

3. 冷藏工具

冷藏工具主要包括具备冷藏或者冷冻功能的冷藏汽车等设备。冷藏工具主要是在冷链物流的运输过程为冷链物流产品提供低温环境。以冷藏汽车为例，按照车厢内温度划分，可以分为 A 类、B 类、C 类、D 类、E 类和 F 类冷藏汽车，其厢内温度从零上 12℃一直到零下 20℃；根据制冷方式，可以分为机械式冷藏汽车、蓄冷板冷藏汽车、液氮冷藏汽车等；按照其大小可以分为微型冷藏汽车、轻型冷藏汽车、中型冷藏汽车、大型冷藏汽车；按照车厢的型式可以分为面包式冷藏汽车、箱式冷藏汽车和半挂式冷藏汽车等。图 5.12 是一个 F 类箱式冷藏汽车。

图 5.12 冷藏汽车

冷藏车主要由汽车底盘、隔热厢体、制冷机组、车厢内温度感知设备等组成，对于不同的产品，或者有其他运输需求的情况，冷藏或冷冻车厢内可能会有不同的附加结构，如肉钩、拦腰、导轨、通风槽等。冷藏汽车的底盘主要用于承载和固定上部的厢体。冷藏汽车的厢体需要具备隔热的功能，减少运输过程制冷设备的能量损耗。对于机械式冷藏汽车来说，制冷机组是提供低温环境的主要降温设备，大部分置于车厢外，也有部分微型冷藏汽车的制冷机组位于箱内。对于液氮或者蓄冷板式冷藏汽车，液氮或蓄冷板会代替制冷机组的功能。车厢内温度感知系统主要用于反馈厢内温度信息，维持厢内温度的稳定。

对于冷藏汽车的降温方式，这里简要介绍液氮式、蓄冷板式和机械式冷藏汽车的制冷原理和使用场景。液氮式冷藏汽车主要通过喷嘴喷出的液氮升华吸热来降温，利用温度控制器，通过控制阀门的开闭来实现对厢内温度的控制。液氮冷藏车制冷设备结构简单，但货物运输途中不易进行液氮补给，所以长途运输需要携带大型的液氮罐，会占用大量的空间，成本较高，故较适合短途运输。蓄冷板冷藏车是利用事先在冷库中预冷冻结的蓄冷板，移植到冷藏汽车车厢中后，利用蓄冷板中的共晶冰融化吸收热量，从而达到降温的效果。由于不需要制冷设备和温度控制装置，在短途运输时可以有效地节约成本，但由于依赖蓄冷板制冷，制冷量有限，不适用于长距离运输冻结食品。机械式冷藏汽车主要利用制冷压缩机等制冷设备来实现制冷功能，但利用机械制冷具有较高的设备成本，在短距离运输中成本较高，而机械设备制冷可以实现无限量的制冷，相较于液氮式和蓄冷板式的冷藏汽车，更适合长距离运输。

除了冷藏汽车，对应于铁路运输、航空运输等运输方式，也有类似的装备和设备，如火车的冷藏车厢等。由于其在原理上具有共性，这里不再赘述。

4. 装卸搬运接驳用设备

冷链物流系统中产品在冷库和冷藏汽车等运输工具之间，需要经过月台这一装卸接驳场所，如图 5.13 所示。产品置于物流容器中，通过叉车等搬运设备进行搬运，经过分拣设备分拣后，最终存储到不同的冷库或者冷链物流运输工具中。月台有封闭式和非封闭式两种，相较于非封闭式月台，封闭式月台通过与室外分隔开，减少了与室外的热交换，能够较好地保持月台和冷库内穿堂的温度和湿度环境，达到节能和增效的效果。月台设备主要包括月台门罩、月台调节板、防撞设施和车辆尾门机坑，月台门罩在关闭时保持月台的封闭性，有车辆进入时再开启，来装卸冷链物流产品，如图 5.14 所示。月台调节板、防撞设施和车辆尾门机坑等为车辆的进出以及货物的装卸提供了便利。

图 5.13　月台

图 5.14　月台门罩

冷链物流的物流容器主要包括物流箱、托盘等，是与冷链物流产品直接接触的器皿，根据产品不同有不同材质、性能要求。一些冷链物流产品中内置有各类传感设备，用于感知物流过程中容器内的环境参数，监测产品的品质。

冷链物流的搬运设备主要包括各种叉车和托盘车，以及自动仓库内的堆垛机等。除此之外，在具有较高程度的冷链物流仓库中，还具有皮带式或滚轮式的流水线，配合具有远程操作功能或者自动运行功能的其他搬运设备，实现自动化搬运存储。与传统的搬运设备相比，冷链物流的搬运设备都必须是耐低温的专用型设备，来克服低温工作环境可能带来的问题。

冷链物流的分拣设备主要用于对入库或出库的产品进行分拣，使其正确地存储到相应的冷库或派送到相应的冷链物流运输工具中。分拣设备的主要形式是自动分拣机、电子标签拣货系统、拣选系统等。和前面的设备相同，这些在低温环境下工作的设备都有额外的低温环境适应要求。

5. 冷链物流运输方式

目前，冷链物流一共有四种运输方式，分别是公路冷链运输、铁路冷链运输、水路冷链运输以及航空冷链运输。与其他传统的运输方式一样，这四种冷链运输方式在时间、空间、成本等方面有不同的特点及优势，在实际的物流过程中应该根据物流的需求和目的地距离等要素灵活地选取运输方式，以实现效益和物流效果的最优化。

（1）公路冷链运输

说到公路冷链运输，就不得不提到公路运输。作为目前应用最为广泛、应用场景最为丰富的运输方式，公路运输具有机动、灵活以及连续性好等特点，比较适合运输中途或者短途的货物；公路运输在中短途具有较快的运输速度和较高的可靠性，装卸、运输过程中对物流产品损伤较小。公路运输具有其他运输方式都不具备的连续性好的特点，不会受限于铁轨、车站、机场或者港口这样的运输媒介或枢纽的限制，可以实现所谓"门到门"的运输。公路运输的上述特点使得它特别适合用于配送中短距离、任意价值的产品。公路运输不仅可以进行直达运输，也可以作为其他几种运输方式的转运和接驳工具。由于在装卸过程中对产品的损伤较小，公路运输很适合运输价值较高、较易因物理原因损坏的物流产品。总而言之，公路运输在物流运输中起着运输骨干的重要作用。

正因为公路运输的上述种种特点与优势，公路冷链运输是目前冷链运输方式中最为普遍、最为常见的运输方式。用于公路冷链运输的运输设备主要有以下两种：一种是具备制冷设备的冷藏汽车，另一种是仅用隔热材料保持车厢内低温环境的保冷车。在中长途运输过程中，一般采用机械制冷设备进行制冷，从质量、所占空间和所需费用的角度来看，采用机械制冷都是最佳的选择。在短途的运输场景下，采用干冰和液氮制冷更为常见，因为对冷藏汽车的要求较低，且不需要汽车消耗自身能源用于制冷。对于没有制冷设备，仅通过隔热材料来使车厢保持在低温条件的保冷车来说，车厢车壁的气密性良好，保温性能也很好，热量负载主要来自开关门过程中的空气渗透和热量耗散。如果运输过程中不开门，在运输的产品经过一定程度的预冷后，可以使得产品在一段时间内的温度保持在一个较低的水平，从而以最低的运输成本实现较好的运输效果。但是对于需要冷冻运输（温度在−18℃及以下）的产品，保冷车仅具有数个小时的保冷效果，只能用于运输即将销售、不再储藏的产品。

（2）铁路冷链运输

铁路冷链运输需要依赖铁路运输系统。铁路运输相对于其他运输方式的主要优势是可以以一个相对较低的运输成本长距离地运输大批量的货物。铁路运输具备仅次于公路运输的连续性优势，只要铁路线能够到达的地区，都可以通过铁路将货物运输到该地区，不需要像水路运输、航空运输考虑水路和航线的影响，可以克服一定程度的恶劣环境，具有可靠性。我国铁路的覆盖面积极大，因此铁路运输的使用也很普遍。而且，得益于国际铁路的修建，铁路运输在国际运输中也占据着相当大的市场份额。铁路运输覆盖面广、适应性强，而且可以全天候不间断运输，具备较高的连续性、可靠性和安全性。但是，铁路运输的灵活性受到铁轨、铁路站点枢纽等的限制。铁路运输一般是按照固定的时间表运营，运行频率相对公路运输而言较低，不易于实现较为紧急的运输任务。

执行铁路运输任务的一般都是具有良好隔热性能的冷藏列车。冷藏列车有机械保温冷藏列车和冰保温冷藏列车两种。机械保温冷藏列车与冷藏汽车类似，都是通过车厢里的机械制冷设备来保证列车车厢的低温环境的，可以实现温度要求在零下18℃以下的冷冻运输任务。而冰保温冷藏列车主要通过在车厢两端或者车顶放置加了盐的冰来保持列车内的低温环境，可以实现温度要求在零下8℃以上的冷藏运输任务。利用铁路冷链运输可以采用冷链运输专用的运输箱，来减少在转运和接驳过程中环境温度上升对冷链物流产品造成的品质降低问题。

（3）水路冷链运输

水路运输是水路冷链运输的基础。水路运输的主要载体是船只或渡轮。在国际货物运输中，跨洋水路运输是主要的运输方式。水路运输的主要优势是能够运输超大规模的货物，适合进行长距离、低价值、高密度、便于机械设备搬运的货物运输，如谷物、铁矿石、煤炭、石油等。在大规模、超远距离（跨洲）的情况下，水路运输具有最低的运输成本，这也是水路运输最大的优势所在。但是，在海上航行难免会有风浪，且会受到港口位置的影响，因此水路运输的可靠性、连续性较差。除非起始运输地和目的地都接近河流或海洋，否则必须转由铁路或公路继续运输。水路运输主要应用在远洋运输上，可以通过集装箱进行高效、方便的运输。

水路冷链运输的主要运输工具为冷藏船和冷藏集装箱。冷藏船主要通过制冷设备的制冷来保证船舱内的低温环境，再利用具有隔热功能的船舱减少外界热能的进入。冷藏船对船只具有较高要求，目前已经逐渐被冷藏集装箱所代替。冷藏集装箱一般具有较为优良的保温隔热性能，能在一定时间内保护预冷货物而无须额外制冷。但是如果具有较高的温度要求，如具有冷冻要求的货物，就需要采用装在冷藏集装箱内的制冷机组制冷，来保证冷藏集装箱内的温度符合货物的存储要求。冷藏集装箱一般采用机械制冷的制冷方式，或者采用液体二氧化碳或液氮在等待装货时制冷，直接向箱内注入液氮和液态二氧化碳还可以降低集装箱内氧气浓度，防止货物氧化。

（4）航空冷链运输

飞机是现代交通工具中速度最快的。航空运输的最大优势就是运输速度快，这也是中远距离运输时利用航空运输方式进行冷链物流的最大优势。对于那些价格昂贵、有极大的时效性要求的冷链物流产品，如生鲜山珍海味、特种水产、跨国的名贵花卉等，经常采用航空冷链运输方式。航空冷链运输的运输成本极高，而且航空运输只能在机场和机场之间完成，需要配合其他运输方式来进出机场到达目的地，无形中增加了许多运输成本，所以只适用于价格昂贵、保鲜期较短的冷链物流产品的运输，应用范围较窄。

航空冷链运输主要通过装卸冷藏集装箱进行，相较于水路运输所用的大型集装箱，由于航空运输对运输货物总重量的限制，航空冷链运输往往采用小尺寸集装箱，甚至是仅仅具备保温功能的保温箱，一方面减少装卸过程中可能遇到的困难，另一方面可以提高机舱的利用率。由于飞机上可以提供的能源有限，制冷能力有限，难以向冷藏集装箱提供电源或制冷源，所以空运冷藏集装箱的制冷一般靠液氮或者干冰这样以较少重量提供较高制冷量的制冷剂。在航程不是很远、运输时间不是很长、产品对于环境温度变化不是特别敏感的运输场景下，也可以对货物预冷后，在不使用制冷剂的情况下进行保冷运输。

5.4.3 冷链物流信息化技术

随着冷链物流相关技术的发展，冷链物流市场中易腐货物的需求量和运输量逐年增加，冷链物流产业也在不断壮大。除了对冷链物流中各环节中所需要的技术进行升级以外，对冷链物流系统中产品信息的需求也不断地增加。冷链物流的客户希望了解其购买的冷链物流产品的来源、存储温度、运输及存储时长等信息，冷链物流的管理者则需要了解冷链物流产品的一些环境参数、产品经历的物流环节等信息来监控冷链物流系统的正常运行，同时在末端发现问题时能够及时追溯问题来源，便于实现对当前冷链物流系统的优化。

因此，需要一个冷链物流信息管理系统，来对冷链物流过程中的信息进行管理、存储、汇总、分析，从而得到从产品供应商到消费者之间所有环节的相关信息，为消费者、经营者、监管者提供支持。在物流层面，冷链物流信息管理技术需要对仓储信息、运输信息及配送信息等进行管理，达到覆盖产品整个物流过程的效果；在产品层面，则需要对产品运输温度、湿度等信息进行获取，实现对产品品质的预测。

5.4.3.1　物联网与信息采集设备

在传统的冷链物流中，信息采集通常是通过条码技术与记录仪实现。但随着物联网技术的迅猛发展，数据采集技术在冷链物流中也得到了更广泛的应用。

物联网(Internet of Things, IoT)是在互联网、移动通信网等通信网络的基础上，利用具有感知、通信与计算能力的智能物体自动获取物理世界的各种信息，将所有能够独立寻址的物理对象互联起来，实现全面感知、可靠传输、智能处理，构建人与物、物与物互联的智能信息服务系统。在物联网系统中，各类具有感知能力的设备被安装到物体上，被测物体的状态信息被实时地采集，而后这些信息通过通信网络实现交互，并完成智能化处理，从而完成对被测对象的控制与管理。其四大核心技术包括了 RFID 技术、条码技术、通信技术和遥感技术。

物联网技术能够实现对冷链物流的实时状态进行采集、传输与处理，包括温度、湿度、各类气体的浓度等。物联网技术的数据采集时效性好，并且透明化且能够实现智能化处理，确保冷链物流全程监控并且可追溯。

气体检测是冷链物流中重要的检测内容，目前国内外关于气体的检测传感器有很多种，被广泛地应用于各个领域。然而受各自敏感元件及测试方法的限制，传感器都有各自的优缺点和适用范围。常用的气体检测传感器包括以下几种。

① 电化学传感器。其作用原理是通过电解质溶液以及插入其中的一对电极构成的电解电池，而这一对电极与外界电路相连。若气体于电极发生反应，产生的电子会形成电信号，而电信号的强弱与气体的浓度具有某种函数关系。由此原理可以监测被测气体的浓度，该传感器具有较好的可靠性和选择性，但是寿命较短。

② 催化燃烧式传感器。通过催化介质，使得被测气体在较低的温度下燃烧，产生的热量改变传感器中的电阻阻值，从而产生电信号的变化，以此监测出气体的浓度。该传感器可以监测任何可以燃烧的气体，且响应速度快，但是应用场景相对局限，且具有爆炸的危险。

③ 固态传感器。固态传感器的核心元件是金属氧化物，当被测气体出现时，金属氧化物发生反应并且自身的传导性能发生变化，从而引起电信号的变化。这种传感器具有成本低、快速响应的特点，但是容易受环境影响，稳定性偏差。

④ 光电离传感器。该传感器主要应用于有机挥发性气体的检测，通过真空紫外线灯使得气体分子被电离，形成离子和电子，并且通过电场的作用产生电流，通过检测电流的大小以获得气体浓度的大小。该类型传感器灵敏度高、能快速响应，但仅限于有机挥发性物质。

⑤ 红外传感器。很多气体可以吸收特定波长的红外光，其被吸收的能量与气体的浓度符合朗伯-比尔定律，由此，可以通过发出光与反射光的变化量检测测得气体浓度。

5.4.3.2　物流信息追溯系统

物流信息追溯系统是指一个能够连接产品、产地、检验、监管和消费各个环节的系统，使生产者、消费者和监管者获悉产品的生产和流通过程。若产品出现问题，该系统确保能够溯源到问题点，并且针对该问题对问题产品以及作业过程进行有效处理，从而保障消费者的权益并且提高企业的产品质量。

构建物流信息追溯系统主要涉及信息追溯制度、信息追溯设备、信息追溯软件、物流信息采集、物流信息发布和使用这五个层面。

① 信息追溯制度。构建物流信息追溯系统的基础是物流管理制度，制度对参与物流的各个利益主体的行为进行了约束，并对各主体所需要提供的信息以及信息获取权限、获取方式做出了规定。在此基础上有序地进行物流信息追溯。

② 信息追溯设备。信息追溯设备主要指的是物流系统中的物流信息设备，是构建物流信息追溯体系的硬件基础。

③ 信息追溯软件。信息追溯软件是追溯系统中的软件基础。该软件根据物流管理制度从信息的角度对整个物流体系进行分析，基于信息追溯设备采集的信息分析产品出现问题的原因所在。信息追溯软件将各个渠道获取的数据进行汇总分析与计算，最终实现信息追溯。

④ 物流信息采集。物流信息采集是物流追溯体系中的核心环节，通过信息追溯设备和各类渠道采集物流的实时状态并通过信息追溯软件完成传递、存储与分析。

⑤ 信息发布和使用。信息发布和使用是构建物流信息追溯体系的最后一步。物流信息经过硬件采集、传输和系统分析处理后，形成了覆盖产品从原料供应到超市销售的完整的信息记录，已经能够满足厂商、顾客等利益主体对信息追溯的需求。

第6章 供 应 链

供应链集成了生产与流通的整个链条，对工业经济的发展起到至关重要的作用。本章从国家供应链、产业供应链、供应链管理、绿色供应链四个角度出发。国家供应链与企业供应链部分简述了中国物流供应链管理战略意义，分析我国企业供应链管理现状，并以发达国家企业供应链为参照，分析企业供应链技术发展趋势。产业供应链部分说明了产业链供应链的关系和发展，并以煤炭产业供应链为范例，分析其我国煤炭产业供应链现状和结构。供应链管理部分则从信息流、实物流、资金流出发，分析供应链的“三流”管理，并说明了“三流”的扩展理论研究。绿色供应链部分则阐述了绿色供应链发展动力和关键要素，并分析绿色供应链构建方案。

6.1 国家供应链与企业供应链

随着时代发展，供应链的范围逐渐扩大，边界逐渐模糊，正在经历重大转型时期。我国的供应链发展情况相比其他国家较为特别，在此关键时期，必须对我国供应链的情况有清楚的认知，对未来的发展方向做出系统的规划，争取打造出符合我国国情、具有中国特色的先进供应链体系。

本节将对我国供应链现状以及其他国家的供应链发展战略进行介绍，通过对不同国家供应链的分析比较，寻找我国供应链目前存在的不足之处，为我国供应链的发展提供方向。

6.1.1 中国物流供应链管理战略意义

中国物流供应链管理具有以下五方面的战略意义。

(1) 创新对现代流通方式

以电子商务为背景环境的流通方式主要有两种，分别是批发(B2B)和零售(B2C/C2C)。B2B是社会商品的主要流通形式，在社会资源配置中发挥着非常大的作用。在有关流通方式的一次次变革中，从业者们一直都在为了自己的贸易关系网更加坚固稳定而努力。

(2) 加速现代生产方式的产生和发展

供应链管理诞生于现代生产方式的发展，相应地，供应链管理水平的提升反过来又推动了现代生产方式的发展。现代生产方式的主要手段是现代信息技术，目标是围绕企业的核心竞争优势，在全球范围内实现系统化的采购、生产和销售。在这样的结构下，现代物流与现代生产方式成功接轨，应运而生的供应链管理也被广泛应用。

(3) 改变现代社会竞争的方式

以往传统生产流通中的竞争主要存在于企业之间，包括同业之间以及供应链中上下游企业之间。这种传统的竞争往往以降价为主要手段，容易破坏生产流通的次序，导致产品的效益下降，甚至可能加速产品的消亡。现代的供应链管理可以将上下游企业整合成战略联盟，将传统竞争转为供应链与供应链的竞争。这种新型竞争的核心是供应链组织、管理的现代化程度的比拼，这可以有效推动整个社会现代化程度的发展与提高。

(4) 促使企业机构和供应链重构

供应链管理不仅涉及管理方法和技术，还包括结构重组这样较为核心的深层问题。要真正实施供应链的管理，在企业内部，要对组织架构和整体的业务流程进行重构，打破传统的"大而全""小而全"的生产流通概念，以核心竞争力的思想为指导；在企业外部，要重构供应链，慎重选择战略联盟伙伴，规范沟通的程序和技术，对风险和利益进行合理预估并做好承担的准备。

(5) 促进现代信息技术的应用

利益主体不同，供应链中各企业的地域分布也较广，所以供应链的管理往往会比企业的管理更为复杂。因此，供应链管理必须采用现代信息技术作为手段。在供应链管理的主要方法(高效消费者回应 ECR、快速反应 QR)中，都运用了如电子数据交换(EDI)、POS 系统、自动补货(CAO)、预先发货通知(ASN)、厂家管理库存(VMI)等信息技术，它们诞生于供应链管理，反过来又促进了供应链管理的发展。

6.1.2　我国企业供应链管理现状分析

在供应链管理产生、发展、成熟的过程中，许多企业为了进步和发展，不断运用供应链管理的相关思想和技术，赢得了巨大的利润。越来越多的企业在企业物流的发展中应用了供应链管理的相关知识。

许多国际上知名的企业，如沃尔玛、IBM、通用汽车等，都把供应链管理应用到企业的经营管理发展中，把企业的经济效益提升到了新的高度，同时也起到了领头羊的作用。随着全球向网络化、信息化发展，供应链管理不断得到应用和拓展，尤其是在信息技术发达的行业中，供应链管理更是起到了举足轻重的作用。

我国企业并不缺乏有关供应链管理发展与创新的理论，缺乏的是对相应技术的支持。早在 2009 年，我国的进出口贸易额就超过了德国，成为世界的"制造中心"，这本应预示着我国制造业的腾飞以及经济的发展，但到现在为止，我国企业的供应链管理就停在了制造这一块。为什么呢? 因为在现阶段国情的背景下，我国的企业经营管理模式还较为传统，供应链管理仅停留在供应商和制造商之间，实际应用的只是供应链管理的一小段，还没有形成从供应商到制造商，再到分销商、零售商，最后到达客户这样一条完整的供应链管理。目前，我国只有少数的大型企业在供应链管理方面有着一定的突破，如中国邮政和中远集团等。

我国的企业的供应链管理总体还处在向前发展的阶段，当然，和沃尔玛等国际先进企业相比，我国企业物流的供应链发展还有很长一段路要走。目前，制约我国企业供应链管理发展的关键依然是相关关键技术。为此，我国企业必须有针对性地对薄弱之处进行攻克研究，让我国企业的供应链管理得到进一步发展。

6.1.3　我国企业供应链发展情况

我国是传统制造大国，制造业及配套的零售、电商等的供应链发展非常具有代表性。

第四次工业革命中,《中国制造 2025》以"创新驱动、转型升级、迈向中高端"为指导核心,逐步推进制造强国的战略。我国未来的企业供应链发展将更多体现在"以智能制造为核心驱动,以智能工厂为着力点,拉动端到端"的供应链协同。

1. 我国企业供应链发展概述

(1) 面向智能制造的供应链

供应链发展是智能制造发展的基础,以有优秀的供应链能力为保证,智能制造才能够保证精益制造、安定制造、有效制造、有效交付,智能制造实际上就是供应链的一个核心环节。我国企业供应链模式从以工厂/产品为中心逐步转变为以消费者为中心,企业的研发模式、信息平台模式、供应链协同模式、计划模式、响应机制和制造批量策略,都在发生革命性的改变。

我国先后出台了《国家智能制造标准体系建设指南》《"十四五"智能制造发展规划》等,持续开展智能制造相关的研发应用和试点示范,基本完成了智能制造的顶层设计。一些大型企业、跨国企业在智能制造和智能工厂方面,对其在中国设立工厂进行了大量的投入和实践,建成了许多"标杆工厂""灯塔工厂""黑灯工厂""透明工厂"等。在世界经济论坛评选出的 44 家"灯塔工厂"中,有 12 家位于中国,位列全球第一。这些"灯塔工厂"引领着第四次工业革命的风暴,使得包括数字化、自动化、高级分析和预见性分析、虚拟现实和增强现实以及工业物联网(IoT)等在内的许多新兴技术得到推广普及。这些企业尤其注重分别从横向和纵向两个方面建立端到端价值链,数字技术已经不仅仅在孤立的单个工厂中得到应用,而是在整个价值链中体现价值,企业的产品上市速度和效率得到极大程度的提高。

在智能制造长足发展的大环境下,不同的行业基于各自行业特有的需求,从不同的维度对供应链核心能力进行个性化发展:汽车、家电、服装等致力于打造以客户需求为核心的大规模个性化定制供应链;工业制品、化工品、日用品等将目光聚焦于提升以订单交付为核心的一体化供应链能力;制造业的主要目标是培育以效率为核心的卓越智能化、数字化制造能力;电气、工业装备则致力于以产品为中心打造卓越的产品生命周期数字化运营。

(2) 智能工厂物流中心化

在供应链环境下,智能物流已经成为智能工厂的关键核心,智能工厂将以智能物流为基础。生产是供应链过程中的一个节点,要在供应链上嵌入一个符合供应链运作需求以及价值导向的工厂;而物流和物流管理将贯穿供应链始末,成为打通端到端协同的有效载体。越来越多的智能工厂在规划时就将智能生产设施融入智能物流系统,使其成为智能物流系统不可缺少的一个环节,从而实现运营中的无缝对接和高效联动,这样的规划也称为"制造工厂物流中心化"。企业智能物流也相应地日趋向供应链方向整合,其中运用的智能化要素也越来越精准、专业。

为了匹配日益发展的个性化需求,智能工厂需要具备大规模定制的能力,传统的固定产线和大规模生产模式已经落后于时代,企业开始思考、构建生产与物流高度结合的柔性化生产线。这种智能工厂既能够满足标准化、大规模生产的需求,也可以完成定制化、小批量生产的需求,将为供应链的有效运营提供最为基础的能力保障。

2. 我国供应链发展基本情况

2020 年 5 月,中国机械工程学会物流工程分会进行了"2020 年制造企业供应链发展调研",调研对象主要有机械行业、电子行业、化工行业、食品行业、汽车及零部件行业等行业的近 500 多家企业。调研结果总结如下。

① 制造类企业对智能物流的重视度和投入逐步增加：63%的企业制定了供应链物流战略；77%的企业成立了专门的计划/物流/供应链部门；67%的企业启用了条码或 RFID；53%的企业设立了包装工程师一职；62%的企业准备了应急物流策略与流程；54%的企业实现了产品的全流程追溯。

② 约 51%的企业使用智能立库、智能搬运、智能分拣和装卸等智能物流设备，仍有近半的企业尚未采用自动化设备(图 6.1)。

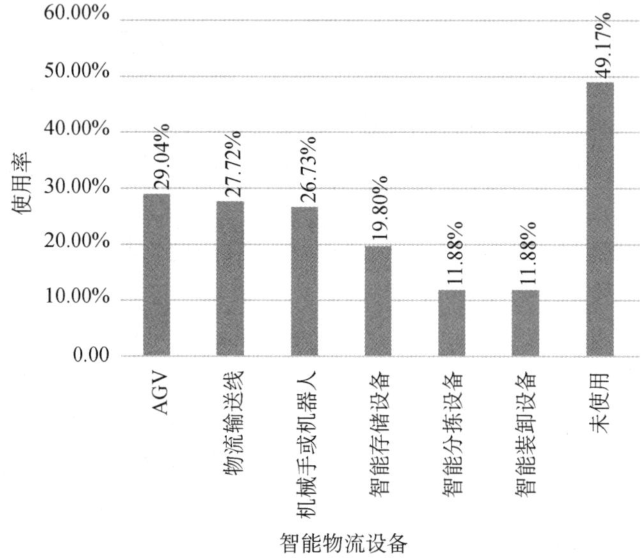

图 6.1　智能物流设备使用情况

③ 在企业的仓储管理、物料采购、物料需求、成品发运、计划编制、生产管理等方面，信息化系统采用较多(图 6.2)，但针对工位配送的信息化应用普及程度较低。

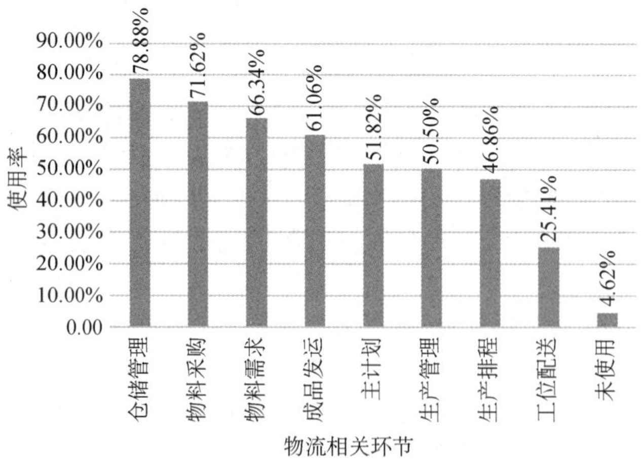

图 6.2　制造企业物流相关的信息化使用情况

④ 供应链管理综合绩效较差，订单承诺的提交期限在 10 天以上的占比达到 47%，总库

存周转天数达到30天以上的占比为44%,物流的综合成本在营业额中占据较高比例。

⑤ 近45%的企业所服务的客户对企业的满意度不足90%,企业无法及时高效地响应客户需求,特别是当客户的需求出现变化时。

⑥ 50%的企业认为供方的准时交付率不达90%,可以看出供应链各环节之间尚未形成行之有效的合作关系,不足以保证实现环环相扣的交付要求。

⑦ 75%的企业选择将运输业务外包、还有42%的企业外包了仓储业务,劳务外包、包装外包及物流设备租赁也被各行业普遍采用,但这些外包服务的提供方仅让64%的企业感到满意,专门服务于制造企业的供应链物流服务能力还较为缺乏。

3. 我国供应链发展的主要挑战

(1) 供应链发展水平参差不齐

目前,我国已经出现了一批在供应链的发展上取得优势的企业,成为各国供应链发展的标杆。但由于我国企业对供应链的重要性认识较晚,不同区域、行业、企业对供应链的认识和重视程度都存在较大的差距。大部分企业对供应链的研究与应用还处在初步阶段,不少企业甚至还没意识到供应链的重要性,没有将供应链的概念融入自身的发展规划中。值得庆幸的是,大多数企业对物流的重视程度在逐步增加,对入厂、存储、包装、配送、运输等方面都非常关注。

(2) 企业供应链管理与协同需要同步提升

相较于智能制造和智能工厂,企业供应链管理与协同的应用情况较差,是许多企业亟待解决的问题之一。根据企业供应链变革需求的问卷调查,许多管理层认为当前最首要的任务是供应链数字化建设、供应链计划协同驱动、全渠道供应链管理、产销协同与S&OP(销售与运营计划)、需求与预测管理、供应链端到端整合等。

(3) 企业供应链发展的主要瓶颈

不同产业、行业、区域存在差异,以及不同企业拥有不同的目标和价值导向,因此我国智能供应链存在的瓶颈也有不同,主要表现为:缺乏系统的智能供应链战略,战略要求不适用于现有的组织导向和绩效设定,对需求的预测管理并不到位,对计划的实际执行力较差,信息化、数字化的程度较低,相关人才极度稀缺。

同时,近年来几个世界大国间的贸易摩擦愈发激烈,以美国为首的发达国家不断对我国建立起技术壁垒,供应链技术的发展和应用也因此受到一定的阻力。

4. 我国国家供应链管理的实施对策

(1) 提高对供应链管理的认识

供应链管理的概念源于沃尔玛引领的美国服装业产业链改革时期,西方国家对供应链的管理始于20世纪七八十年代。供应链管理的思想于20世纪90年代引进我国,经过十几年的发展,东南沿海的大型制造业和流通连锁企业初步形成了成规模的供应链管理概念,但北方,特别是东三省一带的供应链管理意识还非常模糊,也找不到很好的方法来对现代经济的生产流通方式进行改革。在这样的环境下,要想促进我国现代化经济发展,就要引进或自主探索出新兴的供应链管理概念和相关技术,将供应链管理的概念播撒到每个地区,借此优化企业的管理。

(2) 整合我国现有的供应链

实际上,供应链的概念早已存在于中国的制造业和流通业中,问题是如何让各行业认识到供应链的重要性，对供应链进行整合优化，并通过现代信息技术加强对供应链的管理。对供应链的整合，主要是优化业务流程、加强核心业务、外包非核心业务，尤其是在物流方面，将企业内部供应链进行外化，以提高竞争力；同时，还要择优选择供应商和分销商合作，并进行动态管理，使供应链上下游对市场都可以快速反应，从而提高效率和效益。

(3) 加速推广现代信息技术的应用

现代信息技术是现代物流的基础，也是供应链管理的基础。供应链管理的基点是信息共享。要实施供应链管理，就要完成 POS 系统、EOS 系统、数据库系统等多个类型的系统的共享、增加 EDI 和 VMI 在供应链管理中的应用，加速 Internet、Intranet、Extranet 和第三方物流的发展。

现代物流和供应链管理都是在现代经济中诞生并共同发展的新概念。物流促成了供应链的形成，将供应链的各个环节连接在一起，并加速了供应链的优化。供应链的概念随着物流的诞生而产生。在物流的发展中，出现了物流外包的现象，物流外包可以提高核心竞争力、降低成本。物流外包的诞生，促使供应链逐渐向外部供应链转化，由此产生了对供应链的优化问题。这种相互促进的过程最终改变了行业的结构和生产方式。

6.1.4 发达国家企业供应链发展概述

发达国家的消费品、零售和高科技等产业在总产业中占有较大的比重，因此发达国家在总体上更注重供应链的数字化发展和端到端的管理协同，人工智能、数字孪生与仿真、大数据等各项技术也被广泛地应用到供应链各环节的数据采集、感知和决策中。

1. 供应链端到端的数字化建设

许多优秀企业将投资的重点放在构建以客户为中心的端到端供应链上。尤其是在疫情的大环境下，几乎所有行业都遭受了格外严重的打击。而在这种时候，已经在供应链数字化上打好基础的企业，就可以准确地察觉到市场的变化风向，并提前做好准备，在竞争对手因为环境变化而措手不及的时候，先手抢占更多的市场份额。

2. 发达国家供应链发展特征及趋势

20 世纪 90 年代以来，产品模块化程度提升，生产过程分工不断深化，基础设施互联互通水平提升，使得交易成本下降的同时效率也有所提高，不同工序、环节的产品在生产制造中的国际层面的分工获得极大发展。全球供应链正在成为国际产业分工的主导、国际贸易投资的核心载体。供应链分工全球化促使发达国家把产品生产过程中的劳动密集型环节向国外转移，以便集中资源在产品研发、核心零部件的生产服务、销售服务等环节；而发展中国家在供应链中主要承担技术含量相对较低的劳动密集型环节。这种分工格局造就了发达国家在供应链体系中的“高端优势”，也让发达国家通过对关键环节的掌控，取得对供应链的整体控制权。发达国家供应链呈现出以下三个特征。

(1) 控制供应链核心关键环节

从全球供应链分工的演变历史来看，供应链分工和产业转移情况往往指明了一个国家的产业发展方向。发展中国家利用其劳动力成本低廉的优势，通过承接劳动密集型产业参与供应链分工；而发达国家则将产业发展战略的重点聚焦在供应链上，整合全球供应链资源，抢占高端环节，打造优势产业的“微笑曲线”。美、日、英等发达国家在供应链分工体系中，通过对关键技术、关键零部件的垄断生产，迫使发展中国家不得不依赖于发达国家参与供应链分工，以此维持竞争优势。近年来，为增加就业、保证经济稳步增长，许多发达国家开始实施再工业化战略，通过经济、政治手段，将制造业转移至国内，提升关键领域的产业竞争力。

(2) 推动跨国公司主导供应链

跨国公司主导着全球供应链的整合。通过组织协调，跨国公司把公司内部有所关联但相互分离的职能、把公司外部既能共同承担使命而经济相对独立的合作伙伴整合成一个服务于供应链终端的系统，从而对全球资源进行优化配置和利用。发达国家依托跨国公司的资源，凭借其先发优势，把控珍稀能源、关键技术和核心零部件，成为供应链上的“主人翁”，掌控全球市场。根据Gartner2019全球供应链TOP25的报告，总收入120亿美元以上的全球供应链领先企业，12家为美国企业，3家为德国企业，2家为法国企业，剩下的企业分别来自中国、英国、瑞士、瑞典、西班牙、荷兰、丹麦、韩国等。该报告反映了世界各国全球供应链的整合情况，可以看出，目前的全球供应链体系格局基本是以欧美为主导的格局。

(3) 从战略角度关注供应链安全

随着全球供应链的不断发展，越来越多的国家开始争取各种加入全球供应链的机会，期望从中获取经济上甚至政治上的利益，进而获取提升国际地位的可能。不少国家从国家层面制定供应链战略，更具计划地强势加入全球供应链，使得全球供应链格局不断受到冲击。尤其是2008年国际金融危机以来，随着发展中国家和一些新兴经济体的快速发展，发达国家在供应链中的主导地位逐步下降，发达国家为了维护自己的主导地位，对全球供应链的关注焦点逐渐向维护供应链安全转变。

3. *技术应用方面*

一项针对以欧美和跨国企业制造业为主的供应链应用调研中显示，过去两年到未来三年内，被广泛运用并将持续发展的技术有：云计算与存储、传感器与自动识别、库存与物流网络优化、机器人与自动化、可穿戴移动技术、物联网、预测分析、3D打印技术、无人驾驶汽车及无人机、区块链、人工智能，如图6.3所示。其中机器人和自动化、预测分析、物联网、传感器和自动识别、库存和网络优化、无人驾驶和无人机、可穿戴与移动技术等被列为顶级的供应链创新技术，将对未来10年的供应链产生深远的影响，将为企业构建新的竞争优势。

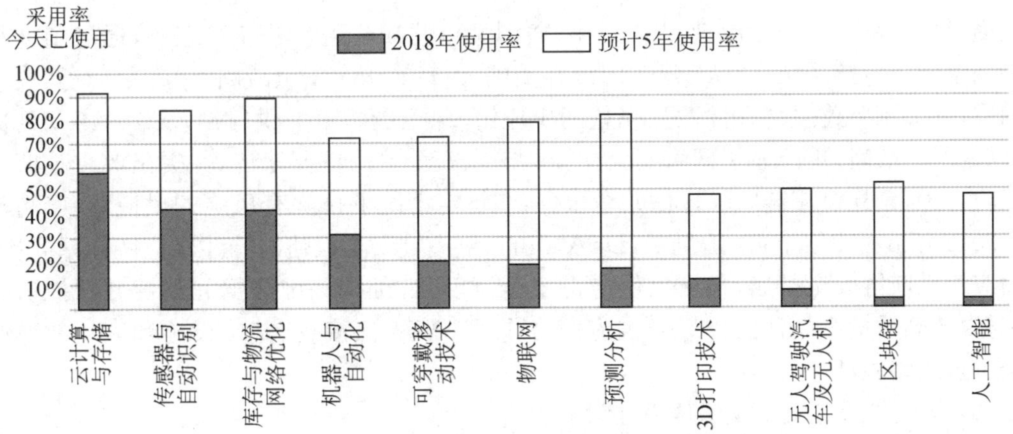

图6.3　发达国家企业供应链技术及采用率调研结果

6.1.5 发达国家供应链国家战略实践

1. 美国：全方位、多维度实施供应链安全战略

美国一直十分重视供应链的安全问题，从国家层面实施供应链安全战略。2005 年以来，美国多次在国家战略中提及供应链安全；2012 年开始，美国供应链战略的侧重点逐步往维护国家安全的方向靠拢，从立法体系、战略框架、组织保障、评估体系等多层面、多维度确保供应链安全战略顺利实施。

（1）建立跨部门供应链安全组织保障体系

为确保供应链安全战略顺利实施，美国明确了各部门在各自领域为维护供应链安全需要承担的职责，同时跨部门组织协调，形成完整的供应链安全组织保障体系。举例来说，美国贸易安全方面的主要负责部门为众议院国土安全委员会、美国商务部、美国海关与边境保护局等。其中，众议院国土安全委员会海洋与边界分会推行了“供应链安全”项目，目标是减少全球供应链局势变化对美国贸易安全的影响；美国海关与边境保护局成立了全球供应链分会，于 2017 年提交了“GTPAT 最佳实践框架”草案，以应对全球供应链局势变化带来的威胁；美国商务部成立了供应链竞争力咨询委员会，为政府提供针对供应链竞争力的政策咨询。国防安全与全球供应链方面的主要负责部门为美国参议院军事委员会、美国国防部、美国国土安全部等。其中，美国参议院军事委员会于 2012 年发布《国防供应链伪冒电子元器件调查》；美国国防部科学委员会(DSB)于 2017 年发布《国防科学委员会网络空间供应链工作组》报告，分析美国国防电子元器件供应链安全方面所面临的严峻形势，并给出相关建议；美国国土安全部(DHS)于 2018 年组建了信息和通信技术供应链风险管理工作组，负责对供应链可能遇到的威胁进行评估和预防，并对美国计算机和通信系统可能遭遇的黑客网络入侵进行防范。

（2）多维度建立国家供应链安全战略体系

美国在国家安全、网络安全战略中均将供应链安全作为重要内容，形成了以供应链安全战略为核心、多方面战略相互支撑的战略体系。2012 年，美国发布的《全球供应链安全国家战略》指出，全球供应链系统是支撑美国经济和国家安全的“至关重要的资产”，同时提出“促进商品的高效和安全运输”和“培养具有弹性的供应链”两大战略目标，标志着美国从国家层面对供应链政策进行规划。2013 年，美国又对此战略进行补充和完善，通过制度和措施加强全球供应链系统。2017 年 12 月，在美国公布的《国家安全战略》中，“供应链”成为重要内容，并提到要建立富有弹性且完整的供应链、保卫国防工业供应链。2018 年 9 月提出的《国家网络战略》更凸显了网络安全在美国国家安全中的重要地位，并提出改进政府供应链风险管理，创建供应链风险评估共享服务，在特定情况下排除有风险的供应商、产品和服务。2019 年 8 月，美国国防后勤局(DLA)发布《供应链安全战略》，构建供应链体系架构，以全面应对供应链安全挑战，并指出供应链安全制度化，维护关键数据完整性并保护访问权限，与生产高质量产品且信誉好的供应商合作，增强系统、流程、基础设施和人员的弹性为四个重点战略领域。

（3）强化供应链安全立法体系建设

美国在《联邦海上运输安全法案》《航空和运输安全法案》《港口安全问责法案》的实施建议中，均写入了确保全球供应链安全的措施。特朗普上任后，在“美国优先”和“让美国再

次伟大”理念指导下，供应链安全问题的关注度明显提高。2018 年 8 月签署的《出口管制改革法案》(ECRA)被称为美国有史以来最严格的出口管制规则，目的在于甄别和管制涉及供应链安全和高技术范畴的出口行为。紧接着美国商务部出台一份针对人工智能、芯片、量子计算、机器人等 14 类关键技术和相关产品的出口管制框架，并向公众征求意见，极力限制供应链关键环节的技术外流。同月，美国出台《2019 年国防授权法案》，强调国家安全问题源于对华为、中兴和卡巴斯基实验室产品的使用，要求美国各政府机关必须依据各自的供应链提出一套执行计划，并对外国投资美国企业提供国家安全评估报告。2019 年出台《外国投资风险评估现代化法案》《联邦采购供应链安全法》等，均提及供应链风险控制和审查的具体要求。美国国防部还宣布将通过《2020 财年国防授权法》公布一份软件供应商黑名单，以强化国防部的工业基础，保护供应链安全。

(4) 注重国家供应链安全政策研究

近年来，美国在实施国家供应链安全战略的过程中，十分重视供应链安全政策研究，各个政府机构均出台一系列供应链安全政策研究报告。2017 年 12 月，特朗普签署了其任期内第一份《国家安全战略报告》，提出要建立健康、安全和有弹性的国防供应链，并维护其完整性。同时，美国出台的多份分析报告都把矛头指向中国，《美国联邦信息通信技术中来自中国供应链的脆弱性分析》报告指出，中国针对美国联邦网络和承包商网络的相关政策增加了美国信息和通信技术产业的供应链风险，也增加了美国国家和经济安全风险；《评估和强化制造与国防工业基础及供应链弹性》报告称，影响美国国防工业基础的主要因素是“竞争对手国家的产业政策”，其中中国“利用非法手段主导产业的全球市场”是“主因”。

(5) 强化供应链风险评估和安全审查

在供应链风险评估方面，2011 年美国成立了全球供应链工作小组，负责开展供应链安全风险评估，并直接向总统做报告和提改善建议；美国国防部、国家安全局等部门还成立了全球供应链风险评估机构；同时，联邦独立评估机构美国政府问责局(GAO)负责全球供应链项目评估，为美国国防部、国会等提供意见和建议。2017 年，GAO 从全球供应链安全的角度，针对美国海关与边境保护局执行“进口商安全申报及承运人附加要求”的情况提出了针对性建议。在供应链安全审查方面，2015 年，美国明确了全球供应链安全审查的具体要求，规定美国财政部、贸易代表办公室、商务部等部门应当依据美国国家标准与技术研究所(NIST)制定的国家标准开展供应链安全风险审查。特朗普上任后，加大了国土安全部、国防部、商务部等部门在供应链管控过程中的地位和作用，极大地强化安全审查制度，设置“玻璃门”的倾向愈演愈烈。

2. 英国：以供应链战略重塑制造业竞争优势

英国是全球现代工业革命的摇篮，拥有一批世界知名的企业。2008 年国际金融危机爆发后，英国为增强自身制造业在全球供应链的地位，英国政府将供应链视为制造业发展必不可少的核心要素，通过对制造业供应链政策的扶持，创造制造业竞争优势。

(1) 将供应链作为制造业核心内容

2013 年，英国政府发布《制造业的未来：英国面临的机遇与挑战》报告，指出全球供应链的波动会对英国制造业的发展产生重大影响，政府应当积极帮助企业应对随之而来的风险。2016 年，英国推出“工业 2050 战略”，将高价值制造业作为重点发展对象，并提出制造业并不是传统意义上的“制造→销售”，而应该是“服务再制造”，同时强调了经济具有开放性。

(2) 制订和实施制造业供应链行动计划

2011 年,英国政府提出"先进制造业供应链倡议",支持范围包括传统产业和可再生能源和低碳技术等新兴领域。2015 年,英国政府发布《加强英国制造业供应链政府和产业行动计划》,证实政府将和整个行业共同行动,从技能、融资渠道、供应链创新、供应链韧性、供应链合作、中小企业能力建设六个领域多方面加强对制造业供应链的扶持,这也标志着英国已将提升制造业供应链竞争力列为国家战略目标。英国还先后发布了《供应链计划指南》《汽车供应链项目指南》等,推动制造业供应链加速发展。

(3) 完善优化制造业供应链政策体系

为优化供应链投融资政策,改善供应链资金流,英国出台了一系列政策。2011 年,英国政府拨出 1.25 亿英镑投入先进制造业供应链的发展中,并要求银行向符合条件的企业提供贷款和融资指南,进一步提升制造业竞争力;同时设立面向中小型企业的专门贷款基金。

为实施供应链创新政策,在流程创新方面,英国政府帮助企业研发新的供应链生产线,加深制造咨询服务企业和制造企业之间的合作交流,推进供应链上下游企业协同;在技术创新方面,加强数字化智能化技术等在供应链不同环节上的应用,用现代信息技术实现供应链上下游企业之间的信息共享;在供应链协作方面,鼓励各行业协会提供平台供应链上下游企业进行信息交流,推动跨行业供应链管理经验和案例的交流、分享。

为完善供应链上下游政策,英国政府加强政府、企业、设备制造商三者间的合作,制定供应链绩效改进方案,促进中小企业发展。

3. 发达国家供应链发展的主要挑战

德勤 MHI 全球供应链创新 2018 调研显示,在发达国家企业的供应链发展中遇到的主要问题如图 6.4 所示,这些问题在全球几个主要的经济体中都普遍存在。顾客要求的个性化和更严格的交付标准是企业供应链最主要的问题,能否通过供应链的发展满足顾客需求,成为企业竞争的关键。同时,劳动力短缺问题也是发达国家企业正面临的重大挑战。

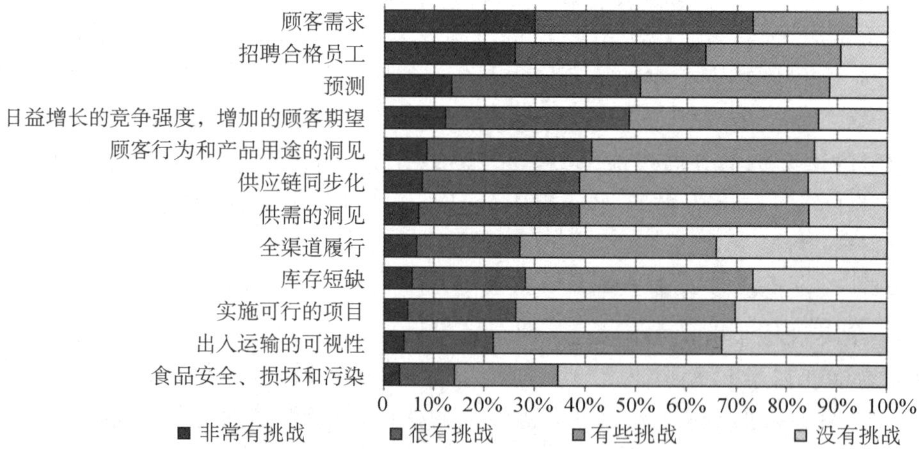

图 6.4 发达国家企业供应链面临的主要挑战

另一个挑战是如何在数字化和持续在线的供应链中确保供应链安全,建立起信誉。尽管发展供应链数字是发达国家发展供应链的共同举措,但永远在线的供应链是一种创新,它可以加快企业交货速度,提高供应链的整体灵活性,优化各环节的产品库存,提高客户满意度。这也相对地增加了网络安全风险。针对企业的网络攻击不仅损害了企业的业绩，同时也波及企业的客户，严重损害了两方的声誉。因此，网络风险成为供应链管理人员考虑的首要问题。

6.1.6 企业供应链技术发展

近年来，以物联网、人工智能、大数据、区块链等新兴技术为首的新一代信息技术出现，呈现出系统性、整体性融合的态势。这些信息技术的诞生与发展也推动了供应链的改进与优化，与此同时，信息技术带来的影响将客户对服务的质量要求推向新的高峰，供应链因而承受了前所未有的重压。为了最大限度地提高供应链的效率，满足客户需求，信息技术在企业供应链中得到了广泛应用。在企业供应链中主要涉及的技术如图 6.5 所示。

图 6.5 企业供应链主要技术明细

在这些技术中，结合技术对供应链的影响程度，总结出促进企业供应链发展的九大关键技术。

1. 人工智能技术

人工智能(Artificial Intelligence，AI)是一门针对人体智能的模拟和延伸进行研究的新兴学科。AI 通过学习，对学习内容归纳总结，从而对人类行为进行模仿，具体表现为可以理解较为复杂的内容，与人类进行正常交流，甚至可以代替人执行非常规的任务工作。

人工智能将供应链自动化的设想变为可能，AI 可以通过学习模仿实现供应链流程的自动化。例如，在需求预测环节，AI 可以辅助人类进行判断决策；在库存优化环节，AI 可以实现自动精准备货，从而缩短交付周期。同时，通过对大数据进行分析，AI 可以识别供应链模式的变化，预测可能发生的事故并拟定相应的解决方案，从而降低供应链的风险。

2. 物联网技术

物联网是利用二维码和射频识别等技术装备，使物体与网络相连，实现物物之间、物人之间的信息交互。将物联网技术运用到供应链中,可以实现信息设施与物流设施的融合统一,最终形成系统一体化的智能设施。

物联网能够让企业实时掌握供应链上发生的事,通过物联网可以实现供应链的可视化,为更高效率的协同打下基础,从而在供应链领域中发挥更大的作用。例如,一些供应链组织对物联网进行试点,尝试将收益量化;运用物联网技术增加零售供应链的可视性,获得对库存状态的实时监控等。

3. 区块链技术

区块链由被所有局域网参与者共同持有的无法撤销的交易记录的扩展列表组成,是将点对点信息传输、算法加密、分布式数据存储等计算机技术进行融合应用的全新模式。区块链中的每条记录都附有一个时间戳和先前的交易的链接。任何拥有访问权限的人都可以根据这些信息查到所有参与者的记录中的所有事件。

2019 年,我国将发展区块链技术纳入国家战略,先后颁布多个政策支持区块链技术的发展,加快区块链技术与产业结合落地,加速实体经济发展进程。2020 年的两会上,区块链作为新基建的一部分受到广泛关注。企业层面,供应链相关管理人员也对区块链展现了极高的兴趣,开始探索区块链应用于供应链的可能性。例如,区块链为解决情况多变的全球供应链一直以来的痛点提供了可能性,区块链技术可以让传统的链式供应链转化为网络化供应链,降低了沟通成本,提高沟通效率,从而加强各环节的协同合作。

4. 大数据技术

大数据是无法在短时间内用常规手段进行采集、存储和处理的数据的集合,需要研发新的处理模式才能将大数据进行利用,是一种新颖、独特的信息资产,其具有数据量大、信息传输速度极快、数据类型多样化、价值密度较低、真实性高等特点。

在供应链的许多环节中都有对大数据技术的应用。通过深度挖掘海量的数据并搭建对应的数据模型,大数据在供应链需求预测、风险预警、运输效率提升、资源评估、库存优化等方向有广阔的应用前景。

5. 工业互联网技术

工业互联网被认为是将工业系统、产业链、价值链连接到一起的枢纽,是支撑工业智能化发展的关键技术,是信息技术与制造业深度融合所形成的新兴业态与应用模式,是互联网从消费领域向生产领域、从虚拟经济向实体经济拓展的核心载体。

工业互联网可将用户、供应商、开发者连接在一起,与供应链深度融合,形成集成化的供应链数字管理系统,为供应链向数字化、网络化转型赋能。基于工业互联网搭建而成的工业互联网平台主要有智能设备、智能系统和智能决策三个核心因素,涉及数据流、智能硬件软件之间的交互。从智能设备和互联网上收集数据,用大数据分析工具进行数据分析和可视化处理,由此生成的“智能信息”可以辅助供应链决策者对供应链上发生的情况进行实时地分析处理。

6. 高级数据处理技术

高级数据处理技术包括对数据的预测和规范性分析。预测性分析是基于对现有数据进行分析识别,并凭此预测未来情景的技术,涉及统计建模、模拟预测和机器学习等技术。规范性分析技术基于实证分析,找出满足既定目标的行动方案,包括优化方法和启发式方法等决策分析方法。

高级数据处理技术对供应链的影响十分重大。预测分析能够方便企业积极有效地抓住未来的机会，避免意外发生或减少意外带来的损失；规范分析可以对供应链的计划、采购和物流等环节的决策提出建议。比如，采用高级分析，对产品未来的需求进行预测，从而提前进行资源的准备；在制造供应链中，采用高级分析，基于提前维护的设备状态数据，提前预测设备的可能故障时间、状况等。

7. 智能工厂物流技术

智能工厂物流技术主要指的是对智能工厂的物流环节中所运用到的理论、设施、设备与工艺的统称，包括物流包装、搬运、存储、拣选以及码垛技术等。技术形态上来说，智能工厂物流技术主要包括物流硬技术和软技术两个模块。物流硬技术指的是物料活动过程中所使用到的机械设备、基础设施及通信网络设备等，像是穿梭车、堆垛机、AGV 等；而物流软技术是指构成高效率物流系统的识别、控制等技术。

随着智能制造工厂浪潮的兴起，相配套的智能工厂物流技术也开始高速发展。物流技术可以减少物流环节中的断点、解决物流痛点，适应不同类型生产模式的具体需求。例如，在零部件供应链中，存储环节采用全自动立体库，配送环节采用 AGV 配送等。

8. 机器人与自动化技术

机器人与自动化技术主要是将机械、电子、计算机通信、自动化、仿生学等多种技术进行融合，使机器人由人为控制转为自动化，去完成一些以往需要人工进行的任务，达到节省人力的效果，进而提高整体效率。机器人一般由三大部分（机械、传感、控制）和六个子系统（驱动、结构、感受、机器与环境交互、人机交互、控制）构成。

随着自动化的智能化、安全性、准确性提高，自动化机器人变得更容易落地实现，价格也更加便宜。在企业供应链各环节中，对机器人与自动化技术的应用更为广泛，使用率逐年增长，例如，在智能工厂中的切割、焊接、装配等环节中，采用机器人与自动化技术来实现操作自动化，可以有效地节省人力，提高效率。

9. 库存与物流网络优化技术

库存与物流网络优化技术主要指的是通过数据分析及算法对供应链中的库存安排及物流运输网络进行优化的技术。从制造业的角度来看，供应链的全通路库存涵盖了原材料库存、在制品库存、成品在途库存、总部成品库存和供应商备货库存等。对物流网络的优化主要是对供应链物流、制造工厂、成品物流等的网络布局进行优化。

库存与物流网络优化技术广泛应用于企业供应链中，在制造和电商供应链中的应用尤其广泛。企业通过物流网络技术，可以进一步对供应链进行空间优化，降低企业运营成本，提高企业利润。例如，在电商供应链中，可以采用库存与物流网络优化技术，通过一系列的数据分析，提前拟定各环节的备货库存物料清单，以实现物流配送的快速性与精确性。

6.1.7 企业供应链技术应用趋势

供应链技术的应用一般具有协同性、融合性等特点，在企业供应链的各环节中有以下应用方向：智能研发、数字化供应网络、物流中心化的智能工厂、供应链计划一体化协同、工业互联网平台以及供应链控制塔等。

1. 智能研发

智能研发是智能供应链的发展中非常重要的环节之一。随着物联网、工业大数据、增强现实等新兴技术不断涌现并被广泛应用,传统的串行研发流程逐渐向适应用户需求改进的智能闭环研发流程发展,进而可以预测用户需求并做出动态调整,同时融入由智能制造衍生的其他新兴技术,形成从用户到用户的闭环研发循环。

智能研发需要以下能力作为支撑:①系统化的多学科协同研发平台;②建立数字化样机以实现仿真驱动的创新;③设立标准化、模块化设计流程,强化系列化产品开发能力;④设计与生产信息的高度集成化、系统化;⑤将增材制造与拓扑优化技术相结合的创新设计研发;⑥虚拟现实及增强现实技术;⑦基于云端的广域协同研发;⑧基于物联网、大数据的闭环产品研发流程。

目前,智能研发在许多机械制造行业,如航天航空业、汽车业等,都已开始得到应用,但要建立模块化、系统化的智能研发体系是一个十分复杂而又耗时漫长的过程。企业除了建立功能齐全的智能研发体系以外,还应采用信息化技术来实现所生产产品生命周期中数据流的自动化,时刻以用户为中心,通过智能研发体系来构建智能互联的产品,并形成闭环完整的系列产品生态圈,将用户的需求与产品研发紧密地联系起来,建立一个可以不断优化的产品研发服务体系。

2. 数字化供应网络

数字化供应网络运用人工智能、预测分析、区块链、云计算等新兴技术,将传统的链式供应链逐步升级呈网状的数字化供应网络,如图 6.6 所示。数字化供应网络能够收集汇总来自多种渠道的数据信息并分析处理,具有迅速敏捷、端到端透明、整体决策、智能优化等优点。

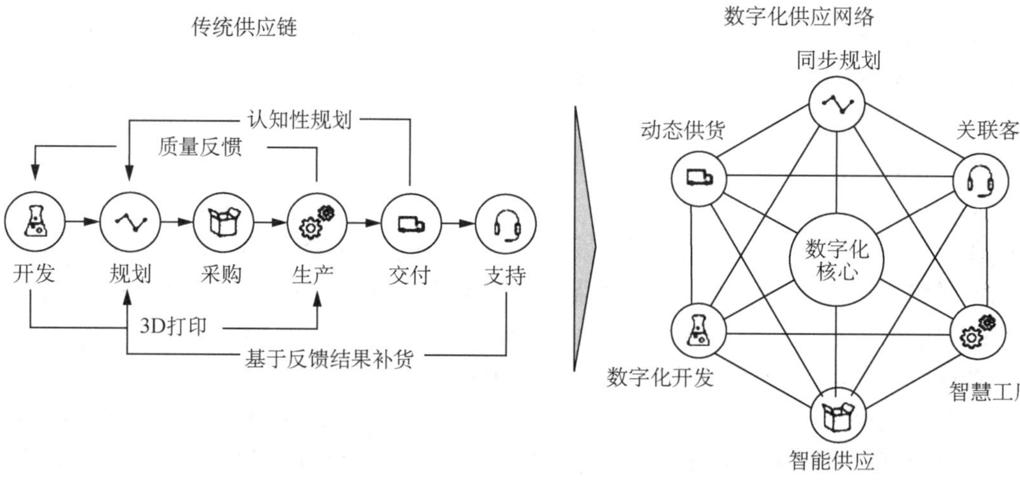

图 6.6　传统供应链向数字化供应网络转型

数字化供应网络相较于传统链式供应链具有很高的灵活度,能够最大程度地提高信息传播效率,以应对市场需求的光速变化。基于数字化供应网络,企业能够与供应链体系内的所有参与者进行数据信息的交换,从而有效协同发展,共同应对市场环境的变化,并从中发现新的价值。举例来说,供应链内相关方能够通过数字化供应网络对单个项目中所产生的数据信息进行实时地处理分析,避免出现因沟通滞后而导致的信息差,影响企业后期供应链战略,同时确保所有参与者能够及时对生产流程进行升级优化。

尽管数字化供应网络潜力优点众多,巨大,但目前来讲仍属于新兴领域。企业要想从传统供应链过渡到数字化供应网络，首先必须要规划好完善详尽的战略愿景，作为后续各环节判断的标准和方针；然后必须要突破传统的线性思维，最大化地发现并利用供应链转型所带来的价值；接着，企业可从细节入手，选择典型项目开展试点，通过试点验证数字化转型策略的合理性，并测算其回报与风险；最后，在试点的基础上，将数字化供应链网络推广到其他项目中。

3. 物流中心化的智能工厂

智能制造得到飞速发展，对应的智能工厂的建设也随之火热起来。智能工厂作为智能供应链交付过程中的关键环节被加入智能供应链的整体系统中，达到了“制造工厂物流中心化”的目标。智能工厂涉及研发、制造、物流、交付等环节，应用的供应链技术包括数字孪生、机器人与自动化等。

智能物流技术作为智能工厂中的关键技术，在近两年得到了广泛应用。根据智研调研整理，自 2010 年开始，自动化物流装备行业的市场规模从 2010 年起一直稳步上升，2017 年的市场规模达到 957 亿元，并于隔年上升到 1 160 亿元，环比增长 21%。在应用方面，通过对生产模式、应用场景、物料特点、产量等分析，针对选取行之有效的物流技术，缓解库存压力，加速物料流动、使得智能工厂能够更加高效地运营。

例如，某化工新材料企业通过将智能物流技术应用到实际的生产、运输环节中，成功建造了物流中心化的智能工厂。首先，原材料购入后进入全自动化的立体库进行存储，自动化立库可以实现对库存的实时监控，在库存较低的时候发出预警，避免因材料短缺造成的停产。原材料通过不落地的运输线从存储区运输到加工区，加工出来的产品由机器人码垛整理后再输送回立体库存储，后续配送给客户验收。立体库作为该智能工厂的核心，完成了物料的智能化调度、全运输过程物料不落地等功能，有效提升了效率，降低了成本。

智能工厂在不同行业中的发展方向也有差异。在离散型企业，如汽车、家电、家居等，智能工厂的发展趋势具有以下特点：汽车行业中，强调精益制造、精益物流，对运营稳定性的要求高，所以智能工厂的发展方向以高系统化、高智能化程度为目标；家电行业中，供应链之间差距较大，尤其是供应商部分，和其他行业相差极大，个性化需求高，智能化还有很大的提升空间；家居行业中，客制化要求极高，导致家居行业供应链较难形成系统化的管理，产品标准化程度整体偏低，制造过程还没有形成完整的体系，较难进行生产方式的改革，智能化程度低；像乳品行业等流程型行业，因为涉及食品安全问题，要求各环节必须可以随时追溯、查证，人工参与的环节相对较少，因而整体质量风险高，供应链管理存在较大难度。

当然，必须要了解的是，虽然智能工厂是当下较为新潮热门的领域，但由于相关技术还未完全成熟、成体系，因而存在不少潜在的误区甚至风险，在实际建设中往往会走不少弯路。如忽略自身工业基础实际情况、对智能化战略的规划脱离实际情况、忽视自身产品强项、盲目依赖过往经验而忽视专业性等。对这些问题加以重视，采用合理的对策解决问题，才能让供应链技术在企业发展中发挥更大的作用。

4. 供应链计划一体化协同

供应链计划一体化协同是指采购、物流、生产、销售等环节的计划之间的协同联动。一体化协同的关键是要突破传统的串联机制，建立以供应链计划为核心指导的联通体系，当供应链中任何一个情况发生变化时，体系能够快速分析其带来的变化，并指导其他环节的计划进行相应的调整。

供应链计划一体化协同的难处在于供应链各环节信息不互通、管理较难统一，进而导致协同难度大。借助大数据、物联网等新技术，便可以准确、清楚地勾勒出供应体系的整体框架图，准确概括制造商、供应商和客户之间的关系，同时对需求、库存、产能等的情况进行实时监控统计，促进供应链计划一体化协同，进而实现企业高效、一致的智能营运。

在以客户为中心的理念越来越重要的智能供应链模式下，供应链计划一体化协同可以协助企业对供应链的变化快速响应，并及时进行调整，从而取得先机，占据更多的市场份额。为此，企业首先需要规划并建立一体化协同的理论模型，接着需要明确计划的逻辑和路线，在此基础上，运用新的供应链技术，加强供应链各环节信息的流通和透明化，加速一体化协同体系的建立。

5. 工业互联网平台

工业互联网平台是指企业在产品生产的全流程领域中，以提升自身智能化水平、构建信息流通的体系为目的，所采用的生产设备、通信技术以及安全方案等。工业互联网平台由工业互联网、人工智能、大数据、物联网等供应链技术灵活应用到制造业各环节中而组成，可以满足制造业数字化和智能化的需求，构建基于大数据采集、储存、分析处理的体系，支撑制造业资源灵活调度、有效分配。

工业互联网平台近年在我国发展飞速，根据我国工业互联网产业联盟的统计，中国目前共有 269 个工业互联网平台类产品。2019 年 11 月，工信部发布了 2019 年十家跨行业跨领域的工业互联网平台，有华为 FusionPlant、海尔 COSMOPlat、航天云网 INDICS 等。这些平台都将供应链管理作为自己的功能模块，为供应链与工业互联网的融合提供了榜样。

工业互联网平台是助力企业数字化转型的重要技术，是支撑企业创新发展的助力，同时也预示了供应链向一体化、数字化发展的未来趋势。通过工业互联网平台，企业可以打通产品生产中的数据链，通过分析处理产品各类数据，对业务进行升级优化，从而降低成本、提升效率和服务能力，适应客户的各类需求，加强企业在新时代的核心竞争力。

6. 供应链控制塔

供应链控制塔于 2011 年提出，一般用于对整个供应链或跨供应链网络的管理，包括供应链网络中的货物流、信息流和资金流，有助于提升供应链的整体可见性，为企业提供实时的信息决策。

控制塔的发展大致可以分为四个阶段：1.0 过程可视阶段、2.0 差异管理阶段、3.0 协同管理阶段和 4.0 自主决策阶段。

根据供应链控制塔推广及应用情况分析，我国大多数的供应链控制塔还处于 1.0 或 2.0 阶段，只有部分较为先进的控制塔达到了 3.0 阶段，如华为 FusionPlant 工业互联网平台。

从全球化的角度来看，供应链控制塔已经完成了前两个阶段，正处于协同管理阶段中，并稳步发展。近两年，随着新兴信息技术的发展，大数据、人工智能、工业互联网等技术被用于加快控制塔的发展，加速了控制塔的发展，向 4.0 阶段迈步前进，如宝洁等企业的供应链控制塔。

为加速我国供应链发展，我国企业应尽快学习国际上领先的优秀控制塔解决方案，解决供应链面临的挑战，帮助企业走出困境，而我国供应链控制塔技术相应地也将因此走向 3.0 阶段甚至 4.0 阶段。

6.2 产业供应链

6.2.1 产业链供应链的关系

产业链是产业经济学领域中的一种范畴，指的是在不同行业各部门相互之间通过特殊的技术经济社会关系，按照固定的逻辑方式社会关系和空间布局社会关系，而客观地产生的锁链式社会关系形态，本质上是用来形容产生特殊内在相关性的企业群构成，是一种比较宏观的经济范畴。产业链中大部分面临着上下游联系和彼此经济价值方面的互动，上行环节直接向上下游环节输出商品或提供服务，而下行环节则向上行环节缴纳税费并反馈信息。

产业链包含价值链环节、企业发展锁链、供给链和时空间锁链四个层面的概念，这四个层面在彼此互相连接的平衡流程中，构成了产业链体系。这些“对接机制”成为一个客观规律，像一个“无形之手”影响着产业链体系的构成。这有助于降低企业成本，利于新企业的诞生，利于公司内部产生创新氛围，利于塑造“区位品牌”，推动地方经济社会的健康发展。

产业供应链是通过供应链设计的方法研究价值链。价值链的各种生产中小企业（大量中小企业构成）均被视为生产公司中的一个公司，通过完善价值链中、上下游企业联系，整合并改善生产企业间的信息化、物流、资金流，以提升在供应行业、加工产业、零售行业、金融服务产业中的整体经营质量，从而取得行业的总体竞争优势。

具体的、典型的产业链供应链主要包括五个要素：产品、企业、市场、政策和产业链。产品来自企业，企业的供应链决定了产品流动的上下游结构，产品的类别、市场容量、产销规模、价格进出口方式决定了产品在产业链上的性质和地位；企业供应链（企业竞争策略、产品结构、技术创新、供应链规划、产销政策、渠道模式以及供应链的运营方式等）影响了品牌竞争，企业竞争、技术特点和原材料的供应，决定了市场的供给侧；而市场的容量、市场的需求方、市场的多级客户构成了产业链的消费端；产业政策、投资规模、行业前景、盈利预测等很大程度上影响了产业调控和发展规划。

这些要素构成了产业链的原料市场、产品市场、消费市场。

6.2.2 产业链供应链的发展

随着世界经济一体化和信息化社会的推进，国家也开始逐步把整个产业链、供应链竞争体系从企业的微观层面逐步上升至国家宏观政策层面，而欧美、日本、意大利等发达国家也开始逐渐形成社会化现代产业链、供应链的服务体系和公共服务模式，在与世界企业竞争中逐步取得了绝对优势。

国内外市场竞争促进产品提升、创新与企业绩效提升，行业层面的产业链提升竞争力也日益成为焦点，不同的国家都在采取措施提高国家的产业链竞争力以及供应链管理绩效。一方面，随着世界经济格局的不断变化，互联网、大数据、智能化技术的不断推陈出新，产业链、供应链的数字化、智能化成为主流，并且逐渐成为影响国家竞争能力的重要指标；另一方面，所有国家都争取在全球范围内发展产业链、供应链与价值链，以获得国家贸易之间的平衡和竞争优势。

我国是世界人口大国和制造业强国，中国经济社会的发展体量将愈来愈大，中国经济社会发展将从追赶式逐渐转向创新型经济，发展维度也将由地区经济日趋深入世界经济，在未来的十年间，中国投资产出率将触顶并反弹，人民消费率将逐步上升乃至超越投资产出率。宏观经济形势正逐步转变到以服务经济发展为主的社会主义初级阶段，意味着将围绕市场需求、消费者为中心，推动消费端、制造端不断转型升级。随着“互联网＋”的快速实现，更多的技术创新和商业模式创新将会成为新常态；国家战略的不断落地与深化，也将大幅促进产业链、供应链的快速发展。

中国目前正处在经济转型和中国转型的关键。在全球宏观经济形势继续下行、全球市场萎缩、环境保护主义意识上升的大背景下，我国制造业正面对着外需市场疲软、原材料和劳动力涨价、产能过剩和国际竞争激烈的多重压力和巨大风险，企业从过去单打独斗走向成为在产业链、供应链上利益攸关的战略伙伴，协同达成、共同发展，通过互联网、大数据、物联网等技术，组成了具有全球化特色、市场化运作、信息化和网络化精准对接的资源平台。全球智能化采购、全球制造、全球销售已经成为国际化企业新的经营方式，产业价值链、商业逻辑和供应链范式也发生了根本性的变化。图 6.7 为产业链供应链结构变化。

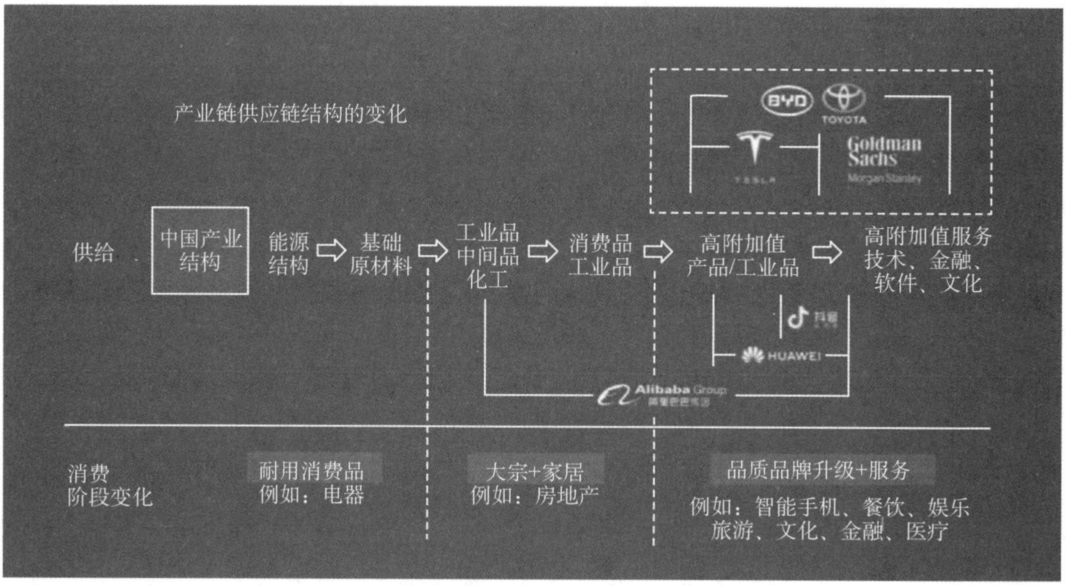

图 6.7　产业链供应链结构变化

习近平在二十大报告中提出，必须完整、准确、全面贯彻新发展理念，坚持社会主义市场经济改革方向，坚持高水平对外开放，加快构建以国内大循环为主体、国内国际双循环相互促进的新发展格局。

以国内外大循环发展为主体，目的是要充分发挥中国超大范围市场经济的巨大发展潜力与资源优势，充分运用当前中国所掌握的世界上最完善、规模最大的产业化工程，并依托其巨大的产能、完备的服务配套能力，及其回旋空间较大的优点，将经济的立足点更多投向国内外，积极实施扩张内需发展的策略，透过畅通全球国内外大循环系统，推动并形成国内外与全球大循环系统，更好地联通、运用全球国内外两种市场、国外两种资源，为中国的经济社会蓬勃发展提供新动力，并培植新形势下中国企业参加全球合作与国际竞争中的创新优势。

尽快建立以国内外大循环资源为基础、国内生产与大循环相互互动的新经济发展模式，重点是要把中国需求规模和制造结构方面的资源优势转变为中国积极参与全球合作和国际竞争中的主要创新力量。这就需要充分发挥中国大量超大规模需求的资源优势，推进政府收入与薪酬分配方式变革，进一步发掘国内社会需要潜能，加速构建全新的需求结构；充分发挥中国大量制造要素资源作用，推进生产要素需求的结构变革，打通制造、分配、交易、生活等各个环节，有效提升国内外大循环质量；充分发挥中国大量技术创新资源优势，推进工业技术结构变革，强化重点技术突破，提高工业基础水平和产业链现代化能力，创造更多新的经济增长点、增长极，成为中国未来发展的新优势；充分发挥对外贸的国家资源作用，积极建设高水平开放型市场经济，积极推动国内外市场和政策的互动，积极创新“你中有我、我中有你”的供应链生态，以实现市场内部循环发展和商品全球流通相互促进。综上所述，以新型的贸易格局促进中国商品出口方式转型和供应水平提高，促进商品供给结构在更多层次、更高层次上达到动态平衡，提升经济高质量发展的内生动力。

图 6.8 为双循环经济条件下的产业链供应链。

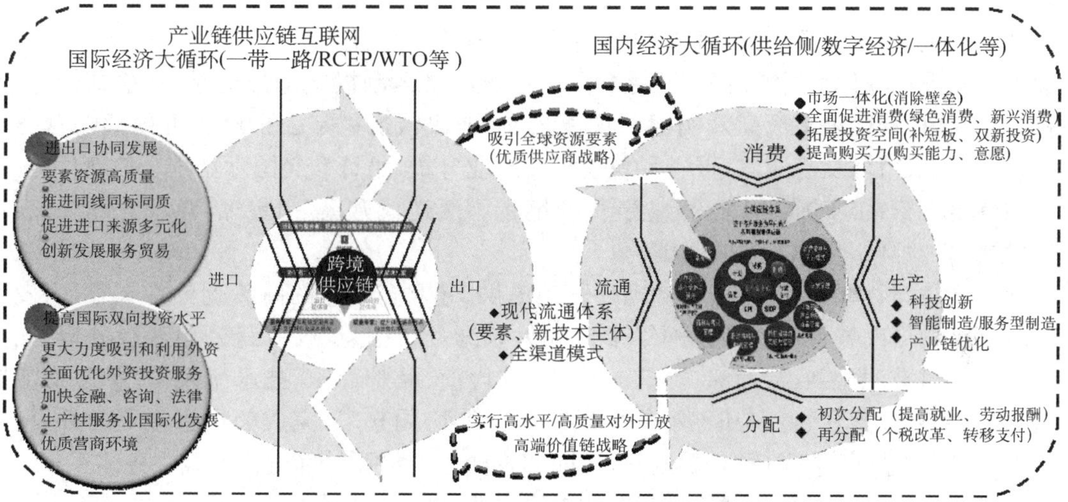

图 6.8 双循环经济条件下的产业链供应链

2021 年 10 月 18 日，中共中央政治局就推动我国数字经济健康发展进行第三十四次集体学习。习近平总书记在组织考察中指出：“数字经济发展速度之快、辐射范围之广、影响之深前所未有，正在成为重组全球要素资源、重塑全球经济结构、改变全球竞争格局的关键力量。”

互联网、信息化、虚拟现实、新型人工智能、区块链等科技飞速创新，并日益渗透到中国经济社会建设的各领域及全过程。在这样的大历史背景下，中国必须高度重视建设数字经济，积极落实网络强国战略和国家信息化规划，进一步扩大中国互联网经济空间，扶持发展基于网络的各项技术创新，推进互联网、信息化建设、高新科技与实体经济的深入结合，构建数据国度、智慧社区，推动数据产业化和领域电子化，形成具备全球竞争力的大数字信息产业集群。

中国拥有世界上最完备的产业链供应链，发挥海量数据分析能力和大量使用场景资源等优势，积极推动数据技术和实体经济的深入结合，赋能中国传统工业转型升级，孕育新兴产业的新产业模式，促进企业持续增强，做优做大中国数据经济社会。加快现代化建设，进一步完善信息技术战略格局，尽快构筑高速泛在、天地合一、云网结合、智慧敏捷、环保低碳、信息安全可控的现代化综合型数据信息基础设施，才能通畅中国经济社会发展的数据“大血管”。

要促进数字经济与实体经济的结合发展，就必须全面掌握信息数字化、互联网、智能的趋势，促进制造商、服务业、新农村建设等领域的电子化，并通过网络信息手段对传统产业实现全方位、全流程的技术改造，以提升社会全要素生产力，从而实现大数据增长对经济增长的扩大、覆盖、倍增效果。唯有把网络、大数据、计算机等行业深入结合，才能培养“专精特新”公司成为中国项目冠军品牌。把注意力置于关键行业的和工业领域，关注战略发展和制高点方面，着眼于重要科技创新和重大战略应用，提升价值链关键环节能力，健全关键行业供应链结构，加快技术和业务迭代。

此基础上，2022 年 4 月 10 日，《中共中央 国务院关于加快建设全国统一大市场的意见》(以下简称《意见》)发布，指出建设全国统一大市场是构建新发展格局的基础支撑和内在要求。《意见》的指导思想中提到，加快建立全国统一的市场制度规则，打破地方保护和市场分割，打通制约经济循环的关键堵点，促进商品要素资源在更大范围内畅通流动，加快建设高效规范、公平竞争、充分开放的全国统一大市场，全面推动我国市场由大到强转变，为建设高标准市场体系、构建高水平社会主义市场经济体制提供坚强支撑。《意见》的主要目标是，持续推动国内市场高效畅通和规模拓展，加快营造稳定公平透明可预期的营商环境，进一步降低市场交易成本，促进科技创新和产业升级，培育参与国际竞争合作新优势。

在各种因素的综合影响下，产业链供应链将不断迭代升级，向更加高级的供应链表现形式发展，日益网络化、数字化、智能化。

在大网络与物联网条件下，向商家(顾客)提供、寻求多样化的商品或公共服务，引发有关机构(公司)借助智慧供应商云网络平台和大数据分析信息，开展跨公司智慧分析、交流和集成供应链资源规划，将商家(顾客)、门店、零售商、品牌商家、技术研发者、智慧物流服务提供者、智慧生产者、材料和零配件提供者等智能协同起来，完成公司智慧资源开发、智能生产、智慧制造、智慧支付、智慧结算，进而实现顾客所需要的网链式智慧服务体系。

智慧供应链主要进行各种信息智能化的自主集成。从产品形态来说，不再是自上而下的“分工”模式，而是供应链网络平台的“自愿参与，实时组合”模式；从市场主导而言，智能资源应用不是由某一个具体的“核心企业”所主导，而是通过企业的市场需求，进行有序、智能化结合；从产品和服务而言，不再是供应方先有产品(很多时候表现为库存)或者服务，而是智能供应链体系应客户要求个性化的产品设计、制造以及服务，从而达到客户满意；从供应链要素形态而言，智能供应链元素不再是那么固化、单向，而是通过物联网平台接入协议实时服务，合格合理者介入其工作场景，否则，无法介入其业务环境；也不仅仅限于实体制造、门店营销和数理统计，以及有了订单之后的“响应”，而是更多地出现虚拟制造、网络渠道、大数据算法和智能决策，从而形成无处不在、虚实结合的能够针对消费者个性化需求早期感知的智能服务体系。

物联网是将不同信息(如通信技术、感知科技、云计算、技术基础软件系统、技术应用软件系统、嵌入式系统软件、互联网、控制技术、大数据技术、人工智能技术等)、不同产业的利益和需要融为一体，在信息融合的平台上共同构建商业生态，利用生态上各个企业的发展形成的商品、业务和运营大数据分析，通过商业历史发展产生的模式和通过大数据抽象化产生的模式形成新的业务，从而形成新的商务生态。产业互联网(包含工业互联网)和B2B/B2C都是未来商业的主要形式，加速了企业与客户之间的信息流，促进了供应链的扁平化，促进消费者和企业之间与利益攸关方实时协同，供应链协同传递的是未来的产品定义和订单交付的需求信息。

在物联网条件下，工业供应链需要建立涵盖设计、产品、制造、库存、仓储、加工物流、营销管理和服务等方面的完整工业生产过程，以达到协同化、服务化和智能化；现代流通业供应链将建立制造、分销、库存、物流配送等的整体业务供应链协同系统，以促进工业生产端生产资源的优化配置，以培养新兴供应链服务主体；现代农产品供应链需要从农产品制造、加工、交易和服务过程的组织结构、科学化程度以及品质的追溯水平出发，以促进农业"消费、加工、种殖养殖"结合发展为宗旨，建立种养加、产供销、内外贸为一体的现代农业。供应链金融业则以"脱虚向实"、金融服务实体企业为宗旨，将深度切入农产品供应链、工业供应链和流通业供应链等环节，通过进行企业信用的有效评估和资本有效供给，既可帮助资本管理和产品经营结合，也可有效防止供应链的金融风险。而环保供应链则将在绿色制造、绿色交易和逆向物流等中，通过推动新型消费、形成新标准、发展新技术、培养新驱动、形成新制度和扶植新业态，保障未来国民经济的可持续增长。

接下来将通过实例来介绍我国的产业链供应链。

6.2.3 煤炭产业供应链

6.2.3.1 我国煤炭产业供应链现状分析

在中国，煤矿生产供应链可以归纳为上游的煤炭资源勘查与开发、上游的煤炭运输与加工以及下游的煤矿消费。煤矿的业主或企业通常是煤矿生产供应链的中心单位；煤矿运输和生产的交易环节，大多由分销商和物流者完成；消费过程包括煤的生产过程，除了发电、钢铁、水泥、石油化工等重点用煤领域之外，还涉及个人消费。煤炭生产供应商不仅是市场经济条件中一个关键的微观供应商，还是宏观上国家煤炭资源供应与政策储备的重要承担者。所以，煤炭生产供应商体系的协调运转和效益直接关系着煤炭行业以及国家的利益。

由于煤炭生产供应链的环节很多、路线较多、国有因素比较重大、受自然赋存和人类的干扰多、运行机制受外界的和经济的干扰多。上述特点使得煤矿生产企业的整体运行和协同变得不易管理，内部和对外系统结构较为复杂，我国与发达国家先进的企业经营模式相距甚远，没有建立高效完善的煤矿生产供应链系统。

1. 中国煤矿生产供应链组织的基本形式

目前，在中国煤炭行业供应链经营过程中，按企业发展模式差异大致可以分成三种企业模式。

(1) 以煤炭消费公司为核心的直拉式供应链

其运作方式为由煤矿与居民消费需求公司(电力、混凝土、建筑材料、冶金)的采购部门运作煤炭产业供应商。终端用户公司的消费需求和采购计划是整条供应商的驱动因素，当煤炭生产企业的存货与产品能达到订货需求时，消费需求公司承担煤矿运送(铁道除外)、资本交割、产品质检、市场信息收集和开发等职责。

(2) 以煤矿生产单位为基础的推式供应链

其特征为以煤矿生产单位为基础，向煤矿消费用户供应煤矿产品及配套物流产品。煤矿生产公司的营销公司和煤矿消费企业的供应企业经协商，签订相关销售协议。在煤矿运输领域，具有国家铁路运输指标的煤矿经营公司承担煤矿的铁路运输工作。

(3) 由管理服务商投资建设的第三方煤炭生产供应商

随着煤炭资源市场化水平日益提高，煤矿生产供应商的专业化界限日趋明确，提供煤矿生产供应商管理服务的专业性公司兴起。这种管理模式下的第三方煤炭资源管理服务运营商利用煤炭资源交易差价来支持企业的经营，收益来源相对单纯，没有产生规模经济效益。

总的来说，中国煤矿生产企业的主要范围包括煤矿物流、信息化和资本流，并最终构成一个由信息化、物流和资本流三流结合的煤矿生产价值链。经过构建上游煤矿供应服务网络、上游运输服务网络、下游营销服务网络，已经基本形成了煤炭企业、中转工厂、消费企业供应链的整合态势。

2. 我国煤炭产业供应链物流服务

由于资源开采和使用上的不均衡，中国煤炭资源的就地转化率相当低下，大部分原煤都需要经过运输环节以“西煤东运”“北煤南运”等方法完成从产区至消费地的远距离传递。

2022 年全国原煤产量 45.6 亿吨，同比增长 10.5%，创历史新高。全国铁路累计发运煤炭 26.8 亿吨以上，同比增长 3.9%。煤炭运输服务将会在比较时期里维持着巨大的货运流通量，而煤炭运输服务质量也会是影响中国煤炭行业良性增长的关键因素。

由于中国幅员辽阔，东西跨越五千四百多公里，南北相隔五千二百多公里，在我国煤炭资源运送西煤东运、北煤南运的长途联运道路中，中国铁路运输网络在我国煤炭资源运送中取得了优势地位。尤其在 2018 年“公转铁”政策背景影响下，煤炭铁路发运量持续增加。目前，煤炭铁路运输量在煤炭发运量总和中占比在 70%，占铁路货运总量的 40%以上。由于国家高速铁路工程建设，我国高铁运力紧张问题获得了一定程度的解决，但长期以来的运力紧张状况并没有得以完全缓解，因此对煤炭资源运送产生很大影响。加上由于煤炭资源输送路程远、运力大、交通环境较差等，严重影响了煤炭资源在流通中的优势选择。

3. 煤炭行业供应链管理信息化业务

在当前的煤炭生产企业信息化架构中，由于信息来源繁杂，信息所有者结构多元化，信息在形成与传播上呈现严重的碎片化，信息传播效能不足，资源效用也被严重降低，从而造成了信息来源的严重匮乏，信息协同度不高。

目前，中国煤矿生产企业节点中的信息共享程度并不高。从技术层面来说，是信息获取与发布能力的不足；从制度层面来说，是信息传递与数据传输的及时性不足，会计信息丢失率也很高；从经营成本层面来说，信息流的延误和中断，将造成公司经营成本增加，并左右了整个国民经济发展的重大宏观调控决策。

4. 煤炭产业供应链资金流服务

中国目前的煤炭生产企业经营中，流动性业务处在相对阶段，供需各方自行控制相应能力，没有开发流动性业务的能力。近几年来，供应链金融技术也在一些供应链管理服务商上悄然兴起，在供应商业务中开展贷款与融资管理等业务，并尝试向煤炭生产供应链的节点公司开展资金流业务，这一点正契合了供应链管理的基本内涵，但具体实践上仍有待更深入地验证与发展。

5. 我国煤炭产业供应链现状评析

根据对中国煤矿生产全过程的分析，以及对企业运营环节的物流、信息化、资本流运行状况的研究，中国煤矿生产供应链状况可归于以下几点。

① 中国的煤炭资源分布并不均匀，主要煤炭基地集中在北方和中西部地区，而主要的消费企业则集中在中国东南部沿海地带，煤矿产品供应链的上游开采企业与下游消费企业地理上相距较远，与此同时，面向煤矿物流市场的服务商规模也偏小，并没有形成规模经济。

② 煤炭行业供应链组织架构松散，普遍存在节点企业之间相互间的利益博弈过程，企业组织机关的统筹力量和运作效能低下，节点企业之间信息传输和技术合作能力不足，整体供应环节运转不够流畅。在生产环节，安全事故、污染、资源过量开采等现象普遍存在；在仓储环节，因仓库布置不合理、运输能力不足等问题形成信息流动的瓶颈；在贸易环节，不规范的市场经济活动加上地方政府部门的过分干涉造成了市场运营不规范，商品价格违反市场价值规律而大幅下跌；在煤炭资源禀赋决定的节点企业的行业利润回报率过高，对整体供应商实现有效优化与整合的力量还不够。整个供应商的“资金流”“信息化”“物流配送”不流通。

③ 交通运输障碍仍然存在，由于煤炭资源的大跨度转移，以及地理位置上的远距离迁移，使得成本相对低廉的中国铁路运力仍然较为紧缺，而目前的输运方式也还无法充分满足中国煤炭资源的发展现状。

④ 市场经济体制不健全，对资源开发和使用具有强烈的区域保护主义，小煤炭监督管理不力，违规利用、滥采乱挖现象不仅造成了资源巨大浪费、污染以及重大安全隐患，而且成为小煤矿产品供应链运营与管理工作中的潜在危险。

6.2.3.2 我国煤炭产业供应链结构分析

目前，我国煤矿生产企业中，以煤矿开采制造公司为主体环节，上游向企业供应采矿装备装置等原材料，下游是煤矿的流通加工商、储运公司、销售商及下一层的主要煤矿消费公司和消费者。物流、资金流和信息流均贯通了整个煤矿生产供应链过程，物流与信息流均实现了双向传递，并连通各参与方以实现信息共享和确保运输畅通。整个煤矿生产供应链呈“拉动式”组织，由下游的供需信息直接向上游传导，并带动了上下游煤矿开采、输送的各个环节，从而实现了对上下游客户供需关系的重要影响。

煤产业供应链是涉及经济、社会、环保系统的综合可连续煤炭产品供应链，基本活动既涉及煤炭资源的开发制造、运输、储存、消费等基本环节，同时包括各环节中煤产品供应商与经济、社会、环保系统之间的复杂联系。该供应链以消费者需要为引导，以最先进的生产信息和制造信息技术为基础，由煤炭生产者、运输商、消费公司等共同构成了一个高效的煤炭产品供应链。而煤炭产品供应链的运转也并非完全封闭，它必须不断地与外部进行的经济、社会、环保方面的物质与能源交换，从而相互影响、互相配合，在实现供应链效益的同时，也必须综合考虑各循环活动所产生的社会与环境效益。

6.3 供应链管理“三流”

按照美国供应链管理(Association for Supply Chain Management，ASCM)的概念，供

应商管理系统就是“在国际互联网里，利用先期产品设计好的数据流、实体流和现金流，将服务从原料传输给最后顾客”。

6.3.1 信息流

信息流是供应链管理系统中的核心内容，贯穿端到端供应链的每个节点以及各业务流程。在数字化信息时代里，更多的信息工作方式，已经或者正在逐渐被系统所替代。

工业生产规划由手动排产，统计产品需求量的常规方式，逐渐发展成高度综合的产品业务计划。

在整个生产环节中，通过利用物联网技术，企业能够获取每台智能生产装置的真实信息，并同时与公司 ERP 管理系统、公司智慧物流体系、企业生命周期控制以及生产现场管理系统互动，从而实现了由普通制造向智能化生产的转变。

1. 企业资源计划

企业人力资源规划计划(Enterprise Resource Planning, ERP)最初在 20 世纪 90 年代初期被提出。从企业管理者的观点来看，关键在于“计划”。

ERP 的功能模块能够同时支撑多个任务，从长期战略规划的制订，到在生产现场实时地运行。

从企业信息化的视角来看，ERP 的关键在于“集成”。ERP 代表着一个软件系统的基本架构：财务、制造、物流、营销等多个模块都被整合到了一起。

这种实现的基础是一个由所有系统共用的数据库系统，ERP 系统内的各个系统都能够对数据库系统进行使用，只不过用户间的授权不同。

2. 运输管理系统

交通运输管理(Transportation Management System, TMS)是一种管理交通运输的系统，它主要包含选择交通运输方案、计划进出口、策划并管理交通运输车队活动、建立和优化装载计划等。

TMS 将协助货主搜寻物流资源，拟定物流配送计划，并供应从端到端的物流配送产品。TMS 系统还能够协助货主公司找到更多的承运人，从而优化现有运输供应商结构，在提高货物质量的同时，也尽量地减少运输成本。

TMS 实现了空中、海上、陆运、铁道和任何模型的商品流通，并可以通过多种联运，进行跨洋货物运输。

3. 仓库管理系统

仓储管理(Warehouse Management System, WMS)是帮助管理人员更好地进行仓储及物流配送中心管理服务的软件应用。

早期 WMS 是一种简单的资料仓库软件，即传统的纸质记账功能进行电子化。

现在的 WMS 系统已开发的功能相当丰富，提出的接口主要有到货、入库、仓储位置、仓库控制、循环盘点、任务交叉作业、货物的拣选、补货、仓储、配送、人力服务管理以及自动化的货物处理系统等接口。

这些系统大量使用了移动设备、条码技术以及 RFID，从而建立了 WMS 的大数据的基础，也带来了更精准的即时数据，并且提升了仓储和供应商管理系统的有效性。

6.3.2 实物流

实物流,因为最初的概念就是指东西在物理学中的移动,所以又被叫作 Material Flow,或者 Physical Flow。广义上的物流配送要素涵盖了货物、包装、关务以及相关的信息系统。实物流非常普遍,在任何公司都普遍存在。

以制造业为例,企业供应了厂家进行制造的零件和原料,其中有些已经进行了初步生产,只要求完成组装,另一些是要求进行锻造,包括材料冲压成形。

这些零件与原料,经由厂商安排的物流运送,先到达了厂里的库房。交货的工人使用平衡重式叉车将货物由卡车运输上卸到地面,按照送货通知单和装箱单来清点货款,一旦单证和实际一致,工人将货品装运至内部的库房进行暂时保存。

不久以后,车间人员按照一天的产量要求,在库房配齐当天产品用的全部物资。

仓库理货人员在接收到指令后,按照清单将车间必须用到的物资备好,随后分配到产品上。

在车间,员工进行产品的加工装配,进行产品测试以后,进行打托,最后将物品转移到商品仓,进行交货。

商品出货按照公司的出货方案,安装运输车,将商品运送至预定位置。在整个过程中,货物沿着一个路线,从开始的产品开始,经历了许多制造、生产、安装、测试和包装过程之后,终于以最后的方式到达一个销售点,被消费者购走。

6.3.3 资金流

资金流是用户将获得的商品或者劳务,以物流的方式传递给生产者或者服务商。资金流与企业财务相关度最大,因此供应商从业人员必须了解一点最基础的企业财务管理专业知识,才可以用"同一种语言"和企业财务人员进行沟通。以下两条为主要和供应商有关的企业财务指标。

1. 库存周转

存货周转是反映企业管理水平的关键指标,较快的资金周转速度表明公司通过较低的存货保障企业的营销业务,节约下来的资金,可用于企业项目或新的商品。

供应链管理工作中重要的一个任务便是提高存货周转的效率,使存货迅速地转变为资产,投入下一次"购买原料—生产加工—销售变现"的周期之中。

进行一个循环,就可以使企业盈利,企业一年中进行的循环时间越长,带来的整体收益也就越大。

2. 现金循环周期

资金流一直是公司运营的命脉,尤其是在2020年,不少公司由于资金流破裂而宣告破产。良好的资金流才能保证公司长远发展,因此资金循环周期也是关键的指标。

资金流通时间(Cash to Cash cycle time)是指企业为了拿到资金而去采购新的原料或成品,再经过制造生产过程或是物流交易,在进行产品销售之后,再返回资金的整个流程中所花的时间,单位为天。

资金流通期限的核算里包括有三项内容。

① 应收账款天数:客户欠销售额的天数。

② 库存天数:拥有的所有库存可以支持多少天的销售。

③ 应收账款天数：曾拖欠供应商款项的天数。

资金流通速度是公司财务健康的关键指数，资金流通得愈快，表示企业运行状况愈到良好。循环期若要缩短，就意味着既要减少应收账款天数和存货日数，也需要提高应付账款日数。

6.3.4 “三流”的扩展

随着社会的发展与供应链内涵的更迭，“三流”变得不足以描述供应链管理的所有内容，在信息流、实物流、资金流的基础上，供应链管理扩展了商流、人文流的内涵。

所谓商流，也就是买卖交易，是指货物所有权的流转过程，是一个非物理性质的经济活动，涉及批发、零售、网络购买等买卖行为，反映的是买和卖之间的关系问题。商流的价值在于消除生产者与消费者不同而产生的社会间隔，创造所有权价值。在当今社会，全球化的商品流通也承载了社会文化价值，人文流描述了供应链所承载的文化流动。

随着社会的进步，供应链的内涵也将不断地演化，更多层面的内容将成为供应链管理中不可忽视的一部分。

6.4 绿色供应链

6.4.1 绿色供应链发展动力

随着科技发展，温室气体排放以及其导致的全球气候变暖成为当今全社会面临的重大问题之一。为减少碳排放，各个国家和组织都在积极寻找更好的方法。发达国家颁布了各种形式的碳标签政策，制定严格的碳排放标准，对进口商品进行限制，形成一道“低碳壁垒”；一些海外企业也开始要求产业链上下游对碳排放问题引起重视。面对发达国家和海外企业各方面的施压，国内企业必须积极面对，主动求变，才能保障自己的贸易主动权。

2020 年 9 月 22 日第 75 届联合国大会上，习近平主席宣布，中国将加大自主贡献力度，采取更加有效的措施，争取在 2030 年碳排放达到峰值，并在 2060 年之前实现碳中和的目标，标志着我国将“碳达峰、碳中和”作为环保战略的目标。“双碳”工作包括对能耗总量进行控制、优化能源消费结构、对森林蓄积量进行优化改善等。

为达到“双碳”目标，许多企业提出了碳中和的宣言，碳中和宣言被其他企业以及客户所接受并采用，作为对企业和客户的考量标准之一。在这样的环境下，希望为环保贡献一份力量的民众可将碳中和作为选择产品服务时的一个重要指标。

要实现“双碳”目标，政府官方和民间市场必须共同努力。在国内，构建低碳干净的能源体系，在碳排放含量高的行业以及一些重点发展行业中实时减污降碳行动，推动绿色低碳技术的研究升级，出台绿色低碳政策，构建绿色环保的市场体系，倡导民众参与低碳生活；在国际上，与其他环保先进国家组织合作，推进国际范围内统一的标准制定，共同建设绿色丝绸之路。

6.4.2 绿色供应链及其关键要素

绿色供应链的概念最早在 1996 年提出，又称环境意识供应链或环境供应链，是一种从供应链整体角度对供应链的运作效率以及造成的环境影响进行评估分析的现代管理模式。

绿色供应链基于供应链管理技术以及绿色制造理论，对原料提供方、生产方、销售方以及购买方都提出了要求，旨在使所生产的产品在从原料获取到最终销毁的全过程对资源的利用率达到最高，从而实现对环境影响最小。

绿色供应链要求供应商对所生产的产品以及对环境可能造成的影响进行对应的管理，将绿色环保的原则加入供应商的管理机制中，旨在增加产品的环保概念，提升市场竞争力。在实际实施的过程中，有些企业提出包括对环境的考量在内的采购方案或评估过程，要求合作的供应商遵守；有些企业则将对环境有害物质的种类整理成清单，要求合作的供应商不得提供含有清单上列出的有害物质的物料。

《绿色制造 制造企业绿色供应链管理 导则》(GB/T 33635—2017)定义：将环境保护和资源节约的理念贯穿于企业从产品设计到原材料采购、生产、运输、储存、销售、使用和报废处理的全过程，实现企业经济活动与环境保护协调的上下游供应关系。具体涵盖制造企业从产品设计、材料选用、采购、加工、运输、储存、包装、使用、回收利用直至最终处置生命周期过程；有关的供应商、制造企业、物流商、销售商、最终用户以及回收、拆解、再利用、废弃物处置等企业。制造企业绿色供应链基本流程包括企业产品，以及产品生产、包装中使用的材料和物质(如构成产品的主要材料、包装物、工艺辅料等，以下合称产品/物料)的绿色属性，包括产品/物料的正向物流和信息流，还包括产品/物料的逆向物流和信息流。图 6.9 为绿色供应链结构逻辑图。

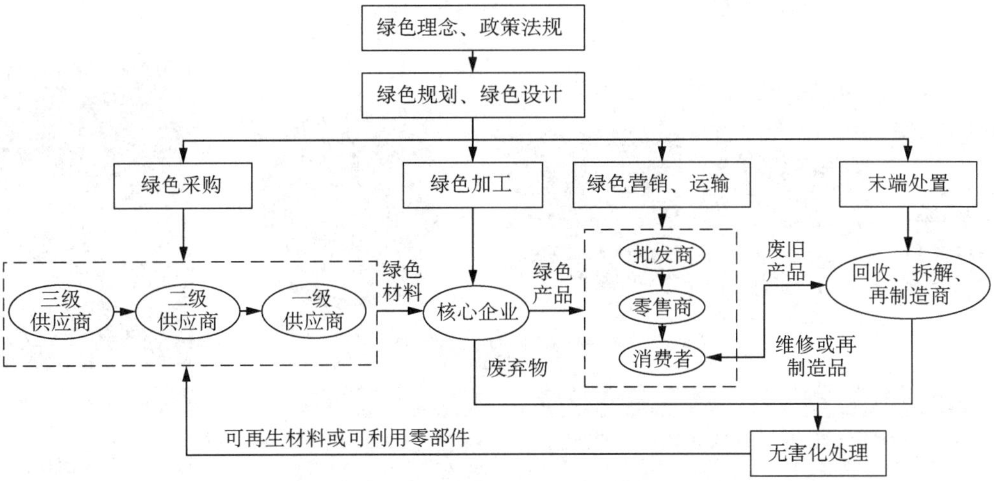

图 6.9 绿色供应链结构逻辑图

绿色供应链是一项庞大的系统工程，涉及主体多、范围广，具有较强的政策性，对企业来说较难构建绿色供应链的管理体系。在绿色供应链国家管理标准的框架下，我国绿色制造标委会在 2018 年组织多家单位，针对企业绿色供应链管理的关键环节，同时对五项绿色供应链管理国标开展制定工作，其中四项已于 2020 年 9 月正式发布。其中，《绿色制造 制造企业绿色供应链管理 导则》(GB/T 33635—2017)明确了制造企业绿色供应链的具体管理范围、产品生命周期的全过程范围、全产业链的范围以及全要素的绿色管理要点等。

图 6.10 为绿色供应链标准的版本迭代情况。

构建绿色供应链需要突破供应链之间、企业之间甚至国家之间的边界和壁垒，从全局角度对价值链进行观测，才能够找到其中暗藏的“碳足迹”。

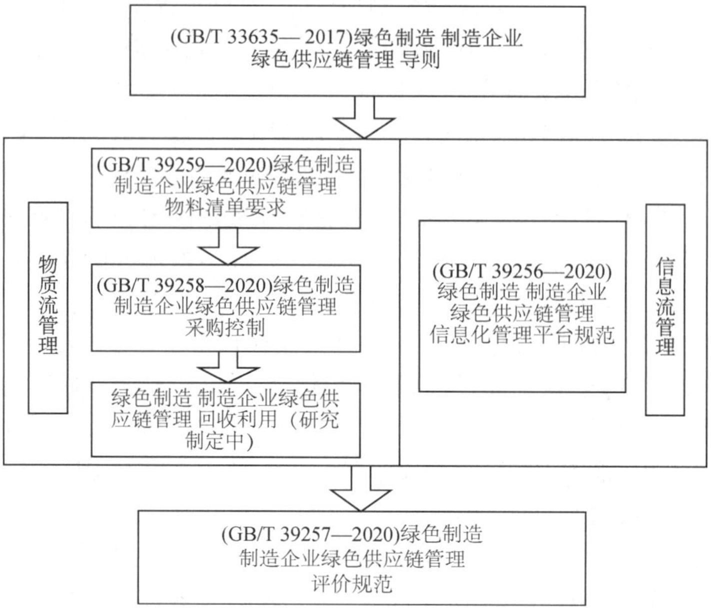

图 6.10　绿色供应链标准的版本迭代情况

图 6.11 为供应链向绿色方向优化所涉及的关键要素，包括绿色产品、绿色工厂、绿色工业园区和绿色供应链等。

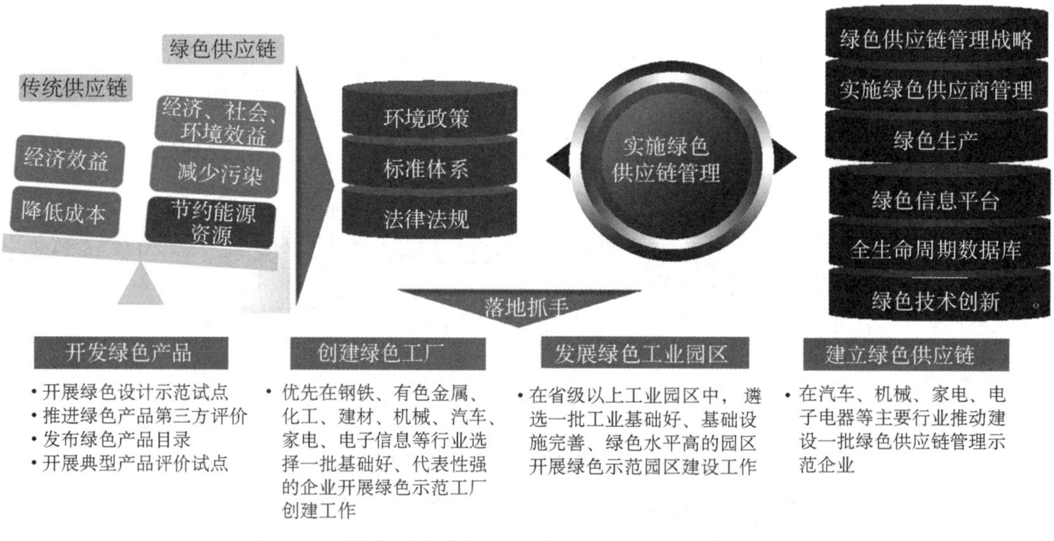

图 6.11　供应链由传统向“绿色”方向转化涉及的要素

① 绿色产品：绿色产品是通过绿色制造实现供给侧结构性改革的成果，侧重点在于产品的全生命周期。在产品的设计开发阶段，对产品的物料采购、生产、存储、配送、销售、使用、回收等各个环节进行规划，使其符合环保标准的要求，降低产品对生态系统和人体的危害。

② 绿色工厂：绿色工厂是实现节约用地、无害原料、洁净生产、废物回收再利用的环保工厂，是绿色制造体系的核心生产单元和实施主体，侧重于生产过程的绿色化。

③ 绿色园区：绿色园区是一个供实施绿色理念的生产企业和设施聚集的公共平台，主

要侧重点在于园区内制造工厂之间的沟通交流与协同合作。绿色园区的目标是在园区空间布局规划、制造产业供应链设计、资源利用、园区运行管理等方面传播节约资源和环境友好的理念，并加以贯彻，从而实现具备集聚布局、绿色结构以及生态化链接的绿色园区。

④ 绿色供应链：绿色供应链是绿色制造理论与供应链管理技术结合的产物，侧重于供应链各节点上企业的协同合作。企业要建立以资源节约、环境友好为导向的采购、生产、物流、营销及回收体系，推动上下游企业共同提升资源利用率，实现最高效率地利用资源，并将对环境的影响最小化，争取建成供应链各节点上的绿色企业。

6.4.3 绿色供应链构建

对具体的企业而言，需要提炼绿色供应链管理战略，推动绿色制度建立、绿色设计体系、绿色供应商管理制度、强化绿色生产、打造绿色物流、构建绿色回收体系、建立绿色信息平台等。

(1) 绿色供应链管理战略

企业应将绿色供应链的管理理念融入企业整体的战略规划中，明确绿色供应链管理的目的，设置专门的管理部门来负责对应的管理工作。

绿色方针是对企业绿色发展战略的核心概括，为企业构建绿色供应链管理体系和改进升级指引了方向。绿色方针必须满足以下理念：与企业的目标和绿色战略计划相呼应；为绿色供应链管理体系的构建提供支柱；确保企业上下坚定实施绿色方针，在企业各部门之间沟通传达，并进行实践；将绿色供应链应用于企业产品制造规划中的各个环节。参见图 6.12。

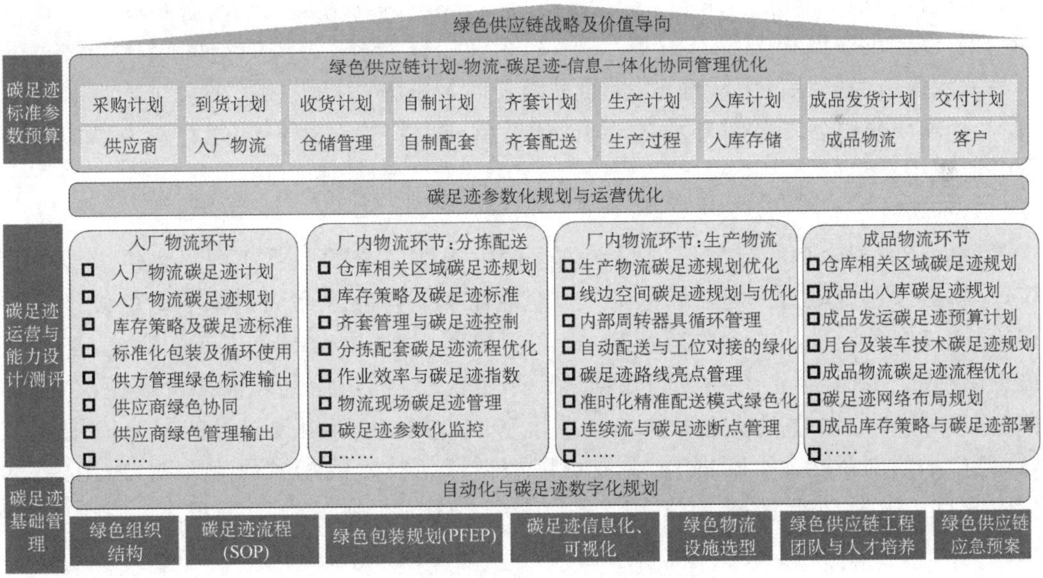

图 6.12 制造型企业绿色供应链策略架构

对于企业内部来说，必须加强对企业内各部门、各组织的管理协同，建立有效的跨部门业务实施流程，提高企业运转效率。参见图 6.13。

(2) 建立绿色设计体系

主要是针对企业产品的绿色生态设计。企业可以有效地从根源入手，减少供应链整体对环境造成的影响：从产品设计时就将降低能耗、便于回收、对环境友好等理念作为设计指

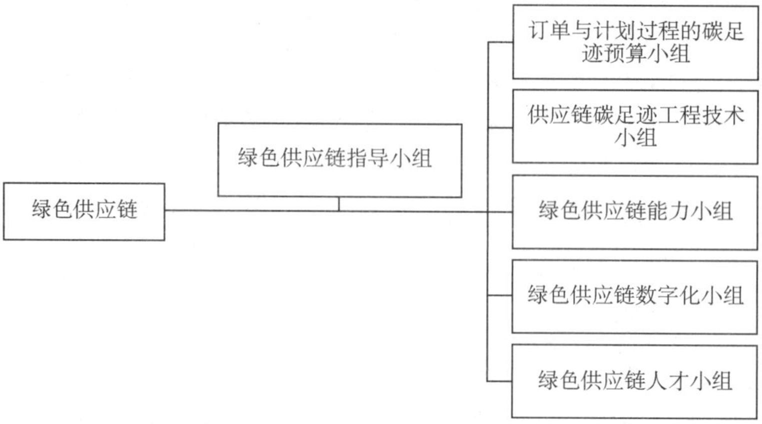

图 6.13 绿色供应链组织结构示意图

标，考虑产品生产各环节对环境可能带来的冲击，并有针对性地进行优化，由此确立产品最终的设计方法和生产流程。

企业必须贯彻绿色设计的理念方针，以产品的全生命周期为核心，从产品设计的源头实现绿色设计。企业还需与供应链各环节的合作对象成立共识，及时沟通交流，推行对有害物料的减量或弃用，可再生材料的选用以及可拆解、可再生设计等技术。

(3) 绿色供应商管理制度

绿色供应商管理制度要求企业从物料、污染、能耗等各方面对所合作的供应商进行选择和约束，促使供应商提升绿色发展水平，与企业协同合作，为供应链的绿色升级贡献力量。为加深供应商的绿色生产理念，企业可以定期为供应商提供相关的员工培训和技术帮助，使其了解供应链各环节对环境的要求，帮助供应商将绿色生产的理念融入供应商的整个服务流程中。

(4) 强化绿色生产

绿色生产的理念是从绿色规划和绿色建设中提取出来的。要实现绿色供应链中的绿色生产，就必须在供应链中建立绿色工厂。企业需要对产品生命周期中的绿色设计概念进行提炼，通过绿色设计的概念削减污染，提高资源利用率，推动绿色生产的实施，扩大绿色产品的供给面。对实际生产环境的数据进行采集汇总，构建绿色环保评价模型，在研发设计阶段对产品的全生命周期进行评估。近年来，对绿色生产相关技术的研究应用越来越多，绿色技术的创新能力不断提升，企业可以根据绿色技术的相关研究发明，采用先进的、适合企业自身实际生产情况的技术设备以及管理模式，减少生产过程中污染物的排放含量。

(5) 打造绿色物流

绿色物流指的是对生态环境友好无害的物流模式，也被称为生态物流。实物物流过程其实就是“碳足迹”的流动过程，实物的流动性决定了“碳足迹”的可追溯性。追溯“碳足迹”的根本目的是减少资源消耗、降低废物排放，这一目的实质上是经济利益、社会利益和环境利益的统一。

要实现绿色物流，应将绿色物流的理念融入物流过程的每个环节中。在对物流系统进行设计构建的时候，企业就应有意识地对绿色物流进行规划。产品的绿色包装是绿色物流

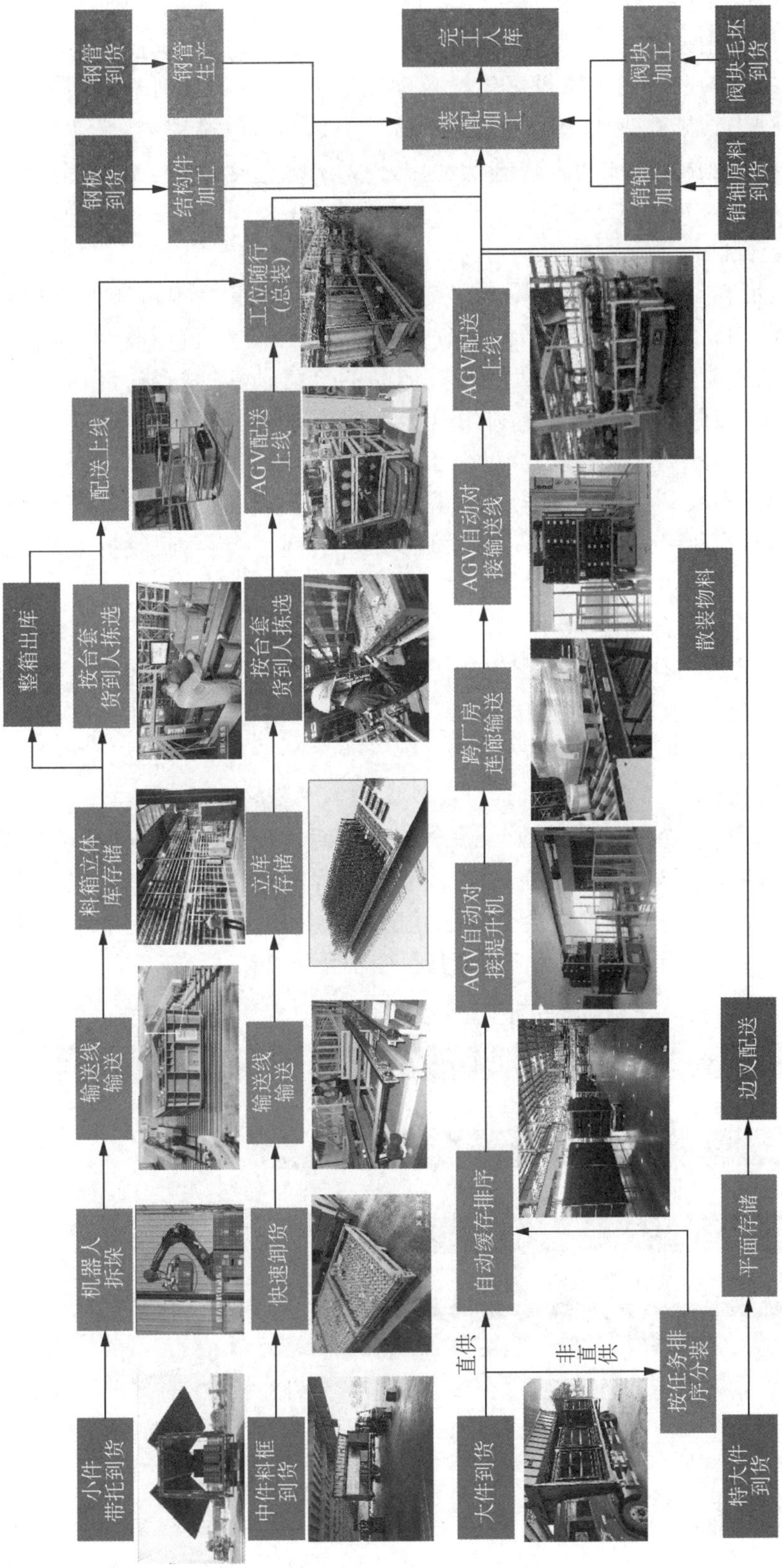

图6.14 某企业制造物流过程绿色化规划与运营(绿色部分为绿化点)

的基础，产品包装的绿色化应遵循轻量化、可循环利用、便于处理的原则。在仓储过程中，可以利用智能仓储的相关新兴技术，改进现有的仓储模式，合理规划仓库布局，从而节约成本、提高效率，有条件的企业还可以投资建设自动化立库，进一步提升仓储过程的效率。运输过程是物流过程中碳排放表现最为明显的环节，在产品运输过程中，企业应与物流方积极合作，共同对物流运输的路线和方式进行优化升级，有效整合资源，提高综合效率。参见图 6.14。

（6）构建绿色回收体系

最珍贵的“碳足迹”往往隐藏在供应链不起眼的环节中，并且很可能就这样被忽略掉。企业应当对供应链构建闭环框架，从结构上避免碳足迹丢失。绿色回收对产品全生命周期结束后回收利用的可能性进行分析，从而提升产品的价值，同时减轻对环境的冲击。企业应从实际情况出发，遵循再使用→再生利用→能量回收→废弃的处理顺序，寻找合适的产品处理方法。企业可采用电子标签、物联网、大数据等信息技术，建立可随时查验溯源的绿色回收体系，与产品回收利用的企业合作或自行组建专门部门以对废弃产品进行回收处理，搭建废弃产品回收利用信息发布平台，实现产品在企业、客户、回收拆解机构之间的高效流通。

（7）建立绿色信息平台

绿色供应链需要数字化支撑，对供应链中的“碳足迹”数据的挖掘能力将成为评估企业供应链能力的重点之一，成为企业的“碳财富”。企业应当建立供应链能耗实时监测体系和减排情况检测数据库，定期发布环保责任报告，展示既定的节能减排目标实际完成情况、具体污染物排放等信息。

要构建绿色供应链，企业应当建立产品全生命周期各环节数据的收集汇总平台，对绿色设计、绿色采购、绿色生产、绿色物流、绿色回收等过程的数据进行采集，以此建立供应链企业之间的信息交换机制，实现供应链企业之间的信息共享。“碳足迹”并不只是企业给自己的任务，也是社会、国家要求企业承担的责任。参见图 6.15。

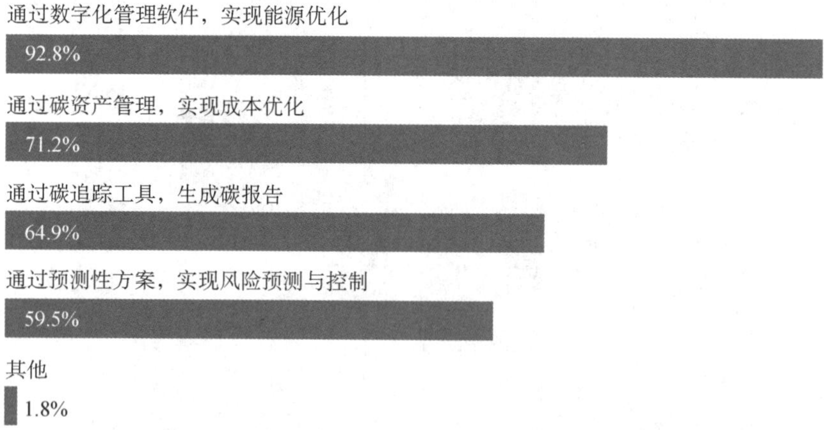

图 6.15　数字化技术对于绿色供应链的赋能情况

在绿色供应链的推动过程中，需要解决绿色供应链的理念问题，结合企业的运营中心以及核心产品，采用合适的新兴技术，带动供应链各环节协同合作，共同推进绿色供应链的构建。

碳中和是一项牵涉技术、经济、社会等方方面面的重大工程，涉及工作生产以及日常生活中的许多领域、涵盖产业链几乎所有环节，甚至包含不同行业领域之间的融合协作。对全供应链实施碳减排尤为重要，企业单独进行碳减排的效果远不如整个供应链共同减排的成效，故应在供应链内部搭建统一的碳减排计划。企业在提升自身市场竞争力的同时，可以充分借助供应链其他环节的力量，与供应链上下游的友好合作企业协同合作，优势互补，实现专业技术的提升，加快自身发展。